איך לבנות חיים

חברותא במסילת ישרים

עם הדר גולדין

ספרי מגיד

How to Build a Life
Studying Mesillat Yesharim with Hadar Goldin

עריכה: דרור יהב
עורך אחראי: ראובן ציגלר
עורכת משנה: שירה פינסון
עימוד: חיה זיידבנד
עיצוב פנימי: אליהו משגב
עיצוב עטיפה: תני בייער
ציור עטיפה: הדר גולדין

ספרי מגיד, הוצאת קורן
ת"ד 4044 ירושלים 9104001
טל': 02-6330530 פקס: 02-6330534
office@korenpub.com

www.korenpub.co.il

מסת"ב ISBN 978-965-526-266-7

נדפס בישראל Printed in Israel 2024

מדריך למשתמש

מִן הַבִּלְתִּי חֲכָמִים לְמִיעוּט הַשָּׂגָתָם אוֹתוֹ, עַד שֶׁיִּדְמוּ רוֹב בְּנֵי הָאָדָם שֶׁהַחֲסִידוּת תָּלוּי בַּאֲמִירַת מִזְמוֹרִים הַרְבֵּה, וּוִידּוּיִם אֲרוּכִּים מְאֹד, צוֹמוֹת קָשִׁים וּטְבִילוֹת קֶרַח וָשֶׁלֶג, כֻּלָּם דְּבָרִים אֲשֶׁר אֵין הַשֵּׂכֶל נָח בָּהֶם וְאֵין הַדַּעַת שׁוֹקְטָה. וְהַחֲסִידוּת הָאֲמִיתִּי הַנִּרְצֶה וְהַנֶּחְמָד רָחוֹק מִצִּיּוּר שִׂכְלֵנוּ, כִּי זֶה דָּבָר פָּשׁוּט, - "מִלְּתָא דְּלָא רַמְיָא עֲלֵיהּ דְּאִינִישׁ, לָאו אַדַּעְתֵּיהּ" (שבועות מ"א ב'). וְאַף עַל פִּי שֶׁכְּבָר קְבוּעִים בְּלֵב כָּל הָאָדָם הַיָּשָׁר הַתְחָלוֹתָיו וִיסוֹדוֹתָיו, אִם לֹא יַעֲסוֹק בָּהֶם - יִרְאֶה פְּרָטָיו וְלֹא יַכִּירֵם, יַעֲבוֹר עֲלֵיהֶם וְלֹא יַרְגִּישׁ בָּם.
רְאֵה, כִּי אֵין דִּבְרֵי הַחֲסִידוּת וְעִנְיְנֵי הַיִּרְאָה, וְהָאַהֲבָה, וְטָהֳרַת הַלֵּב - דְּבָרִים מוּטְבָּעִים בָּאָדָם, עַד שֶׁלֹּא יִצְטָרְכוּ אֶמְצָעִים לִקְנוֹתָם

הטקסט המקורי של מסילת ישרים, מאת רמח"ל

שאקריב את עצמי ואת הרצונות והאישיות שלי. למשל, אם אעשה במתכוון דברים שלא מעניינים אותי ומתישים אותי רק בשביל לרצות אחרים. אדם חושב שהוא חסיד אם הוא מבטל את עצמו ואומר הרבה מזמורים ווידויים, אבל בעצם הוא מעיק, משעמם, גורם לעצמו לחוסר סיפוק, לחוסר נחת ולפגיעה עצמית. ואפילו אם זה לשם שמיים - זוהי איננה חסידות, אלא התחסדות.

החסידות האמיתי. בדמיון נראה שחסידות זה לוותר על רצוני, על אישיותי, ממוני, גופי. זה לא כך. החסידות האמיתית, כפי שהיא מוגדרת במילון, היא מונח לא מספיק מפוענח. צריך להציל את כולנו מעולם של דמיונות ולהביאנו לעולם של דעה.

סיכומים ותובנות שכתב הדר על הספר, על פי השיעורים שהשתתף בהם

מִלְּתָא דְּלָא רַמְיָא עֲלֵיהּ דְּאִינִישׁ, לָאו אַדַּעְתֵּיהּ. *דבר שלא עיבדת אותו, לא עיכלת אותו, לא קנית אותו - נשאר רחוק.*

כי אין דברי החסידות [...] מוטבעים באדם [...] אלא ימצאו אותם בני האדם בעצמם. יש כאן סתירה - מצד אחד, ענייני החסידות לא מוטבעים באדם ולכן צריך אמצעים לקנותם. מצד שני, האדם ימצא אותם בעצמו כמו תנועות טבעיות. זה כל היופי! צריך לעבוד קשה בשביל למצוא אותם, אבל בעצם הם כבר טבועים בך.

"הפניה כלפי עצמי" - הערות אישיות שכתב הדר עבור עצמו

תוכן העניינים

פתח דבר

הרב אליעזר קשתיאל

הדר. תנועה נלהבת, רוח דוחפת, צימאון ללא גבול.

הדר, הנפש היפה, מלאת השמחה, עם החיוך הרחב שמלאה סקרנות, ומלאה ישרות.

הדר היה ישר עם עצמו, ישר בהליכתו, בשיקוליו והחלטותיו. ועל כן טבעי הדבר שהספר אליו נקשר היה מסילת ישרים. בספר זה השקיע הדר עיון רב, סיכם והעיר, דייק וְהִפְנִים. בספר מופלא זה, מצא הדר את אשר בקשה נפשו. סודו של הספר בתהליך, בתנועה משלב לשלב, זהירות מביאה לידי זריזות, שמביאה לידי נקיות וכו׳. סודו של הספר בצמאון ליושר פנימי בלתי מתפשר, נוקב ובהיר.

כולנו תפילה שההערות והתובנות של הדר ז״ל יעוררו את כולנו ללכת לאור דמותו, להתעמק ולצמוח, לטהר את נפשנו להיות עובדי ה׳ באמת.

בהזדמנות זו, מרגיש אני חובה להביע הערכתנו הרבה למשפחת גולדין היקרה על מאבקה הישר למען האמת הטהורה, למען רוממות הרוח הלאומית, למען כבוד ישראל שהוא כבודו של מקום. בתוך המאבק העיקש, מצאה המשפחה פנאי לעסוק בהוצאת ספר זה המשקף את עולמו הפנימי של הדר, ועל כך תודתנו והערכתנו.

ברכתנו למשפחתו של הדר, שה׳ ימלא את חסרונם, ובמהרה נזכה להתבשר בישועות ונחמות.

הקדמה

שמחה גולדין, אבא של הדר

הדר פרץ אל העולם יחד עם אחיו התאום צור בשנת 1991, בזמן מלחמת המפרץ הראשונה. חדר הלידה שימש גם חדר אטום, ולכל הרופאים והאחיות היו מסיכות אב"כ מונחות בטווח היד. מבית החולים יצאנו לחיפה המופגזת בדרך לביתנו, היישוב אשחר שבגליל. הברית נערכה יום לפני חג הפורים, והמוהל אמר שעד פורים ננצח ונחסל את עמלק.

החל מאותו יום, הדר וצור גדלו והאירו את העולם הסובב אותם. יחד כבשו את לב הגננות והמורות, יחד למדו לנגן, לצייר ולפסל, יחד הלכו לבני עקיבא והפכו מחניכים למדריכים, יחד הלכו למכינה הקדם-צבאית בעלי. שם פגש הדר בספר מסילת ישרים והוא בן תשע עשרה, ונשמתו נקשרה בנשמתו של הרמח"ל. המתווך הגדול בין שתי הנשמות היה הרב אליעזר קשתיאל, שבשיעוריו השתתף בקביעות. הוא סיכם בכתב ידו המיוחד את השיעורים בעשרות ובמאות עמודים. בשעות הקטנות של הלילה, סיפרו לנו חבריו, ישב וכתב בתוך הספר. הוא כתב לעצמו, התעמת עם תביעותיו של הרמח"ל ועם עצמו.

תביעה זו לבניה ושיפור עצמי פעפעה בתוככי נשימתו של הדר גם לאחר שסיים את לימודי במכינה. איתן פונד, רעו ומפקדו של הדר, שנלחם אתו יחד במלחמת "צוק איתן" בתוככי רפיח, סיפר לנו כי בכל רגע פנאי ובמנוחה, הדר ישב וקרא בעותק של מסילת ישרים שנשא אתו.

הדר התגייס לסיירת גבעתי ועשה בה מסלול שלם - מטירון ללוחם,

לקורס מ"כים ולקורס קצינים, שבסיומו ביקש להכשיר את הצוות הבא של הסיירת. כך קם "צוות גולדין". עם תום המבצע לחיפוש הנערים החטופים (בתחילת תמוז תשע"ד, יולי 2014), הדר החליט שהגיעה העת לשמח את המשפחה, והציע נישואין לחברתו. המשפחה חגגה את האירוסין ונקבעה חתונה. הדר חזר לסיירת, יצא לקרב - ולא שב. הוא נהרג במבצע "צוק איתן", בעת הפסקת אש הומניטרית שהופרה בידי ארגוני הטרור, בפעולה שנועדה לאיתור מנהרות שמטרתן פגיעה ביישובי הדרום. מחבלי החמאס חטפו אותו לאחר מותו, ומאז עם ישראל לא מצליח להחזירו במשך ארבע שנים ארוכות.

בשבת הראשונה שבה היה הדר חטוף ומוחזק בידי החמאס, הביא לנו צור אחיו את עותק הספר מסילת ישרים של הדר. כשפתחתי אותו - נעתקה נשימתי. הספר הוא התמודדות אישית של בחור צעיר על נשמתו, תודעתו וערכיו. הדפים מלאים תובנות, רעיונות ומחשבות בכתב ידו הצפוף.

בכל דף, כתב הדר מצד ימין את המיצוי של כל פיסקה, של כל רעיון, כפי שהבין והפנים. בצדו האחר של הדף כתב לעצמו מה עליו לעשות כדי לשפר את מידותיו שלו, להבין את דרישותיו של רמח"ל ולהיות ישר. לצעוד במסילת ישרים. הספר הוא התמודדות אישית, אינטימית ומתוכננת, ובוודאי שלא נועד לפרסום.

הדר אמנם עבר על כל הספר וכתב את הערותיו, אבל הוא החזיק בדעה המיוחסת לגאון מוילנה כי לא ניתן ללמוד את כל הספר בפעם אחת, ויש לחלקו על פי הניסיון בחיים והגיל. עד פרק י"ב העמיק ובנה את עצמו, ומפרק י"ב ואילך התווה רק קווי יסוד להמשך. על פי הרישומים שהשאיר, מבחינתו הספר מורכב משלושה חלקים: הראשון עד פרק י"ב, השני עד פרק י"ט, והשאר. כל חלק מתאים לשלב אחר בהתבגרות, והדר חשב כי י"ב הפרקים הראשונים הם הכנה טובה לשלב הזה בחייו שהתכונן אליו - שירות משמעותי בצבא. אחרי שלוש שנים כלוחם, כמפקד וכאדם שעמד להינשא ולהקים משפחה, החל כנראה ללמוד גם את החלקים הנוספים. חלקים, שלפי הערותיו, נועדו להלך במסילת ישרים מתוך השיפור העצמי אל השיפור של החברה ושל העם.

כשהבנו כי חייבים לפרסם את הספר, התגייסו חבריו של הדר

ממכינת ״בני דוד״ והעבירו לדפוס הן את ההערות של הדר בתוך הספר, והן את הסיכומים שכתב בזמן שיעוריו של הרב קשתיאל. היה זה מאמץ אדירים שנעשה באהבה ובעבודה משותפת של חברים. כשנאספו הכתובים ופוענחו, עברו על הערותיו של הדר הרב קשתיאל ותלמידו. במקומות שבהם הרשימות לא היו ברורות לקורא, הם הרחיבו את מה שנכתב בתוך הספר מתוך דפי הסיכום של הדר. כל זה הונח על שולחני כדי לבנות את הספר שהוגדר כ״חברותא במסילת ישרים עם הדר״. כדי לעמוד בכך, בקשתי מחברי הרב ד״ר יצחק ליפשיץ ללמוד איתי בחברותא את הספר עם הערותיו של הדר. הוא הוסיף את הגיגיו ודיוקיו, ואז נותרתי לבדי עם הספר.

ספר זה שאתם אוחזים הוא פרי העיון והמעשה של נער הבונה את מערכי ההכנה לחייו. דרושה נשמה גדולה למאמץ הזה, דרוש אומץ גדול להתמודדות ודרושה נחישות אדירה לבנות חיים לאור המסקנות. כל מי שהכיר את הדר ונחשף להתנהגותו, לחיוכו, להומור שלו, לתביעתו הבלתי מתפשרת לשיפור, יודע כי נלקח מאתנו אדם שהיה תורם לחברה תרומה מהותית. לא זכינו לכך. בהתייעצות עם אחיו התאום, צור, שאר המשפחה ועם הרב קשתיאל, החלטנו שאנו חייבים להעביר את הדוגמא הזו לכלל הציבור.

הספר כולל את הטקסט המקורי של רמח״ל בחלק העליון של הדף; את רישומיו וסיכומיו של הדר באות מרובעת בחלק התחתון; ואת ההפניה כלפי העצמי באותיות כתב צבעוני. כך אפשר ללמוד בצוותא עם הדר את ״איך לבנות חיים״. בתחילת כל פרק הבאנו את צילום כתב היד המקורי של הדר מתוך עותק הספר שבו למד.

אני מודה לרב קשתיאל, לרב ד״ר יצחק ליפשיץ, לחבריו של הדר שהעניקו לי את ההזדמנות שנמשכה חודשים ארוכים ללמוד עם הדר את מסילת ישרים, ללטף את כתב ידו, לשוחח עם בני על ערכיו, להעמיק ולהכיר את נשמתו. אני זוכר את רגעי השקט השקוף, אותו חוסר הנשימה שפקד אותי כשמצאתי איך המציא וחידש וברא מדרשים, התיך פסוקים זה בזה, ואת העובדה שבכל מאות ההערות שעליהן עברתי לא הייתה אפילו מחיקה אחת.

אני מודה ליהושע מילר, גילה פיין וראובן ציגלר מהוצאת מגיד

על הירתמותם למשימה. תודה לדרור יהב על עריכת הספר באופן ששימר את קולו המיוחד של הדר, ועם זאת הנגיש אותו לקהל הקוראים באופן מכובד ומכבד.

"בחיים", אמר הדר, "יש לך שתי אפשרויות: להתעסק בעצמך או לעשות דברים גדולים". כל הניגש ללמוד את הספר בחברותא עם הדר אינו יכול שלא להידבק בשאיפותיו, ללכת בדרכיו ולעסוק בשיפור עצמי מתמיד. הדר הותיר את צוואתו בחיוכו, בציוריו, בכתביו, בלבבות משפחתו, בחניכיו וחייליו, והיא נושאת את דגל אהבת האדם. הוא לא התיר לחייליו לקלל, עסק במתן עזרה לזקוקים לה וניסה בכל מאודו לחבר בין יושבי הארץ הזו, השונים כל כך והזהים כל כך.

נכון לשעת כתיבת שורות אלה, הדר נמצא כבר ארבע שנים בשבי החמאס, וטרם זכה להגיע לקבר ישראל כפי שראוי לו וכפי שמוטל עלינו לעשות. התביעה הזו מאתנו, ללכת במסילת ישרים, להביט עמוקות לתוך עצמנו, להיות ראויים, היא תביעה שלא תמומש כל עוד לא מלאנו את חובנו להביא את הדר מידי האויב לקבר ישראל בעוז ובענווה. כי זאת חובת ההדר בעולמו.

תמוז תשע"ח

במלאת עשר שנים לנפילתו של הדר בשבי החמאס

במשך שש השנים שעברו מאז שיצא הספר לאור, אני רואה את השלישייה הזו - התנא פנחס בן יאיר, הרב משה חיים לוצאטו (הרמח"ל) והדר גולדין. שלושתם מביטים בנו דרך מסילת ישרים לראות אם זכרנו, לראות אם אנו נמצאים במסילה, אם עלינו בה, ואם אנו משפרים את עצמנו כדי לשפר את העולם.

הספר מסילת ישרים של הדר זכה להצלחה. הדר חשף שוב את הרמח"ל לצעירים וצעירות, למבוגרים ומבוגרות. הערכים שהדר הפיק מהפרקים שכתב רמח"ל, הציוויים שהטיל על עצמו, וההבנה העמוקה של הצעידה לשיפור עצמי במסילת הישרים, הביאו רבים להתמודד עם הספר ולהופכו לשלהם. בדיוק מה שהדר קיווה לו.

בשנים האלה הבנתי גם כמה החברה הישראלית זקוקה לספר הזה, זקוקה לאתגר שהוא מציב לפתחנו. עשר שנים ארוכות עברו ולא הבאנו את הדר לקבר ישראל. היושבים בציון ידעו את הציווי להביא חלל לקבר ישראל ובמיוחד לוחם חלל. ידעו ובחרו לשכוח. ההנהגה הישראלית צעדה הפוך במסילה - כי מי שלא מחזיר את חלליו לקבורה, ייטוש את הפצועים ויפקיר את החיים. החברה הישראלית צללה לתוך מגפה, לתוך סכסוך עצמי ארוך ויקר, שהזכיר את החשוכים בימים שלפני חורבן בית שני. איש באחיו.

בתקופה זו, הלומדים את הדר בחברותא על מסילת ישרים היו האור היחיד שזרח במאבקנו. קבוצות ובודדים, לומדות ולומדים, תלמידי מכינות, בוגרי תיכונים חילוניים וקבוצות סטודנטים. מכל עבר הודיעו לנו כי הם שואבים מהמשולש הזה - פנחס בן יאיר, רמח״ל והדר - עוז וענווה. קרני אור חזקות ויציבות בתוך חברה שמאכלת את עצמה לדעת. עד שמחת תורה תשפ״ד, 7 באוקטובר.

היום כולנו מבינים עד כמה אנחנו זקוקים להדר שיזכיר לנו את מה ששכחנו, את החובה להחזיר חלל לוחם למדינתו ולמשפחתו. היום אנחנו זקוקים לרמח״ל שישים אותנו במסילה האמיתית שתוביל אותנו כל הדרך, שלא נדלג על אף מידה. היום אנחנו מחפשים את פנחס בן יאיר שיאיר לנו את נתיב החובה לפדות שבויים. היום אנחנו זקוקים לשלישייה הזו שתזכיר לנו את ששכחנו, שאחים אנחנו ואחים לא משאירים בשולי הדרך.

במהלך המלחמה קיבלתי צילומים ואיזכורי ווטסאפ על תלמידי הדר, על לוחמים ולוחמות שנכנסו לעזה עם הספר, נושאים בליבם את דבריו של הדר ״בחיים אתה יכול לבחור להתעסק בעצמך ויכול לבחור לעשות דברים גדולים״. חלקם נהרגו, חלקם נפצעו, וכולם נושאים את האור הגדול.

אני בטוח כי הדור הזה שלומד עם הדר בחברותא את ספרו של הרמח״ל, המבוסס על חזונו של התנא פנחס בן יאיר, הוא הדור שיאיר לנו את הדרך.

ניסן תשפ״ד

ספר
מסילת ישרים

הקדמת
הרב המחבר

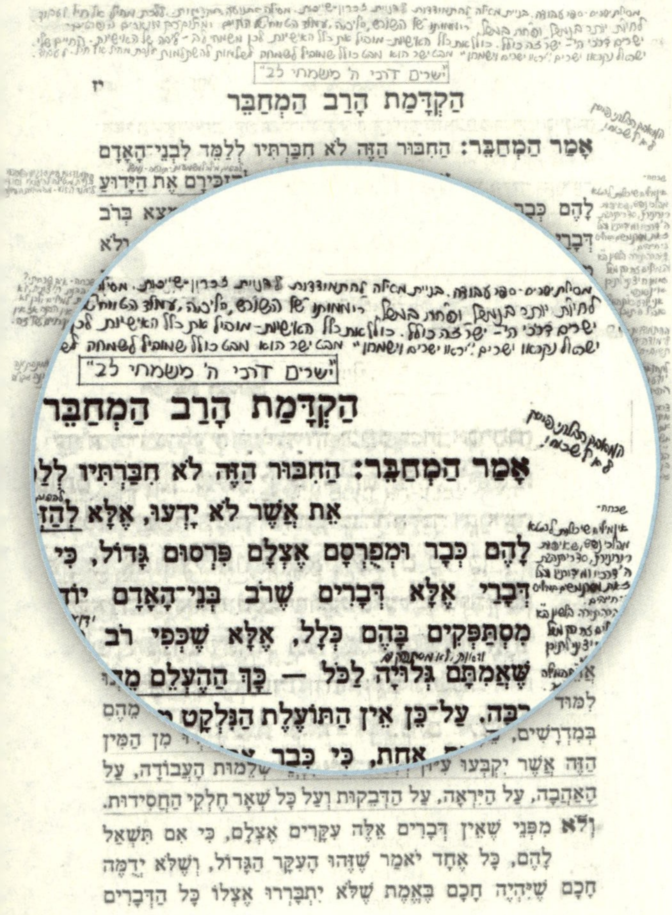

יז

ישרים דרכי ה' משמחי לב

הַקְדָּמַת הָרַב הַמְחַבֵּר

אָמַר הַמְחַבֵּר: הַחִבּוּר הַזֶּה לֹא חִבַּרְתִּיו לְלַמֵּד לִבְנֵי־הָאָדָם אֶת אֲשֶׁר לֹא יָדְעוּ, אֶלָּא לְהַזְכִּירָם אֶת הַיָּדוּעַ לָהֶם כְּבָר וּמְפֻרְסָם אֶצְלָם פִּרְסוּם גָּדוֹל, כִּי ... מָצָא בְּרֹב דְּבָרַי אֶלָּא דְּבָרִים שֶׁרֹב בְּנֵי־הָאָדָם יוֹד... וְלֹא מִסְתַּפְּקִים בָּהֶם כְּלָל, אֶלָּא שֶׁכְּפִי רֹב ... שֶׁאֲמִתָּתָם גְּלוּיָה לַכֹּל — כָּךְ הַהֶעְלֵם מֵ... לִמּוּד ... רַבָּה. עַל־כֵּן אֵין הַתּוֹעֶלֶת הַנִּלְקָט ... מֵהֶם בְּמִדְרָשִׁים, ... אַחַת, כִּי כְּבָר ... מִן הַמִּין הַזֶּה אֲשֶׁר יִקְבְּעוּ עַיִן ... שְׁלֵמוּת הָעֲבוֹדָה, עַל הָאַהֲבָה, עַל הַיִּרְאָה, עַל הַדְּבֵקוּת וְעַל כָּל שְׁאָר חֶלְקֵי הַחֲסִידוּת.

וְלֹא מִפְּנֵי שֶׁאֵין דְּבָרִים אֵלֶּה עִקָּרִים אֶצְלָם, כִּי אִם תִּשְׁאַל לָהֶם, כָּל אֶחָד יֹאמַר שֶׁזֶּהוּ הָעִקָּר הַגָּדוֹל, וְשֶׁלֹּא יְדֻמֶּה חָכָם שֶׁיִּהְיֶה חָכָם בֶּאֱמֶת שֶׁלֹּא יִתְבָּרְרוּ אֶצְלוֹ כָּל הַדְּבָרִים

אָמַר הַמְחַבֵּר, הַחִיבּוּר הַזֶּה לֹא חִבַּרְתִּיו לְלַמֵּד לִבְנֵי הָאָדָם אֶת אֲשֶׁר לֹא יָדְעוּ, אֶלָּא לְהַזְכִּירָם אֶת הַיָּדוּעַ לָהֶם כְּבָר, וּמְפוּרְסָם אֶצְלָם פִּרְסוּם גָּדוֹל. כִּי לֹא תִמְצָא בְּרוֹב דְּבָרַי אֶלָּא דְּבָרִים שֶׁרוֹב בְּנֵי הָאָדָם יוֹדְעִים אוֹתָם וְלֹא מִסְתַּפְּקִים בָּהֶם כְּלָל, אֶלָּא שֶׁכְּפִי רוֹב פִּרְסוּמָם וּכְנֶגֶד מַה שֶּׁאֲמִתָּם גְּלוּיָה לַכֹּל, כָּךְ הַהֶעְלֵם מֵהֶם מָצוּי מְאֹד וְהַשִּׁכְחָה רַבָּה. עַל

מסילת ישרים. "ישרים דרכי ה׳, משמחי לב".[1] דרכי ה׳ מובילים את כל האישיות, ולכן הם "משמחי לב". מבט ישר הוא מבט כולל שמוביל לשמחה, לשלמות, להשתלמות, להליכה מחיל אל חיל, לעבודה רוחנית. באופן כללי, החיים של ישראל הם **ישרים ושמחים**: "יראו ישרים וישמחו" (תהלים קז).

הקדמת הרב המחבר. ספר זה אינו ספר חכמה אלא ספר עבודה. מה ההבדל ביניהם? ספר חכמה בא ללמד דבר שלא היה ידוע עד כה, להעביר מידע או לברר חכמה. ספר עבודה, לעומת זאת, נועד להתמודד עם סוגיית השכחה של הדברים הידועים לנו. הספר הזה מלמד אותנו לבנות **מסילה** שעליה ננוע להתמודדות עם החיים, ליצירת זיכרון (של הדברים ששכחנו) ושייכות (שנרגיש כלפיהם). הספר מציע לעשות את התיקון תוך כדי החיים עצמם, ולא רק בלימוד תיאורטי. הדרך לכך היא בגילוי רוממותו של השורש, ומתוך כך גם הפרטים יוארו.

אמיתם גלויה לכל. רוב בני האדם כבר יודעים את הדברים שבספר זה. האמת כל כך ברורה שהיא לא זקוקה להוכחות, ובכל זאת אנחנו

1 יש כאן הלחמה של שני חלקי פסוקים: "ישרים דרכי ה׳" (הושע יד); ׳פקודי ה׳ ישרים, משמחי לב׳ (תהלים יט). - העורך

כֵּן אֵין הַתּוֹעֶלֶת הַנִּלְקָט מִזֶּה הַסֵּפֶר יוֹצֵא מִן הַקְּרִיאָה בּוֹ פַּעַם אַחַת, כִּי כְּבָר אֶפְשָׁר שֶׁלֹּא יִמְצָא הַקּוֹרֵא בְּשִׂכְלוֹ חִידּוּשִׁים אַחַר קְרִיאָתוֹ שֶׁלֹּא הָיוּ בּוֹ לִפְנֵי קְרִיאָתוֹ אֶלָּא מְעַט. אֲבָל הַתּוֹעֶלֶת יֵצֵא מִן הַחֲזָרָה עָלָיו וְהַהַתְמָדָה, כִּי יִזָּכְרוּ לוֹ הַדְּבָרִים הָאֵלֶּה הַנִּשְׁכָּחִים מִבְּנֵי הָאָדָם בְּטֶבַע, וְיָשִׂים אֶל לִבּוֹ חוֹבָתוֹ אֲשֶׁר הוּא מִתְעַלֵּם מִמֶּנָּה.

וְתִרְאֶה, אִם תִּתְבּוֹנֵן בַּהֹוֶה בְּרוֹב הָעוֹלָם, כִּי רוֹב אַנְשֵׁי הַשֵּׂכֶל הַמָּהִיר וְהַפִּקְחִים הַחֲרִיפִים יָשִׂימוּ רוֹב הִתְבּוֹנְנָם וְהִסְתַּכְּלוּתָם בְּדַקּוּת הַחָכְמוֹת וְעוֹמֶק הָעִיּוּנִים, אִישׁ אִישׁ כְּפִי נְטִיַּית שִׂכְלוֹ וְחֶשְׁקוֹ הַטִּבְעִי. כִּי יֵשׁ

שוכחים. איך זה קורה? משום שמילים הן מוגבלות מעצם טבען. הן אינן יכולות לבטא מהלכי נפש, שאיפות רוחניות, סדרי הנהגת ה׳, דרכיו ומידותיו. אנחנו משתמשים במילים כי אין ברירה, אנחנו חייבים, שהרי "דיברה התורה בלשון בני אדם". אבל צריך לזכור שהמילים הן רק משל, סימון חיצוני לתוכן אין סופי, ואת הנמשל אתה לא יכול לדעת. כאשר אתה מכיר את המילה אבל התוכן שלה זר לך, אל תתפלא ששום דבר לא זז אצלך. *למה לא צץ? כי שכחת! שכחת את המילה! איך שכחת? כי היא לא היתה אצלך, נפגשת בה רק חיצונית. היא לא חלק מהתודעה שלך, היא לא חלק מזיכרון החיים שלך. ההבנה שלך היתה חיצונית, לא נכנסת למילים, לכן לא קנית. אין הבנה אז אין רצון, צריך להביא את זה לתודעה. התמודדות היא לימוד הידוע. לשוב אל ה׳.*

התועלת ייצא מן החזרה עליו וההתמדה. הספר הזה שונה מספרים אחרים משום שהוקדשה בו מחשבה רבה איך ליצור הבנה. הבנה איננה אינפורמציה טהורה; היא מידע רב שימושי שצריך להוסיף והבין עוד ועוד, הבנה אחר הבנה, התחדשות אחר התחדשות. שורש לימוד כל ספרי המוסר והאמונה הוא שנקלוט ונפנים את המידע הידוע לנו. יש צורך בהתבוננות מתמדת כי כל פעם מוצאים משמעות חדשה, עומק שעד כה היה בלתי ידוע. לפעמים איננו לומדים דבר חדש אלא רק מרפאים את השכחה, בוחנים מחדש את אותם הדברים שאנו כבר יודעים מה כתוב בהם. *מאבק בלתי פוסק לא*

שֶׁיִּטְרְחוּ מְאֹד בְּמֶחְקַר הַבְּרִיאָה וְהַטֶּבַע, וַאֲחֵרִים יִתְּנוּ כָּל עִיּוּנָם לִתְכוּנָה וּלְהַנְדָּסָה. אֲחֵרִים לִמְלָאכוֹת, וַאֲחֵרִים יִכָּנְסוּ יוֹתֵר אֶל הַקֹּדֶשׁ, דְּהַיְינוּ לִימּוּד הַתּוֹרָה הַקְּדוֹשָׁה, מֵהֶם בְּפִלְפּוּלֵי הַהֲלָכוֹת, מֵהֶם בְּמִדְרָשִׁים, מֵהֶם בְּפִסְקֵי הַדִּינִים. אַךְ מְעַטִּים יִהְיוּ מִן הַמִּין הַזֶּה, אֲשֶׁר יִקְבְּעוּ עִיּוּן וְלִימּוּד עַל עִנְיְנֵי שְׁלֵימוּת הָעֲבוֹדָה, עַל הָאַהֲבָה, עַל הַיִּרְאָה, עַל הַדְּבֵיקוּת וְעַל כָּל שְׁאָר חֶלְקֵי הַחֲסִידוּת:

וְלֹא מִפְּנֵי שֶׁאֵין דְּבָרִים אֵלֶּה עִיקָּרִים אֶצְלָם, כִּי אִם תִּשְׁאַל לָהֶם, כָּל אֶחָד יֹאמַר שֶׁזֶּהוּ הָעִיקָּר הַגָּדוֹל, וְשֶׁלֹּא יְדוּמֶּה חָכָם שֶׁיִּהְיֶה חָכָם

לשכוח. להפוך מילה למשמעות - תודעה - נמשל. התמודדות עם סוגיית השכחה, בניית מסילה לריפוי שהוא לימוד ופיענוח מה הוא הידוע באמת. אל תסתפק באמת קטנה, תשאף לאמונה גדולה לחיים גדולים - זכור.

וישים אל ליבו חובתו. המטרה היא לזכור את הדברים הברורים ולהפוך אותם לחלק מהתודעה, שהם ייעשו חלק מהחיים שלך. כשהם לא יושבים בתודעה, הם לא חלק מהחיים.

יש שיטרחו מאוד במחקר הבריאה והטבע, ואחרים יתנו כל עיונם לתכונה ולהנדסה, אחרים למלאכות. ישנן שלוש רמות של שכל: הרמה הגבוהה ביותר היא אנשים שעוסקים במחקר רוחני ושואלים שאלות יסוד על העולם. הרמה השנייה היא אנשים העוסקים בשכלולים על סמך חוקים שאחרים גילו. הרמה השלישית והנמוכה משלושתן היא היישום בפרקטיקה. אמנם גם היא דורשת חוכמה, אבל היא יותר מעשית.

ואחרים ייכנסו יותר אל הקודש. גם בקודש ישנן שלוש מדרגות של חכמה: מדרגה ראשונה היא לימודי הקודש - אנשים שמשתקעים בבית המדרש בלימוד, בפלפול, בשורשי דינים וסברות. מדרגה שניה, אנשים שלומדים רעיונות ומדרשים. מדרגה שלישית, אלה שלומדים רק את פסקי הדינים להלכה ומעשה. המשותף לכולם הוא שהם צריכים להשתמש בשכל, אך רק מעטים קובעים עיון ולימוד

בֶּאֱמֶת, שֶׁלֹּא יִתְבָּרְרוּ אֶצְלוֹ כָּל הַדְּבָרִים הָאֵלֶּה. אַךְ מַה שֶּׁלֹּא יִרְבּוּ לְעַיֵּין עָלָיו הוּא מִפְּנֵי רוֹב פִּרְסוּם הַדְּבָרִים וּפְשִׁיטוּתָם אֶצְלָם, שֶׁלֹּא יֵרָאֶה לָהֶם צוֹרֶךְ לְהוֹצִיא בְּעִיּוּנָם זְמַן רָב. וְלֹא יִשָּׁאֵר לִימּוּד הַדְּבָרִים הָאֵלֶּה וּקְרִיאַת הַסְּפָרִים מִזֶּה הַמִּין, כִּי אִם אֵצֶל אוֹתָם שֶׁאֵין שִׂכְלָם כָּל כָּךְ דַּק וְקָרוֹב לִהְיוֹת גַּס, שֶׁאֵלֶּה תִּרְאֶה אוֹתָם שׁוֹקְדִים עַל כָּל זֶה וְלֹא יָזוּזוּ מִמֶּנּוּ, עַד שֶׁלְּפִי הַמִּנְהָג הַנּוֹהֵג בָּעוֹלָם, כְּשֶׁתִּרְאֶה אֶחָד מִתְחַסֵּד, לֹא תוּכַל לִימָּנַע מִלַּחְשׁוֹד אוֹתוֹ לְגַס הַשֵּׂכֶל:

וְאוּלָם תּוֹלְדוֹת הַמִּנְהָג הַזֶּה רָעוֹת מְאֹד לַחֲכָמִים וְלַבִּלְתִּי חֲכָמִים, כִּי גּוֹרֵם שֶׁמֵּאֵלֶּה וּמֵאֵלֶּה יֶחְסַר הַחֲסִידוּת הָאֲמִיתִּי וְיִהְיֶה יָקָר מְאֹד לִמְצוֹא אוֹתוֹ בָּעוֹלָם, כִּי יֶחְסַר מִן הַחֲכָמִים לְמִיעוּט עִיּוּנָם בּוֹ. וְיֶחְסַר

על ענייני שלמות העבודה. מעטים יבחנו, למשל, מה זו אהבת ה׳, מה זו יראה, מה זו דבקות. כמה אנשים באמת עסוקים בזה? הרוב חושבים שאין להם אתגר בזה ושהם צריכים לעסוק בדברים יותר ׳מתקדמים׳.

ולא יישאר לימוד הדברים האלה... כי אם אצל אותם שאין שכלם כל כך דק. מי כן מתעסק בדברים האלו? אנשים פחות איכותיים שקשה להם ללמוד. אלה שקוראים דברים פשוטים וידועים, הם ישקדו בזה. אבל דווקא להם כנראה שאין הרבה יכולות.

ואולם תולדות המנהג הזה רעות מאוד. יש לכך השלכות חמורות לכל הצדדים! בסופו של דבר, הסוגיות הרוחניות אינן מטופלות כמו שצריך ואינן נמצאות בהבנה ובתודעה של אף אחד, והדבר מוליד המון טעויות.

עד שידמו רוב בני האדם... דברים אשר אין השכל נח בהם ואין הדעת שוקטה. צריך לפזר את הערפל השורה על החסידות - חוסר הבנה מוביל לערפול דמיוני. כאשר אומרים לאדם שעליו להיות חסיד, מתכוונים לאדם שנותן יותר מהנדרש. אבל בכך הוא מוותר על עצמיותו, על מי שהוא. לפעמים נדמה לי שאני יותר חסיד ככל

מִן הַבִּלְתִּי חֲכָמִים לְמִיעוּט הַשָּׂגָתָם אוֹתוֹ, עַד שֶׁיְּדַמּוּ רוֹב בְּנֵי הָאָדָם שֶׁהַחֲסִידוּת תָּלוּי בַּאֲמִירַת מִזְמוֹרִים הַרְבֵּה, וּוִידּוּיִם אֲרוּכִּים מְאֹד, צוֹמוֹת קָשִׁים וּטְבִילוֹת קֶרַח וָשֶׁלֶג, כֻּלָּם דְּבָרִים אֲשֶׁר אֵין הַשֵּׂכֶל נָח בָּהֶם וְאֵין הַדַּעַת שׁוֹקְטָה. וְהַחֲסִידוּת הָאֲמִיתִּי הַנִּרְצֶה וְהַנֶּחְמָד רָחוֹק מִצִּיּוּר שִׂכְלֵנוּ, כִּי זֶה דָּבָר פָּשׁוּט, - "מִלְּתָא דְלָא רַמְיָא עֲלֵיהּ דֶּאִינִישׁ, לָאו אַדַּעְתֵּיהּ" (שבועות מ"א ב'). וְאַף עַל פִּי שֶׁכְּבָר קְבוּעִים בְּלֵב כָּל הָאָדָם הַיָּשָׁר הַתְחָלוֹתָיו וִיסוֹדוֹתָיו, אִם לֹא יַעֲסוֹק בָּהֶם - יִרְאֶה פְּרָטָיו וְלֹא יַכִּירֵם, יַעֲבוֹר עֲלֵיהֶם וְלֹא יַרְגִּישׁ בָּם.

רְאֵה, כִּי אֵין דִּבְרֵי הַחֲסִידוּת וְעִנְיְנֵי הַיִּרְאָה, וְהָאַהֲבָה, וְטָהֳרַת הַלֵּב - דְּבָרִים מוּטְבָּעִים בָּאָדָם, עַד שֶׁלֹּא יִצְטָרְכוּ אֶמְצָעִים לִקְנוֹתָם

שאקריב את עצמי ואת הרצונות והאישיות שלי. למשל, אם אעשה במתכוון דברים שלא מעניינים אותי ומתישים אותי רק בשביל לרצות אחרים. אדם חושב שהוא חסיד אם הוא מבטל את עצמו ואומר הרבה מזמורים ווידויים, אבל בעצם הוא מעיק, משעמם, גורם לעצמו לחוסר סיפוק, לחוסר נחת ולפגיעה עצמית. ואפילו אם זה לשם שמיים - זוהי איננה חסידות, אלא התחסדות.

החסידות האמיתי. בדמיון נראה שחסידות זה לוותר על רצוני, על אישיותי, ממוני, גופי. זה לא כך. החסידות האמיתית, כפי שהיא מוגדרת במילון, היא מונח לא מספיק מפוענח. צריך להציל את כולנו מעולם של דמיונות ולהביאנו לעולם של דעה.

מִלְּתָא דְלָא רַמְיָא עֲלֵיהּ דֶּאִינִישׁ, לָאו אַדַּעְתֵּיהּ. *דבר שלא עיברת אותו, לא עיכלת אותו, לא קנית אותו - נשאר רחוק.*

כי אין דברי החסידות [...] מוטבעים באדם [...] אלא ימצאו אותם בני האדם בעצמם. יש כאן סתירה - מצד אחד, ענייני החסידות לא מוטבעים באדם ולכן צריך אמצעים לקנותם. מצד שני, האדם ימצא אותם בעצמו כמו תנועות טבעיות. זה כל היופי! צריך לעבוד קשה בשביל למצוא אותם, אבל בעצם הם כבר טבועים בך.

אֶלָּא יִמְצְאוּ אוֹתָם בְּנֵי הָאָדָם בְּעַצְמָם כְּמוֹ שֶׁיִּמְצְאוּ כָּל תְּנוּעוֹתֵיהֶם הַטִּבְעִיּוֹת, כַּשֵּׁינָה וְהַיְקִיצָה, הָרָעָב וְהַשֹּׂבַע, וְכָל שְׁאָר הַתְּנוּעוֹת הַחֲקוּקוֹת בְּטִבְעֵנוּ, אֶלָּא וַדַּאי שֶׁצְּרִיכִים הֵם לְאֶמְצָעִים וּלְתַחְבּוּלוֹת לִקְנוֹת אוֹתָם. וְלֹא יִבָּצְרוּ גַּם כֵּן מַפְסִידִים לָהֶם שֶׁיַּרְחִיקוּם מִן הָאָדָם, וְלֹא יַחְסְרוּ דְּרָכִים לְהַרְחִיק מַפְסִידֵיהֶם.

אִם כֵּן אֵיפוֹא, אֵיךְ לֹא יִצְטָרֵךְ לְהוֹצִיא זְמַן עַל הָעִיּוּן הַזֶּה לָדַעַת אֲמִתַּת הַדְּבָרִים וְלָדַעַת הַדֶּרֶךְ לִקְנוֹתָם וּלְקַיְּמָם? מֵאַיִן תָּבוֹא הַחָכְמָה הַזֹּאת בְּלֵב הָאָדָם אִם לֹא יְבַקְשֶׁנָּה?!

וְכֵיוָן שֶׁכְּבָר הִתְאַמֵּת אֵצֶל כָּל חָכָם צוֹרֶךְ תְּמִימוּת הָעֲבוֹדָה וְחוֹבַת טָהֳרָתָהּ וּנְקִיּוּתָהּ, שֶׁזּוּלַת אֵלֶּה אֵינָהּ נִרְצֵית וַדַּאי כְּלָל, אֶלָּא נִמְאֶסֶת וּמְתוֹעֶבֶת, "כִּי כָל לְבָבוֹת דּוֹרֵשׁ ה' וְכָל יֵצֶר מַחֲשָׁבוֹת הוּא מֵבִין"

לדעת אמיתת הדברים. *דע אותו באמת, הפוך אותו לחלק מחייך, שמור עליו.*

איך לא יצטרך להוציא זמן על העיון הזה? שלוש סיבות יש ללימוד: הראשונה, לדעת מהו הדבר, המושג שאותו אנחנו מבקשים ללמוד. השניה, לבחון כיצד הופכים אותו לחלק מחיי. והשלישית, לברר איך אני דואג שהוא יישמר חלק מחיי.

מאין תבוא החכמה הזאת בלב האדם אם לא יבקשנה? עד כאן דיברנו למה חשוב להתעסק בצורה שכלית בסוגיות רוחנית, מפה מתחילה מערכה שניה - תמימות העבודה - האם הרצון שלך טהור? אנחנו ידועים שעבודת ה' אין עיקרה המעשה אלא הדבר העיקרי הוא המניעים, מה הרצון הכוח הפנימי שדוחף אותך?

צורך תמימות העבודה. הטהרה והניקיון בכוונות אינן הידור בלבד ואף לא תוספת יפה - זו מהות העבודה. אם אדם נותן צדקה כדי שיראו שהוא צדיק, זהו ההפך ממעשה הצדקה; זה אגואיזם מכיוון שהוא כאילו נותן את הכסף לעצמו. הכוונה שלנו בעשייה מפרשת מחדש את מהות המעשה. אותו מעשה יכול להיות יפהפה או מתועב, הכול תלוי בעולם הפנימי שעומד בבסיס המעשה, בנפשנו. בלי כוונה, לא תהא עבודת ה'.

(דברי הימים א. כ"ח ט') מַה נַּעֲנֶה בְּיוֹם תּוֹכֵחָה אִם הִתְרַשַּׁלְנוּ מִן הָעִיּוּן הַזֶּה, וְהִנַּחְנוּ דָּבָר שֶׁהוּא כָּל כָּךְ מוּטָּל עָלֵינוּ, שֶׁהוּא עִיקַּר מָה ה' אֱלֹהֵינוּ שׁוֹאֵל מֵעִמָּנוּ.

הֲיִתָּכֵן שֶׁיִּיגַע וְיַעֲמוֹל שִׂכְלֵנוּ בַּחֲקִירוֹת אֲשֶׁר לֹא נִתְחַיַּבְנוּ בָּם, בִּפְלְפּוּלִים אֲשֶׁר לֹא יֵצֵא לָנוּ שׁוּם פְּרִי מֵהֶם, וְדִינִים אֲשֶׁר אֵינָם שַׁיָּיכִים לָנוּ, וּמַה שֶּׁחַיָּיבִים אָנוּ לְבוֹרְאֵנוּ חוֹבָה רַבָּה, נַעַזְבֵהוּ לַהֶרְגֵּל וְנַנִּיחֵהוּ לְמִצְוַת אֲנָשִׁים מְלוּמָּדָה?!

אִם לֹא נִסְתַּכַּלְנוּ וְלֹא עִיַּינְנוּ מַה הִיא הַיִּרְאָה הָאֲמִיתִּית, וּמָה עֲנָפֶיהָ, אֵיךְ נִקְנֶה אוֹתָהּ? וְאֵיךְ נִמָּלֵט מִן הַהֶבֶל הָעוֹלָמִי הַמְשַׁכֵּחַ אוֹתָהּ מִלִּבֵּנוּ? הֲלֹא תִשָּׁכַח וְתֵלֵךְ אַף עַל פִּי שֶׁיָּדַעְנוּ חוֹבָתָהּ.

הָאַהֲבָה גַּם כֵּן, אִם לֹא נִשְׁתַּדֵּל לִקְבּוֹעַ אוֹתָהּ בִּלְבָבֵנוּ בְּכֹחַ כָּל

לגולה עמוקות בדין, לבוחן לבבות ביום דין, היוצר יחד ליבם המבין אל כל מעשיהם.[2]

שהוא עיקר מה ה' אלוקינו שואל מעמנו. *מה ה' שואל מעמנו? להתעורר - מה דוחף אותך, לאן אתה הולך? ממה הלב שלך מלא? מה עולמך הפנימי? חובת הלב, את זה דורש.*

מה היא היראה האמיתית. ברור שבלי יראה, עבודת ה' איננה שווה כלום. אבל מה זו יראה אמיתית? איך נקנה אותה, ואיך נימלט ממה שמשכיח אותה? שוב אנו חוזרים לשכחה, שהיא תוצאה של חוסר עיון. אם לא נפגשת מעולם עם יראה, סימן שלא עיינת.

האהבה גם כן. לאהבת ה' אמיתית יש שני צדדים: דבקות וטהרה. אדם שאוהב את חברו מוכן להתאמץ בשביל להיות איתו, זו הדבקות. עם זאת, שאל את עצמך - האם אתה אוהב אותו או את עצמך? זו הטהרה - צריך לטהר את האהבה כל הזמן ולראות שזו

2 "לגולה עמוקות בדין, לבוחן לבבות ביום דין" - קטע מתוך פיוט בתפילת יום הכיפורים. "היוצר יחד ליבם, המבין אל כל מעשיהם" - פסוק בתהלים ל"ג, המוצג בתלמוד כתיאור של הדרך בה דן ה' את העולם בראש השנה, יום הדין. - העורך

הָאֶמְצָעִים הַמַּגִּיעִים אוֹתָנוּ לָזֶה - אֵיךְ נִמְצָאֶהָ בָנוּ? מֵאַיִן יָבוֹא הַדְּבֵיקוּת וְהַהִתְלַהֲטוּת בְּנַפְשׁוֹתֵינוּ עִמּוֹ יִתְבָּרַךְ וְעִם תּוֹרָתוֹ, אִם לֹא נִשְׁעֶה אֶל גְּדוּלָּתוֹ וְאֶל רוֹמְמוּתוֹ אֲשֶׁר יוֹלִיד בְּלִבֵּנוּ הַדְּבֵיקוּת הַזֶּה? אֵיךְ תִּטְהַר מַחֲשַׁבְתֵּנוּ אִם לֹא נִשְׁתַּדֵּל לְנַקּוֹתָהּ מִן הַמּוּמִין שֶׁמַּטִּיל בָּהּ הַטֶּבַע הַגּוּפָנִי?

וְהַמִּדּוֹת כֻּלָּם הַצְּרִיכוֹת כָּל כָּךְ תִּיקּוּן וְהַיְשָׁרָה, מִי יְיַשְּׁרֵם וּמִי יְתַקְּנֵם, אִם לֹא נָשִׂים לֵב עֲלֵיהֶם וְלֹא נְדַקְדֵּק בַּדָּבָר דִּקְדּוּק גָּדוֹל? הֲלֹא אִם עִיַּינְנוּ עַל הַדָּבָר עִיּוּן אֲמִיתִּי, הָיִינוּ מוֹצְאִים אוֹתוֹ עַל אֲמִתּוֹ, וּמֵיטִיבִים לְעַצְמֵנוּ, וּמְלַמְּדִים אוֹתוֹ לַאֲחֵרִים, וּמֵיטִיבִים לָהֶם גַּם כֵּן!

הוּא מַה שֶּׁאָמַר שְׁלֹמֹה "אִם תְּבַקְשֶׁנָּה כַכָּסֶף וְכַמַּטְמֹנִים תַּחְפְּשֶׂנָּה, אָז תָּבִין יִרְאַת ה'" (משלי ב' ד'). אֵינוֹ אוֹמֵר, אָז תָּבִין פִילוֹסוֹפִיאָה, אָז תָּבִין תְּכוּנָה, אָז תָּבִין רְפוּאָה, אָז תָּבִין דִּינִים, אָז תָּבִין הֲלָכוֹת, אֶלָּא - "אָז תָּבִין יִרְאַת ה'".

הֲרֵי לְךָ, שֶׁלְּהָבִין הַיִּרְאָה צָרִיךְ לְבַקֵּשׁ אוֹתָהּ כַּכֶּסֶף וּלְחַפֵּשׂ אוֹתָהּ כַּמַּטְמוֹנִים.

הֲדֵי אֵפוֹא בְּמַה שֶּׁמְּלוּמָּד לָנוּ מֵאֲבוֹתֵינוּ וּבְמַה שֶּׁמְּפוּרְסָם אֵצֶל כָּל

אהבה נקייה ולא עניין אישי שאני עסוק בעצמי.

לא נדקדק בדבר דקדוק גדול? *לעבודת המידות צריך הרבה עמל!!*

אם תבקשנה ככסף וכמטמונים תחפשנה, אז תבין יראת ה'. יראת ה' היא לכאורה הדבר הכי פשוט והכי ידוע, אבל בעצם היא הכי קשה להבנה, ודורשת מאמץ להתחקות כיצד לחבר אותה לנפש שלנו. המאמץ לבקש אותה ככסף וכמטמונים הוא בעצם המאמץ איך הופכים אותה לחלק מהתודעה שלנו.

הנמצא זמן לכל שאר חלקי העיון ולעיון הזה לא יהיה זמן? *מספיקה לך אמונה קטנה? אין לך זמן לגדול?*

הן יראת ה' היא חכמה. יש רק חכמה אמיתית אחת והיא לבדה

בֶּן דַּת דֶּרֶךְ כְּלָל?! אוֹ הֲנִמְצָא זְמַן לְכָל שְׁאָר חֶלְקֵי הָעִיּוּן וְלָעִיּוּן הַזֶּה לֹא יִהְיֶה זְמַן?! לָמָּה לֹא יִקְבַּע אָדָם לְעַצְמוֹ עִתִּים לְפָחוֹת לְהִסְתַּכְּלוּת הַזֶּה, אִם מוּכְרָח הוּא בִּשְׁאֵרִית זְמַנּוֹ לִפְנוֹת אֶל עִיּוּנִים אוֹ אֶל עֲסָקִים אֲחֵרִים?

וְהִנֵּה הַכָּתוּב אוֹמֵר "הֵן יִרְאַת ה' הִיא חָכְמָה" (איוב כ"ח, כ"ח) וְאָמְרוּ רַבּוֹתֵינוּ זִכְרוֹנָם לִבְרָכָה "הֵן - אַחַת" (שבת ל"א ב'). הֲרֵי שֶׁהַיִּרְאָה הִיא חָכְמָה, וְהִיא לְבַדָּהּ חָכְמָה, וַדַּאי שֶׁאֵין נִקְרָא "חָכְמָה" מַה שֶּׁאֵין בּוֹ עִיּוּן.

אַךְ הָאֱמֶת הוּא, כִּי עִיּוּן גָּדוֹל צָרִיךְ עַל כָּל הַדְּבָרִים הָאֵלֶּה לָדַעַת אוֹתָם בֶּאֱמֶת, וְלֹא עַל צַד הַדִּמְיוֹן וְהַסְּבָרָה הַכּוֹזֶבֶת - כָּל שֶׁכֵּן לִקְנוֹת אוֹתָם וּלְהַשִּׂיגָם. וּמִי שֶׁיִּתְבּוֹנֵן בָּם, יִרְאֶה שֶׁאֵין הַחֲסִידוּת תָּלוּי בְּאוֹתָם הַדְּבָרִים שֶׁיַּחְשְׁבוּ הַמִּתְחַסְּדִים הַטִּפְּשִׁים, אֶלָּא בְּדִבְרֵי שְׁלֵמוּת אֲמִתִּי וְחָכְמָה רַבָּה.

הוּא מַה שֶּׁמֹּשֶׁה רַבֵּנוּ עָלָיו הַשָּׁלוֹם מְלַמְּדֵנוּ בְּאָמְרוֹ "וְעַתָּה יִשְׂרָאֵל מָה ה' אֱלֹהֶיךָ שֹׁאֵל מֵעִמָּךְ כִּי אִם לְיִרְאָה אֶת ה' אֱלֹהֶיךָ לָלֶכֶת בְּכָל דְּרָכָיו וּלְאַהֲבָה אֹתוֹ וְלַעֲבֹד אֶת ה' אֱלֹהֶיךָ בְּכָל לְבָבְךָ וּבְכָל נַפְשֶׁךָ

חכמה - יראת ה'. ואם היא חכמה, צריך לעיין היטב כדי להשיג אותה. החסידות מדגימה כמה עומק טמון במושגים הפשוטים של עבודת ה': יראה, הליכה בדרכיו, אהבה, שלמות הלב, שמירת כל המצוות.

"ועתה ישראל מה ה' אלוקיך שואל מעמך". משה הולך בסדר עקרוני: קודם יראה, אחר כך הליכה בדרכיו, מידות, עבודה מכל הלב ומתוך עולם פנימי על מנת לקיים את המעשה. המעשה נמצא רק בסוף, והמוטיבציות, הערכים, השאיפות, קודמות לו. לפני הפרטים יש חשיבות לעמידה הפנימית, לשורש, למגמה. זה סיכום תמציתי של עקרונות העולם הנפשי הישראלי. משה רבנו מלמד אותי - מתוך עולם פנימי של ערכים, שאיפות, מידות ורצונות, אני מקיים את המעשה. במילים

לִשְׁמֹר אֶת מִצְוֹת ה׳ וְאֶת חֻקֹּתָיו״ (דברים י׳ י״ב-י״ג). כָּאן כָּלַל כָּל חֶלְקֵי שְׁלֵימוּת הָעֲבוֹדָה הַנִּרְצֵית לַשֵּׁם יִתְבָּרֵךְ וְהֵם: הַיִּרְאָה, הַהֲלִיכָה בִּדְרָכָיו, הָאַהֲבָה, שְׁלֵימוּת הַלֵּב, וּשְׁמִירַת כָּל הַמִּצְוֹת.

הַיִּרְאָה - הִיא יִרְאַת רוֹמְמוּתוֹ יִתְבָּרֵךְ, שֶׁיִּירָא מִלְּפָנָיו כְּמִי שֶׁיָּרֵא מִלִּפְנֵי מֶלֶךְ גָּדוֹל וְנוֹרָא, וְיֵבוֹשׁ מִגְּדוּלָּתוֹ עַל כָּל תְּנוּעָה שֶׁהוּא בָּא לְהִתְנוֹעֵעַ, כָּל שֶׁכֵּן בְּדַבְּרוֹ לְפָנָיו בִּתְפִלָּה אוֹ בְּעָסְקוֹ בְּתוֹרָתוֹ.

"שואל מעמך" - עמידה פנימית ושורש המגמה קודמים למעשה. - בניית רצון ה׳ בי.

אה	יר
בה	אה

אבינו מלכנו - אבינו ← נחת רוח, אהבה. מלכנו ← מלכות, יראה.[3]

היראה. היא ההתחלה, השורש של הכל. אבל יראת רוממותו - איננה פחד! משמעות היראה היא לזכור שה׳ הוא כמלך החושב על כל המדינה, על הכלל. הוא עסוק ומוטרד, ואני בא לפניו עם רצונות פרטיים וקטנים. כאשר אני חושב על כך, מיד נכנסים רצונותיי לפרופורציה. יראת שמים היא עמידה מול גודל. לקום בבוקר וכל הזמן לזכור שיש גודל בעולם. אדם שחושב כך בונה אישיות גדולה.

ויבוש מגדולתו. האדם שואל את עצמו: לאן אתה נע? והתשובה: להתפלל מול מלך גדול. "עשה רצונו כרצונך, כדי שיעשה רצונך כרצונו" (אבות ב). יראת שמים איננה הקטנת עצמך. להיפך, היא מרוממת! כאשר אתה מאמת את אישיותך מול מלך גדול אתה מתמלא גודל, אתה נהיה גדול בעצמך. ביטול חיובי הוא פינוי

3 הטבלה מופיעה כך בכתב היד. ניתן לקרוא את המילים "יראה" ו"אהבה" גם מימין לשמאל וגם מלמעלה למטה.

הַהֲלִיכָה בִּדְרָכָיו - כּוֹלֵל כָּל עִנְיַן יוֹשֶׁר הַמִּדּוֹת וְתִיקּוּנָם, וְהוּא מַה שֶּׁבֵּיאֲרוּ זִכְרוֹנָם לִבְרָכָה "מַה הוּא רַחוּם אַף אַתָּה רַחוּם" וכו' (שבת קל"ג ב'). **וּכְלַל כָּל זֶה, שֶׁיִּנְהַג הָאָדָם כָּל מִדּוֹתָיו וְכָל מִינֵי פְּעוּלּוֹתָיו עַל פִּי הַיּוֹשֶׁר וְהַמּוּסָר. וּכְלַל חֲכָמֵינוּ זִכְרוֹנָם לִבְרָכָה, "כָּל שֶׁהִיא תִּפְאֶרֶת לְעוֹשֶׂיהָ וְתִפְאֶרֶת לוֹ מִן הָאָדָם"** (אבות ב' א') **דְּהַיְנוּ, כָּל הַהוֹלֵךְ אֶל תַּכְלִית הַהֲטָבָה הָאֲמִיתִּית, דְּהַיְינוּ, שֶׁתּוֹלַדְתָּהּ חִיזּוּק הַתּוֹרָה וְתִיקּוּן אַחֲוַות הַמְּדִינוֹת.**

מקום לגודל. יראה היא הפחד להיות קטן. מול דבר כל כך גדול, אין דבר כזה 'קשה לי'! בכל תנועה שלי, העולם נע לגודל. *צריך להשתייך, להתחבר לגודל, למלכות שבי. שמיים זה גודל אין סופי.*

כל שכן בדברו לפניו בתפילה או בעסקו בתורתו. *העמדת רצונות המלך במרכז אישיותי, בנייתם בלימוד, הבאתם בתפילה, בתנועה. בבוקר - מודה אני לפניך מלך. בלילה קריאת שמע על המיטה, קבלת עול מלכות שמים.*

יושר המידות. הישר נמצא באמצע, במרכז, ואינו נתפס לקצה. לכן הוא שלם. 'הליכה בדרכיו' (ברבים) היא הרמוניה של דרכים שנרקמות לדרך אחת. הליכה מלכותית בדרכיו של מלך העולם, לא בדרך החלקית שלך. *איך אני יודע שאני בדרך ישרה?*

וכלל חכמינו זכרונם לברכה, "כל שהיא תפארת לעושיה ותפארת לו מן האדם". רבי יהודה הנשיא, תלמיד חכם ומנהיג, יצר שיטה מלכותית להיות נאמן לממלכה האלוקית. איך נדע מה עלינו לעשות? 'כל שהיא תפארת לעושיה' - מה שמרומם את האדם, 'תפארת לו מן האדם' - מה שמתקן את העולם. שני סימנים להולך אל ההטבה האמתית, השלמה, המלכותית: חיזוק התורה הפנימית שבי, וחיזוק האחווה - איחוי העולם, החיבור לבני האדם.

יראה, הליכה בדרכיו, אהבה. *איך מתקדמים מיראה לאהבה? איך תתקרב לפני מלך גדול? אתה חי על פיו? אתה רוצה אותו דבר? לך בדרכיו. לקחת את כל המידות ולרקום דרך שהיא דרכיו.*

הָאַהֲבָה - שֶׁיִּהְיֶה נִקְבָּע בְּלֵב הָאָדָם אַהֲבָה אֵלָיו יִתְבָּרַךְ, עַד שֶׁתִּתְעוֹרֵר נַפְשׁוֹ לַעֲשׂוֹת נַחַת רוּחַ לְפָנָיו, כְּמוֹ שֶׁלִּבּוֹ מִתְעוֹרֵר לַעֲשׂוֹת נַחַת רוּחַ לְאָבִיו וּלְאִמּוֹ, וְיִצְטַעֵר אִם חָסֵר זֶה מִצִּדּוֹ אוֹ מֵאֲחֵרִים, וִיקַנֵּא עַל זֶה וְיִשְׂמַח שִׂמְחָה רַבָּה בַּעֲשׂוֹתוֹ דָּבָר מִזֶּה.

שְׁלֵמוּת הַלֵּב - הוּא שֶׁתִּהְיֶה הָעֲבוֹדָה לְפָנָיו יִתְבָּרַךְ בְּטֹהַר הַכַּוָּנָה, דְּהַיְינוּ, לְתַכְלִית עֲבוֹדָתוֹ בִּלְבַד וְלֹא לְשׁוּם פְּנִיָּה אַחֶרֶת, וְנִכְלָל בָּזֶה, שֶׁיִּהְיֶה לִבּוֹ שָׁלֵם בָּעֲבוֹדָה וְלֹא כְּפוֹסֵחַ עַל שְׁתֵּי הַסְּעִפִּים, אוֹ כְּעוֹשֶׂה מִצְוַת אֲנָשִׁים מְלֻמָּדָה, אֶלָּא שֶׁיִּהְיֶה כָּל לִבּוֹ נָתוּן לָזֶה.

האהבה. אהבה לה׳ היא אמון שאנחנו הולכים באותו כיוון. ממנה אני מגיע לרצון לעשות לו נחת רוח, כשכל מעשה שלי מותאם לרצון ה׳ והוא לא חיצוני לי. אני מתעורר לזה באופן טבעי, כי ברור לי שאם חסר משהו בהגשמת רצון ה׳, הדבר חסר בי. כתוצאה אני מקנא לזה, והדבר משמח אותי בעשייה ואכפתיות לרצון ה׳, לחסד. ״עשה רצונך כרצונו״ - התעוררות נפשית, קשר נפשי, אותה מגמה.

״עוד אפשר לכם להפוך בשרכם לבשר קודש, את רוחכם כאש אוכלה ואת כל עצמכם לתפארת ישראל ולבני היכלא דמלכא״ (חובת התלמידים).

לעשות נחת רוח לפניו. ״מים רבים לא יוכלו לכבות את האהבה ונהרות לא ישטפוה״. זה אני, תוכניתו המלכותית של הקב״ה. הזדהות, קישור והתאמה נפשית שמתעוררת בי.

שלמות הלב. לעבוד את ה׳ ״בכל לבבך ובכל נפשך״ - מעבר מפנימי לחיצוני. יש התמודדות עם היצר. שלמות הלב, טוהר כוונות.

הטהרה. הטהרה עומדת כנגד חיים של ״מצוות אנשים מלומדה״ - מעשים חיוורים חסרי ברק, חסרי גודל. הטהרה היא חיבור של העולם הפנימי שלי עם המעשה, מפגש של העולם הרוחני והגשמי בשלמות. בעזרת הטוהר אפשר להילחם בכוונות ובפניות הזרות, בניסיון לפסוח על שני הסעיפים וליהנות מכל העולמות.

והנה. משה רבינו עליו השלום בונה בי מלמטה למעלה, מבפנים לחוץ. מבפנים -

שְׁמִירַת כָּל הַמִּצְוֹת - כְּמַשְׁמָעוֹ, דְּהַיְינוּ, שְׁמִירַת כָּל הַמִּצְוֹת כֻּלָּן בְּכָל דִּקְדּוּקֵיהֶן וּתְנָאֵיהֶן:
וְהִנֵּה כָּל אֵלֶּה כְּלָלִים צְרִיכִים פֵּירוּשׁ גָּדוֹל. וּמָצָאתִי לַחֲכָמֵינוּ זִכְרוֹנָם לִבְרָכָה, שֶׁכָּלְלוּ הַחֲלָקִים הָאֵלֶּה בְּסֵדֶר וְחִילּוּק אַחֵר יוֹתֵר פְּרָטִי וּמְסוּדָּר - לְפִי הַהַדְרָגָה הַמִּצְטָרֶכֶת בָּהֶם לִקְנוֹת אוֹתָם עַל נָכוֹן. וְהוּא מַה שֶּׁאָמְרוּ בְּבָרַיְיתָא - הוּבְאָה בִּמְקוֹמוֹת שׁוֹנִים בַּשַּׁ"ס, וְאֶחָד מֵהֶם בְּפֶרֶק לִפְנֵי אֵידֵיהֶן, זֶה לְשׁוֹנָם:
"מִכָּאן אָמַר רַבִּי פִּנְחָס בֶּן יָאִיר, תּוֹרָה מְבִיאָה לִידֵי זְהִירוּת, זְהִירוּת

קבלת עול מלכות שמים (יראה), להליכה בדרכיו (מידות), לאהבה. הוצאה אל הפועל בטהרה, לעשות מעשים עם כל הלב בשלמות. להאיר את תפארת ישראל - אור ירושלים, שמע ישראל. "התנערי מעפר קומי, לבשי בגדי תפארתך עמי". דוגמא אישית בגבורה, שיטת אלקנה. לדרוש מעצמי לסלול מסילה - מתי יגיעו מעשי למעשה אבותי?

והנה כל אלה הכללים צריכים פירוש גדול. החיים דורשים הדרכה איך לרומם אותם: איך לבנות כוחות, כוונות, אישיות ו־רצונות - בקיצור, איך לבנות חיים. בשביל לעשות זאת, צריך גם תורה שבכתב וגם תורה שבעל פה. בברכות התורה אומרים: "אשר נתן לנו תורת אמת וחיי עולם נטע בתוכנו".

החלק הראשון, "אשר נתן לנו תורת אמת", מדבר על התורה שבכתב שנותנת אמת נצחית, עיקרון אידיאלי כללי שקשה לפגוש אותו בחיינו. כמו שאדמה היא מקור כל האוכל ובכל זאת אי אפשר לאכול אותה, כך גם אי אפשר להיפגש ישירות עם המקור הכללי. צריך לפגוש אותו דרך הפירות שעושה האדמה, כלומר עם הפירוש. כאן נכנס החלק השני של הברכה: "וחיי עולם נטע בתוכנו", זוהי התורה שבעל פה. אך מה הכוונה 'בתוכנו'? כדי לחיות חיי עולם רוויי נטיעה, צמיחה ולבלוב, עליך לדרוש מעצמך: מתי יגיעו מעשי למעשי אבותיי?

רבי פנחס בן יאיר. בגמרא מסופר על כך שרבי פנחס קרע נהר

מְבִיאָה לִידֵי זְרִיזוּת, זְרִיזוּת מְבִיאָה לִידֵי נְקִיּוּת, נְקִיּוּת מְבִיאָה לִידֵי פְּרִישׁוּת, פְּרִישׁוּת מְבִיאָה לִידֵי טָהֳרָה, טָהֳרָה מְבִיאָה לִידֵי חֲסִידוּת, חֲסִידוּת מְבִיאָה לִידֵי עֲנָוָה, עֲנָוָה מְבִיאָה לִידֵי יִרְאַת חֵטְא, יִרְאַת חֵטְא מְבִיאָה לִידֵי קְדֻשָּׁה, קְדֻשָּׁה מְבִיאָה לִידֵי רוּחַ הַקֹּדֶשׁ, רוּחַ הַקֹּדֶשׁ מְבִיאָה לִידֵי תְּחִיַּת הַמֵּתִים" (עבודה זרה כ' ב').

וְהִנֵּה עַל פִּי הַבָּרַיְיתָא הַזֹּאת הִסְכַּמְתִּי לְחַבֵּר חִיבּוּרִי זֶה, לְלַמֵּד לְעַצְמִי וּלְהַזְכִּיר לַאֲחֵרִים תְּנָאֵי הָעֲבוֹדָה הַשְּׁלֵימָה לְמַדְרֵיגוֹתֵיהֶם. וַאֲבָאֵר בְּכָל אֶחָד מֵהֶם עִנְיָנָיו וַחֲלָקָיו אוֹ פְּרָטָיו. הַדֶּרֶךְ לִקְנוֹת אוֹתוֹ, וּמָה הֵם מַפְסִידָיו, וְהַדֶּרֶךְ לִישָּׁמֵר מֵהֶם.

בדרכו לקיום מצוות פדיון שבויים (חולין ז ע"ב). הוא מוציא את השבויים מחושך לאור, מורה להם את הדרך, ולכן המהר"ל אמר שמעשה זה הוא מהותי לו וטמון כבר בשמו - פנחס **בן יאיר**. באותו אופן, גם באימרה שלו (שכל ספר "מסילת ישרים" מבוסס עליה) הוא מפלס לנו את הדרך, איך מוציאים את הגוף מהכלא של העולם הזה ומרוממים אותו. רבי פנחס סולל מסילה שמתחילה מהתורה ונמשכת עד תחיית המתים, וכשהולכים בה גם הגוף יוצא מחושך לאור והופך לשותף בקדושת הנשמה.

ללמד לעצמי ולהזכיר לאחרים. *כל אחד צריך לכתוב לעצמו ספר מוסר לדברים שהוא צריך לתקן. אדם שלא מתאמץ כל הזמן לחיות וללמוד על עצמו, לא יצליח ללמוד מאחרים.*

ולא תשכח ממנו חובתנו לפניו. *כל אחד צריך להאיר, לסלול, לפדות. קודש-חול, גבורה. למשל, ר' אריה לוין אבי האסירים לא היה צריך לבקש סליחה ובכל זאת תמיד ביקש סליחה, בשביל כולם. לא היה לו זמן ובכל זאת היה מוצא זמן לכל אדם,*

כִּי אֶקְרָא בּוֹ אֲנִי וְכָל מִי שֶׁיִּמְצָא בּוֹ נַחַת, לְמַעַן נִלְמַד לְיִרְאָה אֶת ה׳ אֱלֹהֵינוּ,
וְלֹא תִשָּׁכַח מִמֶּנּוּ חוֹבָתֵנוּ לְפָנָיו. וַאֲשֶׁר חוֹמְרִיּוּת הַטֶּבַע מִשְׁתַּדֵּל לְהָסִיר מִלִּבֵּנוּ הַקְּרִיאָה וְהַהִסְתַּכְּלוּת יַעֲלֶה עַל זִכְרוֹנֵנוּ וִיעִירֵנוּ אֶל הַמִּצְוָה עָלֵינוּ. וַה׳ יִהְיֶה בְּכִסְלֵנוּ וְיִשְׁמוֹר רַגְלֵינוּ מִלָּכֶד, וְתִתְקַיֵּים בָּנוּ בַּקָּשַׁת הַמְשׁוֹרֵר הָאָהוּב לֵאלֹהָיו "הוֹרֵנִי ה׳ דַּרְכֶּךָ, אֲהַלֵּךְ בַּאֲמִתֶּךָ, יַחֵד לְבָבִי לְיִרְאָה שְׁמֶךָ" (תהלים פ"ו י"א).
אָמֵן כֵּן יְהִי רָצוֹן:

להוציא אותו מעצבותו, להקדים שלום לכל אחד, גם למנקי הרחובות. "אדם נמוך רואה רק עד הלב"[4]. גיבור מתגבר כארי בכוחותיו בשמחה - להאיר בשמחה. כי החסידות זה המהפך שממנו הכל מתגלגל.

המשורר האהוב לאלוקיו. כל אחד חייב להציב לפניו דמות. דוד המלך - המטרה להיות משורר מלא כיסופים נפשיים. שייכות, אהוב לאלוקיו, כל שירתו מלאה אהבת ה׳. בקשתו - הדרכה, דרך. דוד המלך - לדרוש מעצמי.

"הורני ה׳ דרכך". דרך היא מלשון הדרכה, "אהלך באמיתך" - הליכה. "יחד לבבי" - איחוד הלב, שלמות. "ליראה שמך" - עבודה, לימוד, מסילה. פותח את ידך ומשביע לכל חי רצון. "לא בשמים היא - בפיך ובלבבך לעשותה", אם תרצו אין זו אגדה.

4 מסופר על ר׳ אריה לוין שפגש פעם מכר שהרגיש לא נוח במחיצתו בגלל שלא חבש כיפה. ר׳ אריה הרגיש בכך ואמר לו: "אל תרגיש רע, אני נמוך ורואה רק עד הלב".

פרק א

בבאור
כלל חובת האדם
בעולמו

פרק א

בבאור כלל חו... למו

יסוד החסידות ושרש העבודה ה...
ויתאמת אצל האדם מה חובתו
שישים מבטו ומגמתו בכל אשר הוא

והנה מה שהורונו החכמים זכרונם לברכה
נברא אלא להתענג על ה' ולהנות מזי...
התענוג האמתי והעדון הגדול מכל ה...
להמצא, ומקום העדון הזה באמת הוא הע...
הנברא בהכנה המצטרכת לדבר הזה. אך
אל מחוז חפצנו זה, הוא זה העולם
זכרונם לברכה (אבות ד, טז): העולם
בפני העולם הבא. והאמצעים המ... לו,
שהוא העו... הם המצוות אשר צונו ... על-ידי
אמצעים אלה, והוא ... לברכה (עירובין כב,
א): היום לעשותם ומחר לקבל שכרם.

וכשתסתכל עוד בדבר תראה, כי השלמות האמתי הוא רק הדבקות בו יתברך, והוא מה שהיה דוד המלך אומר (תהלים עג, כח): "ואני קרבת אלהים לי טוב",

יְסוֹד הַחֲסִידוּת וְשׁוֹרֶשׁ הָעֲבוֹדָה הַתְּמִימָה - הוּא שֶׁיִּתְבָּרֵר וְיִתְאַמֵּת

אנא אלי, עשני כלי לשליחותך.

חובת האדם. מהות האדם תלויה בחובה - "אדם לעמל יולד". לא נוכל להבין את החיים אלא מתוך נקודת ראות של מחויבות ואחריות; קיומנו תלוי בה. היא הכרחית ואין דרך להתחמק ממנה. כל אחד שייך למשהו שהוא מחויב אליו. זו המסקנה הראשונה שעולה מהתורה: "ויניחהו בגן עדן לעבדה ולשמרה" (בראשית ב). להיות בגן עדן פירושו לעבוד ולשמור - משימה מהותית לאדם, משום שהוא נברא עבור משהו.

בעולמו. הדגש כאן הוא על חובת האדם ב'עולמו', כלומר בעולם של האדם עצמו ולא באיזה עולם שמחוצה לו, שהוא עולם הטבע. אנחנו שוגים כאשר אנחנו מתבוננים בעולם סביבנו וסבורים שזה העולם ואין בלתו, אבל זו טעות. זה אינו העולם שלנו. במציאות יש את "עולם הטבע" ואת "עולם האדם". בעולם הטבע לא ישתנה דבר אם תוציא ממנו את האדם, הוא יפעל נפלא גם בלעדיו. בעולם הטבע האדם איננו מלך הבריאה, משום שזה אינו העולם שלו.

עולם האדם הוא דבר אחר לגמרי. כל אחד הוא עולם בפני עצמו, שונה מחברו. זהו עולם עם חוקים אחרים, תבניות אחרות, מטרות אחרות. מגמת האדם היא להיות "נזר הבריאה". נזר הוא כתר, שניצב מעל הראש אבל איננו מחובר לגוף. כך גם האדם, מגדיר את הבריאה אך אינו חלק ממנה. אכן, העובדה שהאדם נמצא בעולם וחי בו את עולמו הפרטי הופכת אותו לנזר - ומשמעות הדבר שהוא מהווה קישוט אדיר, נותן צבע אחר ומשמעות אחרת לכל העולם.

שורש. התחלה, הדבר שממנו מתפתחת העבודה התמימה. נכון שחסידות ועבודה תמימה הם ענפים 'גבוהים' שגדלים בשמיים, אבל רכישת הסגולות האלה מתחילה כאן ועכשיו, ויש להן אחיזה 'על הקרקע', על במותי ארץ. הכרה בכך מאפשרת לחזור ליסוד

אֵצֶל הָאָדָם מַה חוֹבָתוֹ בְּעוֹלָמוֹ, וּלְמַה צָרִיךְ שֶׁיָּשִׂים מַבָּטוֹ וּמְגַמָּתוֹ בְּכָל אֲשֶׁר הוּא עָמֵל כָּל יְמֵי חַיָּיו.

וְהִנֵּה, מַה שֶׁהוֹרוּנוּ הַחֲכָמֵינוּ זִכְרוֹנָם לִבְרָכָה הוּא, שֶׁהָאָדָם לֹא נִבְרָא אֶלָּא לְהִתְעַנֵּג עַל ה׳ וְלֵיהָנוֹת מִזִּיו שְׁכִינָתוֹ, שֶׁזֶּהוּ הַתַּעֲנוּג הָאֲמִיתִּי וְהָעִידּוּן הַגָּדוֹל מִכָּל הָעִידּוּנִים שֶׁיְּכוֹלִים לִימָּצֵא. וּמְקוֹם הָעִידּוּן

ולשורש שנמצאים כאן, ומתוכם אפשר לטפס גבוה מאוד למדרגות עליונות. *יסוד, שורש - יש להם אחיזה על במותי ארץ.*

שיתברר. לימוד על ידי בירור, **ויתאמת**, תהליך למידה שמביא לכך שהדברים יתיישבו על הלב.

מה חובתו... ולמה הוא עמל. חובה ועמל הם שני דברים שבאופן טבעי ניתן לשים אליהם לב אף בלי תורה. החובה - תחושה פשוטה, הבנה פנימית בליבו של אדם ישר, שלא יתכן קיומו בלי שום מחויבות. אדם בריא מרגיש מחויבות לעולם שנברא בו, לאיזו שהיא משימה. רק אחרי שמניחים שיש חובה ניתן ללמוד תורה שתפקידה לברר את פשר המחויבות, בבחינת ׳דרך ארץ שקדמה לתורה׳. על גבי זה בא העמל - הבנה פשוטה שלא רק שיש מחויבות, אלא שאף יש צורך להתאמץ. דבר לא נוצר ללא מאמץ. אם כן, אדם צריך לשאול את עצמו, מהי המגמה בעמל זה?

קיומנו בעולם כרוך לא רק במפגש עם העולם אלא אף במפגש עם עצמנו, והמפגש מתבטא בחיפוש של משמעות החובה ומטרותיה. החיפוש אחר המשמעות הזו מביא אותנו ללמוד תורה.

כל ימי חייו. *חשב דרכיך ובחן את עצמך כל עת, ואל תשאיר אבן על אבן בתוך עצמך.*

חכמינו. *התורה אומה בי.*

האדם לא נברא אלא להתענג על ה׳. בדברי הרמח״ל טמון חידוש כאשר הוא טוען למרכזיות שלושה מושגים: א) התענוג, ב) העולם הבא, ג) העולם הזה. מושגים אלה טעונים בירור: א) מהו אותו תענוג שמופיע כנושא ראשי, ומהי החובה והמטרה? ב) מה

הַזֶּה בֶּאֱמֶת הוּא הָעוֹלָם הַבָּא, כִּי הוּא הַנִּבְרָא בַּהֲכָנָה הַמִּצְטָרֶכֶת לַדָּבָר הַזֶּה. אַךְ הַדֶּרֶךְ כְּדֵי לְהַגִּיעַ אֶל מְחוֹז חֶפְצֵנוּ זֶה - הוּא זֶה הָעוֹלָם.

וְהוּא מַה שֶּׁאָמְרוּ זִכְרוֹנָם לִבְרָכָה "הָעוֹלָם הַזֶּה דּוֹמֶה לִפְרוֹזְדוֹר בִּפְנֵי הָעוֹלָם הַבָּא" (אבות ד' ו').

משמעות האמירה שהתענוג הוא רק בעולם הבא? מה זה העולם הבא ולמה הוא כל כך מרכזי עד שהספר מתחיל בעולם הבא? ג) אחרי שהרמח"ל הציב את הצבת העולם הבא במרכז, מה אם כן תפקידו של העולם הזה?

להתענג על ה'. *למצוא את עצמי בעצמי. תשובה משמעותה לשוב אל הנשמה.*

התענוג האמיתי. אדם מתענג כאשר הוא חווה חוויה שמאוד מתאימה לו, שתואמת לחלוטין את עולמו הנפשי. כאשר הוא חווה חוויה שאיננה מתאימה לו הוא איננו מתענג. הסיבה לחוסר התאמה היא העדר מפגש של האדם עם נפשו והתעלמות ממנה. בחיי היומיום אנחנו בעיקר רואים את העולם סביבנו, ט־עמים אותו, חווים פעם יותר פעם פחות. אבל כמעט לעולם איננו רואים את הנפש שלנו, איננו עומדים מולה ויכולים להצביע - זה אני. עושר החוויות שאנו רואים סביבנו, יש בו המון מסכים והסתרות שבעצם מסתירים מהאדם את נשמתו, את אישיותו, את עצמותו. אם אשקע בתענוגים שכל הזמן מתחלפים ומשתנים, אחמיץ את האפשרות לתענוג מתמיד, שמשמעותו גילוי עצמי. כשהאדם אומר לעצמו: ככה טוב לי. *חובה להתענג. התענוג הוא חשיפה של עצמיות הנפש.*
חובת האדם למצוא את עצמו בעצמו, לגלות, לחשוף את נשמתו.

שיכולים להימצא. עולם הבא הוא מקום העידון, המקום שבו האדם נאמן לעצמו - זהו עדן. לכן העולם הבא נמשל לטרקלין, היעד שאליו רוצים להגיע.

פרוזדור. העולם הזה, לעומת זאת, נמשל לפרוזדור, והפרוזדור הוא ארוך. השאלה היא: למה נחוץ בכלל פרוזדור? מדוע לא בחר בורא העולם להציב את האדם ישירות בחדר הסופי, בטרקלין? התשובה

וְהָאֶמְצָעִיִּים הַמַּגִּיעִים אֶת הָאָדָם לַתַּכְלִית הַזֶּה, הֵם הַמִּצְוֹת אֲשֶׁר צִוָּנוּ עֲלֵיהֶן הָאֵל יִתְבָּרַךְ שְׁמוֹ. וּמְקוֹם עֲשִׂיַּת הַמִּצְוֹת הוּא רַק הָעוֹלָם הַזֶּה. עַל כֵּן הוּשַׂם הָאָדָם בְּזֶה הָעוֹלָם בַּתְּחִלָּה, כְּדֵי שֶׁעַל יְדֵי הָאֶמְצָעִיִּים הָאֵלֶּה הַמִּזְדַּמְּנִים לוֹ כָּאן - יוּכַל לְהַגִּיעַ אֶל הַמָּקוֹם אֲשֶׁר הוּכַן לוֹ,

היא - נחיצותה של הציפיה. השלב שלפני הטרקלין הוא השלב בו נוצרת התכוננות, התקווה להיכנס לטרקלין. ההולך בפרוזדור אומר לעצמו: הנה, עוד רגע אני שם. אך אם אכנס מיד, אחמיץ את ההתכוננות הזו. בעולם הזה עסוקים בציפייה דרוכה לטרקלין. צריך להגיע לחיים השלמים שלך מתוך רצון להגיע אליהם.

לפתח צימאון, מי שלא צמא לא יפיק תועלת. כפי הצימאון בעולם הזה כך הוא מרחב המימוש בעולם הבא. חיים מתוך צימאון לחיים, ערגה לחיים, מפתחים רצינות, מגדילים את טווח החלומות, "פותח את ידך ומשביע לכל חי רצון". כך מגיע האדם להיות בן עולם הבא כאשר הוא מלא חסדים, צמא לחסד.

המצוות. תפקיד העולם הזה הוא לבנות את הציפייה, את המוכנות לעולם הבא. את זה עושות המצוות. הן משמשות "דוגמית" לְמַה שראוי להשתוקק אליו. בכל מצווה ומצווה שאתה מקיים אתה מכונן בליבך ציפייה לאיכות מסוימת, ועל ידי כך בונה את הכלי לבניית ציפיות ומוכנות. *כל אדם נוחל את חלקו בעולם הבא לפי מידת הצימאון, המוכנות והקבלה שהוא יצר בעולם הזה באמצעות המצוות. עוצמת החיים שתקבל היא לפי מידת כלי הקיבול הזה.*

העולם הזה בנוי כך שהוא יהיה המקום בו אפשר לקיים מצוות - הכנות, ואילו העולם הבא הוא המקום בו האדם נעשה מושלם. יש הבדל גדול בין קיום מצוות בעולם הזה לבין השלמות של עולם הבא: המצוות אינן עקרונות רוחניים כללים ותיאורטיים. להיפך, הן הוראות קטנות ומדויקות, נקודות מפורטות.

בעולם הזה יש ריבוי פרטים וחוסר יכולת לזהות בהם את הנושא. המפגש שלנו עם החיים מאוד נקודתי; הם אינם מתגלים אלינו כמכלול. לא תמיד ברור מה למעלה ומה למטה, מה בראש ומה

שֶׁהוּא הָעוֹלָם הַבָּא, לִרְווֹת שָׁם בַּטּוֹב אֲשֶׁר קָנָה לוֹ עַל יְדֵי הָאֶמְצָעִיִּים אֵלֶּה. וְהוּא מַה שֶּׁאָמְרוּ זִכְרוֹנָם לִבְרָכָה "הַיּוֹם לַעֲשׂוֹתָם וּמָחָר לְקַבֵּל שְׂכָרָם" (ערובין כ"ב א').

באמצע, מה המטרות ולאן הכול הולך. מטבעו של האדם, שהוא אינו יכול להתמקד במספר משימות. הוא יכול לעשות רק מעשה אחד בכל פעם ולא יותר, לשים לב לתופעה אחת ולא ליותר. כך גם המצוות, שתואמות למבנה של העולם הזה. כל מצווה היא משהו קטן אחד, וכל פעם אפשר לקיים רק מצווה אחת. הן תמיד מוגבלות בזמן ותמיד מדויקות: תחילה זמן קריאת שמע, אחריו זמן תפילה, לאחר מכן יגיע זמן למשהו אחר. המצוות בנויות על דיוק כמו שהעולם הזה בנוי מזמנים ממשיים, מקומות מוגדרים, ותלוי במעשים מאוד מסוימים. העולם הבא, לעומת זאת, הוא משהו אחר לגמרי. אין בו פרטים, אלא הכל מעורב בו יחד: מגמה, רצון, חיים כלליים ושייכות כללית.

היום לעשותם ומחר לקבל שכרם. משל למה הדבר דומה? לאדם שעובד חודש שלם. החודש מתחלק ל"זמנים קטנים" שעל כל אחד מהם הוא מקבל שכר חלקי, ויחד הם מצטרפים לשכר גדול חודשי אותו הוא מקבל בסוף החודש. האם בפועל אנו תופסים את המשכורת כנחלקת למכלול דקות העבודה? כמובן שלא, השכר הוא על חודש שלם. איננו מסתכלים על כלל המעשים כסך של פרטים, אלא כעל הכללה.

כך גם היחס בין העולם הזה לבין העולם הבא: העשייה נשקלת אל מול השכר. הפרטים מפגישים אותנו אט-אט עם רמזים בסיסיים של אותה מערכת ענקית שנקראת עולם הבא, והמפגשים האלה יוצרים בנו צימאון ונכונות להכנה והכלה. קבלה של פרטים בזה אחר זה מאותו דבר גדול שאליו צועדים מאפשרת לאדם לעכל אותו.

כשחז"ל רוצים להגדיר את היחס בין העולם הזה לבין העולם הבא הם אומרים "מי שטרח בערב שבת יאכל בשבת" (עבודה זרה ג). הם מתייחסים לעולם הזה כאל בישול, שעניינו הוא הכנה והזנה

וּכְשֶׁתִּסְתַּכֵּל עוֹד בַּדָּבָר תִּרְאֶה, כִּי הַשְּׁלֵימוּת הָאֲמִיתִּי הוּא רַק הַדְּבֵיקוּת בּוֹ יִתְבָּרַךְ, וְהוּא מַה שֶּׁהָיָה דָּוִד הַמֶּלֶךְ אוֹמֵר "וַאֲנִי קִרְבַת אֱלֹהִים לִי טוֹב" (תהלים ע"ג כ"ח), **וְאוֹמֵר "אַחַת שָׁאַלְתִּי מֵאֵת ה' אוֹתָהּ**

של כלי הקיבול של האדם. העולם הזה איננו רע או בעייתי, הוא פרוזדור, ועצם ההכנה היא עניין בפני עצמו. כשאדם מתכונן היטב לשבת, הוא יכול לקבל ממנה עשרות מונים יותר, כי יש לו כלי קיבול. הוא מחכה, מצפה, מתכונן אליה כבר ממוצאי שבת, ואומר בכל יום לפני אמירת שיר של יום: "היום יום ראשון בשבת", "היום יום שני בשבת" וכו'. *זו העשייה וזה השכר.*

וכשתסתכל. העולם הזה מואר מאור עולם הבא; הפרוזדור נתפס מתוך פרספקטיבה של הטרקלין. המון מסרים של העולם הבא מופיעים כאן, ולאט לאט מתבהר שזו בעצם הפרשנות של העולם.

השלמות האמיתי. הרצון לשלמות הוא אחד הרצונות החזקים באדם, ואיתה באה הנטייה לתקן ולשפר. בתוך האדם ישנו צימאון שאיננו ניתן לסיפוק לשלמות שאיננה קיימת. האדם מרגיש שהמציאות שהוא חווה איננה שלמה ולכן אף פעם לא שבע רצון, תמיד מבקש עוד תיקון. *רצון זה לשלמות נובע מן העובדה שהאדם שייך למשהו עליון. יש באדם דחף לשלמות עליונה באמת.*

דבקות היא שייכות נפשית עמוקה מאוד שכוללת את עצם החיים. עצם החיים שייכים לגודל. כל עוד האדם איננו עוסק בסוגיית הדבקות, הוא אינו מתחיל אפילו לעסוק בחפץ השלמות שבליבו. שלמות אמיתית היא דבר אחר - דבקות.

"ואני קרבת אלוקים לי טוב". *זה הרצון שלך - צימאון לאל חי.*

שאלתי. אדם שואל את עצמו במהלך חייו שאלות רבות, ושאלתו הגדולה היא "מה יקרה עם חיי"? פעמים רבות, האדם הולך סחור סחור אך לעניין עצמו, למוקד שאלת חייו, אינו מגיע. אתה רוצה לשייך את כל חייך למשהו עליון, ומה אתה עושה? תיקונים קטנים. תיקונים אלה מסיחים את הדעת מן השאלה הגדולה, מן המשאלה

אֲבַקֵּשׁ, שִׁבְתִּי בְּבֵית ה' כָּל יְמֵי חַיַּי" (תהלים כ"ז ד'). כִּי רַק זֶה הוּא הַטּוֹב, וְכָל זוּלַת זֶה שֶׁיַּחְשְׁבוּהוּ בְּנֵי הָאָדָם לְטוֹב אֵינוֹ אֶלָּא הֶבֶל וְשָׁוְא נִתְעֶה. אָמְנָם לְשֶׁיִּזְכֶּה הָאָדָם לְטוֹבָה הַזֹּאת, רָאוּי שֶׁיַּעֲמוֹל רִאשׁוֹנָה וְיִשְׁתַּדֵּל

הגדולה. דוד המלך מדגיש שיש רק משאלה אחת: "ושבתי בבית ה' כל ימי חיי", שהחיים יהיו גדולים. כל המשאלות הקטנות הן היסח דעת. *אני רוצה לפעול עם אל בסיעתא לשמיא, ואנא אלי, עשני כלי לשליחותך, במידות הקב"ה, מתוך תיקון עצמי, תיקון העולם.*

שבתי בבית ה'. אני כל הזמן רוצה שהחיים יהיו במקום אחר, אבל הם נמצאים כאן ועכשיו. משאלה של "ושבתי בבית ה'" נראית לא מציאותית, שכן אי אפשר להיות כל הזמן, כל החיים, בבית ה'. אפילו הכוהנים הגדולים לא נמצאו בבית ה' כל ימי חייהם. אי אפשר להבין את המשאלה הזו באופן מעשי, והכוונה היא: יש לי רצון עז להיות במקום אחר לגמרי, בעל משמעות גדולה.

כל ימי חיי. אתה מחפש את מקומך? עיקר מקומך הוא בעולם הבא. ה'אני' שלך רוצה קרבת אלוקים, דבקות אל עצם מקום החיים, ככתוב "ואתם הדבקים בה' אלוקיכם חיים כולכם היום" (דברים ד). *דע לאן אתה שייך - זהו ביתך. אתה לא מרגיש שלמות כי אתה לא בבית. להוסיף שלמות בעולם הזה.*

הבל ושווא נתעה. כל שאר הדברים הם סתם המצאה בשביל שיהיה לי לאן לרוץ, למצוא משהו חדש. זו לא באמת שלמות, רק דמיונות והמצאות, שווא נתעה. אתה רוצה לשייך את חייך לגודל, לכללו זאת המשאלה האחת. אל תסיח את עצמך במשאלות הקטנות. *"הבל ושוא נתעה" איבוד דרך, תעייה, דמיונות שמושכים אותך.*

ראוי שיעמול. הדברים החשובים בחייו של אדם הם אלה שהאדם מזהה אותם עם אישיותו, מה שהוא מגדיר **כאני** האמיתי שלו. כשאדם עמל להשיג דבר-מה ומשתדל לקנות אותו ביגיעה, ההשתדלות והיגיעה מלמדים אותו משהו על עצמו - שאותו דבר שהוא שוקד לרכשו הוא האני, זה הנושא החשוב בחייו. דבר שהאדם אינו עמל בו, שבא לו בקלות, אינו עובר את הבירור העצמי

בִּיגִיעוֹ לִקְנוֹתָהּ, וְהַיְינוּ, שֶׁיִּשְׁתַּדֵּל לִידָּבֵק בּוֹ יִתְבָּרַךְ בְּכֹחַ מַעֲשִׂים שֶׁתּוֹלְדוֹתָם זֶה הָעִנְיָן, וְהֵם הֵם הַמִּצְוֹת.

וְהִנֵּה שָׂמוֹ הַקָּדוֹשׁ בָּרוּךְ הוּא לָאָדָם בְּמָקוֹם שֶׁרַבִּים בּוֹ הַמַּרְחִיקִים אוֹתוֹ מִמֶּנּוּ יִתְבָּרַךְ, וְהֵם הֵם הַתַּאֲווֹת הַחוֹמְרִיּוֹת, אֲשֶׁר אִם יִמָּשֵׁךְ אַחֲרֵיהֶן הִנֵּה הוּא מִתְרַחֵק וְהוֹלֵךְ מִן הַטּוֹב הָאֲמִיתִּי. וְנִמְצָא שֶׁהוּא מוּשָׂם בֶּאֱמֶת בְּתוֹךְ הַמִּלְחָמָה הַחֲזָקָה. כִּי כָּל עִנְיְנֵי הָעוֹלָם, בֵּין לְטוֹב בֵּין לְמוּטָב, הִנֵּה הֵם נִסְיוֹנוֹת לָאָדָם. הָעֹנִי מִצַּד אֶחָד וְהָעוֹשֶׁר מִצַּד אֶחָד, כְּעִנְיָן שֶׁאָמַר שְׁלֹמֹה "פֶּן אֶשְׂבַּע וְכִחַשְׁתִּי וְאָמַרְתִּי מִי ה׳, וּפֶן

שהוא חשוב דיו, שהוא מרכז חייו, נשמת אפו, ולכן גם אינו מזוהה עם האני.

גם התאווה יכולה לחולל הזדהות עם האני. למה אתה מתאווה? זו לא סתם רשימת מכולת אקראית. יש תאווה שמציבה עמל אדיר של בירור קשה ונוקב ובעל תפקיד כך שבסופו של יום, אדם מזדהה איתה ומגדיר אותה כ׳אני׳. תאווה כזו היא תאווה חיובית, יש בה עוצמה והיא מסלקת כל הגדרת זהות אחרת. העמל בהשגת תאווה כזו מברר את האישיות, מלבן אותה -אתה מתמסר לזה. *איפה תחושת החיים שלך? איפה החיים שלך ממוקמים? מהי צהותך? שאיפותיך? חלומותיך? אכזבותיך? שמחה, התרגשות? על מה אתה יוצא לקרב? איפה החיים שלך פורחים?*

ביגיעו לקנותה. על מנת לחולל דבקות יש צורך בעמל, ובשביל העמל צריך תאווה.

המלחמה החזקה. אלה הם שני קולות הפוכים שנלחמים בך האדם, קול הדבקות וקול התאווה. צלם האלוקים באדם הוא קול הדבקות, הקורא לקיום מצוות, ללימוד תורה, להיות בן עולם הבא. קול התאווה קורא לזיהוי צרכי העולם הזה עם האישיות, לתחושת חיים חזקה. קיום שאת ני קולות גדולים שכאלה הנאבקים זה בזה מחולל אתגר רב שמחייב את האדם לברר זהותו, לשאול מי אני? זה עניינו של האדם. המלחמה חוצבת אישיות.

ניסיונות. אתה נבחן בכל רגע. הניצחון בא מכוח בירור החיים, מכך

אוֹרֵשׁ וְגָנַבְתִּי" וכו' (משלי ל' ט'), **הַשַּׁלְוָה מִצַּד אֶחָד וְהַיִּסּוּרִין מִצַּד אֶחָד. עַד שֶׁנִּמְצֵאת הַמִּלְחָמָה אֵלָיו פָּנִים וְאָחוֹר. וְאִם יִהְיֶה לְבֶן חַיִל וִינַצֵּחַ הַמִּלְחָמָה מִכָּל הַצְּדָדִין, הוּא יִהְיֶה הָאָדָם הַשָּׁלֵם אֲשֶׁר יִזְכֶּה לִידָּבֵק בְּבוֹרְאוֹ וְיֵצֵא מִן הַפְּרוֹזְדוֹר הַזֶּה וְיִכָּנֵס בַּטְּרַקְלִין לֵיאוֹר בְּאוֹר הַחַיִּים, וּכְפִי הַשִּׁעוּר אֲשֶׁר כָּבַשׁ אֶת יִצְרוֹ וְתַאֲווֹתָיו וְנִתְרַחֵק מִן הַמַּרְחִיקִים אוֹתוֹ מֵהַטּוֹב וְנִשְׁתַּדֵּל לִידָּבֵק בּוֹ - כֵּן יַשִּׂיגֵהוּ וְיִשְׂמַח בּוֹ.**

וְאִם תַּעֲמִיק עוֹד בָּעִנְיָן תִּרְאֶה כִּי הָעוֹלָם נִבְרָא לְשִׁימּוּשׁ הָאָדָם, אָמְנָם הִנֵּה הוּא עוֹמֵד בְּשִׁיקּוּל גָּדוֹל, כִּי אִם הָאָדָם נִמְשָׁךְ אַחַר הָעוֹלָם

שאתה מנסה להתמלא בקדושה, בתוכן, במידות, ברוממות, בתורה.

לבן חיל. זהו אדם שלם שברור לו מה הם חייו, שמלא בכוחות חיים. הוא נעשה כזה מתוך הנכונות לעמול ולברר, ומתוך כך זוכה בדבקות. כאליהו הנביא וכיעקב אבינו שחיו את העולם הבא בעולם הזה. *אני צריך להיות בן חיל.*

וכפי השיעור אשר כבש יצרו. *כשאדם מתמודד על מקומו. ההתמודדות אינה אישית בלבד. כתוצאה מהתמודדותו כל העולם מקבל משמעות.*

לשימוש האדם. האדם איננו היחיד שפועל בעולם ומשתמש בו. גם בעלי החיים פועלים בו ומשתמשים בו לצרכיהם. העולם אכן איננו שייך רק לאדם, אבל הוא נברא לשימושו, ולכן הוא קורא שמות לכל החיות (בראשית ב). קריאת שם היא הגדרת הדבר, ואכן לאדם יש רצון אובססיבי לקרוא שם למציאות ולהגדיר אותה. התייחסות של האדם למציאות מגדירה אותה וגם פועלת עליה. זה כוחו של האדם. על ידי שימושו בעולם הוא מעניק לו משמעות, ובכך גם קורא לו שם. כך מושגת מטרת בריאתו של העולם, וכך האדם במו פיו, בהתייחסות על פי עולמו האישי, מגדיר את המציאות. בזכותו המציאות נגאלת, אבל הדבר מתרחש אך ורק כאשר הוא נפגש איתה בצורה נכונה.

בשיקול גדול. התיקון הגדול ביותר של המציאות אינו שיפור טכנולוגי אלא שינוי המשמעות, כאשר האדם מעניק משמעות

וּמִתְרַחֵק מִבּוֹרְאוֹ, הִנֵּה הוּא מִתְקַלְקֵל וּמְקַלְקֵל הָעוֹלָם עִמּוֹ, וְאִם הוּא שׁוֹלֵט בְּעַצְמוֹ וְנִדְבָּק בְּבוֹרְאוֹ וּמִשְׁתַּמֵּשׁ מִן הָעוֹלָם רַק לִהְיוֹת לוֹ לְסִיּוּעַ לַעֲבוֹד בּוֹרְאוֹ, הוּא מִתְעַלֶּה וְהָעוֹלָם עַצְמוֹ מִתְעַלֶּה עִמּוֹ. כִּי הִנֵּה עִילּוּי גָּדוֹל הוּא לַבְּרִיּוֹת כֻּלָּם בִּהְיוֹתָם מְשַׁמְּשֵׁי הָאָדָם הַשָּׁלֵם הַמְקוּדָּשׁ בִּקְדוּשָּׁתוֹ יִתְבָּרַךְ, וְהוּא כְּעִנְיָן מַה שֶּׁאָמְרוּ חֲכָמֵינוּ זִכְרוֹנָם לִבְרָכָה בְּעִנְיַן הָאוֹר שֶׁגְּנָזוֹ הַקָּדוֹשׁ בָּרוּךְ הוּא לַצַּדִּיקִים, זֶה לְשׁוֹנָם, "וְכֵיוָן שֶׁרָאָה אוֹר שֶׁגְּנָזוֹ הַקָּדוֹשׁ בָּרוּךְ הוּא לַצַּדִּיקִים שָׂמַח, שֶׁנֶּאֱמַר 'אוֹר צַדִּיקִים יִשְׂמָח' (משלי י"ג ט')**"** (חגיגה י"ב א')**.**

וּבְעִנְיַן אַבְנֵי הַמָּקוֹם שֶׁלָּקַח יַעֲקֹב וְשָׂם מְרַאֲשׁוֹתָיו אָמְרוּ "אָמַר רַבִּי

חדשה דברים שסביבו. אחת הדרכים לעשות זאת היא באמצעות הברכה. כאשר אדם מברך על דברים שהוא נהנה מהם, שהוא מתפעל מראייתם, הוא מגדיר את המציאות מחדש. יש כאן אחריות גדולה, שכן היגררות אחר המציאות ותפיסתה כחסרת פשר מקלקלת אותה בהעצמה של חיים חסרי פשר ומשמעות. המציאות חסרת זהות כמו אוכל תפל, תבשיל שלא תיבלו אותו. לעומת זאת, שליטה עצמית המעניקה משמעות גורמת למציאות להתעלות. לכן אדם צריך להיות עסוק בתיקון עצמי - זהו המפעל הכי משמעותי שאדם יכול לעשות בחייו, למען תיקון עולם במלכות שדי.

והעולם עצמו מתעלה עימו. *דע! מה למעלה - ממך! ומלמעלה הוא יורד לעולם הזה.*

כי הנה עילוי גדול הוא לבריות כולם. *עילוי של העולם הוא בירור היעוד. תיקון האדם הוא תיקון העולם. אדם אינני שיפוצניק המסתובב בעולם ומחפש מה לתקן. הוא מתקן את עצמו ואז עולמו מקבל שם ומתקן. כדי לתקן עולם במלכות שדי, צריך לעסוק בתיקון עצמו.*

האור. הוא הבריאה הראשונה, והוא נגנז לפני שנברא העולם. הקב"ה לא ברא את האור שיעמוד כך בעצמו, בלי האדם. תפקיד האדם הוא להדליק את האור. "לשפוך אור" על משהו, הכוונה

יִצְחָק, מְלַמֵּד שֶׁנִּתְקַבְּצוּ כֻּלָּן לְמָקוֹם אֶחָד וְהָיְתָה כָּל אַחַת אוֹמֶרֶת, עָלַי יַנִּיחַ צַדִּיק רֹאשׁוֹ" (חולין צ"א ב'). **וְהִנֵּה עַל הָעִיקָּר הַזֶּה הֶעִירוּנוּ זִכְרוֹנָם לִבְרָכָה בְּמִדְרַשׁ קֹהֶלֶת, שֶׁאָמְרוּ זִכְרוֹנָם לִבְרָכָה "'רְאֵה אֶת מַעֲשֵׂי הָאֱלֹהִים' וכו'** (קהלת ז' י"ג) **- בְּשָׁעָה שֶׁבָּרָא הַקָּדוֹשׁ בָּרוּךְ הוּא אֶת אָדָם הָרִאשׁוֹן, נְטָלוֹ וְהֶחֱזִירוֹ עַל כָּל אִילָנֵי גַן-עֵדֶן וְאָמַר לוֹ, רְאֵה מַעֲשַׂי כַּמָּה נָאִים וּמְשׁוּבָּחִים הֵן, וְכָל מַה שֶּׁבָּרָאתִי - בִּשְׁבִילְךָ בָּרָאתִי, תֵּן דַּעְתְּךָ שֶׁלֹּא תְקַלְקֵל וְתַחֲרִיב אֶת עוֹלָמִי"** (קהלת רבה ז' י"ג).
כְּלָלוֹ שֶׁל דָּבָר, הָאָדָם לֹא נִבְרָא בַּעֲבוּר מַצָּבוֹ בָּעוֹלָם הַזֶּה, אֶלָּא בַּעֲבוּר מַצָּבוֹ בָּעוֹלָם הַבָּא. אֶלָּא שֶׁמַּצָּבוֹ בָּעוֹלָם הַזֶּה הוּא אֶמְצָעִי

להבהיר אותו. לפני שהאור הודלק הכוחות אינם מבוררים, הדבר מעורפל ולא מובן. ואז מישהו שופך עליו אור ופתאום הכול מובן, מסודר, יש לו נושא, כותרת, הכול ברור. הברכה שופכת אור כי היא מביטה בעולם תוך הארתו. בלעדיה העולם חשוך, חסר מהות ומשמעות. העולם מחכה לך שתשפוך עליו אור. "אור זרוע לצדיק ולישרי לב שמחה". שמחה באה רק מתוך השקפה, הבנה כללית של המשמעות.

אבני המקום. אבנים הן הדבר הכי סתמי ולא מפותח שיש בשדה. אך אצל אדם שמדליק את האור, כל אבן היא משמעותית. המציאות ממתינה להוצאתה מן הסתמיות, לפשר. כל העולם ממתין למי שיפרש אותו, שיעניק לו פשר, שיגאל את המציאות מהעלם לגילוי, מחושך לאור. רק האדם יכול לעשות זאת ובשביל זה נברא. האבנים רוצות להיות שותפות, "עלי יניח צדיק ראשו". הן שואפות לפשר, למשמעות קיומן. להיות עסוק בתודעת הפרוזדור ואז יש שמחה. ענינו של האדם הוא אחריות על העולם.

בעולם הבא. האדם לא נברא עבור מצבו בעולם הזה, שכן בחיי העולם הזה כשלעצמם אין תוחלת, אין מה לתקן. אם האדם אינו מציב לעצמו תכלית, חייו חסרי משמעות וגם העולם סביבו. תיקון עולם מתחולל כאשר האדם מבין שהוא שייך למשהו אחר - לעולם הבא, וערכי העולם הבא הם שמעניקים פשר ומשמעות למציאות

לְמַצָּבוֹ בָּעוֹלָם הַבָּא, שֶׁהוּא הַתַּכְלִיתִי. עַל כֵּן תִּמְצָא מַאַמְרֵי חֲכָמֵינוּ זִכְרוֹנָם לִבְרָכָה רַבִּים כֻּלָּם בְּסִיגְנוֹן אֶחָד, מְדַמִּים הָעוֹלָם הַזֶּה לְמָקוֹם וּזְמַן הַהֲכָנָה, וְהָעוֹלָם הַבָּא לְמְקוֹם הַמְּנוּחָה וַאֲכִילַת הַמּוּכָן כְּבָר. וְהוּא מַה שֶּׁאָמְרוּ "הָעוֹלָם הַזֶּה דּוֹמֶה לִפְרוֹזְדוֹר" (אבות ד' ט"ז), וּכְמוֹ שֶׁכָּתַבְתִּי לְמַעְלָה "הַיּוֹם לַעֲשׂוֹתָם... וּמָחָר" וכו' (ערובין כ"ב א'). "מִי שֶׁטָּרַח בְּעֶרֶב שַׁבָּת יֹאכַל בְּשַׁבָּת" (עבודה זרה ג' א'), "הָעוֹלָם הַזֶּה דּוֹמֶה לְיַבָּשָׁה וְהָעוֹלָם הַבָּא לְיָם" וכו' (קהלת רבה א' ט"ו). וְכָאֵלֶּה רַבִּים עַל זֶה הַדֶּרֶךְ.

וְתִרְאֶה בֶּאֱמֶת שֶׁכְּבָר לֹא יוּכַל שׁוּם בַּעַל שֵׂכֶל לְהַאֲמִין שֶׁתַּכְלִית

בעולם הזה. *שבת שלום - מנוחה. בא אל מקומו בשלום, מצא מקומו, מה עניינה של המציאות. זה נקרא לעשות שלום.*

מי שטרח בערב שבת יאכל בשבת. העולם נברא בשישה ימים ובשבת לא נברא דבר. הסיבה לקיומה של השבת היא משמעות הקיום - היא מעניקה מטרה, משמעות ושֵם לכל מה שנברא בשישה ימים. שכן מבלעדי המשמעות, מה עניינו של העולם? בשבת מתברר למפרע מה עניינו של העולם, ש"סוף מעשה במחשבה תחילה", מתברר לשם מה נבראו כל היצורים ומה המגמה הרוחנית שהם שייכים אליה. זיהוי האדם עם הטכנולוגיה הוא משפיל, משום שהוא הופך אותו לעצמיות חסרת רוח. זה הכול? בכך שאדם נמנע מעשיית מלאכה בשבת, הוא מצהיר שהמפעל העיקרי שלו הוא לא המפעל הטכנולוגי. הוא בן אדם בכך שיש לו נשמה יתירה והוא מזדהה עם מה שמעבר לצרכי העולם הזה. *כך אני האדם מגיע לפסגה.*

העולם הזה דומה ליבשה והעולם הבא לים. ביבשה אתה יכול לראות רק לטווח של כמה קילומטרים, אבל בים טווח הראייה פתוח למרחבים אדירים, שנפרשים למלוא העין בגיוון, עומק ורוחב - ים שאין לו סוף. כדי להיפגש עם המרחבים, עם הדברים הגדולים, האדירים, העמוקים והאין סופיים האלה, צריך לחיות ביבשה בצורת חשיבה של ים. צריך להיכנס לראש של ים מתוך המציאות ביבשה. תתחיל לחשוב, לדמיין, לנסות לאט לאט איך לבנות ספינה. בעולם היבשה ספינה זה הדבר הכי לא שימושי, הכי לא יעיל. הוא

בְּרִיאַת הָאָדָם הוּא לְמַצָּבוֹ בָּעוֹלָם הַזֶּה, כִּי מַה הֵם חַיֵּי הָאָדָם בָּעוֹלָם הַזֶּה? אוֹ מִי הוּא שֶׁשָּׂמֵחַ וְשָׁלֵו מַמָּשׁ בָּעוֹלָם הַזֶּה? "יְמֵי שְׁנוֹתֵינוּ בָהֶם שִׁבְעִים שָׁנָה, וְאִם בִּגְבוּרֹת שְׁמוֹנִים שָׁנָה, וְרָהְבָּם עָמָל וָאָוֶן" (תהלים צ' י').
בְּכַמָּה מִינֵי צַעַר וָחוֹלָאִים וּמַכְאוֹבִים וּטְרָדוֹת, וְאַחַר כָּל זֹאת - הַמָּוֶת. אֶחָד מִנִּי אֶלֶף לֹא יִמָּצֵא שֶׁיַּרְבֶּה הָעוֹלָם לוֹ הֲנָאוֹת וְשַׁלְוָה אֲמִיתִּית, וְגַם הוּא - אִלּוּ יַגִּיעַ לְמֵאָה שָׁנָה כְּבָר עָבַר וּבָטֵל מִן הָעוֹלָם.
וְלֹא עוֹד, אֶלָּא שֶׁאִם תַּכְלִית בְּרִיאַת הָאָדָם הָיָה לְצוֹרֶךְ הָעוֹלָם הַזֶּה, לֹא הָיָה צָרִיךְ מִפְּנֵי זֶה שֶׁתְּנוּפַּח בּוֹ נְשָׁמָה כָּל כָּךְ חֲשׁוּבָה וְעֶלְיוֹנָה שֶׁתִּהְיֶה

לא מתגלגל... ואילו בים - הספינה תביא אותי למרחבים עצומים. זה הוא העולם הבא - מים שאין להם סוף. דרך התנהלותך בעולם הזה לא תצליח ללכת לשם, אתה תטבע. אבל בעולם הזה עליך להכשיר עצמך לשם, גם בדברים שלא יתנו לך מאומה בעולם הזה - לא פרנסה, לא רווח, לא כבוד. *אתה אדם שבונה ספינה - בונה את העתיד, בן עולם הבא, בונה את כלי ההליכה לעולם הבא. אם אין האדם מתקן ביבשה - אין לו מה לאכול בים.*

שמונים שנה. היכולת לבנות חיים בעולם הזה היא מוגבלת. החיים קצרים. בתור יבשה, העולם הזה איננו כה מדהים, הוא גם לא מציע אופק אדיר. הקב"ה עושה חסד עם האדם כשהוא מראה לו את הים, ונותן לו סימנים שהגיע הזמן לבנות סירה. היבשה רועדת וזזה, יש בה סדקים וצריך לפרוק ממנה כמה שיותר מהר.

ובטל מן העולם. החי מאה שנים נחשב למי שעבר בטל מן העולם. הוא כבר לא מתפקד כראוי. וגם מי שהיה בריא כל חייו, לאחר מאה שנות חיים יפסיק לחיות כהלכה. כל המתבונן בכך אומר לעצמו: "העולם הזה איננו המקום שלי".

תכלית בריאת האדם. *אתה שייך לים, לשבת, לעולם הבא.*

נשמה. הצימאון לעלות אל על. צימאון לחיים, לאינסופיות, לגודל. היא דומה למלאך, רק במהופך: מלאך נשלח ממרומים למציאות, ואילו הנשמה ירדה לפה וכוספת לעלות מעלה. כמה אפשר

גְדוֹלָה יוֹתֵר מִן הַמַּלְאָכִים עַצְמָם, כָּל שֶׁכֵּן שֶׁהִיא אֵינָהּ מוֹצְאָה שׁוּם נַחַת רוּחַ בְּכָל עִינּוּגֵי זֶה הָעוֹלָם, וְהוּא מַה שֶּׁלִּמְּדוּנוּ זִכְרוֹנָם לִבְרָכָה בְּמִדְרַשׁ קֹהֶלֶת זֶה לְשׁוֹנָם "'וְגַם הַנֶּפֶשׁ לֹא תִמָּלֵא' - מָשָׁל לְמָה הַדָּבָר דּוֹמֶה לְעִירוֹנִי שֶׁנָּשָׂא בַּת מְלָכִים אִם יָבִיא לָהּ כָּל מַה שֶּׁבָּעוֹלָם, אֵינָם חֲשׁוּבִים לָהּ כְּלוּם, שֶׁהִיא בַּת מֶלֶךְ. כָּךְ הַנֶּפֶשׁ אִלּוּ הֵבֵאתָ לָהּ כָּל מַעֲדַנֵּי עוֹלָם, אֵינָם כְּלוּם לָהּ, לָמָּה? שֶׁהִיא מִן הָעֶלְיוֹנִים" (קהלת רבה ו' ו'). **וְכֵן אָמְרוּ רַבּוֹתֵינוּ זִכְרוֹנָם לִבְרָכָה "עַל כָּרְחָךְ אַתָּה נוֹצָר וְעַל כָּרְחָךְ**

לצמצמה בעולם הזה? האדם בעל הנשמה גדול בהרבה ממדי העולם הזה. אל תקטין את עצמך - אתה שייך למרחבים אדירים, יום יבוא ותגיע אל הים. *הנפש שלנו קוראת לנו ללא הרף. אל תצמצם את עולמך לכדי חייך הפרטיים בלבד. התרחב! אל תסתגר, היפתח אל ה"גדול".*

המלאכים עצמם. בין העולם הזה ובין העולם הבא יש הבדל גדול, והוא מתבטא בכך שהיבשה שהאדם נמצא בה הולכת ומתמוטטת כל הזמן. היא לא מקום שבאמת ניתן לראות בו אופן חיים נצחי. יש בה יותר מדי רמזים שאי אפשר להאריך בה חיים. הקרקע נשמטת מתחת לרגליו של האדם בגלל שיש לו נשמה חשובה ועליונה. האדם שייך למרחבים, לגודל, לים. אם הבנת זאת - הבנת מי אתה.

בת מלך. הנשמה תובעת מלכותיות. היא נושמת לרווחה רק כשחיים סביבה חיים מלכותיים שאינם אנוכיים. היא תובעת תביעה אין סופית לחשיבה על הזולת, להרחבת הידיעות והעמקתן, לאכפתיות כלפי החברה וכלל האנושות. היא תובעת מאיתנו להגדיל את הצימאון, להכין כלים, להיות מלאי אידיאלים, לעשות חסד, לתת. היא תובעת מן האדם לא להתפלל רק על עצמו.

אנו מתפללים "ותרגילנו בתורתך", מלשון תרגול. למקם נכון את עניינו של האדם והעולם. באמצעות תרגילים אלה, העולם מקבל את איכותו כמקום שאפשר לבנות בו. זו יראת שמים שמשמעותה התבטלות לתוכן השמימי שבנו (ולא לחיצוני). יראת שמים זו משמעותה שיש באדם פיסת שמיים, יסוד של הרחבת הדעת והנפש

אַתָּה נוֹלָד" (אבות ד' כ"ב), כִּי אֵין הַנְּשָׁמָה אוֹהֶבֶת הָעוֹלָם הַזֶּה כְּלָל, אֶלָּא אַדְּרַבָּה מוֹאֶסֶת בּוֹ. אִם כֵּן וַדַּאי לֹא הָיָה בּוֹרֵא הַבּוֹרֵא יִתְבָּרַךְ בְּרִיאָה לְתַכְלִית שֶׁהוּא נֶגֶד חוּקָהּ וְנִמְאָס מִמֶּנָּה. אֶלָּא בְּרִיאָתוֹ שֶׁל הָאָדָם לְמַצָּבוֹ בָּעוֹלָם הַבָּא הִיא, וְעַל כֵּן נִיתְּנָה בּוֹ נְשָׁמָה זֹאת, כִּי לָהּ רָאוּי לַעֲבוֹד וּבָהּ יוּכַל הָאָדָם לְקַבֵּל הַשָּׂכָר בִּמְקוֹמוֹ וּזְמַנּוֹ, שֶׁלֹּא יִהְיֶה דָּבָר נִמְאָס אֶל נִשְׁמָתוֹ כָּעוֹלָם הַזֶּה, אֶלָּא אַדְּרַבָּה נֶאֱהָב וְנֶחְמָד מִמֶּנָּה. וְזֶה פָּשׁוּט.

אשר למולם ראוי להתבטל ומתוכם ראוי לפעול, "לב טהור ברא לי אלוקים ורוח נכון חדש בקרבי".

שהוא נגד חוקה. המפגש של הנשמה עם העולם הזה איננו טבעי. כפי שלמדנו במסכת אבות, האדם נברא בעל כורחו ("על כורחך אתה נוצר ועל כורחך אתה נולד ועל כורחך אתה חי"), ואילו הנשמה שואפת למרחבים, לאידיאלים, צמאה לאלוקים. מדוע אם כך הכריח הקב"ה את הנשמה לרדת לעולם הזה, הגשמי והמצומצם? התשובה נעוצה בחשיבות תפקיד הצימאון. הצימאון מושג מתוך תהליך של תשובה, של בירור ומיון הרגעים שבהם הוא בא על מקומו בשלום, וזה מושג באמצעות מצוות ובעבודה רוחנית. זו דרכה של הנשמה להשתייך לעולם הרוחני. המצוות עוזרות לאדם למיין את חיי העולם הזה לזמנים רגעיים שבהם האדם מרווה את הצימאון הרוחני שבו לבין מצבים שלא. מבחינת הנשמה, המצוות הן הדבר הכי טבעי, כיוון שטבעה של הנשמה הוא לעסוק בצימאון רוחני, בקשר לעולם הרוחני. *המצוות הן הטבע של הנשמה.*

לקבל השכר במקומו וזמנו. השייט בים דורש הכנות. אין קופצים למים בלי לתרגל ביבשה, בבחינת "ותרגילנו בתורתך". התרגילים הם חסד, תפילה, חשיבה תורנית, המאפשרים את הכניסה למרחבי העולם הבא. באמצעותם ניתן לשפר את האישיות, להיות טובים יותר, בעלי רצון לתת ולהתפלל. התרגול כולל גם את הצורך לשפר את החשיבה המוסרית והאידיאלית. אלה הם תרגילי הנתינה, תרגולים מלכותיים. *לשים לב לטבע, אי אפשר ללכת נגדו.*

וְהִנֵּה אַחַר שֶׁיָּדַעְנוּ זֶה נָבִין מִיָּד חוֹמֶר הַמִּצְוֹת אֲשֶׁר עָלֵינוּ וִיקָר הָעֲבוֹדָה אֲשֶׁר בְּיָדֵנוּ. כִּי הִנֵּה אֵלֶּה הֵם הָאֶמְצָעִיִּים הַמְּבִיאִים אוֹתָנוּ אֶל הַשְּׁלֵימוּת הָאֲמִיתִּי אֲשֶׁר בִּלְעָדָם לֹא יוּשַּׂג כְּלָל. וְאוּלָם יָדוּעַ כִּי אֵין הַתַּכְלִית מַגִּיעַ אֶלָּא מִכֹּחַ קִבּוּץ כָּל הָאֶמְצָעִיִּים אֲשֶׁר נִמְצָאוּ וַאֲשֶׁר שִׁימְּשׁוּ לְהַגִּיעוֹ, וּכְפִי כֹּחַ הָאֶמְצָעִיִּים וְשִׁמּוּשָׁם כֵּן יִהְיֶה הַתַּכְלִית הַנּוֹלָד מֵהֶם, וְכָל הֶפְרֵשׁ קָטָן שֶׁיִּמָּצֵא בָּאֶמְצָעִיִּים תִּבָּחֵן תּוֹלַדְתּוֹ בְּבֵירוּר וַדַּאי, בְּהַגִּיעַ זְמַן הַתַּכְלִית הַנּוֹלָד מִקִּיבּוּץ כֻּלָּם כְּמוֹ שֶׁכָּתַבְתִּי, וְזֶה בָּרוּר. מֵעַתָּה וַדַּאי הוּא שֶׁהַדִּקְדּוּק שֶׁיְּדוּקְדָּק עַל עִנְיַן הַמִּצְוֹת וְהָעֲבוֹדָה, מוּכְרָח שֶׁיִּהְיֶה בְּתַכְלִית הַדִּקְדּוּק, כַּאֲשֶׁר יְדַקְדְּקוּ שׁוֹקְלֵי הַזָּהָב

חומר המצוות. כיוון שקיום המצוות הוא הדבר הכי טבעי לנשמה, אי אפשר להתחמק מקיומן, שהרי אין ללכת נגד הטבע. "אלוקי, נשמה שנתת בי". הנשמה היא בי, בתוכי. לפיכך המצוות הן הגילוי של העולם הבא בתוך האדם, בתוך העולם הזה. הן קרניים הבוקעות מתוך הטרקלין.

העבודה. הרוחנית.

התכלית הנולד מהם. ברגע שטבע איננו מתממש, הוא כוח חיים תקוע שלא יוצא, הוא מוות: "רשעים בחייהם קרויים מתים". "אלה המצוות אשר יעשה אותם האדם וחי בהם". יש סדר מדויק שדרכו החיים מתגלים. תפקיד המצוות הוא לאפשר לטבע החיים שלנו להתבטא. וכפי שהטבע אינו מתגלה אלא בצירוף מסוים של פרטים, כך גם הנשמה. טבעה של הנשמה הוא הצימאון, הרצון לחיות חיים רוחניים, אבל הוא אינו מתגלה אלא אם כן נוצרים התנאים הסביבתיים המתאימים. התפתחות הנשמה תהיה על פי התנאים שמאפשרים לה.

הדקדוק. בחיים הרוחניים יש סדר מסוים שאפשר להשוות אותו, במידה מסוימת, לסדר של מדעי הטבע. וכשם שבמדעי הטבע אנחנו מבינים שאין לזלזל בפרטים הקטנים, כך גם עם המצוות. למעשה בתחום הרוחני צריך אף יותר הקפדה על פרטים, משום שתחום זה

וְהַפְּנִינִים לְרֹב יְקָרָם, כִּי תוֹלַדְתָּם נוֹלֶדֶת בִּשְׁלֵימוּת הָאֲמִיתִּי וְהַיְּקָר הַנִּצְחִי שֶׁאֵין יְקָר לְמַעְלָה מִמֶּנּוּ.
נִמְצֵינוּ לְמֵדִים, כִּי עִקַּר מְצִיאוּת הָאָדָם בָּעוֹלָם הַזֶּה הוּא רַק לְקַיֵּים מִצְוֹת, וְלַעֲבוֹד, וְלַעֲמוֹד בַּנִּסָּיוֹן.
וְהַנָּאוֹת הָעוֹלָם אֵין רָאוּי שֶׁיִּהְיוּ לוֹ אֶלָּא לְעֵזֶר וּלְסִיּוּעַ בִּלְבַד, לְשֶׁיִּהְיֶה לוֹ נַחַת רוּחַ וְיִישׁוּב דַּעַת לְמַעַן יוּכַל לְפַנּוֹת לִבּוֹ אֶל הָעֲבוֹדָה הַזֹּאת הַמּוּטֶּלֶת עָלָיו. וְאָמְנָם רָאוּי לוֹ שֶׁתִּהְיֶה כָּל פְּנִיָּיתוֹ רַק לַבּוֹרֵא יִתְבָּרַךְ וְשֶׁלֹּא יִהְיֶה לוֹ שׁוּם תַּכְלִית אַחֵר בְּכָל מַעֲשֶׂה שֶׁיַּעֲשֶׂה - אִם קָטָן וְאִם גָּדוֹל - אֶלָּא לְהִתְקָרֵב אֵלָיו יִתְבָּרַךְ, וְלִשְׁבּוֹר כָּל הַמְּחִיצוֹת הַמַּפְסִיקוֹת

עדין יותר וחמקמק יותר. *דקדוק של מדענים, דקדוק של החיים.*

נמצינו למדים. *מה אנו? מה חיינו? מה טבענו?*

הנאות העולם, אין ראוי שיהיו לו אלא לעזר ולסיוע בלבד. אילו היה האדם חש כמה חיי העולם הזה אינם טבעיים עבורו, היה נעשה עצוב ומדוכדך, כאילו הוא חי בבית זר. הרגשה טובה איננה החיים - החיים הם דבר ענק, גדול בהרבה. חסד עשה ריבונו של עולם שמנע מאיתנו את התחושה הזו, ובמקומה נתן לנו ישוב דעת ונחת רוח. אז אם המיאוס בהנאות זה דבר כל כך טבעי, למה יש כל כך הרבה הנאות בעולם? כי כל מיני הרגשות עוזרות לאדם בעמלו - למשל חקלאי שצריך לעבוד קשה, המרחבים נותנים לו רוחב נפש, וריח האדמה מפיח בו כוחות, וזוהי הנאה שנותנת לו כוח להמשיך.

לפנות ליבו אל העבודה. המגמה: פניית הלב לצימאון. בקשתנו מבורא עולם היא לפתח צימאון ולהעצים אותו, לעסוק בו. זה יביא לנו לא רק הרגשה טובה, אלא אף שמחה ושלמות פנימית. *דוד מבקש: "ישמח לב מבקשי ה'", "דרשו ה' בעוזו בקשו פניו תמיד", "אל תסתר פניך ממני".*

כל המחיצות. מחיצה היא דבר מלאכותי שמסתיר. כל מה שאינו קשור לצימאון הרוחני, מסתיר מפנינו את העניין האמיתי. צריך

בֵּינוֹ לְבֵין קוֹנוֹ - הֵן הִנֵּה כָּל עִנְיְנֵי הַחוֹמְרִיּוּת וְהַתְּלוּי בָּהֶם, עַד שֶׁיִּמָּשֵׁךְ אַחֲרָיו יִתְבָּרַךְ מַמָּשׁ כְּבַרְזֶל אַחַר אֶבֶן הַשּׁוֹאֶבֶת, וְכָל מַה שֶּׁיּוּכַל לַחְשׁוֹב שֶׁהוּא אֶמְצָעִי לַקּוּרְבָה הַזֹּאת - יִרְדּוֹף אַחֲרָיו וְיֹאחַז בּוֹ וְלֹא יַרְפֵּהוּ. וּמַה שֶּׁיּוּכַל לַחְשׁוֹב שֶׁהוּא מְנִיעָה לָזֶה - יִבְרַח מִמֶּנּוּ כִּבְרוֹחַ מִן הָאֵשׁ, וּכְעִנְיָן שֶׁנֶּאֱמַר "דָּבְקָה נַפְשִׁי אַחֲרֶיךָ בִּי תָּמְכָה יְמִינֶךָ" (תהלים ס"ג ט'), כֵּיוָן שֶׁבִּיאָתוֹ לָעוֹלָם אֵינָהּ אֶלָּא לְתַכְלִית הַזֶּה, דְּהַיְינוּ לְהַשִּׂיג אֶת הַקּוּרְבָה הַזֹּאת בְּמַלְּטוֹ נַפְשׁוֹ מִכָּל מוֹנְעֶיהָ וּמַפְסִידֶיהָ.

בעיקר להיזהר מפני ההרגשות הטובות, מפני שהן עלולות להוביל לעצלות, לחוסר רצון לעמול ולהעניק משמעות, ובכך להותיר אחריהן שממה. האדם מצווה להישמר מפני אטימות לפוטנציאל החיים האדיר שנמצא בו.

כל מה שיוכל לחשוב שהוא אמצעי לקורבה הזאת, ירדוף אחריו ויאחז בו ולא ירפה. לעשות חסד, לוותר על פרטיותך למען הכלל, להתפלל על האחר.

"דבקה נפשי אחריך". הנפש בטבעה היא זו שעסוקה בדבקות. "ובי תמכה ימינך" - בזמן שקיימת דבקות, ריבונו של עולם בכבודו ובעצמו עוזר. הוא תומך באדם בימינו שהיא מידת החסד . הבריאה הכי טבעית היא בריאת האדם מעצמו, נגד עצמו, נגד טבעו. "ואתם הדבקים בה' אלוקיכם חיים כולכם היום". לכן אני צריך להציב את המידות האלוקיות מולי, זה היעוד שלי.

להשיג את הקורבה הזאת. נשמה היא דבר טבעי, ואי אפשר

וְהִנֵּה אַחַר שֶׁיָּדַעְנוּ וְהִתְבָּרֵר אֶצְלֵנוּ אֲמִתַּת הַכְּלָל הַזֶּה, יֵשׁ לָנוּ לַחְקוֹר עַל פְּרָטָיו לְפִי מַדְרֵיגוֹתֵיהֶם, מִתְּחִלַּת הַדָּבָר וְעַד סוֹפוֹ, כְּמוֹ שֶׁסִּדְּרָם רַבִּי פִּנְחָס בֶּן יָאִיר בְּמַאֲמָר שֶׁלּוֹ שֶׁהֵבֵאנוּ כְּבָר בְּהַקְדָּמָתֵנוּ, וְהֵם, הַזְּהִירוּת, הַזְּרִיזוּת, הַנְּקִיּוּת, הַפְּרִישׁוּת, הַטָּהֳרָה, הַחֲסִידוּת, הָעֲנָוָה, יִרְאַת הַחֵטְא וְהַקְּדוּשָּׁה. וְעַתָּה נְבָאֵר אֶחָד אֶחָד בְּסִיַּעְתָּא דִשְׁמַיָּא.

להתעלם מהטבע. זרימת החיים היא לפרוץ, לצאת אל האור. אין זה ישר או מוסרי להשתיק את הנשמה, אנו מצווים להיות ערניים לטבע שלנו ולאפשר לו לחיות. האדם הוא יצור ענק. ראה כמה הוא נשגב, כמה משמעויות הוא מכיל. אל תשפיל אותו! אתה מציל את עצמך. יש טבע שצריך להציל אותו, לתת לו להתבטא. זה עמוד התווך של הספר מסילת ישרים.

כמו שסידרם רבי פנחס בן יאיר. המדרגות של רבי פנחס בן יאיר הן מדרגות של פגישה עם החיים שנמצאים בקרבנו. זה מהלך טבעי, תגובת שרשרת, כאשר הטבע מתבטא – הוא מתפתח, תיאור חי של דבר מביא לדבר.

נבארם אחד אחד. הגישה היסודית שתנחה אותנו תהיה ההבנה שאנחנו עוסקים בטבע הנשמה שרוצה להתבטא, וצורת ההתייחסות והבירור תהיה כמו במדעי הטבע. נשתמש במשלים מעולם הטבע, במבט שקשור לעולם הטבעי. כך צריכים לראות את מערכת החיים הטבעית הרוחנית שנמצאת בנו.

פרק ב

בבאור
מדת הזהירות

שֶׁיַּעֲשֶׂה, אִם קָטָן וְאִם גָּדוֹל, אֶלָּא לְהִתְקָרֵב אֵלָיו יִתְבָּרַךְ וְלִשְׁבֹּר כָּל הַמְּחִצּוֹת הַמַּפְסִיקוֹת בֵּינוֹ לְבֵין קוֹנוֹ, הֵן הֵנָּה כָּל עִנְיְנֵי הַחָמְרִיּוּת

מַדְרֵגוֹתֵיהֶם, מִתְחַלְּקוֹת
רַבִּי פִּינְחָס בֶּן יָאִיר בְּמַאֲמָר שֶׁלּוֹ
תֵנוּ, וְהֵם: הַזְּהִירוּת, הַזְּרִיזוּת, הַנְּקִיּוּת,
ה, הַחֲסִידוּת, הָעֲנָוָה, יִרְאַת־הַחֵטְא
וְהַקְּדֻשָּׁה.
בָאֲרֵם אֶחָד אֶחָד בְּסִיַּעְתָּא דִשְׁמַיָּא.
פֶּרֶק ב
בֵאוּר מִדַּת הַזְּהִירוּת
הוּא, שֶׁיִּהְיֶה הָאָדָם נִזְהָר בְּמַעֲשָׂיו
בּוֹנֵן וּמְפַקֵּחַ עַל מַעֲשָׂיו וּדְרָכָיו

בְּבֵאוּר מִדַּת הַזְּהִירוּת

הִנֵּה עִנְיַן הַזְּהִירוּת הוּא, שֶׁיִּהְיֶה הָאָדָם נִזְהָר בְּמַעֲשָׂיו וּבְעִנְיָנָיו. כְּלוֹמַר, מִתְבּוֹנֵן וּמְפַקֵּחַ עַל מַעֲשָׂיו וּדְרָכָיו, הֲטוֹבִים הֵם אִם לֹא? לְבִלְתִּי עֲזֹב נַפְשׁוֹ לְסַכָּנַת הָאֲבַדּוֹן, חַס

הִנֵּה עִנְיַן הַזְּהִירוּת הוּא שֶׁיִּהְיֶה הָאָדָם נִזְהָר בְּמַעֲשָׂיו וּבְעִנְיָנָיו, כְּלוֹמַר, מִתְבּוֹנֵן וּמְפַקֵּחַ עַל מַעֲשָׂיו וּדְרָכָיו - הֲטוֹבִים הֵם אִם לֹא, לְבִלְתִּי עֲזוֹב

זהירות. הברייתא של רבי פנחס בן יאיר פותחת בכך שתורה מביאה לידי זהירות. מדוע? מגמתו של לימוד תורה הוא לחנך את האדם, ולעורר בקרבו תחושה טבעית שכמיהה לדברים אידיאלים היא מהותו כאדם. יש ביד האדם היכולות להתרומם מעל הנטיות הפרטיות ולהימשך אחר גודל אלוקי אין סופי.

עניין הזהירות. *להיות זהיר אין משמעותו לעצור את החיים, להיות ערני משמעותו מיצוי הכי גבוה של החיים.*

מתבונן ומפקח. להתבונן פירושו לדאוג שהחיים יופיעו במלואם. משל למה הדבר דומה? שני חברים יוצאים לטייל בנחל. האחד בחור חי וזורם, הולך בנחל בצעדים קלילים ומהירים, ו'תופר' אותו במינימום זמן ומקסימום תעוזה. חברו מתנהל לו לאיטו, מגיע אחריו לסוף המסלול ואומר "כמה יפה היה!". "מה יפה?", גוער בו חברו. "אתה קפוא! ראה כמה לאט הלכת! במקום להשתחרר, ללכת, ולזרום אתה תקוע, לא זז. אי אפשר ככה, זה לא טיול!". עונה לו החבר: "ראית את קן הציפורים?". -"לא". "ראית שלושה פרחים סגולים שם מתחת לאבן?". -"לא, לא שמתי לב". "ראית את שפן הסלע?". -"לא".

אי אפשר לומר על החבר האיטי שהוא עצר את זרימת החיים. הוא הלך בעירנות גבוהה מאוד, ואיטיות תנועתו, העובדה שהוא לא שעט כמו סוס, אינה מעידה שהוא עצר את חייו אלא הוא דאג שהם יבוטאו במלואם. משום שחיים אינם מתבטאים רק ביכולת ללכת, אלא בשימוש בכל החושים, בעיניים, באוזניים ובאף, בראיה, בשמיעה ובריח. לחיים ביטויים רבים ועשירים, והם כוללים בחובם צדדים רבים שעל מנת לגלותם יש צורך בעירנות ודריכות גבוהה. החבר אכן הלך בדריכות, אבל הייתה זו הליכה מלאת חיות, עירנות

נַפְשׁוֹ לְסַכָּנַת הָאֲבַדּוֹן חַס וְחָלִילָה, וְלֹא יֵלֵךְ בְּמַהֲלַךְ הֶרְגֵּלוֹ כְּעִוֵּר בָּאֲפֵלָה.
וְהִנֵּה זֶה דָּבָר שֶׁהַשֵּׂכֶל יְחַיְּבֵהוּ וַדַּאי, כִּי אַחֲרֵי שֶׁיֵּשׁ לָאָדָם דֵּיעָה וְהַשְׂכֵּל לְהַצִּיל אֶת עַצְמוֹ וְלִבְרוֹחַ מֵאֲבַדּוֹן נִשְׁמָתוֹ, אֵיךְ יִתָּכֵן שֶׁיִּרְצֶה לְהַעְלִים עֵינָיו מֵהַצָּלָתוֹ? אֵין לְךָ פְּחִיתוּת וְהוֹלֵלוּת רַע מִזֶּה וַדַּאי! וְהָעוֹשֶׂה כֵּן הִנֵּה הוּא פָּחוּת מֵהַבְּהֵמוֹת וּמֵהַחַיּוֹת אֲשֶׁר בְּטִבְעָם לִשְׁמוֹר אֶת עַצְמָם וְעַל כֵּן יִבְרְחוּ וְיָנוּסוּ מִכָּל מַה שֶּׁיֵּרָאֶה לָהֶם הֱיוֹתוֹ מַזִּיק לָהֶם. וְהַהוֹלֵךְ בְּעוֹלָמוֹ בְּלִי הִתְבּוֹנְנוּת - אִם טוֹבָה דַּרְכּוֹ אוֹ רָעָה, הִנֵּה הוּא כְּסוּמָא הַהוֹלֵךְ עַל שְׂפַת הַנָּהָר אֲשֶׁר סַכָּנָתוֹ וַדַּאי עֲצוּמָה, וְרָעָתוֹ

מתוך רצון לשים לב. זו הליכה אנושית השומרת על האיכויות האנושיות.

כעיור באפילה. מי שאינו שם לב, מסתכן. חוסר זהירות הוא כשמתעלמים, כששותקים, כשמתכחשים לעולם האנושי, לעוצמת החיים, לעוצמת הנשמה.

והעושה כן הנה הוא פחות מהבהמות. כדי להבין את מושג הזהירות הרמח״ל בודק את עולם החי. בעלי החיים מאופיינים בדריכות ועירנות גבוהים מאוד. אלה שיש להם החושים המחודדים ביותר הכי ערניים לסכנות. *אני צריך להתרגל לחשיבה טבעית. כמו במקרה של בעל חיים, עוצמת החיים אומרת לו להישמר ולהיות זהיר. כך גם עוצמת החיים האנושית.*

וההולך בעולמו. *יש לך עולם. אם אתה מתנהל בלי התבוננות, מתעלם מנפשך, אתה ממש בסכנה. ההליכה צריכה להיות אנושית, לשמור על האנושיות שלך, על האומץ, על הגודל בעולם האנושי שלנו.*

העיוורון הרצוני. ישנם בני אדם המעדיפים להתעלם, לא להיזהר ולא לשים לב. משום שתשומת הלב משמעותה לשנות הרגלים,

קְרוֹבָה מֵהַצָּלָתוֹ, כִּי אוּלָם חֶסְרוֹן הַשְּׁמִירָה מִפְּנֵי הָעִוָּרוֹן הַטִּבְעִי אוֹ מִפְּנֵי עִוָּרוֹן הָרְצוֹנִי, דְּהַיְינוּ, סְתִימַת הָעֵינַיִם בִּבְחִירָה וָחֵפֶץ, אֶחָד הוּא. וְהִנֵּה יִרְמְיָהוּ הָיָה מִתְאוֹנֵן עַל רוֹעַ בְּנֵי דוֹרוֹ מִפְּנֵי הֱיוֹתָם נְגוּעִים בְּנֶגַע הַמִּדָּה הַזֹּאת, שֶׁהָיוּ מַעְלִימִים עֵינֵיהֶם מִמַּעֲשֵׂיהֶם בְּלִי שֶׁיָּשִׂימוּ לֵב לִרְאוֹת מַה הֵם, הֲלְהֵעָשׂוֹת אִם לְהֵעָזֵב? וְאָמַר עֲלֵיהֶם "אֵין אִישׁ נִחָם עַל רָעָתוֹ לֵאמֹר... כֻּלֹּה שָׁב בִּמְרוּצָתָם כְּסוּס שׁוֹטֵף בַּמִּלְחָמָה" (ירמיה ח׳ ו׳), וְהַיְינוּ, שֶׁהָיוּ רוֹדְפִים וְהוֹלְכִים בִּמְרוּצַת הֶרְגֵּלָם וְדַרְכֵיהֶם מִבְּלִי שֶׁיַּנִּיחוּ זְמַן לְעַצְמָם לְדַקְדֵּק עַל הַמַּעֲשִׂים וְהַדְּרָכִים, וְנִמְצָא שֶׁהֵם נוֹפְלִים בְּרָעָה בְּלִי רְאוֹת אוֹתָהּ.

לשנות את זרימת החיים. הזהירות אכן קשה, אבל קושי זה הוא טוב. *חיים בזהירות הם חיים יותר "גדולים". אדם יכול לברוא מורכבות, אבל הוא יפסיד את חייו. אל תפחד מחיים מורכבים!*

ירמיהו. המוכיח הגדול של בני ישראל, מכונן הזהירות הלאומית.

סוס שוטף במלחמה. סוס בטבעו הוא חיה הססנית וזהירה. אולם סוס במלחמה אינו הססן, משום שמאלפים אותו לאבד את החושים הטבעיים ולשעוט מול הסכנה. וכשם שריצת הסוס במלחמה איננה טבעית לו, כך חוסר הזהירות אינו טבעי לאדם.

מבלי שיניחו זמן לעצמם. היסוד הראשון בזהירות: זמן. *קח זמן לעצמך, לבדוק את העולם האנושי שלך, מה שלומו.* הקדשת זמן מאפשרת ליצור דבר מורכב. כאשר אתה מתלונן שאין לך זמן לעצמך, ללימודיך, משמעות הדבר היא שאין לך זמן לממדים האנושיים של הנפש, שאתה מוותר על תפיסת החיים כאתגר. חיי העולם הזה הם חיי עמל, ויש דרכים להתמודד עם אתגר ההתקדמות והעיסוק בדברים החשובים באמת. הבעיה נוצרת כאשר שאלת ההישרדות הופכת להיות במוקד תשומת הלב. מי שהישרדותו היא מרכז קיומו מוכן לוותר על הכול עבורה. ההישרדות, עצם הקיום, הופכת למצב

וְאוּלָם הִנֵּה זֹאת בֶּאֱמֶת אַחַת מִתַּחְבּוּלוֹת הַיֵּצֶר הָרָע וְעָרְמָתוֹ, לְהַכְבִּיד עֲבוֹדָתוֹ בִּתְמִידוּת עַל לִבּוֹת בְּנֵי הָאָדָם עַד שֶׁלֹּא יִשָּׁאֵר לָהֶם רֶוַח לְהִתְבּוֹנֵן וּלְהִסְתַּכֵּל בְּאֵיזֶה דֶּרֶךְ הֵם הוֹלְכִים. כִּי יוֹדֵעַ הוּא שֶׁאִלּוּלֵי הָיוּ שָׂמִים לִבָּם כְּמְעַט קָט עַל דַּרְכֵיהֶם, וַדַּאי שֶׁמִּיָּד הָיוּ מַתְחִילִים לִינָּחֵם מִמַּעֲשֵׂיהֶם וְהָיְתָה הַחֲרָטָה הוֹלֶכֶת וּמִתְגַּבֶּרֶת בָּהֶם עַד שֶׁהָיוּ עוֹזְבִים הַחֵטְא לְגַמְרֵי. וַהֲרֵי זֶה מֵעֵין עֲצַת פַּרְעֹה הָרָשָׁע שֶׁאָמַר "תִּכְבַּד הָעֲבֹדָה עַל הָאֲנָשִׁים" וכו' (שמות ה' ט'), שֶׁהָיָה מִתְכַּוֵּין שֶׁלֹּא לְהַנִּיחַ לָהֶם רֶוַח כְּלָל

חירום, ולא נותר פנאי לעיסוק באידיאלים ובערכים. נכון, צריך להתאמץ בעולם הזה במלחמת הקיום, אבל מסוכן כשמצב החירום הופך לאובססיה. אין זמן. *החיים דורשים ערנות לחיים.*

היצר הרע וערמתו. היסוד השני בזהירות הוא התמודדות עם היצר הרע. המאבק לשימור עצמי מנטרל כל יכולת לפעול באופן יצירתי מתוך ערכים ואידיאלים. האדם מוכן להקריב הכול על מנת לשרוד, בשם איזה "פיקוח נפש" מדומה, והעולם האידיאלי הוא הקרבן הראשון. זו מהות היצר. כאשר מלחמת הקיום הופכת לנושא מרכזי, ועיקר תשומת הלב מופנה להצליח בחיים, להסתדר בחיים, להתבסס בחיים, הערכים מתמסמסים. "אל תהיה פראייר" - זו עצת היצר ויסוד הרוע בעולם. מלחמת הקיום מצווה - "חשוב רק על עצמך", אך האידיאלים דורשים לחשוב גם על מישהו אחר.

אילולא היו שמים ליבם... היו עוזבים החטא לגמרי. *הדבר נוגע בטבע האדם, וזה טבעי לאדם להיות אידיאליסט. ואז היצר הרע לא נותן אפילו טיפה כי זה מסוכן, כי אין זמן.*

העבודה הבלתי מפסקת. פרעה גוזר שלא יהיה זמן לבני ישראל, "תכבד העבודה". אין פנאי לעבוד את ה'. מדוע חושש פרעה? משום שהקדשת הזמן לעבודת ה' עלולה לחולל זהות, וכך תהווה חבורת העבדים, בני ישראל, איום על הממלכה המצרית. אם פרעה חשש מיצירת זהות לאומית, יצרו הרע של האדם חושש מיצירת

לְבִלְתִּי יִתְּנוּ לֵב אוֹ יָשִׂימוּ עֵצָה נֶגְדּוֹ, אֶלָּא הָיָה מִשְׁתַּדֵּל לְהַפְרִיעַ לִבָּם מִכָּל הִתְבּוֹנְנוּת - בְּכֹחַ הַתְמָדַת הָעֲבוֹדָה הַבִּלְתִּי מֻפְסֶקֶת. כֵּן הִיא עֲצַת הַיֵּצֶר הָרַע מַמָּשׁ עַל בְּנֵי הָאָדָם, כִּי אִישׁ מִלְחָמָה הוּא וּמְלוּמָּד בְּעַרְמִימוּת, וְאִי אֶפְשָׁר לִימָּלֵט מִמֶּנּוּ אֶלָּא בְּחָכְמָה רַבָּה וְהַשְׁקָפָה גְּדוֹלָה. הוּא מַה שֶּׁהַנָּבִיא צוֹוֵחַ וְאוֹמֵר "שִׂימוּ לְבַבְכֶם עַל דַּרְכֵיכֶם" (חגי א׳ ה׳). **וּשְׁלֹמֹה אָמַר בְּחָכְמָתוֹ "אַל תִּתֵּן שֵׁנָה לְעֵינֶיךָ וּתְנוּמָה לְעַפְעַפֶּיךָ הִנָּצֵל כִּצְבִי מִיָּד" וכו׳** (משלי ו׳ ד׳-ה׳), **וַחֲכָמֵינוּ זִכְרוֹנָם לִבְרָכָה אָמְרוּ "כָּל**

זהות נשמתית. שאלות מן הסוג של: מי אתה? מה הם ערכיך? מהי אישיותך? עשויות להוביל לבניית האישיות, ליצירת זהות, למסקנה עצמית שהאדם הוא בן אנוש, בעל נשמה, בעל צלם אלוקים.

איש מלחמה הוא ומלומד בערמומיות. יצר הרע איננו אדם, איננו "מישהו". היצר הוא נטייה אנושית - יצר הקיום וההישרדות החזק המשתלט לעיתים על הווית האדם. ליצר יש תפקיד חשוב, אבל כאשר הוא הופך להיות מוקד תשומת הלב המנטרל כל עיסוק אחר או עניין ערכי, זהו מצב שאיננו טוב. כשהיצר הרע הופך להיות מלך, "מלך זקן" "ואיש מלחמה הוא", כאילו יש אויב בתוכנו המכריז עלינו מלחמה. האויב שמונע מאיתנו לחשוב, מלעסוק בכל דבר שאיננו שמירה עצמית. כל הזמן מלחמה! ואם אנחנו במלחמה - אין זמן לחשוב, אין זמן לעשות משהו אחר. אבל בהתבוננות - צריך לעצור. לא לעצור את החיים, אלא לעצור את ההשתלטות של הנטייה ההישרדותית כנגד הרצון הערכי שבתוכנו. *אני צריך להתבונן.*

התבוננות היא האנטיתזה של יצר הרע.

הנביא צווח. כאשר אדם נתון תחת שליטת היצר, צריך מישהו שיצעק! שיזעק שאפשר לצאת משעת חירום ולהירגע.

אל תיתן שינה. שלמה המלך מורה שלא להירדם בשמירה, שכן אז היצר הרע יכריז שוב על מלחמה.

הַשָּׂם אָרְחוֹתָיו בָּעוֹלָם הַזֶּה, זוֹכֶה וְרוֹאֶה בִּישׁוּעָתוֹ שֶׁל הַקָּדוֹשׁ בָּרוּךְ הוּא" (מועד קטן ה׳ א׳).

וּפָשׁוּט הוּא שֶׁאֲפִילוּ אִם פִּקֵּחַ הָאָדָם עַל עַצְמוֹ - אֵין בְּכֹחוֹ לִינָּצֵל, אִלּוּלֵי הַקָּדוֹשׁ בָּרוּךְ הוּא עוֹזְרוֹ (קדושין ל׳ ב׳) **כִּי הַיֵּצֶר הָרַע תַּקִּיף מְאוֹד, וּכְמַאֲמַר הַכָּתוּב "צוֹפֶה רָשָׁע לַצַּדִּיק וּמְבַקֵּשׁ לַהֲמִיתוֹ ה׳ לֹא יַעַזְבֶנּוּ" וְכוּ׳** (תהלים ל״ז ל״ב-ל״ג), **אַךְ אִם הָאָדָם מְפַקֵּחַ עַל עַצְמוֹ, אָז הַקָּדוֹשׁ בָּרוּךְ**

כל השם אורחותיו. כל הזמן קול צועק לך בראש שאתה מפסיד, שאתה לא מספיק דואג לעצמך. מחשבות מטרידות שנכנסות לכל מקום ולא מרפות לרגע אחד: "מה איתך? כמה אתה מרוויח? מה יוצא לך מזה? ומה עם העתיד שלך? והמעמד שלך?", כל הזמן מכל הכיוונים, לא מרפה! אם האדם יודע להשקיט ולומר: 'סליחה, זו לא מלחמה. יש עוד צדדים' - כי הוא למד את פרק א, הוא שם לב שיש נשמה וזה דבר טבעי לאדם. ואז ממילא הוא זהיר וה׳ לא יעזבנו. *האם להתקיים זה הכל? מה עם מצפון? יושר? צדק? אהבה? נתינה? שאיפה רוחנית? צימאון לגודל? געגועים לטהרה, לאצילות ועדינות? צריך להרגיע את פעמוני המלחמה בקולות רגיעה.*

מיהו "השם אורחותיו"? אדם שאינו שבוי ביצר הרע ובמלחמת הקיום, אלא "הוא שם", מלשון שומה. הוא מעריך ובוחן את דרכו, אבל איננו נגרר. הוא הזוכה ורואה בישועת ה׳, "הבא ליטהר מסייעין לו מן השמים". אדם שעוזר לעצמו, הקב"ה שולח יד לעזור לו! הנשמה מתחילה לומר את דברה.

ניצול מן היצר הרע. הפחד הגדול של יצר הרע הוא האידיאליסטיות. אפשר לחנך את ילדינו לאידיאלים באמצעות ספר בראשית. סיפורי האבות מציגים בפנינו דרך חיים ערכית. למשל, מעשיה של רבקה

הוּא עוֹזְרוֹ וְנִיצּוֹל מִן הַיֵּצֶר הָרָע. אֲבָל אִם אֵינוֹ מְפַקֵּחַ הוּא עַל עַצְמוֹ וַדַּאי שֶׁהַקָּדוֹשׁ בָּרוּךְ הוּא לֹא יְפַקֵּחַ עָלָיו, כִּי אִם הוּא אֵינוֹ חָס - מִי יָחוּס עָלָיו? וְהוּא כְּעִנְיַן מַה שֶּׁאָמְרוּ זִכְרוֹנָם לִבְרָכָה "כָּל מִי שֶׁאֵין בּוֹ דֵּיעָה אָסוּר לְרַחֵם עָלָיו" (ברכות ל"ג א'). וְהוּא מַה שֶּׁאָמְרוּ "אִם אֵין אֲנִי לִי מִי לִי" (אבות א' י"ד).

אמנו, שהייתה ילדה והשקתה עשרה גמלים מבלי לחשוש שילעגו לה על כך. היא לא הרגישה פראיירית. יוסף, שאחיו מכרו אותו אך כאשר עלה לגדולה במצרים, הוא זה שדאג להם. כשהם מתחננים בפניו שלא יכעס עליהם, תשובתו הייתה: "אלוקים חשבה לטובה", הוא שלח אותי לפה. הכל מתוכנן כדי להחיות עם רב. אלה הן דוגמאות מופלאות שבאמצעותן לומדים להעריך ולהפנים חיים ערכיים.

כל מי שאין בו דעה אסור לרחם עליו. אם אדם לא שם לב לאני שלו, אף אחד לא יעזור לו. עזרה מאחרים לא תסייע. אדם שבוי במלחמת הקיום, ויש צורך לפרוץ לאור, צריך את רבי פנחס בן יאיר. על אגואיסט אל תרחם, אולי מהבעיה (שיכנס אליה) הוא יתעורר וישים לב לעוד דברים.

אם אין אני לי מי לי? מי לי? וכשאני לעצמי מה אני? ואם לא עכשיו אימתי? אם תתחיל לשים לב לעולם הפנימי שנמצא בקרבך, כל שאלת הזמן תשתנה. כי הזמן הוא שאלה, מה הנושא שלנו כאן? במה אנחנו עסוקים? מהי מטרת העל? צריך להפסיק לומר שאין זמן. האומר - אין זמן, כאילו אמר 'אני כבר החלטתי מה חשוב'. מה שהזהירות מלמדת אותנו הוא שזאת שאלה של החלטה.

סיכום חלקי הזהירות. זהירות היא התנהגות טבעית. בעלי חיים מלאי חיים, ודווקא לשם כך ובשביל כך הם דרוכים וערניים ושומרים על החיים. בתוך האדם ישנה נטייה אידיאליסטית מאוד גדולה שנקראת נשמה, והיא טבעית לאדם. הזהירות ותשומת הלב אליה אף הן נטיות טבעיות, יפות ונורמליות. אבל הנטייה לשמירה עצמית עלולה לצבור תאוצה ולאיים על הנטייה הנשמתית, כסוס שוטף במלחמה. לשם כך, לצורך האיזון בין הנטיות הללו, יש צורך בפנאי, בהקדשת זמן לבחינה עצמית. זהו פיכחון. אדם שרוצה שהממד האנושי שלו יגדל ויפרח (הרגשות האנושיים, המצפון, היושר, האידיאליסטיות), עירני אליהם, ערני על שמירתם. זו פקיחת עיניים טבעית. יש שני דברים שצריך לפקח עליהם: לפקח על המציאות ולפקח על עצמך. במציאות בעל חיים משתמש בערנות בכל החושים לדעת היכן נקודות החולשה, ולהבחין בסכנה הרבה לפני שהיא מתקרבת, בורות שצריך להיזהר מפניהם ולא ליפול בהם. מאידך, ערנות גבוהה כשיש נקודות טובות וחזקות שטוב לחזק אותן, שטוב לעודד אותם ולטפח אותם. זה עיקר העבודה. זהו הקושי לבחון את עצמך הן בשעת מעשה והן שלא בשעת מעשה. תנועה מקומית ומגמה. על האדם מוטל לבחון את עצמו באופן נקודתי, ללמוד מה מניע אותו. כמו כן מוטל על האדם לבחון את המגמה, את המטרה, את התנועה הגלובלית ע"י פשפוש ומשמוש. פשפוש - לימוד הלכה מסמן דרך כל הזמן, מראה מה שייך לדרך ומה לא, גם דברים שלא רואה באותו הרגע. משמוש הוא בדיקת איכות, בחינת ערנות המחשבה והמעשה ובכלל המעשים הטובים. בחינת הפניות והמוטיבציות הטהורות פחות. תוך כדי בחינה זו שם האדם לב לתנועה הכוללת.

פרק ג

בבאור
חלקי הזהירות

פרק ג
בחלקי הזהירות

הנה הרוצה לפקח על עצמו, שתים הן [illegible] הצריכות לו: האחת — שיתבונן מהו [illegible] שיבחר בו האדם והרע האמתי שינוס ממנו, [illegible] המעשים אשר הוא עושה לראות אם הם [illegible] מכלל הרע. וזה בשעת מעשה ושלא בשעת [illegible] מעשה — שלא יעשה שום מעשה [illegible] במאזני זאת הידיעה, ושלא בשעת מע[illegible] [illegible]רון כלל מעשיו, וישקל אותם [illegible] ומועילות [illegible] חקר על כלל המעשים ול[illegible] מה יש בם מ[illegible] אשר לא יעשו, אשר אינם הולכים על־פי מצות ה׳ וחקיו, כי כל אשר ימצא מאלה יבערם מן העולם. אך המשמוש — הוא החקר רק אפלו במעשים הטובים עצמם, לחקר ולראות היש

הִנֵּה הָרוֹצֶה לְפַקֵּחַ עַל עַצְמוֹ, שְׁתַּיִם הֵנָּה הַהַשְׁקָפוֹת הַצְּרִיכוֹת לוֹ.
הָאַחַת: שֶׁיִּתְבּוֹנֵן מַהוּ הַטּוֹב הָאֲמִתִּי שֶׁיִּבְחַר בּוֹ הָאָדָם וְהָרַע הָאֲמִתִּי שֶׁיָּנוּס מִמֶּנּוּ.
וְהַשֵּׁנִית: עַל הַמַּעֲשִׂים אֲשֶׁר הוּא עוֹשֶׂה לִרְאוֹת אִם הֵם מִכְּלַל הַטּוֹב אוֹ מִכְּלַל הָרָע.
וְזֶה בִּשְׁעַת מַעֲשֶׂה וְשֶׁלֹּא בִּשְׁעַת מַעֲשֶׂה. בִּשְׁעַת מַעֲשֶׂה, שֶׁלֹּא יַעֲשֶׂה שׁוּם מַעֲשֶׂה מִבְּלִי שֶׁיִּשְׁקוֹל אוֹתוֹ בְּמֹאזְנֵי זֹאת הַיְדִיעָה.
וְשֶׁלֹּא בִּשְׁעַת מַעֲשֶׂה, שֶׁיַּעֲלֶה לְפָנָיו זִכְרוֹן כְּלַל מַעֲשָׂיו וְיִשְׁקוֹל אוֹתָם

הרוצה לפקח על עצמו. אדם שרוצה לוודא שהמימד האנושי שלו - רגשות, מצפון, יושר, אינדיבידואליות - יגדל ויפרח, חייב להיות עירני אליו. זוהי "פקיחת עיניים" טבעית. לשם כך יש לשים לב לשני דברים: לעולם ולעצמך. השאלה הראשונה קשורה לעולם - מה המטרה? השאלה השניה קשורה לעצמי - מה הקריטריונים [לדעת אם הגעתי אליה]?

בשעת מעשה ושלא בשעת מעשה. החיים נמצאים כל הזמן בתנועה שאפשר למדוד. יש שתי אפשרויות: או ברזולוציה נקודתית, איך התקדמת בעשרת המטרים האחרונים; או בהסתכלות כוללת, האם במסלול כולו הלכת קדימה או אחורה, ומה בכלל כיוון ההליכה שלך? *בשעת מעשה זו הראייה הנקודתית. מתוך המיון שלי את העולם, להבין מה מניע אותי? מה יפתח את העולם האישי ומה לא?*

ושלא בשעת מעשה. *נראה כאילו האדם צריך להיות לפחות רבונו של עולם, מין אלוקים כזה, לעלות לפניו זיכרון כלל מעשיו, לזכור את כל מה שאני עושה בחיים, להעמיד את התנועה הכללית ואת הכל לשקול. הקב"ה עושה לי את זה בראש השנה - לבחון מה התנועה שלי בחיים. הוא מסוגל לבחון את תנועת החיים*

כְּמוֹ כֵן בְּמֹאזְנֵי הַמִּשְׁקָל הַזֶּה לִרְאוֹת מַה יֵּשׁ בָּם מֵהָרַע לְמַעַן יִדְחֶה אוֹתוֹ, וּמַה מִן הַטּוֹב לְהַתְמִיד בּוֹ וּלְהִתְחַזֵּק בּוֹ, וְאִם יִמְצָא בָּהֶם מִן הָרַע אָז יִתְבּוֹנֵן וְיַחְקוֹר בְּשִׂכְלוֹ אֵיזֶה תַּחְבּוּלָה יַעֲשֶׂה לָסוּר מִן הָרַע הַהוּא וְלִיטָּהֵר מִמֶּנּוּ.

וְדָבָר זֶה הוֹדִיעוּנוּ חֲכָמֵינוּ זִכְרוֹנָם לִבְרָכָה בְּאָמְרָם "נוֹחַ לוֹ לָאָדָם שֶׁלֹּא נִבְרָא יוֹתֵר מִשֶּׁנִּבְרָא, וְעַכְשָׁו שֶׁנִּבְרָא - יְפַשְׁפֵּשׁ בְּמַעֲשָׂיו, וְאִכָּא דְּאָמְרֵי, יְמַשְׁמֵשׁ בְּמַעֲשָׂיו" (ערובין י"ג ב'). וְתִרְאֶה שֶׁשְּׁנֵי הַלְּשׁוֹנוֹת הֵם שְׁתֵּי אַזְהָרוֹת טוֹבוֹת וּמוֹעִילוֹת מְאֹד, כִּי הִנֵּה הַפִּשְׁפּוּשׁ בְּמַעֲשִׂים הוּא לַחְקוֹר עַל כְּלַל הַמַּעֲשִׂים וּלְהִתְבּוֹנֵן בּוֹ, הֲנִמְצָא בָּהֶם מַעֲשִׂים אֲשֶׁר לֹא יֵעָשׂוּ, אֲשֶׁר אֵינָם הוֹלְכִים עַל פִּי מִצְוֹת ה' וְחוּקָּיו, כִּי כָל אֲשֶׁר יִמָּצֵא מֵאֵלֶּה יְבֹעֲרֵם מִן הָעוֹלָם.

הכוללת את המגמה. 'היוצר יחד ליבם', מאזין למעשיהם, נראה שנה בשמיים. לכן הרמח"ל מאריך כל הפרק בדוגמאות ורבדים שונים.

נוח לו לאדם שלא נברא יותר משנברא. "אדם לעמל יולד". אם אתה מחפש נוחות בעולם הזה, טעית. מנוחה שייכת לעולם האמת, ואילו בעולם הזה יש תנועה, ההיפך ממנוחה.

הפשפוש במעשים הוא לחקור על כלל המעשים. כשאדם רוצה לבחון את תנועת החיים שלו באופן כללי, האם הוא נמצא בדרך הנכונה, עליו לברר זאת מול ההלכה, מלשון הליכה. כשלומדים הלכה נפגשים עם הרבה פרטים, עם המון דינים ומצבים, וכך בעצם לומדים איך התנועה שלנו צריכה להיראות. כשאדם הולך בדרך, אור היום או הלפיד בלילה יראו לו היכן הבורות בסביבה הקרובה. אבל כיצד יוכל לדעת את הדרך כולה? כיצד יידע לאן עליו לפנות בפרשת דרכים? הוא זקוק למסלול שיטתי, יסודי ומתמיד, ולא רק כשהוא נתקל בבעיה. לכן כתוב ש"כל השונה הלכות בכל יום יש לו חלק לעולם הבא".

המשמוש הוא החקירה אפילו מעשים הטובים עצמם. משמוש הוא בדיקת האיכות והטיב. האם אני עירני למחשבות, האם יש

אַךְ הַמִּשְׁמוּשׁ הוּא הַחֲקִירָה אֲפִילוּ בַּמַּעֲשִׂים הַטּוֹבִים עַצְמָם, לַחְקוֹר וְלִרְאוֹת הֲיֵשׁ בְּעִנְיָנָם אֵיזֶה פְּנִיָּה אֲשֶׁר לֹא טוֹבָה, אוֹ אֵיזֶה חֵלֶק רַע שֶׁיִּצְטָרֵךְ לַהֲסִירוֹ וּלְבַעֲרוֹ, וַהֲרֵי זֶה כִּמְמַשְׁמֵשׁ בְּבֶגֶד - לִבְחוֹן הֲטוֹב וְחָזָק הוּא, אוֹ חַלָּשׁ וּבָלוּי. כֵּן יְמַשְׁמֵשׁ בְּמַעֲשָׂיו לִבְחֹן תְּכוּנָתָם בְּתַכְלִית הַהַבְחָנָה עַד שֶׁיִּשָּׁאֵר זַךְ וְנָקִי.

כְּלַל הַדָּבָר: יִהְיֶה הָאָדָם מְעַיֵּן עַל מַעֲשָׂיו כֻּלָּם וּמְפַקֵּחַ עַל כָּל דְּרָכָיו שֶׁלֹּא לְהַנִּיחַ לְעַצְמוֹ הֶרְגֵּל רַע וּמִדָּה רָעָה - כָּל שֶׁכֵּן עֲבֵירָה וָפֶשַׁע. וְהִנְנִי רוֹאֶה צוֹרֶךְ לָאָדָם, שֶׁיִּהְיֶה מְדַקְדֵּק וְשׁוֹקֵל דְּרָכָיו דְּבַר יוֹם בְּיוֹמוֹ, כַּסּוֹחֲרִים הַגְּדוֹלִים אֲשֶׁר יְפַלְּסוּ תָּמִיד כָּל עִסְקֵיהֶם לְמַעַן לֹא יִתְקַלְקְלוּ. וְיִקְבַּע עִתִּים וְשָׁעוֹת לָזֶה, שֶׁלֹּא יִהְיֶה מִשְׁקָלוֹ עֲרַאי אֶלָּא בִּקְבִיעוּת גָּדוֹל, כִּי רַב הַתּוֹלָדָה הוּא.

פנייה זרה? פניה היא שינוי כיוון - לאן פניך מועדות? כאן לא מסתכלים על המטר הקרוב אלא על הכיוון הכללי שלך. כשאתה עושה טוב ונמנע מרע אבל המחשבה או הכוונה שלך נמוכה, קטנה ואגואיסטית, אתה עושה טוב, אבל הכיוון שלך פגום. עולם המחשבות והכוונות הוא קצה חוט, צוהר כדי לדעת את הכיוון, התנועה הכוללת של האדם.

כן ימשמש במעשיו לבחון תכונתם. בחינת מעשי האדם במהלך חשבון הנפש איננה בחינה של הפעולות בלבד אלא גם של המחשבה שקדמה להן, מטרותיהן, מכלול הרצונות. 'מה עובר בראש שלך?'. זו חקירה איכותית של ממש, שאפשר להגיע אליה באמצעות בחינה פרטנית של כל מעשה ומעשה.

כסוחרים הגדולים אשר יפלסו תמיד כל עסקיהם. המילה 'סוחר' באה מלשון סחור סחור - סיבוב שמשמעו תנועה. הפלס הוא הבדיקה הישרה. הסוחר יודע לפעול מתוך חיים של תנועה, ועם זאת להיות זהיר ועירני כאחד. הוא בעל ראייה קצרת וארוכת טווח בו זמנית. הוא יודע שההצלחות של היום עשויות להיות הכישלונות של מחר, ולכן נחוץ לו לקרוא על מצב המשק, לבחון מגמות, להתעדכן

וַחֲכָמִים זִכְרוֹנָם לִבְרָכָה הוֹרוּנוּ בְּפֵירוּשׁ צוֹרֶךְ הַחֶשְׁבּוֹן הַזֶּה, וְהוּא מַה שֶּׁאָמְרוּ זִכְרוֹנָם לִבְרָכָה "'עַל כֵּן יֹאמְרוּ הַמֹּשְׁלִים בֹּאוּ חֶשְׁבּוֹן' (במדבר כ"א כ"ז), עַל כֵּן יֹאמְרוּ הַמּוֹשְׁלִים בְּיִצְרָם בּוֹאוּ וּנְחַשֵּׁב חֶשְׁבּוֹנוֹ שֶׁל עוֹלָם, הֶפְסֵד מִצְוָה כְּנֶגֶד שְׂכָרָהּ וּשְׂכַר עֲבֵירָה כְּנֶגֶד הֶפְסֵדָהּ" וכו' (בבא בתרא ע"ח, ב'). וְזֶה כִּי הָעֵצָה הָאֲמִיתִּית הַזֹּאת לֹא יוּכְלוּ לָתֵת אוֹתָהּ וְלֹא לִרְאוֹת אֲמִיתָּהּ אֶלָּא אוֹתָם שֶׁכְּבָר יָצְאוּ מִתַּחַת יַד יִצְרָם וּמָשְׁלוּ בּוֹ. כִּי מִי שֶׁהוּא עֲדַיִין חָבוּשׁ בְּמַאֲסַר יִצְרוֹ - אֵין עֵינָיו רוֹאוֹת הָאֱמֶת הַזֹּאת, וְאֵינוֹ יָכוֹל לְהַכִּירָהּ, כִּי הַיֵּצֶר מְסַמֵּא אֶת עֵינָיו מַמָּשׁ, וְהִנֵּה הוּא כְּהוֹלֵךְ בַּחֹשֶׁךְ שֶׁיֵּשׁ לְפָנָיו מִכְשׁוֹלוֹת וְאֵין עֵינָיו רוֹאוֹת אוֹתָם.

וְהוּא מַה שֶּׁאָמְרוּ זִכְרוֹנָם לִבְרָכָה "תָּשֶׁת חֹשֶׁךְ וִיהִי לָיְלָה" (תהלים ק"ד כ') - זֶה הָעוֹלָם הַזֶּה שֶׁדּוֹמֶה לַלַּיְלָה (בבא מציעא פ"ג ב'). וְהָבֵן כַּמָּה נִפְלָא הַמַּאֲמָר הָאֲמִיתִּי הַזֶּה לְמִי שֶׁמַּעֲמִיק לְהָבִין בּוֹ. כִּי הִנֵּה חֹשֶׁךְ הַלַּיְלָה - שְׁנֵי מִינֵי טָעֻיּוֹת אֶפְשָׁר לוֹ שֶׁיִּגְרוֹם לְעֵין הָאָדָם: אוֹ יְכַסֶּה אֶת הָעַיִן עַד שֶׁלֹּא יִרְאֶה מַה שֶּׁלְּפָנָיו כְּלָל, אוֹ שֶׁיַּטְעֶה אוֹתוֹ עַד שֶׁיֵּרָאֶה לוֹ עַמּוּד

כל העת, להשקיע בכך זמן באופן קבוע. כך צריך להתייחס לחיים: אדם שאינו מורגל בחשיבה מערכתית של חשבון נפש מתמיד הוא "חבוש במאסר יצרו", לא קורא את המציאות אל-נכון ועלול לחיות באשליה.

זה העולם שדומה ללילה. העולם אינו שלילי והחושך כשלעצמו איננו רע. אבל טמון בו סיכון רב: חוסר תיאום בין האדם לעולם. יש פער גדול בין המעמד של הנפש האצילית והרוחנית, צלם אלוקים שבאדם, לבין הסיפור שהעולם מספר, העולם הגשמי על כל מהלכיו. החושך מסמל את הבלבול וחוסר הרמוניה. האור, לעומת זאת, מבשר הבנה והרמוניה. כשמאיר היום, מתבהרים הדברים וניתן להבין. (לכן המשנה [במסכת ברכות] מלמדת אותנו שאת קריאת שמע קוראים כאשר אפשר להבחין בין תכלת לכרתי ואפשר להבחין בין דבר לדבר).

כְּאִלּוּ הוּא אָדָם, וְאָדָם כְּאִלּוּ הוּא עַמּוּד. כֵּן חָמְרִיּוּת וְגַשְׁמִיּוּת הָעוֹלָם הַזֶּה הִנֵּה הוּא חֹשֶׁךְ הַלַּיְלָה לְעֵין הַשֵּׂכֶל וְגוֹרֵם לוֹ שְׁתֵּי טָעֻיּוֹת:

הָאַחַת, אֵינוֹ מַנִּיחַ לוֹ שֶׁיִּרְאֶה הַמִּכְשׁוֹלוֹת שֶׁבְּדַרְכֵי הָעוֹלָם וְנִמְצָאִים הַפְּתָאִים הוֹלְכִים לָבֶטַח וְנוֹפְלִים וְאוֹבְדִים מִבְּלִי שֶׁהִגִּיעָם פַּחַד תְּחִלָּה, וְהוּא מַה שֶּׁאָמַר הַכָּתוּב "דֶּרֶךְ רְשָׁעִים כָּאֲפֵלָה לֹא יָדְעוּ בַּמֶּה יִכָּשֵׁלוּ" (משלי ד' י"ט), וְאוֹמֵר "עָרוּם רָאָה רָעָה וְנִסְתָּר וּפְתָיִים עָבְרוּ וְנֶעֱנָשׁוּ" (משלי כ"ב ג'), וְאוֹמֵר "וּכְסִיל מִתְעַבֵּר וּבוֹטֵחַ" (משלי י"ד ט"ז), כִּי לִבָּם בָּרִיא לָהֶם כָּאוּלָם וְנוֹפְלִים טֶרֶם יָדְעוּ מֵהַמִּכְשׁוֹל כְּלָל.

וְהַטָּעוּת הַשֵּׁנִי וְהוּא קָשֶׁה מִן הָרִאשׁוֹן, הוּא, שֶׁמַּטְעֶה רְאִיָּתָם עַד שֶׁרוֹאִים הָרַע כְּאִלּוּ הוּא מַמָּשׁ טוֹב, וְהַטּוֹב כְּאִלּוּ הוּא רַע, וּמִתּוֹךְ כָּךְ מִתְחַזְּקִים וּמַחֲזִיקִים מַעֲשֵׂיהֶם הָרָעִים, כִּי אֵין דַּי שֶׁחֲסֵרָה מֵהֶם רְאִיַּת הָאֱמֶת לִרְאוֹת הָרָעָה אֲשֶׁר נֶגֶד פְּנֵיהֶם, אֶלָּא שֶׁנִּרְאֶה לָהֶם לִמְצוֹא רְאָיוֹת גְּדוֹלוֹת וְנִסְיוֹנוֹת מוֹכִיחִים לִסְבָרוֹתֵיהֶם הָרָעוֹת וּלְדֵיעוֹתֵיהֶם הַכּוֹזְבוֹת. וְזֹאת הִיא הָרָעָה הַגְּדוֹלָה הַמְלַפַּפְתָּם וּמְבִיאָתָם אֶל בְּאֵר

שני מיני טעויות אפשר לו שיגרום לעין האדם. בלילה, היכולת השכלית לאבחנה, לשיפוט ולביקורת מתערבבת. שני מיני טעויות עלולים להטעות את האדם: הראשונה, הצבת רצונות לאור מטרות שזרות לנפש האנושית. השניה, איבוד כושר השיפוט עקב הצבת פרמטרים שזרים לה.

וזאת היא הרעה הגדולה המלפפתם ומביאה אותם אל באר שחת. האדם מגיע למצב כזה כשהוא מתעלם לחלוטין מהנפש, מאמץ לעצמו קריטריונים וצורת חשיבה שלקוחים מעולם שלא מתאים לו. החושך מוביל לכך שהוא נעשה שבוי שלהם, והוא בטוח שהוא צודק. הסכנה טמונה באבדן כושר השיפוט. אדם כזה עלול לד תעלם מסכנות. ואותם הבטוחים בעצמם, "שליבם בריא כאולם", עשויים אפילו להביא ראיות לפעולותיהם, אבל סופם שהם מגיעים לעברי פי פחת.

שַׁחַת. וְהוּא מַה שֶּׁאָמַר הַכָּתוּב "הַשְׁמֵן לֵב הָעָם הַזֶּה וְאָזְנָיו הַכְבֵּד וְעֵינָיו הָשַׁע פֶּן" וכו' (ישעיה ו' י'), וְכָל זֶה מִפְּנֵי הֱיוֹתָם תַּחַת הַחֹשֶׁךְ וּכְבוּשִׁים הֵמָּה תַּחַת מֶמְשֶׁלֶת יִצְרָם.

אַךְ אוֹתָם שֶׁכְּבָר יָצְאוּ מִן הַמַּאֲסָר הַזֶּה, הֵם רוֹאִים הָאֱמֶת לַאֲמִתּוֹ וִיכוֹלִים לְיָעֵץ שְׁאָר בְּנֵי אָדָם עָלָיו.

הָא, לְמַה זֶה דּוֹמֶה? לְגַן הַמְּבוּכָה, הוּא הַגָּן הַנָּטוּעַ לִצְחוֹק הַיָּדוּעַ אֵצֶל הַשָּׂרִים, שֶׁהַנְּטִיעוֹת עֲשׂוּיוֹת כְּתָלִים כְּתָלִים, וּבֵינֵיהֶם שְׁבִילִים רַבִּים נְבוּכִים וּמְעֹרָבִים - כֻּלָּם דּוֹמִים זֶה לָזֶה, וְהַתַּכְלִית בָּם הוּא לְהַגִּיעַ אֶל אַכְסַדְרָה אֶחָד שֶׁבְּאֶמְצָעָם. וְאָמְנָם הַשְּׁבִילִים הָאֵלֶּה, מֵהֶם יְשָׁרִים וּמַגִּיעִים בֶּאֱמֶת אֶל הָאַכְסַדְרָה, וּמֵהֶם מַשְׁגִּים אֶת הָאָדָם וּמַרְחִיקִים אוֹתוֹ מִמֶּנָּה. וְאָמְנָם הַהוֹלֵךְ בֵּין הַשְּׁבִילִים, הוּא לֹא יוּכַל לִרְאוֹת וְלָדַעַת כְּלָל אִם הוּא בַּשְּׁבִיל הָאֲמִתִּי אוֹ בַּכּוֹזֵב, כִּי כֻּלָּם שָׁוִים וְאֵין הֶפְרֵשׁ

בשביל האמיתי או בכוזב. *לוקח זמן ליצור את דרך הנהירות, שמצריכה הבנה עמוקה מאוד, יסודית ובסיסית. בשביל להציב מטרות וליצור כושר שיפוט וביקורת, אסור לנו להאמין למציאות כפי שהיא.*

גן המבוכה הוא הגן הנטוע לצחוק הידוע אצל השרים. שר, על פי ההסבר כאן, הוא אדם שרוצה לגדול רוחנית; שרוצה לייצר בקרבו תכונות, כשרון ויכולות של התבוננות; שאיננו מסתפק בשגרת החיים. לא די לו במטרות קצרות מועד, אלא הוא מפתח אישיות אחראית שיש לה יכולת התבוננות רחבה, כוללת, ובוחן כל הזמן את מטרותיו. זו הסיבה שמבוך הוא משחק של שרים. צליחת המבוך דורשת תשומת לב לשני דברים, ומשניהם ניתן ללמוד לקח לחיים: 1) התכלית היא להגיע לאכסדרה, אבל אף אחד לא רואה אותה. גם בחיים, כשאדם נמצא במצב שבו המטרה נעלמת, אסור להסתמך רק על הסביבה הקרובה. צריך להתנשא מעל המציאות כדי להגיע אל המטרה. 2) עלינו להכיר בכך שכושר השיפוט שלנו הוא אפסי. למי שנמצא בתוך המבוך כל השבילים נראים דומים ולכן הם מבלבלים

בֵּינֵיהֶם לְעֵין הָרוֹאֶה אוֹתָם, אִם לֹא שֶׁיֵּדַע הַדֶּרֶךְ בִּבְקִיאוּת וּטְבִיעוּת עַיִן, שֶׁכְּבָר נִכְנָס בָּם וְהִגִּיעַ אֶל הַתַּכְלִית, שֶׁהוּא הָאַכְסַדְרָה.
וְהִנֵּה הָעוֹמֵד כְּבָר עַל הָאַכְסַדְרָה הוּא רוֹאֶה כָּל הַדְּרָכִים לְפָנָיו וּמַבְחִין בֵּין הָאֲמִיתִּיִּים וְהַכּוֹזְבִים, וְהוּא יָכוֹל לְהַזְהִיר אֶת הַהוֹלְכִים בָּם, לוֹמַר "זֶה הַדֶּרֶךְ לְכוּ בוֹ". וְהִנֵּה מִי שֶׁיִּרְצֶה לְהַאֲמִין לוֹ - יַגִּיעַ לַמָּקוֹם הַמְיוּעָד. וּמִי שֶׁלֹּא יִרְצֶה לְהַאֲמִין וְיִרְצֶה לָלֶכֶת אַחַר עֵינָיו - וַדַּאי שֶׁיִּשָּׁאֵר אוֹבֵד וְלֹא יַגִּיעַ אֵלָיו.
כֵּן הַדָּבָר הַזֶּה. מִי שֶׁעֲדַיִין לֹא מָשַׁל בְּיִצְרוֹ, הוּא בְּתוֹךְ הַשְּׁבִילִים - לֹא יוּכַל לְהַבְחִין בֵּינֵיהֶם, אַךְ הַמּוֹשְׁלִים בְּיִצְרָם, שֶׁכְּבָר הִגִּיעוּ אֶל הָאַכְסַדְרָה שֶׁכְּבָר יָצְאוּ מִן הַשְּׁבִילִים וְרוֹאִים כָּל הַדְּרָכִים לְעֵינֵיהֶם בְּבֵירוּר, הֵם יְכוֹלִים לְיָעֵץ לְמִי שֶׁיִּרְצֶה לִשְׁמוֹעַ, וַאֲלֵיהֶם צְרִיכִים אָנוּ לְהַאֲמִין. וְאָמְנָם מַה הִיא הָעֵצָה שֶׁהֵם נוֹתְנִים לָנוּ? "בּוֹאוּ חֶשְׁבּוֹן" -

מאוד, וצריך להיות מוכנים ללמוד הכול מחדש ולפתח אינטואיציה.

בחיים המצב מאוד דומה: עלינו לייצר מטרות וקריטריונים לחיים גדולים תוך התעלמות מהמציאות הקרובה, כדי שהיא לא תשפיע יתר על המידה. זו סגולתו של שר, שהוא מפתח עולם פנימי עצמאי. הוא אינו לכוד במבוך, ויודע להגיע לאכסדרה. כאשר הוא נמצא בה, הוא יכול לראות במבט אחד, כולל ושלם, את כל השבילים שבמבוך. כך הוא יכול לשמור על עצמאותו, לבחון את מעשיו, להתבונן מהו הטוב, המגמה והתכלית. "כי שרית עם אלוקים ועם אנשים ותוכל". יעקב נקרא שר, בן חורין. אף אחד לא יכול לנצחו, אפילו לא מלאך. הוא עצמאי. צריך להיות שר.

ומי שלא ירצה להאמין וירצה ללכת אחר עיניו. מי שלא יודע שהוא במבוך חושב שהוא עצמאי, אבל הוא מוגבל לגמרי.

המושלים ביצרם. הם בני החורין - העצמאים ברוחם. הדבר הכי חשוב בעולם הוא לפתח עצמאות ולהיות בן חורין. זו גם החשיבות

"בּוֹאוּ וּנְחַשֵּׁב חֶשְׁבּוֹנוֹ שֶׁל עוֹלָם". כִּי כְּבָר הֵם נִסּוּ וְרָאוּ וְיָדְעוּ - שֶׁזֶּה לְבַדּוֹ הוּא הַדֶּרֶךְ הָאֲמִתִּי לְהַגִּיעַ הָאָדָם אֶל הַטּוֹבָה אֲשֶׁר הוּא מְבַקֵּשׁ - וְלֹא זוּלַת זֶה!
כְּלָלוֹ שֶׁל דָּבָר: צָרִיךְ הָאָדָם לִהְיוֹת מִתְבּוֹנֵן בְּשִׂכְלוֹ תָּמִיד בְּכָל זְמַן, וּבִזְמַן קָבוּעַ לוֹ בְּהִתְבּוֹדְדוֹ - מַה הוּא הַדֶּרֶךְ הָאֲמִתִּי לְפִי חֹק הַתּוֹרָה

של קריעת ים סוף לאחר יציאת מצרים. רק אז, לאחר שעם ישראל יצא ממצרים ועבר את הים, הם הרימו את הראש מעל המים והיו בני חורין באמת.

בואו ונחשב חשבונו של עולם. *העולם חשוך, ואם לא תעשה חישובים (חשבון נפש) הוא לא יתאים לך.*

צריך האדם להיות מתבונן בשכלו תמיד בכל זמן. רק באמצעות השכל והחשבון התמידי יודע האדם את מקומו, ואת זה צריך לעשות כל הזמן - לפשפש במעשים. *ראייה כללית, מרחבית. היכן אני נמצא, והיכן אני רוצה להיות. איך? בתפילה. לסלול דרך.*

מה הוא הדרך האמיתי לפי חוק התורה. *קודם כל המטרה - לילך בו, ומתוך כך עיצוב הקריטריונים בני שיפוט וביקורת שאפשר לעבוד איתם.*

"פלס מעגל דרכך וכל דרכיך יכונו". *אם תפלס את הדרך, אז - "כל דרכיך יכונו". אם נעשה חיפוש וחקירה יסודיים, נשובה על דרך התשובה.*

סיכום חלקי הזהירות. זהירות היא התנהגות טבעית. בעלי חיים הם מלאי חיים, ודווקא משום כך הם דרוכים ועירניים ושומרים על החיים. בתוך האדם ישנה נטייה אידיאליסטית מאוד גדולה שנקראת נשמה, והיא טבעית לאדם. הזהירות ותשומת לב אליה אף

שֶׁהָאָדָם צָרִיךְ לֵילֵךְ בּוֹ. וְאַחַר כָּךְ יָבוֹא לְהִתְבּוֹנֵן עַל מַעֲשָׂיו אִם הֵם עַל הַדֶּרֶךְ הַזֶּה אִם לֹא, כִּי עַל יְדֵי זֶה וַדַּאי שֶׁיִּהְיֶה לוֹ נָקֵל לִיטַּהֵר מִכָּל רַע וּלְיַישֵּׁר כָּל דְּרָכָיו. וּכְמוֹ שֶׁהַכָּתוּב אוֹמֵר "פַּלֵּס מַעְגַּל רַגְלֶךָ וְכָל דְּרָכֶיךָ יִכֹּנוּ" (משלי ד׳ כ״ו) **וְאוֹמֵר "נַחְפְּשָׂה דְרָכֵינוּ וְנַחְקוֹרָה וְנָשׁוּבָה עַד ה׳"** (איכה ג׳ מ׳).

הן נטיות טבעיות, יפות ונורמאליות. אבל הנטייה לשמירה עצמית עלולה לאיים על הנטייה הנשמתית, כסוס שוטף במלחמה. לצורך האיזון בין הנטיות הללו יש צורך בפנאי, בהקדשת זמן לבחינה עצמית. זהו פיקחון. אדם שרוצה שהמימד האנושי-נשמתי שלו יגדל ויפרח (הרגשות האנושיים, המצפון, היושר, האידיאליסטיות) צריך להיות עירני לשמירתו. זו פקיחת עיניים טבעית.

יש שני דברים שצריך לפקח עליהם: על המציאות ועל עצמך. בעל החיים משתמש בכל החושים כדי לדעת היכן נקודות החולשה, ולהבחין בסכנה הרבה לפני שהיא מתקרבת, בורות שצריך להיזהר מפניהם. מאידך, ערנות גבוהה כשיש נקודות טובות וחזקות שטוב לחזק, לעודד ולטפח. זה עיקר העבודה. זהו הקושי לבחון את עצמך הן בשעת מעשה והן שלא בשעת מעשה. תנועה מקומית ומגמה. על האדם מוטל לבחון את עצמו באופן נקודתי: מה מניע אותו?

כמו כן מוטל על האדם לבחון את המגמה והמטרה הגלובלית על ידי פשפוש ומשמוש. **פשפוש** הוא לימוד הלכה שמסמן דרך כל הזמן, מראה מה שייך לדרך ומה לא, גם דברים שלא רואים באותו הרגע. **משמוש** הוא בדיקת איכות, בחינת עירנות המחשבה והמעשה ובכלל המעשים הטובים. בחינת הפניות והמוטיבציות הטהורות פחות. תוך כדי בחינה זו האדם שם לב לתנועה הכוללת.

פרק ד

בדרך קנית הזהירות

הָאֲמִתִּי לְפִי חֹק הַתּוֹרָה שֶׁהָאָדָם צָרִיךְ לֵילֵךְ בּוֹ, וְאַחַר־כָּךְ יָבוֹא לְהִתְבּוֹנֵן עַל מַעֲשָׂיו אִם הֵם עַל הַדֶּרֶךְ הַזֶּה אִם לֹא, כִּי עַל־יְדֵי־זֶה וַדַּאי שֶׁיִּהְיֶה לוֹ נָקֵל לְטַהֵר מִכָּל רַע וּלְיַשֵּׁר כָּל דְּרָכָיו, וּכְמוֹ שֶׁהַכָּתוּב אוֹמֵר (משלי ד, כו): "פַּלֵּס מַעְגַּל רַגְלֶךָ וְכָל דְּרָכֶיךָ יִ... ...חַפְּשָׂה דְרָכֵינוּ

פֶּרֶק ד

בְּדֶרֶךְ קְנִיַּת הַזְּהִירוּ...

הִנֵּה מַה שֶּׁמֵּבִיא אֶת הָאָדָם [עַל דֶּרֶךְ כְּלָ... הוּא לִמּוּד הַתּוֹרָה, וְהוּא מַה שֶּׁאָמְ... בִּתְחִלַּת הַבָּרַיְתָא: תּוֹרָה מְבִיאָה לִידֵי זְהִירוּת. פְּרָט הַמֵּבִיא לָזֶה — הוּא הַהִתְבּוֹנְנוּת עַל ... אֲשֶׁר חַיָּב בָּהּ הָאָדָם וְעֹמֶק הַדִּין עָלֶיהָ, וְיֵצֵא ל... בַּמַּעֲשִׂים הַכְּתוּבִים בְּסִפְרֵי הַקֹּדֶשׁ וּמִן הַ... הַחֲכָמִים זִכְרוֹנָם לִבְרָכָה, הַמְעוֹרְרִים...

וְהִנֵּה יֵשׁ בְּהִתְבּוֹנְנוּת הַזֶּה הֶעָרוֹת הֶעָרוֹ... הַדַּעַת, וְלִפְחוּתִים מֵהֶם, וּלְכָל... **לִשְׁלֵמֵי** הַדַּעַת תִּהְיֶה לָהֶם הַהֶעָרָ...

לִשְׁלֵמֵי הַדַּעַת תִּהְיֶה, הַשְּׁלֵמוּת הוּא, שֶׁיִּתְבָּרֵר לָהֶם כִּי רַק הַשְּׁלֵמוּת הוּא הַדָּבָר הָרָאוּי שֶׁיֵּחָמֵד מֵהֶם וְלֹא זוּלַת זֶה, וְשֶׁאֵין רַע גָּדוֹל מֵחֶסְרוֹן הַשְּׁלֵמוּת וְהַהֶרְחֵק מִמֶּנּוּ. כִּי הִנֵּה אַחַר שֶׁיִּתְבָּאֵר זֶה אֶצְלָם, וְיִתְבָּאֵר לָהֶם כְּמוֹ־כֵן הֱיוֹת הָאֶמְצָעִים אֵלָיו הַמַּעֲשִׂים הַטּוֹבִים וְהַמִּדּוֹת הַטּוֹבוֹת, וַדַּאי

הִנֵּה מַה שֶּׁמֵּבִיא אֶת הָאָדָם [עַל דֶּרֶךְ כְּלָל] אֶל הַזְּהִירוּת, הוּא לִימּוּד הַתּוֹרָה. וְהוּא מַה שֶּׁאָמַר רַבִּי פִּנְחָס בִּתְחִלַּת הַבָּרַיְיתָא, "תּוֹרָה מְבִיאָה לִידֵי זְהִירוּת". אָמְנָם עַל דֶּרֶךְ פְּרָט, הַמֵּבִיא לָזֶה, הוּא הַהִתְבּוֹנְנוּת עַל חוֹמֶר הָעֲבוֹדָה אֲשֶׁר חַיָּיב בָּהּ הָאָדָם, וְעוֹמֶק הַדִּין עָלֶיהָ. וְיֵצֵא לוֹ זֶה מִן הָעִיּוּן בְּמַעֲשִׂים הַכְּתוּבִים בְּסִפְרֵי הַקֹּדֶשׁ וּמִן הַלִּימּוּד בְּמַאַמְרֵי הַחֲכָמִים זִכְרוֹנָם לִבְרָכָה הַמְעוֹרְרִים עַל זֶה.

וְהִנֵּה יֵשׁ בְּהִתְבּוֹנְנוּת הַזֶּה הֶעָרוֹת הֶעָרוֹת בְּהַדְרָגָה, לִשְׁלֵימֵי הַדֵּעַת וְלַפְּחוּתִים מֵהֶם, וּלְכָל הֶהָמוֹן כֻּלּוֹ.

לִשְׁלֵימֵי הַדֵּעַת - תִּהְיֶה לָהֶם הַהֶעָרָה בְּמַה שֶּׁיִּתְבָּרֵר לָהֶם כִּי רַק הַשְּׁלֵימוּת הוּא הַדָּבָר הָרָאוּי שֶׁיֶּחְמַד מֵהֶם וְלֹא זוּלַת זֶה. וְשֶׁאֵין רַע

בדרך קניית הזהירות. אילו דברים עוזרים לנו לחזק את המוטיבציה להיות זהירים? באופן כללי, לימוד תורה מביא לזהירות, אבל מחשבות מסוימות בפרט יכולות לתרום להגברת המוטיבציה.

חכמים. *מדוע קוראים להם כך? יש להם שכל יותר גבוה? - כי הם האנשים המעמידים את השכל במקומות הגבוהים, ואינם מבזבזים את מחשבתם על זוטות.*

הערות הערות בדרגה. הרמח"ל מפלח את כלל האוכלוסיה לשלושה סוגים של אנשים, לפי השאלה מה דוחף אותם לפעול בחיים. לכל אחד מהם יש לפנות בשפה שמתאימה לו על מנת לעורר בהם את המוטיבציה.

שלמי הדעת. מה שדוחף אותם בחיים זו השאיפה המתמדת לשלמות. אנשים אלה הם לרוב פרפקציוניסטים כלפי עצמם ובעלי תשומת לב רבה לפרטים. ראוי להפנות אותם לחשיבות הפרטים שבתורה, שכן הקושי בזהירות הוא לדקדק בפרטי הלכות ומידות.

גָּדוֹל מֵחֶסְרוֹן הַשְּׁלֵימוּת וְהַהַרְחֵק מִמֶּנּוּ. כִּי הִנֵּה אַחַר שֶׁיִּתְבָּאֵר זֶה אֶצְלָם, וְיִתְבָּאֵר לָהֶם כְּמוֹ כֵן הֱיוֹת הָאֶמְצָעִיִּים אֵלָיו, הַמַּעֲשִׂים הַטּוֹבִים וְהַמִּדּוֹת הַטּוֹבוֹת, וַדַּאי הוּא שֶׁלֹּא יִתְרַצּוּ מֵעוֹלָם לְהַמְעִיט בְּאֵלֶּה הָאֶמְצָעִיִּים אוֹ לְהָקֵל בָּהֶם. כִּי כְּבָר נִתְבָּאֵר אֶצְלָם שֶׁאִם אֶמְצָעִיִּים אֵלֶּה יִמְעֲטוּ לָהֶם, אוֹ אִם הָאֶמְצָעִים יִהְיוּ חַלָּשִׁים וְלֹא בְּכָל הַחוֹזֶק הַמִּצְטָרֵךְ בָּהֶם, הִנֵּה לֹא יַשִּׂיגוּ בָּהֶם שְׁלֵימוּת אֲמִיתִּי - אֶלָּא יִגָּרַע מֵהֶם כְּפִי מַה שֶּׁגָּרְעוּ הֵם בְּהִשְׁתַּדְּלוּתָם, וְנִמְצָאִים חַסֵרֵי הַשְּׁלֵימוּת, מַה שֶּׁהוּא לָהֶם צָרָה גְּדוֹלָה וְרָעָה רַבָּה.

עַל כֵּן לֹא יִבְחֲרוּ אֶלָּא לְהַרְבּוֹת מֵהֶם וּלְהַחְמִיר בְּכָל תְּנָאֵיהֶם וְלֹא יָנוּחוּ וְלֹא יִשְׁקְטוּ מִדְּאָגָה מִדָּבָר, פֶּן יֶחְסַר מֵהֶם מַה שֶּׁיַּגִּיעַ אוֹתָם אֶל הַשְּׁלֵימוּת אֲשֶׁר הֵם חֲפֵצִים. וְהוּא מַה שֶּׁאָמַר שְׁלֹמֹה הַמֶּלֶךְ עָלָיו הַשָּׁלוֹם "אַשְׁרֵי אָדָם מְפַחֵד תָּמִיד" (משלי כ"ח י"ד), וּפֵירְשׁוּ זִכְרוֹנָם לִבְרָכָה "הַהוּא בְּדִבְרֵי תוֹרָה כְּתִיב" (ברכות ס' א').

בניית מוטיבציה לשלמות בפרטים הקטנים שבתורה תורמת להבנה שהפרטים של התורה הם פרטים של מצב נפשי שלם.

"אשרי אדם מפחד תמיד". הפחד שלא נגיע לשלמות מוחלטת הוא טוב, מפני שהוא מרחיק אותנו מאי-קיום התורה והמצוות. הוא דוחף את האדם למיצוי רב יותר של יכולותיו, להקפדה על הפרטים, לשמירה על ערנות, לרגישות ולהבנת החשיבות שבכל פרט.

יראת חטא. השאיפה לשלמות היא קצה הקרחון, קצה החוט שבסופו המדרגה האחרונה של יראת החטא, והיא מהעליונות ביותר.

"כל אחד נכוה מחופתו של חברו". לכל צדיק יש חופה - העולם הנפשי הפנימי שבנה בעצמו. הכוויה של צדיק מחופתו של חברו היא כאב הקנאה ושאיפת השלמות שבוערת בו ומניעה אותו לשלמות יותר גדולה, לתיקון האישיות. *מוטיבציה לשלמות כלפי הנפש*

וְהִנֵּה סוֹף זֹאת הַמַּדְרֵגָה הוּא הַנִּקְרָא "יִרְאַת חֵטְא", שֶׁהִיא מִן הַמְשׁוּבָּחוֹת שֶׁבַּמַּדְרֵיגוֹת וְהוּא שֶׁיִּהְיֶה הָאָדָם יָרֵא תָּמִיד וְדוֹאֵג פֶּן יִמָּצֵא בְּיָדוֹ אֵיזֶה שֶׁמֶץ חֵטְא שֶׁיְּעַכְּבֵהוּ מִן הַשְּׁלֵימוּת אֲשֶׁר הוּא חַיָּיב לְהִשְׁתַּדֵּל בַּעֲבוּרוֹ. וְעַל זֶה אָמְרוּ זִכְרוֹנָם לִבְרָכָה עַל דֶּרֶךְ הַמָּשָׁל "מְלַמֵּד שֶׁכָּל אֶחָד נִכְוֶה מֵחוּפָּתוֹ שֶׁל חֲבֵרוֹ" (בבא בתרא ע"ה א'). כִּי אֵין זֶה מִטַּעַם הַקִּנְאָה, אֲשֶׁר תִּפּוֹל רַק בְּחַסִּירֵי הַדֵּעַת, כְּמוֹ שֶׁאֶכְתּוֹב עוֹד בְּסִיַּעְתָּא דִשְׁמַיָּא, אֶלָּא מִפְּנֵי רְאוֹתוֹ עַצְמוֹ חָסֵר מִן הַשְּׁלֵימוּת מַדְרֵיגָה שֶׁהָיָה יָכוֹל לְהַשִּׂיגָהּ כְּמוֹ שֶׁהִשִּׂיגָהּ חֲבֵירוֹ. וְהִנֵּה עַל פִּי הַהִתְבּוֹנְנוּת הַזֶּה וַדַּאי שֶׁלֹּא יִמָּנַע הַשָּׁלֵם בְּדַעְתּוֹ לִהְיוֹת זָהִיר בְּמַעֲשָׂיו.

אַךְ לַפְּחוּתִים מֵאֵלֶּה: תִּהְיֶה הַהֶעָרָה לְפִי הַבְחָנָתָם, וְהוּא לְפִי עִנְיַן הַכָּבוֹד אֲשֶׁר הֵם מִתְאַוִּים לוֹ, וְזֶה, כִּי זֶה פָּשׁוּט אֵצֶל כָּל בַּעַל דָּת - שֶׁאֵין הַמַּדְרֵיגוֹת מִתְחַלְּקוֹת בָּעוֹלָם הָאֲמִיתִּי שֶׁהוּא הָעוֹלָם הַבָּא אֶלָּא לְפִי הַמַּעֲשִׂים וְשֶׁלֹּא יִתְרוֹמֵם שָׁם אֶלָּא מִי שֶׁהוּא רַב הַמַּעֲשִׂים מֵחֲבֵירוֹ.

שלך, האישיות שלך, עולמך הפנימי. שהנפש תהיה יפה, אצילית, טהורה ועדינה עד הסוף - פרטי התורה.

הכבוד אשר הם מתאוים לו. הרמח"ל לא 'זורק' שום כח לפח, וטוען שצריך לדעת להשתמש גם בכח הכבוד. השאלה 'איך אני מעריך את עצמי? למה אני ראוי?' היא כוח דוחף. בכח הזה היו משתמשים כדי לאיים על עדי נפשות שיעידו אמת: "לפיכך כל אחד חייב לומר, בשבילי נברא העולם" (סנהדרין לז). היה צריך לעורר בהם את הכבוד הבסיסי הזה כי אדם שאיבד את כבודו העצמי, איש לא יכבדו. כשאדם מעריך את עצמו ועומד מול האמת: "יש עולם הבא, יש דרישות רוחניות מהאדם והן קשורות למיצוי בפועל של הפוטנציאל", זה מחזיק אותו. לא לפי הפוטנציאל אלא לפי המעשים בפועל - מימשת את כוחותיך? למה היית מסוגל? כמה כיבדת את עצמך? היית נאמן לעצמך?

וַאֲשֶׁר הוּא מְעַט הַמַּעֲשִׂים - הוּא יִהְיֶה הַשָּׁפָל. אִם כֵּן אֵיפוֹא, אֵיךְ יוּכַל הָאָדָם לְהַעְלִים עֵינוֹ מִמַּעֲשָׂיו אוֹ לְמַעֵט הִשְׁתַּדְּלוּתוֹ בָּזֶה, אִם אַחַר כָּךְ וַדַּאי יֵצַר לוֹ בִּזְמַן שֶׁלֹּא יוּכַל לְתַקֵּן אֶת אֲשֶׁר עִוְּתוֹ.
וְהִנֵּה יֵשׁ מֵהַפְּתָאִים הַמְבַקְשִׁים רַק לְהָקֵל מֵעֲלֵיהֶם שֶׁיֹּאמְרוּ 'לָמָּה נְיַגֵּעַ עַצְמֵנוּ בְּכָל כָּךְ חֲסִידוּת וּפְרִישׁוּת? הֲלֹא דַּי לָנוּ שֶׁלֹּא נִהְיֶה מֵהָרְשָׁעִים הַנִּדּוֹנִים בַּגֵּיהִנֹּם, אֲנַחְנוּ לֹא נִדְחוֹק עַצְמֵנוּ לִיכָּנֵס בְּגַן עֵדֶן - לִפְנַי וְלִפְנִים. אִם לֹא יִהְיֶה לָנוּ חֵלֶק גָּדוֹל - יִהְיֶה לָנוּ חֵלֶק קָטָן. אָנוּ דַּי לָנוּ בָּזֶה וְלֹא נַכְבִּיד עוֹל מַשָּׂאֵנוּ בַּעֲבוּר זֹאת'.

איך יוכל האדם להעלים עינו ממעשיו. לא צריך לחכות לעולם הבא, אפשר לעסוק כבר בעולם הזה במהות האמת - האם אני חי לפי כבודי העצמי? אדם חייב להסתכל לעצמו בעיניים ולתבוע עלבון אם הוא זלזל בהערכה שהעריך את עצמו. זה כלי חינוכי, תשתמש בו. הכבוד שאתה מכבד את עצמך ← תפיסה מעוותת של כבוד עצמי ← רצון להקלות ולויתורים שלך כלפי עצמך, כלפי הפוטנציאל שלך.

למה נייגע עצמנו? צריך ללכת עם האמת עד הסוף ולפרק טענה זו. פתי - אדם שלא מתאמץ לבחון דברים, לעמול. מתפתה - הולך שבי אחרי המקובל... יש אמת הרבה יותר גדולה והיא: שיש פוטנציאל בחיים שאם האדם מממש אותו, הוא מגיע רחוק. אל תרמה את עצמך, אל תקל על עצמך. אדם יכול לחשוב בטעות שבחינת הכבוד העצמי שלו נעשית בהשוואה לאחרים, לנורמה חברתית מקובלת, ולא בהשוואה אל עצמו. זו בעיה כי הוא אומר לעצמו: "אני בסדר, במקום טוב באמצע, זה מספק אותי". אלא שאלו הן הקלות וויתורים ביחס לפוטנציאל שלך. אסור לך להקל ולוותר כדי ליישר קו עם החברה שאתה משתייך אליה. אסור לך להסתתר מאחורי החברה ולהתעלם מהערכה עצמית אמתית.

ולא יצטערו ולא יהיה דמם רותח בקרבם. בוודאי שדמך ירתח בקרבך! כי התפרק כל מה שבנית. רצית להיות שאנן, וזה מתברר כשקר גמור. כל המושגים של הסטטוס החברתי שהשגת לעצמך

אָמְנָם שְׁאֵלָה אַחַת נִשְׁאַל מֵהֶם, הֲיוּכְלוּ כָּל כָּךְ עַל נְקַלָּה לִסְבּוֹל בָּעוֹלָם הַזֶּה, הַחוֹלֵף? לִרְאוֹת אֶחָד מֵחַבְרֵיהֶם מְכוּבָּד וּמְנוּשָּׂא יוֹתֵר מֵהֶם וּמוֹשֵׁל עֲלֵיהֶם? כָּל שֶׁכֵּן אֶחָד מֵעַבְדֵיהֶם אוֹ מִן הָעֲנִיִּים הַנִּבְזִים וּשְׁפָלִים בְּעֵינֵיהֶם, וְלֹא יִצְטַעֲרוּ וְלֹא יִהְיֶה דָּמָם רוֹתֵחַ בְּקִרְבָּם?! לֹא וַדַּאי! כִּי הִנֵּה עֵינֵינוּ הָרוֹאוֹת, כָּל עֲמַל הָאָדָם לְהִנָּשֵׂא עַל כָּל מִי שֶׁיּוּכַל וְלָשִׂים מְקוֹמוֹ בֵּין הָרָמִים יוֹתֵר, כִּי הִיא קִנְאַת אִישׁ מֵרֵעֵהוּ. וְאִם יִרְאֶה חֲבֵירוֹ מִתְרוֹמֵם וְהוּא נִשְׁאָר שָׁפָל, וַדַּאי שֶׁמָּה שֶׁיִּסְבּוֹל הוּא מַה שֶּׁיּוּכְרַח לְסָבְלוֹ, כִּי לֹא יוּכַל לִמְנוֹעַ, וְלִבּוֹ יִתְעַשֵּׁשׁ בְּקִרְבּוֹ. מֵעַתָּה, אִם

מתפוררים. נרדמת בשמירה. השאננות שבמעגל החברתי - לא שמת לב לפוטנציאל האישי, אבל האחרים שדרשו מעצמם דרישות גבוהות הצליחו. אתה לא.

כל עמל האדם להינשא על כל מי שיוכל... כי היא קנאת איש מרעהו. הקנאה היא כוח דוחף, שמניע להישגים חיוביים. "קנאת סופרים תרבה חוכמה". על הפסוק "ותקנא רחל באחותה", שמתאר את קנאת רחל בלאה על כך שזכתה בבנים, מבאר רש"י: "קינאה במעשיה הטובים" שבעקבותם ה' בירך אותה בארבעה בנים. רחל הבינה שאחותה הגיעה למימוש עצמי ולכן זכתה בארבעה בנים ואילו היא לא, ולכן נותרה עקרה.

ואם יראה חברו מתרומם והוא נשאר שפל. צריך לפרק לגורמים את הדמיון שנקרא הערכה עצמית שנוצרת על ידי שיוך חברתי. איפה **אתה**?! אל תירדם, אל תמקם את עצמך "כמו כולם". יש את הפוטנציאל האמיתי שלך ואם לא תממש אותו, תפסיד, לא תתקדם. אין דבר כזה סטאטוס חברתי. המעגל החברתי יוצר שאננות. הוא מחולל מערכת ביקורת כללית שמתעלמת מהפוטנציאל האישי, שהוא לעתים איכותי יותר מן המקובל בחברה. הערכה עצמית חייבת להיות אישית, על פי כישורים ואיכויות אישיות. הערכה על פי הזולת היא שקר, והעושה כן הוא פתי. הערכה עצמית אמתית היא כזו המביאה למימוש פוטנציאל אישי, ורק הכרה בו מביאה למימושו.

כָּךְ קָשֶׁה עֲלֵיהֶם לִהְיוֹת שְׁפָלִים מִזּוּלָתָם בַּמַּעֲלוֹת הַמְדוּמּוֹת וְהַכּוֹזְבוֹת, שֶׁאֵין הַשִּׁפְלוּת בָּם אֶלָּא לְפָנִים. וְלֹא הַהִתְנַשֵּׂא אֶלָּא שָׁוְא וָשֶׁקֶר, אֵיךְ יוּכְלוּ לִסְבּוֹל שֶׁיֵּרָאוּ עַצְמָם שְׁפָלִים יוֹתֵר מֵאוֹתָם הָאֲנָשִׁים עַצְמָם אֲשֶׁר הֵם עַתָּה שְׁפָלִים מֵהֶם? וְזֶה בִּמְקוֹם הַמַּעֲלָה הָאֲמִיתִּית וְהַיְקָר הַנִּצְחִי, שֶׁאַף עַל פִּי שֶׁעַכְשָׁיו אֵין מַכִּירִין אוֹתוֹ וְאֶת עֶרְכּוֹ, עַל כֵּן לֹא יָחוּשׁוּ אֵלָיו. אֲבָל בִּזְמַנּוֹ וַדַּאי שֶׁיַּכִּירוּהוּ לַאֲמִיתּוֹ לְצַעֲרָם וּלְבָשְׁתָּם, וַדַּאי שֶׁלֹּא יִהְיֶה לָהֶם זֶה אֶלָּא צַעַר גָּדוֹל וְנִצְחִי. הֲרֵי לְךָ, שֶׁאֵין הַסַּבְלָנוּת הַזֶּה אֲשֶׁר הֵם דּוֹרְשִׁים לְעַצְמָם לְהָקֵל מֵהֶם חוֹמֶר הָעֲבוֹדָה, אֶלָּא פִּיתּוּי כּוֹזֵב שֶׁמְּפַתֶּה יִצְרָם אוֹתָם, וְלֹא דָּבָר אֲמִיתִּי כְּלָל. וּכְבָר לֹא הָיָה מָקוֹם לְפִיתּוּי זֶה לָהֶם לוּלֵי הָיוּ רוֹאִים אֲמִתַּת הָעִנְיָן.

אֲבָל לְפִי שֶׁאֵין מְבַקְשִׁים אוֹתוֹ, וְהוֹלְכִים וְשׁוֹגִים לִרְצוֹנָם, הִנֵּה לֹא

איך יוכלו לסבול שיראו עצמם שפלים יותר מאותם האנשים אשר הם עתה שפלים מהם? כל התקדמות חיצונית בעולם הזה אינה חשובה. מה שבאמת חשוב הוא היכן אתה ממקם את עצמך? היכן עולמך המוסרי? הרוחני? היכן הקדושה שלך? התחמקת! אף פעם לא "תפסת" את עצמך! שייכת את עצמך לחברה הזו ברמה הדתית, מוסרית במקום טוב באמצע, ולא התקדמת במילימטר. אסור להירדם מאחורי המעמד החברתי, כי אתה יכול להרדם לכל החיים. צריך להיות נאמנים לתביעה לכבוד עצמי. יש לך הערכות לגבי עצמך? אל תטשטש אותן, אל תטייח אותן! **תעריך את עצמך!** זה חשוב מאוד. זו לא גאווה להעריך את עצמך, את מה שהקב"ה נתן לך - הכישרונות, היכולות, הפוטנציאל הרוחני, העוצמה האישית שלך. חשוב מאוד שתכבד את עצמך.

לא היה מקום לפיתוי זה להם לולי היו רואים אמיתת העניין. אדם אינו מעוניין לעסוק בעניין ההערכה העצמית של עצמו. "אמיתת העניין" אין לה כל אחיזה במציאות. האדם מפחד מזה. לא רוצה. הוא מעדיף להסתכל אל אחרים ולא על עצמו. זו שגיאה! תסתכל

יוסַר מֵהֶם פִּיתּוּיָם עַד הַזְּמַן אֲשֶׁר לֹא יוֹעִיל לָהֶם, כִּי לֹא יִהְיֶה עוֹד בְּיָדָם לְתַקֵּן אֶת אֲשֶׁר שִׁחֵתוּ. וְהוּא מַה שֶּׁאָמַר שְׁלֹמֹה הַמֶּלֶךְ עָלָיו הַשָּׁלוֹם "כֹּל אֲשֶׁר תִּמְצָא יָדְךָ לַעֲשׂוֹת בְּכֹחֲךָ עֲשֵׂה כִּי אֵין מַעֲשֶׂה וְחֶשְׁבּוֹן וְדַעַת" וכו' (קהלת ט' י')**, וְהַיְינוּ, כִּי מַה שֶּׁאֵין הָאָדָם עוֹשֶׂה עַד שֶׁהַכֹּחַ מָסוּר בְּיָדוֹ מִבּוֹרְאוֹ, הוּא הַכֹּחַ הַבְּחִירִיי הַמָּסוּר לוֹ כָּל יְמֵי חַיָּיו, שֶׁהוּא בָּהֶם בְּחִירִיי וּמְצֻוֶּה לַעֲשׂוֹת, הִנֵּה לֹא יוּכַל לַעֲשׂוֹתוֹ עוֹד בַּקֶּבֶר וּבַשְּׁאוֹל, שֶׁאֵין הַכֹּחַ הַזֶּה עוֹד בְּיָדוֹ, כִּי מִי שֶׁלֹּא הִרְבָּה מַעֲשִׂים טוֹבִים בְּחַיָּיו, אִי אֶפְשָׁר לוֹ לַעֲשׂוֹתָם אַחֲרֵי כֵן. וּמִי שֶׁלֹּא חִישֵּׁב חֶשְׁבּוֹן מַעֲשָׂיו - לֹא יִהְיֶה לוֹ זְמַן לְחַשְּׁבוֹ אָז. וּמִי שֶׁלֹּא הִתְחַכֵּם בָּעוֹלָם הַזֶּה, לֹא יִתְחַכֵּם בַּקֶּבֶר, וְזֶהוּ שֶׁאָמַר "כִּי אֵין מַעֲשֶׂה וְחֶשְׁבּוֹן וְדַעַת וְחָכְמָה בִּשְׁאוֹל אֲשֶׁר אַתָּה הוֹלֵךְ שָׁמָּה"** (קהלת ט' י')**.**

לעצמך ביושר בעיניים. מה ההערכה שלך את עצמך? מה אתה מתחבא מאחרי כולם? אל תפספס את הפוטנציאל שלך, תהיה נאמן אליו!

כי אין מעשה וחשבון ודעת וחכמה בשאול אשר אתה הולך שמה. בעולם הבא אין תירוצים. העולם הבא הוא מימד אחר של זמן ופועלים בו חוקים אחרים. אין בו בחירה בין טוב לרע אלא במערכת ערכים שונה. העולם הזה הוא זמן מוגבל של בחירה חופשית מוחלטת במעשה, בחשבון ובמחשבה. לכן, בעולם הזה יש לך כח ופוטנציאל - אז תעשה!

הכח הבחירי. בחירה חופשית = עצמאות = עצמיות. מושג הכבוד העצמי נוגע בעצמיות שלך, והעצמיות שלך היא העצמאות שלך. ההערכה שלך את עצמך היא עד כמה אתה נאמן לעצמאות שלך. קיבלת מהקב"ה בחירה חופשית שמבטאת את את היכולת האישית. אל תפסיד מה שהוא נתן לך. אם תנסה להקל, להיות בסדר, תפסיד את העצמאות שלך. אתה חייב לממש את הפוטנציאל שלך.

אַךְ הַהֶעָרָה לְכָל הֶהָמוֹן: הִנֵּה הוּא בְּעִנְיַן הַשָּׂכָר וָעוֹנֶשׁ עַצְמָם, בִּרְאוֹת עוֹמֶק הַדִּין עַד הֵיכָן מַגִּיעַ, אֲשֶׁר בֶּאֱמֶת רָאוּי לְהִזְדַּעְזֵעַ וּלְהִתְחָרֵד תָּמִיד, כִּי מִי יַעֲמוֹד בְּיוֹם הַדִּין? וּמִי יִצְדַּק לִפְנֵי בּוֹרְאוֹ בַּאֲשֶׁר הַשְׁקָפָתוֹ מְדַקְדֶּקֶת עַל כָּל דָּבָר קָטָן אוֹ גָּדוֹל? וְכֵן אָמְרוּ רַבּוֹתֵינוּ זִכְרוֹנָם לִבְרָכָה "וּמַגִּיד לְאָדָם מַה שֵּׂחוֹ" (עמוס ב׳ י״ג) **- "אֲפִילוּ שִׂיחָה קַלָּה שֶׁבֵּין אִישׁ לְאִשְׁתּוֹ מַגִּידִין לוֹ לָאָדָם בִּשְׁעַת הַדִּין"** (חגיגה ה׳ ב׳).

ההמון. תפיסת ההמון היא תפיסה פשוטה של המציאות, שנובעת ממפגש תמים איתה. בכל אדם יש את צד ההמון שבו, והמהר"ל מרחיב ומאריך בנושא זה. צד ההמון שבאדם הוא החלק שתופס את עצמו ביחס לזולת ולא ביחס לעצמו. ההמון איננו רע, יכול להיות שהם אנשים טובים מאוד, אולם הם מוגבלים בהתפתחותם העצמית כתוצאה ממודעות עצמית מוגבלת. השאלה היא כיצד מחנכים את ההמון למודעות עצמית? כיצד מחדירים בהם תודעה של זהירות, של בירור עצמי, של דין? איך אני מעורר את ההמון שבי לדיוקים של זהירות? במקום תפיסת ההמון נדרשת תפיסה חכמה, כזו שבמפגש עם המציאות נותנת תשומת לב לפרטי הפרטים. מפגש כזה יוליד בהכרח זהירות, הקפדה ואחריהם עשייה שיש בה חוקים ואחריות.

בראות עומק הדין עד היכן מגיע. העולם מלא בחוקיות ובסדרים תובעניים בלתי מתפשרים שמהם למדנו להיזהר. הטבע איננו ותרן ואינו מתפשר - ככה זה. לחוסר התחשבות בחוקי הטבע יש מחיר, לעתים כבד. לפי אותה תובנה, מצווה האדם לבנות את עולם הזהירות הרוחני שלו. להשתמש בחכמת החיים, באנרגיה המניעה אותם, כדי לבנות תורה של זהירות. כפי שהעולם המלא בדין מניע את הגלגלים של חיי הנפש והשכל של ההמון - לפי אותה תנועה נפשית אנחנו צריכים לבנות את עולם הזהירות שלנו, להשתמש באנרגיה המניעה את החיים לבנות תודעה של זהירות.

מלמד שהקב"ה מדקדק עם חסידיו כחוט השערה. רואים בתנ"ך שלקדוש ברוך הוא אכפת מהפרטים הקטנים. הוא לא מתעלם מהם אלא מחשיב אותם. גם האנשים הכי גדולים נתבעים ונענשים

עוֹד אָמְרוּ "'וּסְבִיבָיו נִשְׂעֲרָה מְאֹד' - מְלַמֵּד שֶׁהַקָּדוֹשׁ בָּרוּךְ הוּא מְדַקְדֵּק עִם חֲסִידָיו כְּחוּט הַשַּׂעֲרָה" (יבמות קכ"א ב').
אַבְרָהָם, הוּא אַבְרָהָם הָאָהוּב לְקוֹנוֹ, עַד שֶׁהַכְּתִיב עָלָיו "אַבְרָהָם אֹהֲבִי" (ישעיה מ"א ח') **- לֹא פָּלַט מִן הַדִּין מִפְּנֵי דְּבָרִים קַלִּים שֶׁלֹּא דִקְדֵּק בָּהֶם. עַל שֶׁאָמַר, "'בַּמָּה אֵדַע?' אָמַר לוֹ הַקָּדוֹשׁ בָּרוּךְ הוּא, חַיֶּיךָ, 'יָדֹעַ תֵּדַע כִּי גֵר יִהְיֶה זַרְעֲךָ'"** (ילקוט שמעוני בראשית ע"ז). **עַל שֶׁכָּרַת בְּרִית עִם אֲבִימֶלֶךְ**

על חסרון. סיפורי התנ"ך מביאים לנו סיפורים על דמויות חיות, "כה עשו חכמינו". יש בהם מציאות רוחנית מלאה סדרים וחוקים מדויקים שאם לא ממלאים אותם, יש לכך מחיר. הקב"ה מדקדק, המציאות מדקדקת, כך העולם נברא. שכר ענק על מעשה קטן, וההיפך. *מהלך השבוע בתנ"ך כולו הוא שאף עם החסידים, ואולי דווקא איתם - הקב"ה מדקדק מאוד, דיוק בפרטים.*

אברהם, הוא אברהם האהוב לקונו. אפילו אברהם אבינו, שנקרא בפי חז"ל "אברהם אוהבי", לא התחמק מן הדין. מידת הדין אינה מתחשבת בכוונות טובות ואינה מרחמת. אפילו אצל אדם בעל כוונות נפלאות, כוונותיו לא יגנו עליו מפעולות שאינן טובות. החיטה לא תצמח למי שאינו זורע אותה בזמן הנכון, גם אם בסוף יזרע אותה באהבה רבה. זו מידת הדין, והמציאות פועלת על פיה. אפילו אברהם לא נחלץ מן הדין. הוא שאל את הקב"ה "במה אדע כי אירשנה?" (בראשית טו), שאלה שיש בה עמדה ביקורתית כלפי הקב"ה. הקב"ה ענה לו שבאמת לא נחוץ לו לדעת זאת, לבקש ביטחונות להבטחה האלוקית. בקשה כזו היא העמדת ספק בבורא עולם ומהווה חוסר אמון בו. היא מנוגדת לדין, שלפיו ההתנהגות הנכונה של אדם היא לחוש ביטחון בה'. הביטחון הוא שאדם יודע שכל מה שעושה ה' הוא לטובה, גם כשחסר לו מידע. העונש על חוסר ביטחון זה היה מידה כנגד מידה: "ידוע תדע כי גר יהיה זרעך". הקדוש ברוך הוא השיב לאברהם שהוא יידע אותו על העתיד, אלא שידיעה זו לא תשמח אותו. מידה כנגד מידה אינה נקמנות אלא מידת הדין - סיבה ותוצאה, ממש כמו בעולם הטבע.

בְּלֹא צִיוּוּיוֹ שֶׁל מָקוֹם, אָמַר לוֹ הַקָּדוֹשׁ בָּרוּךְ הוּא "חַיֶּיךָ, שֶׁאֲנִי מַשְׂהֶה בְּשִׂמְחַת בָּנֶיךָ שִׁבְעָה דוֹרוֹת" (בראשית רבה נ"ד ה').
יַעֲקֹב, עַל שֶׁחָרָה אַפּוֹ בְּרָחֵל, שֶׁאָמְרָה לוֹ, "הָבָה לִּי בָנִים" (בראשית ל' א') **אָמְרוּ בַּמִּדְרָשׁ, זֶה לְשׁוֹנָם "אָמַר לוֹ הַקָּדוֹשׁ בָּרוּךְ הוּא, כָּךְ עוֹנִים אֶת הַמְּעוּקוֹת? חַיֶּיךָ שֶׁבָּנֶיךָ עוֹמְדִים לִפְנֵי בְנָהּ"** (בראשית רבה ע"א י'). **וּלְפִי שֶׁנָּתַן אֶת דִּינָה בְּתֵיבָה כְּדֵי שֶׁלֹּא יִקָּחֶהָ עֵשָׂו, אַף עַל פִּי שֶׁכַּוָּנָתוֹ הָיְתָה וַדַּאי לְטוֹבָה, אַךְ לְפִי שֶׁמָּנַע חֶסֶד מֵאָחִיו, אָמְרוּ בַּמִּדְרָשׁ "אָמַר לוֹ הַקָּדוֹשׁ בָּרוּךְ הוּא "לַמָּס מֵרֵעֵהוּ חָסֶד"** (איוב ו' י"ד) **לֹא בִּקַּשְׁתָּ לְהַשִּׂיאָהּ דֶּרֶךְ הֶיתֵּר הֲרֵי הִיא נִשֵּׂאת דֶּרֶךְ אִיסּוּר"** (בראשית רבה פ' ג').

יעקב בוודאי היה צדיק גדול, שהרי דמות דיוקנו חקוקה על כיסא הכבוד. אבל הוא כעס על רעייתו רחל שהלינה על עקרותה, וענה לה בחרון אף "התחת אלוקים אני?!". חז"ל ביקרו אותו על כך: "אמר לו הקב"ה: כך עונים את המעוקות? חייך, שבניך עתידים לעמוד לפני בנה". אתה התעלמת מהמועקה שלה, ועל כן תיענש בכך שצאצאי רחל יהיו גדולים מצאצאיך האחרים. דברי יעקב בשיחה אחת עם אשתו השיתו עליו עונש חמור. הקב"ה גרם לכך שיוסף גלה עשרים ושתים שנה שבמהלכן יעקב לא ראה אותו וחשב אותו למת, עשרים ושתים שנה שבהן יעקב מיאן להתנחם. ליעקב הייתה כוונה טובה בדבריו, אבל בכוונה טובה אין די. העולם הזה איננו סולח, ומעשה לא טוב איננו נעלם. אפילו למעשה קל ביותר יש תוצאות והאדם משלם על פעולותיו.

ולפי שנתן את דינה בתיבה. יעקב החביא את בתו דינה מעשיו אחיו. הוא חשש שעשיו יישא אותה לאישה ועל כך נענש, "לפי שמונע חסד מאחיו". אילו עשיו היה מתחתן עם דינה, אולי היא היתה מחזירה אותו בתשובה, מחנכת אותו. עליו אמר הקב"ה "למס מרעהו חסד", לקחת חסד מרעך, להינשא לעשיו שהיה נימול. העונש על מעשה הסתרה זה היה שהיא בסופו של דבר נאנסה בידי ערל, שכם בן חמור. יעקב לא ניסה לבקש דרך היתר ונענש שדינה הגיעה לשכם בדרך איסור. לא ניסית ליצור מגע

יוֹסֵף, לְפִי שֶׁאָמַר לְשַׂר הַמַּשְׁקִים, "כִּי אִם זְכַרְתַּנִי אִתְּךָ" (בראשית מ׳ י״ד) נִתּוֹסְפוּ לוֹ שְׁתֵּי שָׁנִים כְּמַאֲמָרָם זִכְרוֹנָם לִבְרָכָה. יוֹסֵף עַצְמוֹ, עַל שֶׁחָנַט אֶת אָבִיו בְּלִי רְשׁוּתוֹ שֶׁל מָקוֹם (בראשית רבה פ״ט ב׳). אוֹ לְפִי שֶׁשָּׁמַע, "עַבְדְּךָ אָבִינוּ" וְשָׁתַק, לְמַר כִּדְאִית לֵהּ וּלְמַר כִּדְאִית לֵהּ, מֵת לִפְנֵי אֶחָיו (בראשית רבה ק׳ ד׳).

דָּוִד, לְפִי שֶׁקָּרָא לְדִבְרֵי תוֹרָה, "זְמִירוֹת", נֶעֱנַשׁ שֶׁנִּכְשַׁל בִּדְבַר עוּזָּה וְנִתְעַרְבְּבָה שִׂמְחָתוֹ (סוטה ל״ה א׳).

מִיכַל, לְפִי שֶׁהוֹכִיחָה אֶת דָּוִד בַּמֶּה שֶׁרָקַד בַּחוּץ לִפְנֵי הָאָרוֹן, נֶעֶנְשָׁה שֶׁלֹּא הָיָה לָהּ וָלָד אֶלָּא בְּמוֹתָהּ (שמואל ב׳, ו׳ כ׳).

יזום ומסודר עם אומות העולם, אז קיבלת מגע לא יזום ולא מסודר איתן.

גם **יוסף** נענש על אמירה קלה ביותר. הוא לא סמך על ה׳ אלא על שר המשקים, נענש בכך שנתווספו לו שנתיים בכלא.

לדוד קרה דבר דומה. הוא קרא לתורה זמירות, "זמירות היו לי חוקיך", מתוך ביטוי שמחתו. זמירות הן דבר שבא בקלות, בלי עמל, בלי מאמץ ואחריות. אבל תורה אינה זמירות. היא דורשת עמל רב להשיגה ומחנכת לאחריות. הייחוס לתורה את סגולות הזמר היה טעות, ועל כך דויד נענש. בעקבותיה הקב״ה גרם לו לטעות בדבר שאפילו תינוקות של בית רבן אינם נכשלים בו: ילדים שלומדים חומש יודעים שרק הלוויים נושאים את הארון על הכתפיים, אך דוד שם את הארון על עגלה והבקר נשמט. כיון שהוא התייחס לתורה כזמר, דבר פשוט שלא צריך להקדיש לו תשומת לב ולעיין בו, הוא נענש בכך שהתעלם מהלכה פשוטה וקלה שלא צריך לעיין בה.

גם **מיכל**, אשת דוד, נענשה. מלך מורם מעם צריך להראות זאת – שהוא איננו פועל כנתיניו, אלא מורם מעם. כך פעל דוד במהלך רוב חייו. הוא ביטא את אישיותו, לא ניסה להשוות את דרכיו לאחרים. מיכל הוכיחה אותו שישמור על מעמד נשגב, שיימנע מביטוי עצמי, מלרקוד מול ארון הברית. היא נענשה במידה כנגד מידה כשהדבר

חִזְקִיָּהוּ, לְפִי שֶׁהֶרְאָה אֶל שָׂרֵי מֶלֶךְ בָּבֶל אֶת בֵּית נְכֹתֹה, נִגְזַר עַל בָּנָיו לִהְיוֹת סָרִיסִים בְּהֵיכַל מֶלֶךְ בָּבֶל (מלכים ב', כ' י"ד). וְרַבִּים כָּאֵלֶּה מְאֹד. וּבְפֶרֶק הַכֹּל חַיָּבִין אָמְרוּ "רַבִּי יוֹחָנָן כַּד הֲוָה מָטֵי לְהַאי קְרָא הֲוָה בָּכֵי, "וְקָרַבְתִּי אֲלֵיכֶם לַמִּשְׁפָּט וְהָיִיתִי עֵד מְמַהֵר" וכו' (מלאכי ג' ה') עֶבֶד שֶׁשּׁוֹקְלִים עָלָיו קַלּוֹת כַּחֲמוּרוֹת, תַּקָּנָה יֵשׁ לוֹ?" (חגיגה ה' א'), וּבְוַדַּאי שֶׁאֵין כַּוָּנַת הַמַּאֲמָר שֶׁיִּהְיֶה הָעֹנֶשׁ עַל שְׁתֵּיהֶן אֶחָד, כִּי הַקָּדוֹשׁ בָּרוּךְ הוּא אֵינוֹ מְשַׁלֵּם אֶלָּא מִדָּה כְּנֶגֶד מִדָּה. אָמְנָם הָעִנְיָן הוּא, שֶׁלְּעִנְיַן מִשְׁקַל הַמַּעֲשִׂים כָּךְ עוֹלוֹת בְּכַף הַקַּלּוֹת כְּמוֹ הַחֲמוּרוֹת. כִּי לֹא יַשְׁכִּיחוּ הַחֲמוּרוֹת אֶת הַקַּלּוֹת, וְלֹא יַעְלִים הַדַּיָּן עֵינוֹ מֵהֶם כְּלָל - כַּאֲשֶׁר לֹא יַעְלִים מֵהַחֲמוּרוֹת. אֶלָּא עַל כֻּלָּם יַשְׁגִּיחַ וִיפַקֵּחַ בְּהַשְׁוָאָה אֶחָד - לָדוּן כָּל אֶחָד מֵהֶם וּלְהַעֲנִישׁ אַחַר כָּךְ עַל כָּל אֶחָד כְּפִי מַה שֶּׁהוּא. וְהוּא מַה שֶּׁשְּׁלֹמֹה הַמֶּלֶךְ עָלָיו הַשָּׁלוֹם אוֹמֵר "כִּי אֶת כָּל מַעֲשֶׂה הָאֱלֹהִים יָבִיא בְמִשְׁפָּט" וכו' (קהלת י"ב י"ד).

כִּי כַּאֲשֶׁר אֵין הַקָּדוֹשׁ בָּרוּךְ הוּא מַנִּיחַ מִלִּשְׂכּוֹר כָּל מַעֲשֶׂה טוֹב קָטָן כְּמוֹת שֶׁהוּא, כֵּן לֹא יַנִּיחַ מִלִּשְׁפּוֹט וּלְהוֹכִיחַ כָּל מַעֲשֶׂה רַע קָטָן כְּמוֹת

שהכי מבטא את האישה, פרי בטן, נעצר בקרבה. מיכל בקשה מדוד שיימנע מזרימה חופשית ונענשה בהתכנסות, בבלימה.

חזקיהו המלך התגאה באוצרותיו לפני מלך בבל, ועל כך נענש. הוא שאף שאומות העולם יעריכו את ישראל הערכה גשמית, על פי אוצרות הזהב שלנו. כתוצאה מכך, הוא נענש שבניו שרתו את אוצרות בבל - את הכבוד הבבלי. כיון שהוא העריך את מה שחיצוני, נעשה עבד של אותן תצוגות חיצוניות.

לענין משקל המעשים כך עולות החמורות את הקלות. *לכל דבר יש משמעות, אל תאמר על דברים קטנים 'לא חשוב'. העולם בנוי על דין, והקומה הרוחנית שלך נבנית ומוכרעת גם על הפרטים הקטנים.*

"כל האומר הקב"ה ותרן הוא, יוותרו מעוהי". אל תחשוב שיש דברים

שֶׁהוּא, וּלְהוֹצִיא מִלֵּב הָרוֹצִים לְהִתְפַּתּוֹת וְלַחְשׁוֹב שֶׁלֹּא יַעֲלֶה הָאָדוֹן בָּרוּךְ הוּא בְּדִינָיו הַדְּבָרִים הַקַּלִּים וְלֹא יִקַּח חֶשְׁבּוֹן עֲלֵיהֶם. אֶלָּא כְּלָלָא הוּא "כָּל הָאוֹמֵר הַקָּדוֹשׁ בָּרוּךְ הוּא וַתְּרָן הוּא, יְוַתְּרוּ מֵעוֹהִי" (בבא קמא נ' א').

וְכֵן אָמְרוּ "אִם אוֹמֵר לְךָ יֵצֶר הָרָע, 'חֲטָא, וְהַקָּדוֹשׁ בָּרוּךְ הוּא מוֹחֵל לְךָ' - אַל תִּשְׁמַע לוֹ" (חגיגה ט"ז א').

וְזֶה דָּבָר פָּשׁוּט וּמְבוֹרָר, כִּי הִנֵּה אֵל אֱמֶת ה', וְהוּא מַה שֶּׁאָמַר מֹשֶׁה רַבֵּנוּ עָלָיו הַשָּׁלוֹם "הַצּוּר תָּמִים פָּעֳלוֹ, כִּי כָל דְּרָכָיו מִשְׁפָּט, אֵל אֱמוּנָה וְאֵין עָוֶל" וכו' (דברים ל"ב ד'), כִּי כֵּיוָן שֶׁהַקָּדוֹשׁ בָּרוּךְ הוּא רוֹצֶה בְּמִשְׁפָּט הִנֵּה כָּךְ הוּא עוֹבֵר עַל הַמִּשְׁפָּט, הַעֲלֵים אֶת הָעַיִן מִן הַזְּכוּת כְּמוֹ מִן הַחוֹבָה. עַל כֵּן אִם מִשְׁפָּט הוּא רוֹצֶה, צָרִיךְ שֶׁיִּתֵּן לְכָל אִישׁ כִּדְרָכָיו וְכִפְרִי מַעֲלָלָיו בְּתַכְלִית הַדִּקְדּוּק בֵּין לְטוֹב בֵּין לְמוּטָב. וְהַיְנוּ, "אֵל אֱמוּנָה וְאֵין עָוֶל צַדִּיק וְיָשָׁר הוּא", שֶׁפֵּירְשׁוּ זִכְרוֹנָם לִבְרָכָה, "לַצַּדִּיקִים וְלָרְשָׁעִים", כִּי כָּךְ הִיא הַמִּדָּה. וְעַל הַכֹּל הוּא דָּן וְעַל כָּל חֵטְא הוּא מַעֲנִישׁ וְאֵין לְהִמָּלֵט.

קטנים לא משמעותיים. האומר שיש ויתור בעולם, האם יהיה מוכן לוותר על משהו במערכת הגופנית שלו, בפרטי מערכת הנשימה, במערכת הדם, במערכת העיכול? חשוב על המעיים שלך! כל חלקיק בגוף קובע, ומכריע גורלות לחיים או למוות. כך גם העולם הרוחני.

"אם אומר לך יצר הרע 'חטא' והקב"ה מוחל לך, אל תשמע לו". *היצר הרע מטעה - 'הפרטים לא חשובים, כי העולם הרוחני שונה מהעולם הפיזי'.*

"הצור תמים פועלו". המקור שממנו נברא העולם, צור - הוא גם יסוד שממנו נחצבו האבנים. בריאת העולם היא דבר תמים, שלם.

ועל הכל הוא דן ועל כל חטא הוא מעניש ואין להימלט. זהו תיאור אובייקטיבי - המציאות הגשמית והרוחנית מבוססת על דין. החיים הם דבר אורגני מלא פרטים, שאם אחד חסר עלולה המערכת

וְאִם תֹּאמַר, אִם כֵּן מִדַּת הָרַחֲמִים לָמָּה הִיא עוֹמֶדֶת, כֵּיוָן שֶׁעַל כָּל פָּנִים צָרִיךְ לְדַקְדֵּק בַּדִּין עַל כָּל דָּבָר?
הַתְּשׁוּבָה, וַדַּאי מִדַּת הָרַחֲמִים הִיא קִיּוּמוֹ שֶׁל עוֹלָם, שֶׁלֹּא הָיָה עוֹמֵד זוּלָתוֹ כְּלָל. וְאַף עַל פִּי כֵן אֵין מִדַּת הַדִּין לוֹקָה, וְזֶה - כִּי לְפִי שׁוּרַת הַדִּין מַמָּשׁ הָיָה רָאוּי: (א.) שֶׁהַחוֹטֵא יֵעָנֵשׁ מִיָּד תֵּכֶף לְחֶטְאוֹ בְּלִי הַמְתָּנָה כְּלָל. (ב.) וְגַם שֶׁהָעֹנֶשׁ עַצְמוֹ יִהְיֶה בַּחֲרוֹן אַף כָּרָאוּי לְמִי שֶׁמַּמְרֶה פִּי הַבּוֹרֵא יִתְבָּרַךְ שְׁמוֹ. (ג.) וְשֶׁלֹּא יִהְיֶה תִּיקּוּן לַחֵטְא כְּלָל.
כִּי הִנֵּה בֶּאֱמֶת, אֵיךְ יְתַקֵּן הָאָדָם אֶת אֲשֶׁר עִוֵּת וְהַחֵטְא כְּבָר נַעֲשָׂה? הֲרֵי שֶׁרָצַח הָאָדָם אֶת חֲבֵירוֹ, הֲרֵי שֶׁנָּאַף, אֵיךְ יוּכַל לְתַקֵּן הַדָּבָר הַזֶּה? הֲיוּכַל לְהָסִיר הַמַּעֲשֶׂה הֶעָשׂוּי מִן הַמְּצִיאוּת?

כולה לקרוס. מינרל חסר, הורמון שאיננו נוצר כראוי, טסיות בדם שאינן מתפתחות, והגוף קורס כולו. חז"ל השוו את המצוות, עשה ולא תעשה, לחלקי גוף האדם, רמ"ח אברים ושס"ה גידים, על מנת להדגיש את הזהירות בפרטים, את הדמיון לעולם הגשמי הממשי.

העולם מחייב זהירות בפרטים - ככה זה.

אם כן, מידת הרחמים למה היא עומדת? כעת מובן החידוש העצום של מושג הרחמים, חידוש שקשה לתפוס אותו, משום שבמציאות עצמה אין רחמים. במציאות רק חוקי הטבע קובעים, ואילו הרחמים הם נגד הטבע והעולם. אלמלא הקדוש ברוך הוא היה מחדש לנו שיש רחמים, לא היינו מעלים על דעתנו שהדבר אפשרי. אז מהם רחמים? לא ויתור או מחיקת הדין. תפקידם הוא לאפשר לאדם לעמוד בדין, ולדין להתבטא בחיים האנושיים.

מידת הרחמים היא הנותנת הפך השלושה דברים שזכרנו. השלכות הרחמים:

א. השהיית העונש המיידי - על פי מידת הדין, כאשר האדם חוטא הוא היה צריך להיענש מיד. אבל ברחמים, למרות שהאדם חטא ועשה נזק רוחני, התגובה איננה מיידית. יש המתנה: אדם נופל ממצוק, וכאילו נעמד באוויר.

אָמְנָם, מִדַּת הָרַחֲמִים הִיא הַנּוֹתֶנֶת הֵפֶךְ הַשְּׁלֹשָׁה דְּבָרִים שֶׁזָּכַרְנוּ, דְּהַיְינוּ:
(א.) שֶׁיּוּתַּן זְמַן לַחוֹטֵא וְלֹא יִכָּחֵד מִן הָאָרֶץ מִיָּד כְּשֶׁחָטָא. (ב.) וְשֶׁהָעוֹנֶשׁ עַצְמוֹ לֹא יִהְיֶה עַד לְכַלֵּה. (ג.) וְשֶׁהַתְּשׁוּבָה תִּנָּתֵן לַחוֹטְאִים בְּחֶסֶד גָּמוּר, שֶׁתֵּחָשֵׁב עֲקִירַת הָרָצוֹן כַּעֲקִירַת הַמַּעֲשֶׂה.
דְּהַיְינוּ, שֶׁבִּהְיוֹת הַשָּׁב מַכִּיר אֶת חֶטְאוֹ, וּמוֹדֶה בּוֹ, וּמִתְבּוֹנֵן עַל רָעָתוֹ, וְשָׁב, וּמִתְחָרֵט עָלָיו חֲרָטָה גְּמוּרָה דְּמֵעִיקָּרָא כַּחֲרָטַת הַנֶּדֶר מַמָּשׁ, שֶׁהוּא מִתְנַחֵם לְגַמְרֵי וְהָיָה חָפֵץ וּמִשְׁתּוֹקֵק שֶׁמֵּעוֹלָם לֹא נַעֲשָׂה הַדָּבָר הַהוּא, וּמִצְטַעֵר בְּלִבּוֹ צַעַר חָזָק עַל שֶׁכְּבָר נַעֲשָׂה הַדָּבָר, וְעוֹזֵב אוֹתוֹ לְהַבָּא, וּבוֹרֵחַ מִמֶּנּוּ - הִנֵּה עֲקִירַת הַדָּבָר מֵרְצוֹנוֹ יֵחָשֵׁב לוֹ כַּעֲקִירַת

ב. ריכוך העונש - בטבע כאמור, אין ויתורים. הנופל מצוק נחבל לפי הגובה ממנו נפל. אבל כאשר הקב"ה מרחם, הוא מרכך את המכה גם כאשר האדם חוטא חטא חמור.

ג. היכולת לתקן - בעולם הטבע אין תקנה. אי אפשר להחזיר את המצב לקדמותו. את החטא, לעומת זאת, אפשר לתקן, ולשוב בתשובה.

תחשב עקירת הרצון בעקירת המעשה. הקב"ה גילה למשה רבינו גילוי עליון. אחרי חטא העגל משה עמד בנקרת הצור, רוצה לראות את פני ה', ושם במעמד הנשגב נאמר לו חידוש עצום "ה' ה' א-ל רחום וחנון...", אלמלא מקרא כתוב אי אפשר לאומרו. ה' מאפשר את הרחמים, את החריגה מכללי המציאות ביחס לחטא. רחמים הם נתינת האפשרות לעשות תשובה - לעמוד בדין. "מכיר, מודה, מתבונן, שב, מתחרט, מצטער, עוזב...". הלכות תשובה להרמב"ם - עזיבת החטא, וידוי, חרטה, קבלה לעתיד.

בעקירת הנדר. על ידי הבנת המושג נדר אפשר להתחיל להבין גם את המושג 'תשובה'. אם אדם נודר ואוסר על עצמו מאכל מסוים, המאכל נעשה אסור, אבל את הנדר עצמו אפשר לבטל. הנודר בא לחכם, מתאר את נדרו והחכם יכול לבטל אותו מעיקרו. זהו

הַנֶּדֶר וּמִתְכַּפֵּר לוֹ. וְהוּא מַה שֶּׁאָמַר הַכָּתוּב "וְסָר עֲוֹנֶךָ וְחַטָּאתְךָ תְּכֻפָּר" (ישעיה ו' ז'), **שֶׁהֶעָוֹן סָר מַמָּשׁ מֵהַמְּצִיאוּת וְנֶעֱקָר בְּמַה שֶּׁעַכְשָׁיו מִצְטַעֵר וּמִתְנַחֵם עַל מַה שֶּׁהָיָה לְמַפְרֵעַ.**

וְזֶה חֶסֶד וַדַּאי שֶׁאֵינוֹ מִשּׁוּרַת הַדִּין. אַךְ עַל כָּל פָּנִים הִנֵּה הוּא חֶסֶד שֶׁאֵינוֹ מַכְחִישׁ הַדִּין לְגַמְרֵי, שֶׁהֲרֵי יֵשׁ צַד לִיתָּלוֹת בּוֹ:

שֶׁתַּחַת הָרָצוֹן שֶׁנִּתְרַצָּה בַּחֵטְא, וְהַהֲנָאָה שֶׁנֶּהֱנָה מִמֶּנּוּ - בָּא עַתָּה הַנֶּחָמָה וְהַצַּעַר.

וְכֵן אֲרִיכוּת הַזְּמַן אֵינֶנּוּ וִיתּוּרוֹן עַל הַחֵטְא, אֶלָּא סַבְלָנוּת קְצָת לִפְתּוֹחַ לוֹ פֶּתַח תִּיקּוּן.

וְכֵן כָּל שְׁאָר דַּרְכֵי חֶסֶד, כְּעִנְיַן "בְּרָא מְזַכֶּה אַבָּא" (סנהדרין ק"ד א')**, אוֹ, "מִקְצָת נֶפֶשׁ כְּכָל הַנֶּפֶשׁ"** (קהלת רבה ז' כ"ה) **הַמּוּזְכָּרִים בְּדִבְרֵי חֲכָמִים.**

הבסיס ל"כל נדרי" שאנו אומרים בכניסת יום הכיפורים: "בטלים ומבוטלים, לא שרירין ולא קיימין, נדרנא לא נדרי". כל מה שהחזיק את הנדר הוא הרצון שהיה בשעת הנדר. התרת הנדר מבררת שרצון זה היה בטעות. הנודר מתחרט על הרצון שהיה לו חרטה גמורה, והיא עוקרת את הגורם המקיים את הנדר וכך הוא נעלם. מתברר שלנדר לא היה קיום מעולם.

אותו הדבר בתשובה. כאשר אדם מתבונן ברצון שהוביל לחטא ומתחרט ומתנחם עליו, חפץ ומשתוקק שהחטא מעולם לא נעשה, עקירת הדבר נעשית מרצונו, שכן עיקר התשובה הוא שינוי הרצון. השתנה הרצון - נעקר הדבר שמקיים את המעשה. המעשה עצמו איננו, כי אין מעשים שהם חטאים, אלא יש רצונות שהם חטאים. החטא איננו לאכול חזיר, שכן יש מצבים נדירים שבהם מותר לאכול חזיר ואפילו חובה לעשות כן, כמו במצב של פיקוח נפש. אז מה החטא? **הרצון** לאכול חזיר בזמן שאסור לעשות זאת.

וזה חסד ודאי שאינו משורת הדין. דבר זה איננו שולל את הדין, כי

דַּרְכֵי חֶסֶד הֵם לְקַבֵּל אֶת הַמּוּעָט כִּמְרוּבֶּה, אַךְ לֹא מִתְנַגְּדִים וּמַכְחִישִׁים מַמָּשׁ מִדַּת הַדִּין, כִּי כְּבָר יֵשׁ בָּהֶם טַעַם הָגוּן לְהַחְשִׁיב אוֹתָם.

אַךְ שֶׁיְּוַתְּרוּ עֲבֵירוֹת בְּלֹא כְלוּם אוֹ שֶׁלֹּא יוּשְׁגַּח עֲלֵיהֶם, זֶה הָיָה נֶגֶד הַדִּין לְגַמְרֵי. כִּי כְּבָר לֹא הָיָה מִשְׁפָּט וָדִין אֲמִיתִּי בַּדְּבָרִים, עַל כֵּן זֶה אִי אֶפְשָׁר לִימָּצֵא כְּלָל.

וְאִם אֶחָד מִן הַדְּרָכִים שֶׁזָּכַרְנוּ לֹא יִמָּצֵא לַחוֹטֵא לִימָּלֵט, וַדַּאי שֶׁמִּדַּת הַדִּין לֹא תָשׁוּב רֵיקָם, וְכֵן אָמְרוּ חֲכָמֵינוּ זִכְרוֹנָם לִבְרָכָה "מַאֲרִיךְ אַפֵּהּ וְגָבֵי דִּילֵהּ" (בראשית רבה ס"ז ד').

נִמְצָא שֶׁאֵין לָאָדָם הָרוֹצֶה לִפְקוֹחַ עֵינָיו פִּיתּוּי שֶׁיּוּכַל לְהִתְפַּתּוֹת בּוֹ לְבִלְתִּי הִזָּהֵר בְּמַעֲשָׂיו תַּכְלִית הַזְּהִירוּת וּדַקְדֵּק בָּם תַּכְלִית הַדִּקְדּוּק. הֵן כָּל אֵלֶּה הַשְׁקָפוֹת שֶׁיַּשְׁקִיף עֲלֵיהֶן הָאָדָם וְיִקְנֶה בָּם מִדַּת הַזְּהִירוּת וַדַּאי אִם בַּעַל נֶפֶשׁ הוּא.

אין רחמים בלי תשובה. רחמים אינם ויתור אלא נתינת האפשרות לעשות תשובה, לעמוד בדין, להשהות את הדין, למתן את חומרת העבירה ולתת אפשרות לתקן.

ברא מזכה אבא. בן יכול לזכות את אביו.

אך שיותרו עבירות בלא כלום או שלא יושגח עליהם, זה היה נגד הדין לגמרי. *זו לא יכולה להיות המציאות כי זה נגד העולם שאני מכיר, שבו אין ויתורים.*

"מאריך אף". משהה את הדין. *אבל אם האדם אינו לומד את הלקח, אינו מממש את חייו כהלכה, הקב"ה גובה את החוב.*

אם בעל נפש הוא. אם אכפת לו, אם הוא שם לב שיש לו עולם רוחני, נפש, אישיות, הוא לא נרתם למציאות החומרית. כל זה בונה זהירות. בין מצד שלמי הדעת, הבינוניים וההמון, אלה השקפות שמחזקות את מידת הזהירות.

פרק ה

בבאור מפסידי הזהירות וההרחקה מהם

מסלת פרק ה / בבאור מפסידי הזהירות ישרים מג

הַדְּרָכִים שֶׁזָּכַרְנוּ לֹא יִמָּצֵא לַחוֹטֵא לְמַלֵּט, וַדַּאי שֶׁמִּדַּת הַדִּין
לֹא תָּשׁוּב רֵיקָם. וְכֵן אָמְרוּ זִכְרוֹנָם לִבְרָכָה (ירושלמי תענית פ"ב
ה"א): מַאֲרִיךְ אַפֵּהּ וְגָבֵי דִּילֵהּ.
נִמְצָא, שֶׁאֵין לָאָדָם הָרוֹצֶה לִפְקֹחַ עֵינָיו פִּתּוּי שֶׁיּוּכַל
לְהִתְפַּתּוֹת ... תַּכְלִית הַזְּהִירוּת

הִנֵּה מַפְסִידֵי הַמִּדָּה ...
הָאֶחָד הוּא הַטִּפּוּל וְהַטִּ...
הַשְּׂחוֹק וְהַלָּצוֹן, הַשְּׁלִישִׁי — הַחֶבְ...
אֶחָד לְאֶחָד.
הִנֵּה הַטִּפּוּל וְהַטִּרְדָּה כְּבָר דִּבַּרְנוּ מֵהֶם
הָאָדָם טָרוּד בְּעִנְיְנֵי עוֹלָמוֹ, הִנֵּה ...
בְּזִקֵּי הַמַּשָּׂא אֲשֶׁר עֲלֵיהֶם, וְאִי אֶפְשָׁר ...
הַמַּעֲשֶׂה. וְהַחֲכָמִים, עֲלֵיהֶם הַשָּׁלוֹם, בִּרְאוֹ...
ד, יב): הֱוֵי מְמַעֵט בְּעֵסֶק וַעֲסֹק בַּתּוֹרָה. כִּי
הוּא לָאָדָם לְצֹרֶךְ פַּרְנָסָתוֹ, אַךְ רִבּוּי הָעֵסֶק...
כָּל־כָּךְ גָּדוֹל עַד שֶׁלֹּא יַנִּיחַ לוֹ מָקוֹם...
נִצְטַוִּינוּ לִקְבֹּעַ עִתִּים לַתּוֹרָה, וּכְבָר

בְּזִקֵּי ...
הַמַּעֲשֶׂה ... (אבות
ד, יב): הֱוֵי מְמַעֵט ... הָעֵסֶק מֻכְרָח
הוּא לָאָדָם לְצֹרֶךְ פַּרְנָסָתוֹ, אַךְ רִבּוּי הָעֵסֶק אֵינוֹ מֻכְרָח שֶׁיִּהְיֶה
כָּל־כָּךְ גָּדוֹל עַד שֶׁלֹּא יַנִּיחַ לוֹ מָקוֹם אֶל עֲבוֹדָתוֹ, עַל־כֵּן
נִצְטַוִּינוּ לִקְבֹּעַ עִתִּים לַתּוֹרָה, וּכְבָר זָכַרְנוּ שֶׁהִיא הַמִּצְטָרֶכֶת

הִנֵּה מַפְסִידֵי הַמִּדָּה הַזֹּאת וּמַרְחִיקֶיהָ הֵם שְׁלֹשָׁה:
הָאֶחָד: הוּא הַטִּפּוּל וְהַטִּרְדָּה הָעוֹלָמִית.
הַשֵּׁנִי: הַשְּׂחוֹק וְהַלָּצוֹן.
הַשְּׁלִישִׁי: הַחֶבְרָה הָרָעָה. וּנְדַבֵּר בָּהֶם אֶחָד לְאֶחָד.
הִנֵּה הַטִּפּוּל וְהַטִּרְדָּה כְּבָר דִּבַּרְנוּ מֵהֶם לְמַעְלָה, כִּי בִּהְיוֹת הָאָדָם טָרוּד בְּעִנְיְנֵי עוֹלָמוֹ, הִנֵּה מַחְשְׁבוֹתָיו אֲסוּרוֹת בְּזִיקֵי הַמַּשָּׂא אֲשֶׁר עֲלֵיהֶם, וְאִי אֶפְשָׁר לָהֶם לָתֵת לֵב אֶל הַמַּעֲשֶׂה. וְהַחֲכָמִים עֲלֵיהֶם הַשָּׁלוֹם

מפסידי הזהירות. הדברים ההפוכים מן הזהירות הם המפריעים הגדולים של הזהירות.

טרוד בענייני עולמו. *יש משהו שמסוגל לדברים גדולים, ואני מפריע לו בזוטות, בקטנות. אסור להשפיל את השכל האנושי.*

מחשבותיו אסורות. המוקד של הזהירות הוא עולם המחשבה. המחשבה אינה כבולה להרגלים, היא שואפת להוציא את האדם מתלמי השדה בהם הוא חי למרחבי אפשרויות וחיפושים. היא איננה משועבדת לגוף, לקיום החומרי. אבל אתה, האדם, אינך תמיד מנצל את המחשבה כדי לקדם, לרומם ולהגדיל אותך, להפוך את עצמך לאדם אחר. במקום זאת אתה משעבד אותה אל הקיום, והרוח משתעבדת לחומר. פסגת האדם ושיא אצילותו משמשות את החומר ומנוצלת לטכנולוגיה בלבד, לשיפור החיים החומריים. זהו בזבוז הרוח, מצב ההפוך מן הזהירות שתכליתה שיעבוד החומר עבור הרוח.

על התורה נאמר שהיא "עדות ה' נאמנה, מחכימת פתי" (תהלים יט). כיצד היא מחכימה את האדם? לא נראה שהכוונה לפלפול אינטלקטואלי. התורה, עדות ה', מחכימה בכך שהיא משיבה

בִּרְאוֹתָם זֶה אָמְרוּ "הֱוֵי מְמַעֵט בְּעֵסֶק, וַעֲסֹק בַּתּוֹרָה" (אבות ד' י"ב). כִּי הִנֵּה הָעֵסֶק מוּכְרָח הוּא לָאָדָם לְצוֹרֶךְ פַּרְנָסָתוֹ, אַךְ רִיבּוּי הָעֵסֶק אֵינוֹ מוּכְרָח שֶׁיִּהְיֶה כָּל כָּךְ גָּדוֹל עַד שֶׁלֹּא יַנִּיחַ לוֹ מָקוֹם אֶל עֲבוֹדָתוֹ. עַל כֵּן נִצְטַוֵּינוּ לִקְבּוֹעַ עִתִּים לַתּוֹרָה.
וּכְבָר זָכַרְנוּ שֶׁהִיא הַמִּצְטָרֶכֶת יוֹתֵר לָאָדָם לְשֶׁיַּגִּיעַ אֶל הַזְּהִירוּת,

את החוכמה והשכל למקומם הראוי. כשאתה לומד תורה אתה עוסק בדיונים, במאמצים מחשבתיים שאין להם בהכרח השלכה מעשית, לפעמים אפילו לא בעקיפין. הנפקא-מינה איננה חומרית, ותוצאותיה אינן מניבות תועלת חומרית. כלום לא ייצא מזה. התכלית היא אחת - להגדיל את המחשבה, לעסוק במחשבות עקרוניות, ערכיות, בשאלות מוסריות של צדק ויושר, רצון ה', קדושה. אתה למד שחייך קשורים לעולם הרוח. בשביל לדעת איך אדם נהיה יותר קדוש, עליון ומוסרי, יש צורך לשחרר את השכל מכבליו. משוחרר מכבלים, השכל מכוון בעצמו לקדושה, לגודל. *אני רוצה שהערכים יכוונו את חיי.*

"עסוק בתורה". *מה אתה עוסק בזוטות הקיומיות, וכמה אתה מפנה את המחשבה לעומק החיים ולא לרוחב החיים? "מעט בעסק ועסוק בתורה" - ציווי יאסי. למעט מזה ולהרבות בזה. למעט בעיסוק בזוטות הקיומיות ולהרבות בפינוי המחשבה לקודש, לערכי החיים. תפקיד התורה להחיות, לרענן, להחזיר למקומה הראוי לה את המחשבה האנושית. אני צריך לעסוק בתורה.*

ריבוי העסק אינו מוכרח שיהיה כל כך גדול עד שלא יניח לו מקום אל עבודתו. ההכרח לא מגונה ולא משובח, והאדם אינו נדון על מה שהוא פועל מתוך הכרח. כיון שהפרנסה היא הכרח, העיסוק בה איננו בזבוז זמן.

לקבוע עיתים לתורה. אדם מצווה להקדיש פנאי ללימוד תורה, למעט בעיסוק בזוטות הקיומיות ולהרבות בפינוי המחשבה לקודש, לערכי החיים. הוא מקדיש זמן לשחרר את המחשבה שלו - חופש! לכן "אין לך בן חורין אלא מי שעוסק בתורה" (אבות ו), שמרחבי

וּכְמַאֲמַר רַבִּי פִּנְחָס "תּוֹרָה מְבִיאָה לִידֵי זְהִירוּת". וְזוּלָתָהּ לֹא יַגִּיעַ אֵלָיו כְּלָל. וְהוּא מַה שֶּׁאָמְרוּ זִכְרוֹנָם לִבְרָכָה "וְלֹא עַם הָאָרֶץ חָסִיד" (אבות ב׳ ו׳). וְזֶה כִּי הַבּוֹרֵא יִתְבָּרַךְ שְׁמוֹ שֶׁבָּרָא הַיֵּצֶר רַע בָּאָדָם הוּא שֶׁבָּרָא הַתּוֹרָה תַּבְלִין לוֹ, וּכְמוֹ שֶׁאָמְרוּ "בָּרָאתִי יֵצֶר הָרָע בָּרָאתִי לוֹ תּוֹרָה תַּבְלִין" (קדושין ל׳ ב׳). וְהִנֵּה פָּשׁוּט הוּא, שֶׁאִם הַקָּדוֹשׁ בָּרוּךְ הוּא לֹא בָּרָא

המחשבה שלו יוצאים לאור. *העיקרון של לימוד תורה - לא יוצא לי מזה כלום במושגי העולם הזה. אז מה אני עושה? עוסק בעולם הרוח, דן בסוגיות ערכיות. כי אני רוצה לעסוק ברוח הקודש באמת - להחזיר לשכל את מקומו.*

תורה מביאה לידי זהירות. הדרך היחידה ללמוד זהירות היא ללמוד תורה. עיסוק בנושא ערכי ללא נפקא מינא חומרית זה קצה חוט מהפכני.

"ולא עם הארץ חסיד". עם הארץ הוא מי שהקיום הארצי מכתיב את נפשו ומוחו. אתה רוצה להיות חסיד, שעולם החסד והערכים ינחה אותך? אתה חייב להיות בן תורה.

"בראתי יצר הרע, בראתי לו תורה תבלין". יצר הרע באדם חזק מאוד. נדמה לאדם שהוא מפתח עולם מחשבתי עצמאי, אבל הוא צריך לדעת שבתפיסת חיים על פי מושגי העולם הזה הוא עשוי ליפול כפרי בשל, ושגם הוא בסוף ישועבד. על פי מושגי העולם הזה, הנטייה היא לפעול על פי תכלית תועלתנית, ואילו בלימוד התורה, תכלית תועלתנית איננה קיימת - התכלית היא תמיד ערכית, רוחנית. לכן התמודדות עם היצר מחייבת את הפנייה לתורה. הלומד תורה לשמה מטרתו היא לעסוק בחיי הקודש באמת, להחזיר לשכל את מקומו. אתה יכול להיות הפילוסוף הכי גדול ולשאול בסוף "מה ייצא לי מזה?", וברגע אחד הרסת את כל האידיאלים ולא השתחררת מיצר הרע. אם התובנות והמחשבות שלך קשורות רק לחיים שעוסקים ב"מה ייצא לי מזה", הן תהיינה מצומצמות בהכרח. מטרתה של התורה היא ללמד אותנו חסד - אנטיתזה של יצר הרע, אנטיתזה של הדאגה לעצמך. זה עניינה של תורה, "תורת חסד".

לְמַכָּה זוֹ - אֶלָּא רְפוּאָה זוֹ, אִי אֶפְשָׁר בְּשׁוּם פָּנִים שֶׁיֵּרָפֵא הָאָדָם מִזֹּאת הַמַּכָּה בִּלְתִּי זֹאת הָרְפוּאָה! וּמִי שֶׁיַּחְשׁוֹב לִינָּצֵל זוּלָתָהּ - אֵינוֹ אֶלָּא טוֹעֶה, וְיִרְאֶה טָעוּתוֹ לַבַּסּוֹף כְּשֶׁיָּמוּת בְּחֶטְאוֹ.

כִּי הִנֵּה הַיֵּצֶר רָע, בֶּאֱמֶת חָזָק הוּא בָּאָדָם מְאֹד, וּמִבְּלִי יְדִיעָתוֹ שֶׁל הָאָדָם הוֹלֵךְ הוּא וּמִתְגַּבֵּר בּוֹ וְשׁוֹלֵט עָלָיו. וְאִם יַעֲשֶׂה כָּל הַתַּחְבּוּלוֹת שֶׁבָּעוֹלָם וְלֹא יִקַּח הָרְפוּאָה שֶׁנִּבְרֵאת לוֹ - שֶׁהִיא הַתּוֹרָה כְּמוֹ שֶׁכָּתַבְתִּי - לֹא יֵדַע וְלֹא יַרְגִּישׁ בִּתְגְבוֹרֶת חָלְיוֹ אֶלָּא כְּשֶׁיָּמוּת בְּחֶטְאוֹ וְתֹאבַד נִשְׁמָתוֹ.

הָא לְמָה זֶה דוֹמֶה? לְחוֹלֶה שֶׁדָּרַשׁ בָּרוֹפְאִים וְהִכִּירוּ חָלְיוֹ וְאָמְרוּ לוֹ שֶׁיִּקַּח סַם מָה. וְהוּא, מִבִּלְתִּי שֶׁתְּקַדֵּם לוֹ יְדִיעָה בִּמְלֶאכֶת הָרְפוּאָה, יַנִּיחַ הַסַּם הַהוּא וְיִקַּח מַה שֶּׁיַּעֲלֶה בְּמַחֲשַׁבְתּוֹ מִן הַסַּמִּים - הֲלֹא יָמוּת הַחוֹלֶה הַהוּא וַדַּאי.

"עולם חסד ייבנה". הקב"ה לא ברא את העולם עבור עצמו אלא עבור ברואיו, והתורה שנתן לנו אף היא לא נבראה למטרות אגואיסטיות. עניינה של התורה הוא חסד. לכן יצאו חכמים נגד הלומד ואינו מלמד, או המלמד עשירים בלבד, נגד ההופך את עולם הרוח לחומר. אני צריך להיות איש חסד.

לא יקח הרפואה שנבראת לו. התורה היא התבלין, התרופה לנטייה החומרית. אדם חושב שיוכל להיחלץ מן השעבוד הגשמי גם בלי התורה, שיוכל להעניק לחייו עושר וגדלות בכוחות עצמו, אבל הקב"ה לימד אותנו שאם אין תורה, הוא ידעך. התורה זוהי השיטה היחידה של שחרור המחשבה, שיטה שברא אותה בורא העולם. בלעדיה הנשמה אובדת, הולכת וכלה, הולכת ונאבדת. *אם אתה לומד תורה באופן קבוע, אתה שם לב שאתה פחות ופחות מסוגל להקדיש מחשבה שמתמסרת רק לעניינים חומריים.*

"**ורחוק מן האמת... לבקש האמת**". האמת עניינה חופש, חירות המחשבה. השקר עניינו שעבוד לחומר. השכל יכול להגיד דבר הסותר את עצמו על מנת להגיע להישג חומרי, כי הרוח משועבד לחומר, ומי שאיננו משקר מפסיד רווח חומרי. הפתרון הוא תורה, ששומרת על האדם מהשתעבדות לחומר. אם אדם אינו לומד תורה

כֵּן הַדָּבָר הַזֶּה, כִּי אֵין מִי שֶׁמַּכִּיר בָּחֳלִי הַיֵּצֶר רַע וּבְכֹחוֹ הַמּוּטְבָּע בּוֹ - אֶלָּא בּוֹרְאוֹ שֶׁבְּרָאוֹ! וְהוּא הִזְהִירָנוּ שֶׁהָרְפוּאָה לוֹ הִיא הַתּוֹרָה. מִי אֵפוֹא יַנִּיחֶהָ וְיִקַּח מַה שֶּׁיִּקַּח זוּלָתָהּ וְיִחְיֶה?! וַדַּאי שֶׁחֹשֶׁךְ הַחוֹמְרִיּוּת יֵלֵךְ וְיִגְבַּר עָלָיו מַדְרֵיגָה אַחַר מַדְרֵיגָה וְהוּא לֹא יָבִין, עַד שֶׁיִּמָּצֵא שָׁקוּעַ בָּרָעָה וְרָחוֹק מִן הָאֱמֶת הֶרְחֵק גָּדוֹל, שֶׁאֲפִילוּ הִרְהוּרֵי דְּבָרִים לֹא יַעֲלוּ עַל לִבּוֹ לְבַקֵּשׁ הָאֱמֶת.

אַךְ אִם הוּא עוֹסֵק בַּתּוֹרָה, בִּרְאוֹתוֹ דְּרָכֶיהָ, צִיּוּוֶּיהָ וְאַזְהָרוֹתֶיהָ, הִנֵּה סוֹף סוֹף מֵאֵלָיו יִתְחַדֵּשׁ בּוֹ הִתְעוֹרְרוּת שֶׁיְּבִיאֵהוּ אֶל הַדֶּרֶךְ הַטּוֹב. וְהוּא מַה שֶּׁאָמְרוּ זִכְרוֹנָם לִבְרָכָה "הַלְוַאי אוֹתִי עָזְבוּ וְתוֹרָתִי שָׁמָרוּ, שֶׁהַמָּאוֹר שֶׁבָּהּ מַחֲזִירָן לְמוּטָב" (דאיכה רבתי פתיחתא ב').

באופן קבוע, אינו קובע עיתים לתורה, הוא אינו שם לב שהוא מאבד אט אט איכות מחשבתית כלשהי למה שאיננו ערך. וכך הוא מתרחק מן האמת. לכן - התורה היא האמת, 'תורת אמת'.

אך אם הוא עוסק בתורה... יתחדש בו ההתעוררות שיביאהו אל דרך הטוב. כשאני נפגש עם ערכי התורה והמסרים העולים ממנה, מאליו נגרם תהליך שמעורר את כל היכולת המחשבתית הטמונה בי, מעורר את הפוטנציאל של צלם אלוקים שטמון באדם. *אני מסוגל לעסוק בשאלה של מה טוב. הרוח קוראת לאומר, לנפש שלי, למוסר, לעסוק באופן טבעי בנושאים מהותיים של החיים. זה מתעורר וקם לתחייה, תחיית המתים.*

"הלוואי אותי עזבו ותורתי שמרו, שהמאור שבה מחזירן למוטב". הרב אריה לוין נהג למשול משל לחכם שראה אדם מטאטא בית נקי. לשאלת החכם מה הוא עושה, ענה: אני מטאטא את החושך מהבית. אמר לו החכם, פתח חריץ קטן בחלון, שהרי מעט מן האור דוחה הרבה מהחושך. כשאתה נתקע, אל תשקע במאבק לעומתי, אלא תתחבר ללימוד והוא כבר יאיר הרבה, יחזיר אותך למוטב.

עצם זה שאדם לומד תורה - משנה אותו, התהליך הולך ומתרחש. לימוד תורה מכריח את האדם לעסוק בשאלות עיקריות בחיים, הוא

וְהִנֵּה בִּכְלַל זֶה גַּם כֵּן קְבִיעוּת הָעִתִּים אֶל חֶשְׁבּוֹן הַמַּעֲשֶׂה וְתִיקּוּנוֹ כְּמוֹ שֶׁכָּתַבְתִּי לְמַעְלָה. וּמִלְּבַד כָּל זֶה, כָּל מַה שֶּׁיִּשָּׁאֵר לוֹ פְּנַאי מֵעֲסָקָיו - אִם חָכָם הוּא - וַדַּאי שֶׁלֹּא יְאַבְּדֵהוּ, אֶלָּא יֹאחַז בּוֹ מִיָּד וְלֹא יַרְפֵּהוּ לַעֲסוֹק בּוֹ בְּעֵסֶק נַפְשׁוֹ וְתִיקּוּן עֲבוֹדָתוֹ. וְזֶה הַמַּפְסִיד, אַף עַל פִּי שֶׁהוּא הַיּוֹתֵר כְּלָלִי, הִנֵּה הוּא הַיּוֹתֵר קַל לְמִי שֶׁרוֹצֶה לִימָּלֵט, שֶׁיִּמָּלֵט מִמֶּנּוּ.

לא יכול להיות אדיש אליהן, וכך הוא לא יוכל להיות רשע. אדם שלומד שעה תורה בעמל ובריכוז במלוא הרצינות ובתשומת לב רבה, ימצא את עצמו במהלך היום חושב מחשבות טובות של תורה. הוא ישאל את עצמו: האם מה שאני עושה זה טוב או רע? איך אני יכול לעזור למישהו אחר? זה סוג מחשבות של תורה, להיות עסוק במטרה הגדולה. *המטרה עולם הבא, להיות יותר צדיק, חסיד, לתת יותר מעצמי, איש חסד. זה נקרא להיות בן עולם הבא - אדם שפחות ופחות חושב על פרטיותו, הנושא אצלו אידיאלים וערכים אלוקיים זה המעניין אותו.*

קביעות העיתים אל חשבון המעשה ותיקונו. *יש לך זמן פנוי? אם אתה לא יכול ללמוד, אז תעסוק בעצמך, בחייך, זה חשבון נפש. אתה שומר בלילה? זה זמן לחשוב על עצמך, על ההתנהגות שלך, הצרכים של חבריך, הדיבור והחשיבה שלך, כוח הקליטה שלך, משימות ומטרות שלא שמת לב אליהן, עירנות, כיבוד הורים, הקשבה. זה תורה!*

כל מה שיישאר לו פנאי מעסקיו - ודאי לא יאבדהו. זו לא שאלה של כמות. צריך ללמוד בעמל, בריכוז, בתשומת לב. זהירות היא גילוי אכפתיות לכך שהעולם הערכי דומיננטי לי, אכפת לי ממנו. נאמנות לערכים שלי המתבטאת בפרטים. אמרו חז"ל שהרוצה להיות חסיד - יעסוק בסדר נזיקין, שכולל שאלות מוסריות לשמן. לימוד כזה מעצב את הנפש, החיים, הערנות; את הרגישות לחברים, לממונם ולרגשותיהם. זוהי חשיבה ערכית שזורמת לך בדם דרך הפרטים. גדולי עולם עוסקים בזה, וגם אתה ביניהם. יושב וחושב האם זה מוסרי וצודק. פתאום החשיבה האנוכית והקטנה כבר איננה רלוונטית. החכם משחרר את המחשבה לנושא הנפש, שם את

אַךְ הַשֵּׁנִי הִנֵּה הוּא קָשֶׁה מְאֹד, וְהוּא הַשְּׂחוֹק וְהַלָּצוֹן, כִּי מִי שֶׁטּוֹבֵעַ בָּם הוּא כְּמִי שֶׁטּוֹבֵעַ בַּיָּם הַגָּדוֹל, שֶׁקָּשֶׁה מְאֹד לְהִמָּלֵט מִמֶּנּוּ. כִּי הִנֵּה הַשְּׂחוֹק הוּא מְאַבֵּד אֶת לֵב הָאָדָם, עַד שֶׁכְּבָר אֵין הַטַּעַם וְהַדֵּיעָה מוֹשֶׁלֶת בּוֹ, וַהֲרֵי הוּא כְּשִׁכּוֹר אוֹ שׁוֹטֶה, אֲשֶׁר אִי אֶפְשָׁר לָתֵת לָהֶם עָרְמָה אוֹ לְהַנְהִיגָם, כִּי אֵינָם מְקַבְּלִים הַנְהָגָה. וְהוּא מַה שֶּׁאָמַר שְׁלֹמֹה

החכמה במקומה הראוי. "החכמה תחייה בעליה" - עסקת בחיים. אני צריך להיות חכם.

היותר קל. מדוע זה יותר קל? כי זה תלוי רק בך! אתה מנווט את תחום המחשבה שלך.

שחוק ולצון. יש נטייה חזקה באדם שאומרת לו לזרום עם החיים, ויחד איתה קיימת גם נטייה אחרת לשאול שאלות נוקבות על החיים: מי אני? מה מעשיי? מה חיי? האדם צריך להבין שיש במציאות צורך בשליטה עצמית, ובגלל שהיא עניין מסורבל וקשה הוא נותן לחיים לזרום. השחוק גורם להמעיט בחשיבות הדברים, לזלזל בשאלות הנוקבות, לברוח מן הצורך בשליטה עצבית, ומכאן נובעת בריחה מאחריות. כשאתה עושה דבר מתוך צחוק, אתה בורח מהצורך לנהל אותו, בורח מאחריות.

מי שטובע בם הוא כמי שטובע בים הגדול. בים הגדול אי אפשר להתקיים אלא על ידי הנהגה תמידית: מה הכיוון? היכן השרטונים? היכן הצפון? מה מצב הספינה? כדי לנווט בים צריך רב חובל, ואילו השוחק עלול לטבוע. הוא נמצא בבעיה קיומית כי הדברים היסודיים שעליהם הוא עומד צריכים הנהגה. אם אתה עושה מזה צחוק אתה מאבד את המרכז, מפסיק לחשוב מחשבה ישרה, מבוררת, מרכזית. הצוחק מכל דבר מאבד את הכיוון. זה מתן לגיטמציה להתייחסות ללא רצינות.

השחוק הוא מאבד את לב האדם.. עד שיגיע אל העוון עצמו ויעשהו. השחוק מראה הכול כלא רציני, "אל תהיה כבד", וסוף השוחק - שהוא מגיע לאיסורי עריות. אדם בלי הנהגה המתנער מן האחריות,

הַמֶּלֶךְ עָלָיו הַשָּׁלוֹם "לִשְׂחוֹק אָמַרְתִּי מְהוֹלָל וּלְשִׂמְחָה מַה זֹּה עוֹשָׂה" (קהלת ב׳ ב׳). **וַחֲכָמִים זִכְרוֹנָם לִבְרָכָה אָמְרוּ "שְׂחוֹק וְקַלּוּת רֹאשׁ מַרְגִּילִים אֶת הָאָדָם לְעֶרְוָה"** (אבות ג׳ י״ג)**, כִּי אַף עַל פִּי שֶׁחֲמוּרָה הִיא הָעֶרְוָה אֵצֶל כָּל בֶּן דַּת, וְלִבּוֹ יָרֵא מִקְּרוֹב אֵלֶיהָ, מִכֹּחַ הַצִּיּוּר שֶׁכְּבָר נִצְטַיֵּר בְּשִׂכְלוֹ מֵאֲמִתַּת גּוֹדֶל פִּשְׁעָהּ וְרוֹב עָנְשָׁהּ, הִנֵּה הַשְּׂחוֹק וְקַלּוּת רֹאשׁ מַמְשִׁיכִים אוֹתוֹ מְעַט מְעַט וּמַקְרִיבִים אוֹתוֹ הָלוֹךְ וְקָרֵב שֶׁתִּהְיֶה הַיִּרְאָה סָרָה מֵעָלָיו מְעַט מְעַט - מַדְרֵיגָה אַחַר מַדְרֵיגָה - עַד שֶׁיַּגִּיעַ אֶל הֶעָוֹן עַצְמוֹ וְיַעֲשֵׂהוּ. וְכָל כָּךְ לָמָּה? לְפִי שֶׁכְּמוֹ שֶׁכָּל מְצִיאוּת הַזְּהִירוּת תָּלוּי בְּשִׂימַת הַלֵּב עַל הַדָּבָר, כֵּן כָּל עַצְמוֹ שֶׁל הַשְּׂחוֹק אֵינוֹ אֶלָּא מֵסִיר**

נעשה בעצמו לאדם חסר אחריות. הצחוק מונע בסופו של דבר את הזהירות, והוא המחולל תרבות של עבודה זרה, "לצחק". שחוק וקלות ראש מניחים שהכול אפשרי, וכי הכול הוא בדיחה. אנשים שהמוסר שלהם טהור אינם מסוגלים לשמוע צחוק על החיים. החיים הם דבר רציני, ציפור הנפש. דבר שקשור אלי, מזוהה איתי ויש לי אחריות עליו, אני לא יכול לצחוק לו. המקום של השחוק בעולם - הגמרא אומרת כל ליצנות אסורה מלבד ליצנות של עבודה זרה. המקום העיקרי שבו לצחוק יש מקום זה לצחוק על הצחוק, להראות את אפסותו. יש תרבות לא טובה? צחק עליה. כך תראה שהיא אינה קשורה לחיים.

קושי הלצון והשחתתו הרבה. להיות מלך זה תפקיד קשה, אפשר להתמוטט מעוצמת האחריות. חז"ל אומרים שאי אפשר למדוד מה יש בליבו של מלך בגלל שהוא צריך להכיל כל מה שמתרחש במדינתו. בעבר היתה שיטה להביא לפניו ליצן חצר, שהיה מתחפש למלך ומעורר צחוק מרגיע, משחרר את האווירה מול הרצינות התהומית. התפקיד שלו היה ליצור ליצנות של בריחה, כלומר לברוח מרצינות. איך משמחים לב עצוב? מספרים לו דברים טובים על העולם, מחמאות על עצמו. זו בריחה. המטרה כאן - לא לברוח **אלא לחזור**

הַלֵּב מִן הַמַּחֲשָׁבוֹת הַיְשָׁרוֹת וְהָעִיּוּנִיּוֹת, וְנִמְצָא שֶׁלֹּא יָבוֹאוּ הִרְהוּרֵי הַיִּרְאָה בְּלִבּוֹ כְּלָל.

וְתִרְאֶה קוֹשִׁי הַלָּצוֹן וְהַשְׁחָתָתוֹ הַרְבֵּה, כִּי כְּמוֹ הַמָּגֵן הַמָּשׁוּחַ בַּשֶּׁמֶן אֲשֶׁר יַשְׁמִיט וְיַפִּיל מֵעָלָיו הַחִצִּים וּמַשְׁלִיכָם לָאָרֶץ, וְלֹא יַנִּיחַ אוֹתָם שֶׁיַּגִּיעוּ אֶל גּוּף הָאָדָם, כֵּן הַלָּצוֹן בִּפְנֵי הַתּוֹכֵחָה וְהַמַּרְדּוּת. כִּי בְּלֵיצָנוּת אֶחָד וּבִשְׂחוֹק קָטָן יַפִּיל הָאָדָם מֵעָלָיו רִבּוּי גָּדוֹל מִן הַהִתְעוֹרְרוּת וְהַהִתְפַּעֲלוּת, מַה שֶּׁהַלֵּב מִתְעוֹרֵר וּמִתְפַּעֵל בְּעַצְמוֹ מִידֵי רְאוֹתוֹ אוֹ שָׁמְעוֹ עִנְיָנִים שֶׁיְּעִירוּהוּ אֶל הַחֶשְׁבּוֹן וְהַפִּשְׁפּוּשׁ בַּמַּעֲשִׂים. וּבְכֹחַ הַלֵּיצָנוּת יַפִּיל הַכֹּל לָאָרֶץ וְלֹא יַעֲשֶׂה בּוֹ רוֹשֶׁם כְּלָל. וְלֹא מִפְּנֵי חוּלְשַׁת

לעצמך. תתעודד, תחייך, אל תתייאש. קח אחריות על החיים ואל תברח. *כל פעם שאתה שומע קול פנימי: "אל תיקח את זה", "כבר עליך", תבדוק אם זה לא שייך לשחוק. התרבות שאומרת לא לקחת "כבר", זו התרבות שנגדה אנחנו נלחמים. זו המשמעות של להיות גיבור. אני צריך להיות גיבור.*

כמו המגן המשוח בשמן... כן הלצון בפני התוכחה והמרדות. השחוק אומר שהמציאות שונה ממה שאתה חושב, שהיא אחרת מכפי שאתה מתאר. ואילו הלצון הוא "מגן משוח בשמן", שהחץ מחליק מעליו. הקב"ה שולח אלינו כל הזמן אתגרים, שאלות וטענות, והלץ יאמר שאמנם האתגרים והשאלות רציניים מאוד אבל הם אינם קשורים ומופנים אליו. הליצנות תגרום למסמס את הלקח כולו, כי היא מונעת מאיתנו את הזעזוע וכך החץ איננו פועל את פעולתו. *כך אוכל להגיד: "כן זה נכון מאוד, זה רציני, אבל לא קשור אליי". אדם ששומע שיחות מוסר וחושב שלא מדברים עליו.*

ובכוח הליצנות יפיל הכל לארץ. בתוך עצמו יש לאדם כוח תוכחה פנימית, אבל השחוק והלצון גורמים לכך שהאדם מרגיש שהדברים אינם מופנים כלפיו. מספיק משהו קטן שיסיט אותו והוא כבר אינו בשיא העוצמה.

הָעִנְיָנִים, וְלֹא מִפְּנֵי חֶסְרוֹן הֲבָנַת הַלֵּב, אֶלָּא מִפְּנֵי כֹּחַ הַלָּצוֹן הַהוֹרֵס כָּל עִנְיְנֵי הַמּוּסָר וְהַיִּרְאָה.
וְהִנֵּה הַנָּבִיא יְשַׁעְיָה הָיָה צוֹוֵחַ עַל זֶה כִּכְרוּכְיָא, כִּי הָיָה רוֹאֶה שֶׁזֶּה הָיָה מַה שֶּׁלֹּא הָיָה מַנִּיחַ מָקוֹם לְתוֹכְחוֹתָיו שֶׁיַּעֲשׂוּ רוֹשֶׁם, וְהָיָה מְאַבֵּד תִּקְוָתָם שֶׁל הַחוֹטְאִים, וְהוּא מַה שֶּׁאָמַר "וְעַתָּה אַל תִּתְלוֹצָצוּ פֶּן יֶחְזְקוּ מוֹסְרֵיכֶם" (ישעיה כ"ח, כ"ב). וּכְבָר גָּזְרוּ אוֹמֶר חֲכָמִים זִכְרוֹנָם לִבְרָכָה שֶׁהַלֵּץ מֵבִיא הַיִּסּוּרִין עָלָיו (עבודה זרה י"ח ב'). וְהוּא מַה שֶּׁהַכָּתוּב עַצְמוֹ מְבָאֵר בְּפֵירוּשׁ "נָכוֹנוּ לַלֵּצִים שְׁפָטִים" (משלי י"ט כ"ט). כִּי זֶה הוּא דָּבָר שֶׁהַדִּין נוֹתֵן אוֹתוֹ, כִּי מִי שֶׁמִּתְפַּעֵל מִן הַהִתְבּוֹנְנוּת וּמִן הַלִּימּוּדִים, אֵינוֹ צָרִיךְ שֶׁיִּתְיַסֵּר בְּגוּפוֹ, כִּי כְּבָר יָשׁוּב מֵחַטֹּאתָיו בְּלִי זֶה - מִכֹּחַ הִרְהוּרֵי תְשׁוּבָה שֶׁיִּוָּלְדוּ בִּלְבָבוֹ עַל יְדֵי מַה שֶּׁיִּקְרָא אוֹ שֶׁיִּשְׁמַע מִן הַמּוּסָרִים וְהַתּוֹכֵחוֹת. אַךְ הַלֵּיצָנִים שֶׁאֵינָם מִתְפַּעֲלִים מִן הַתּוֹכֵחוֹת מִפְּנֵי כֹּחַ לֵיצָנוּתָם, אֵין לָהֶם תִּיקּוּן אֶלָּא הַשְּׁפָטִים. שֶׁאֵלֶּה לֹא יִהְיֶה לָהֶם כֹּחַ בְּלֵיצָנוּתָם לִדְחוֹתָם מֵעֲלֵיהֶם כַּאֲשֶׁר יִדְחוּ הַמּוּסָרִים. וְהִנֵּה

כוח הלצון ההורס כל ענייני המוסר. *זה לא שחוק ולא מרידה בהנהגה, זה יותר מתוחכם. מפנה את זה מכם, לא משייך אליך.*

"ועתה אל תתלוצצו פן יחזקו מוסריכם". הנביא מביא את הדברים בצורה שאי אפשר לברוח מהם, הוכחות שאי אפשר לעמוד מולן, אבל זה לא מופנה לאדם הנכון.

קשה הליצנות שתחילתו יסורין וסופו כליה. התוצאה של הליצנות היא שאין ברירה, צריך להביא על הליצנים ייסורים שמדגישים את חומרת החטא בהעדר נכונות ללמוד לקח. שחוק וליצנות הם אפוא המפסיד השני, שעניינו חוסר לקיחת אחריות. בליצנות שני צדדים שליליים: א. המעטת חשיבות הנושא. ב. הסרת הקשר בין הלקח ובין האדם עצמו, לאמור - זה לא קשור אלי אלא למישהו אחר.

שלא ילעגו עליו חבריו או כדי להתערב עמהם. לחברה יש אנרגיה אדירה וצריך להתמודד איתה בשני מישורים: האחד, "שלא ילעגו

כְּפִי חוֹמֶר הַחֵטְא וְתוֹלְדוֹתָיו, הֶחְמִיר הַשּׁוֹפֵט הָאֲמִיתִּי בְּעָנְשׁוֹ. וְהוּא מַה שֶּׁלִּמְּדוּנוּ זִכְרוֹנָם לִבְרָכָה "קָשָׁה הַלֵּיצָנוּת - שֶׁתְּחִלָּתוֹ יִסּוּרִין וְסוֹפוֹ כְּלָיָה, שֶׁנֶּאֱמַר פֶּן יֶחְזְקוּ מוֹסְרֵיכֶם כִּי כָלָה וְנֶחֱרָצָה שָׁמַעְתִּי (ישעיה כ"ח כ"ב)" וכו' (עבודה זרה י"ח ב').

וְהַמַּפְסִיד הַשְּׁלִישִׁי, הוּא הַחֶבְרָה, דְּהַיְנוּ, חֶבְרַת הַטִּפְּשִׁים וְהַחוֹטְאִים, וְהוּא מַה שֶּׁהַכָּתוּב אוֹמֵר "וְרֹעֶה כְסִילִים יֵרוֹעַ" (משלי י"ג כ'), כִּי הִנֵּה אָנוּ רוֹאִים פְּעָמִים רַבּוֹת, אֲפִילוּ אַחַר שֶׁנִּתְאַמֵּת אֵצֶל הָאָדָם חוֹבַת הָעֲבוֹדָה וְהַזְּהִירוּת בָּהּ, יִתְרַפֶּה מִמֶּנָּה אוֹ יַעֲבוֹר עַל אֵיזֶה דְּבָרִים מִמֶּנָּה, כְּדֵי שֶׁלֹּא יִלְעֲגוּ עָלָיו חֲבֵירָיו אוֹ כְּדֵי לְהִתְעָרֵב עִמָּהֶם. וְהוּא מַה שֶּׁשְּׁלֹמֹה מַזְהִיר וְאוֹמֵר "עִם שׁוֹנִים אַל תִּתְעָרָב" (משלי כ"ד כ"א). כִּי אִם יֹאמַר לְךָ אָדָם, "לְעוֹלָם תְּהֵא דַּעְתּוֹ שֶׁל אָדָם מְעוֹרֶבֶת עִם הַבְּרִיּוֹת" (כתובות י"ז א') אַף אַתָּה אֱמוֹר לוֹ, בַּמֶּה דְּבָרִים אֲמוּרִים? בִּבְנֵי אָדָם שֶׁעוֹשִׂים מַעֲשֵׂה אָדָם, אַךְ לֹא בִּבְנֵי אָדָם שֶׁעוֹשִׂים מַעֲשֵׂה בְּהֵמָה. וּשְׁלֹמֹה מַזְהִיר עוֹד "לֵךְ מִנֶּגֶד לְאִישׁ כְּסִיל" (משלי י"ד ז'), וְדָוִד הַמֶּלֶךְ אָמַר "אַשְׁרֵי הָאִישׁ אֲשֶׁר

עליו חבריו", יש לנו צורך נפשי בחברה. השני, "להתערב עמהם", החברה עשויה להיהפך לסרגל מדידה המהווה מנגנון שאומר מהי הנורמה הלגיטימית.

"עם שונים אל תתערב". לעתים אדם חושש להתרחק מחברה של חוטאים משום שהפרישה ממנה נתפסת כהתנשאות, כמעשה לא מוסרי. הרמח"ל מתמודד עם טענה זו ומציע לבחון את הטענה המוסרית על פי תכליתה: לא ייתכן שמעשה מוסרי יוביל למצב לא מוסרי; טענה מוסרית צריכה להוביל למטרה מוסרית. איך אמדוד את המוסריות של הטענה? אשאל - לאן זה מוביל אותי? לפיכך, למרות שפרישה מחברה של חוטאים נדמית כמעשה לא מוסרי, מכיוון שהיא מובילה למצב שאיננו מוסרי, הפרישה הזו מוסרית.

"לך מנגד לאיש כסיל". הכסיל פועל בחוסר אחריות מוסרית, והוא מתעלם מן העובדה שפעולה שאיננה מוסרית פוגמת באישיות

לֹא הָלַךְ״ וכו׳ (תהלים א׳ א׳), וּכְבָר פֵּירְשׁוּ זִכְרוֹנָם לִבְרָכָה ״אִם הָלַךְ סוֹפוֹ לַעֲמוֹד וְאִם עָמַד סוֹפוֹ לֵישֵׁב״ (עבודה זרה י״ח ב׳). וְאוֹמֵר, ״לֹא יָשַׁבְתִּי עִם מְתֵי שָׁוְא... שָׂנֵאתִי קְהַל מְרֵעִים״ וכו׳ (תהלים כ״ו ד׳).
אֵין לוֹ לָאָדָם אֶלָּא לִיטַהֵר וּלִינַּקּוֹת בְּעַצְמוֹ וְלִמְנוֹעַ רַגְלָיו מִדַּרְכֵי הֶהָמוֹן הַשְּׁקוּעִים בְּהַבְלֵי הַזְּמַן, וְיָשִׁיב רַגְלָיו אֶל חַצְרוֹת ה׳ וְאֶל מִשְׁכְּנוֹתָיו. הוּא שֶׁדָּוִד עַצְמוֹ מְסַיֵּים וְאוֹמֵר ״אֶרְחַץ בְּנִקָּיוֹן כַּפָּי וַאֲסוֹבְבָה אֶת מִזְבַּחֲךָ ה׳״ (תהלים כ״ו ד׳). וְאִם יֶאֱרַע לוֹ שֶׁיִּמָּצֵא בְּחֶבְרַת מִי שֶׁיַּלְעִיג עָלָיו, לֹא יָשִׁית לִבּוֹ אֶל הַלַּעַג הַהוּא. אַדְּרַבָּא יִלְעַג עַל מַלְעִיגָיו וִיבַזֵּם, וְיַחְשׁוֹב בְּדַעְתּוֹ כִּי לוּלֵי הָיָה לוֹ לְהַרְוִיחַ מָמוֹן הַרְבֵּה, הֶהָיָה מַנִּיחַ מַה

המוסרית. חברות עם אדם כזה פוגמת במוסר, וכלפיו אמר שלמה המלך את דבריו. אם לעשות משהו, לשמוע מישהו, זה יפגע במוסר שלי - אז לא מוסרי לעשות או לשמוע. ״לך מנגד״! דוד המלך ושלמה המלך נשאו באחריות לחברה. הם לא בחרו להיות נזירים, אלא במלוכה, במנהיגות. הם הכירו בחשיבות העצומה של לכידות חברתית. דויד אמר על עצמו: איני רוצה להיות חלק מציבור שלא מוביל אותי למקום מוסרי, ופרישה מציבור שכזה היא הדבר הכי מוסרי. *אני רוצה לקדם את האיכות המוסרית שלי.*

״ארחץ בנקיון כפי ואסובבה את מזבחך ה׳״. להסתובב סביב מזבח ה׳, הכוונה שזה מוקד החיים שלי, הסיבוב יוצר מוקד אחד שסביבו אני חג.

לא ישית לבו אל הלעג ההוא. ההתמודדות עם סוגיית הלעג היא מאתגרת. בבחירה בדרך מוסרית יש סיכון - היא עשויה לגרור אחריה לעג. גם ההולך בעולמו בלי לפגוע באיש עשוי להיות ללעג, משום שהוא נוהג באופן שונה מן המקובל בחברה. האדם עלול להיות מושפע מן הנורמה. החברה לועגת לו - אתה לא שפוי! נחמד להגיד לו ״אל תשים לבו!״, בפועל זה קשה. מה עושים? הרמח״ל ממליץ לאדם החושש מן הלעג לזכור שאילו היה מדובר ברווח

שֶׁהָיָה צָרִיךְ לָזֶה מִפְּנֵי חֲבֵירָיו שֶׁלֹּא יִלְעֲגוּ? כָּל שֶׁכֵּן שֶׁלֹּא יִרְצֶה לְאַבּוֹד נִשְׁמָתוֹ מִפְּנֵי לַעַג.

וְעַל דֶּרֶךְ זֶה הִזְהִירוּ זִכְרוֹנָם לִבְרָכָה "הֱוֵי עַז כַּנָּמֵר... לַעֲשׂוֹת רְצוֹן אָבִיךָ שֶׁבַּשָּׁמַיִם" (אבות ה׳ כ׳). וְדָוִד אָמַר "וַאֲדַבְּרָה בְעֵדוֹתֶיךָ נֶגֶד מְלָכִים וְלֹא אֵבוֹשׁ" (תהלים קי״ט מ״ו), שֶׁאַף עַל פִּי שֶׁרוֹב הַמְּלָכִים עִסְקָם וְדִיבּוּרָם בְּדִבְרֵי גְּדוֹלוֹת וַהֲנָאוֹת, וְדָוִד שֶׁהָיָה גַם כֵּן מֶלֶךְ, לִכְאוֹרָה תִּהְיֶה לוֹ לְחֶרְפָּה אִם בִּהְיוֹתוֹ בְּחֶבְרָתָם יִהְיֶה הוּא מְדַבֵּר בְּדִבְרֵי מוּסָר וְתוֹרָה, תַּחַת סַפְּרוֹ מִן הַגְּדוֹלוֹת וּמִתַּעֲנוּגוֹת בְּנֵי אָדָם כְּמוֹהֶם, הִנֵּה לֹא הָיָה חָשׁ לָזֶה כְּלָל, וְלֹא הָיָה לִבּוֹ נִפְתֶּה בַּהֲבָלִים הָאֵלֶּה, אַחֲרֵי שֶׁכְּבָר הִשִּׂיג הָאֱמֶת,

עסקי, הוא לא היה מחמיץ אותו כדי לא להיחשב לטיפש בעיני חבריו. על אחת כמה וכמה במעשה המוסרי שמבטא רצון שמיים, אל לו לאדם לחשוש מפני הלעג. אתם לא יודעים לקרוא **מפה**? אני יודע! אינכם רואים שיש פה רצון [עליון], שיש כאן שמיים? אני רואה.

ילעג על מלעיגיו ויבזם. *ללעוג חזרה זו הסברה האמיתית - אני הנורמלי, אני הנורמלי! זו לא נקמה ומריבה. מי שמכם להגדיר מה נורמלי? בגלל שאתם רבים ואני אחד? זה מה שקובע מה טוב ומה צודק? אני יודע שכולם טועים ואני צודק. אדרבה, אתם לא נורמלים - פירקתי את העוקץ, ומעכשיו דבריכם לא פוגעים בי עוד.*

"ואדברה בעדותיך נגד מלכים ולא אבוש". המלכים נפגשים עם חבריהם במפגשים פוליטיים ומדברים על עניינים מדיניים גדולים. דוד המלך הכיר היטב במעמדו וידע היטב מהי מלוכה, אך במפגשים כאלה לא חשש ולא התבייש לדבר בענייני תורה ומוסר, "אדברה בעדותיך" - בדברי תורה. לכאורה הוא היה צריך להתבייש, אך הוא הלך בדרך האמת, שח בדברי תורה בלי לחוש לבושה. המילה "נגד" שבפסוק היא נגד הבושה. אני יודע את האמת, ואני לא מתבייש בה! שיתבייש מי שמשקר!

אֶלָּא מְפָרֵשׁ וְאוֹמֵר "וַאֲדַבְּרָה בְעֵדוֹתֶיךָ נֶגֶד מְלָכִים וְלֹא אֵבוֹשׁ" וכו'. וִישַׁעְיָה כְּמוֹ כֵן אָמַר "עַל כֵּן שַׂמְתִּי פָנַי כַּחַלָּמִישׁ וָאֵדַע כִּי לֹא אֵבוֹשׁ" (ישעיה נ' ז').

"שמתי פני כחלמיש". חלמיש הוא סלע קשה שאיננו מושפע ואיננו מתרגש. דויד לא דימה את עצמו לחלמיש כדי להצביע על אישיותו הקשה, התקיפה והלוחמנית, אלא כדי להראות שהוא החזיק בעמדות לא פופולריות בלי חשש מבושה, "כי לא אבוש". הוא נקט עמדה חזקה ותקיפה בשביל לשבור את העוקץ, זאת המטרה - שאני לא אתבייש. אני מחזיק בעמדה חזקה ותקיפה לא כדי לפגוע באחרים, לא כדי להיות קשה ועוקצני, אלא כדי לשבור את עוקץ הבושה. זו המטרה. מדוע להתבייש בדבר טוב שאני עושה? שיתבייש מי שעושה דבר רע. היכולת להתגבר על הבושה היא תכונתו של מי שהוא בן חורין, שהוא "עז כנמר...". *אני לא חושש מן הבושה, אני מוציא להיאלץ מן השעבוד החברתי, החברה איבדה את כוחה עלי, אני בן חורין.*

פרק ו

בבאור
מדת הזריזות

פֶּרֶק ו

בְּבֵאוּר מִדַּת הַזְּרִיזוּת

חַר הַזְּהִירוּת יָבוֹא הַזְּרִיזוּת, כִּי הַזְּהִירוּת סוֹבֵב עַל הַלֹּ
תַעֲשֶׂה, וְהַזְּרִיזוּת — עַל הָעֲשֵׂה, וְהַיְנוּ: "סוּר מֵ
שֵׂה טוֹב" (תהלים לד, טו). וְעִנְיָנוֹ שֶׁל הַזְּרִיזוּת מְבֹאָר, שֶׁה
קְדָּמָה לַמִּצְווֹת וּלְהַשְׁלָמַת עִנְיָנָם. וְכַלָּשׁוֹן הַזֶּה אָ
נָם לִבְרָכָה (פסחים ד, א): זְרִיזִים מַקְדִּימִים לַמִּצְוֹת
שֶׁצָּרִיךְ פִּקְחוּת גָּדוֹל וְהַשְׁקָפָה רַבָּה לְנַצֵּל
לֵט מִן הָרָע שֶׁלֹּא יִשְׁלֹט בָּנוּ לְהִתְעָרֵב בְּ
שֶׁרוֹצֶה ... גָּדוֹל וְהַשְׁקָפָה לֶאֱחֹז בַּמִּצְוָה ... נֶגֶד
טִבְעוֹ עַצְמוֹ, ... עַצְמוֹ בְּיַד
כְּבֵדוּתוֹ, וַדַּאי הוּא שֶׁלֹּא יַצְלִיחַ. וְהוּא מַה שֶּׁאָמַר הַתַּנָּא (אבות
ה, כ): הֱוֵי עַז כַּנָּמֵר וְקַל כַּנֶּשֶׁר, רָץ כַּצְּבִי וְגִבּוֹר כָּאֲרִי, לַעֲשׂוֹת
רְצוֹן אָבִיךָ שֶׁבַּשָּׁמַיִם. וְכֵן מָנוּ חֲכָמִים זִכְרוֹנָם לִבְרָכָה (ברכות
לב, ב) בַּדְּבָרִים הַצְּרִיכִים חִזּוּק: תּוֹרָה וּמַעֲשִׂים טוֹבִים.

אַחַר הַזְּהִירוּת יָבוֹא הַזְּרִיזוּת, כִּי הַזְּהִירוּת סוֹבֵב עַל הַלֹּא תַעֲשֶׂה, וְהַזְּרִיזוּת עַל הָעֲשֵׂה, וְהַיְינוּ "סוּר מֵרָע וַעֲשֵׂה טוֹב" (תהלים ל"ד ט"ו). **וְעִנְיָנוֹ שֶׁל הַזְּרִיזוּת מְבוֹאָר, שֶׁהוּא הַהַקְדָּמָה לַמִּצְוֹת וּלְהַשְׁלָמַת עִנְיָנָם. וְכַלָּשׁוֹן הַזֶּה אָמְרוּ זִכְרוֹנָם לִבְרָכָה "זְרִיזִים מַקְדִּימִים לְמִצְוֹת"** (פסחים ד' א'). **וְזֶה, כִּי כְּמוֹ שֶׁצָּרִיךְ פִּקְחוּת גָּדוֹל וְהַשְׁקָפָה רַבָּה לִינָּצֵל מִמּוֹקְשֵׁי**

אחר הזהירות יבוא הזריזות. קומת הזריזות נבנית על קומת הזהירות. אמרנו קודם שכל עולם החי הוא זהיר, מכיון שהדבר הכי טבעי הוא להיות זהיר. אבל בעוד שזהירות היא לא תעשה, זריזות היא קום ועשה. טבע האדם להיות כבד, ומי שרוצה לזכות לעבודת הבורא צריך שיתגבר נגד טבעו. להיות זריז אומר ללכת נגד הטבע. יש אם כן הבדל יסודי בין מידת הזהירות למידת הזריזות.

הזריזים מקדימים, יוזמים. כשבמהלך החיים נתקלים במצווה, אם מתחילים לתהות מה לעשות, סימן שאתה לא זריז. מראש צריך ליזום מהלכים של מצוות ולכך דרושה פקחות, מחשבה יצירתית, יוזמה. זריזות אינה פעולה מתוך חיפזון אלא צפייה מראש - ראיית הנולד. זהירות - מהלך החיים לא ליפול, מביאה לידי זריזות - ליצור מהלכי חיים אחרים.

לא תעשה, עשה. לא תעשה - אם נוצרה סיטואציה תימנע ממנה, עשה - צור סיטואציה. זהירות "סור מרע", זריזות "עשה טוב".

"זריזים מקדימים למצוות". זוהי הגדרה יסודית של הזריזים, שהם "מקדימים למצוות". כמו "וישכם אברהם בבוקר", אתה קם מוקדם, לא נותן למהלך החיים לנהל אותך. המהלך הראשון צריך להיות מהלך יזום, יוזמה שלך. אתה מחליט איך אתה מתחיל את היום. "אעירה שחר" אומר דוד, אני אעיר את השחר, אני יוצר מראש מהלך אחר.

הַיֵּצֶר, וּלְימָּלֵט מִן הָרָע - שֶׁלֹּא יִשְׁלוֹט בָּנוּ לְהִתְעָרֵב בְּמַעֲשֵׂינוּ, כֵּן צָרִיךְ פִּקְחוּת גָּדוֹל וְהַשְׁקָפָה לֶאֱחוֹז בַּמִּצְוֹת וְלִזְכּוֹת בָּהֶם, וְשֶׁלֹּא תֹּאבַדְנָה מִמֶּנּוּ. כִּי כְּמוֹ שֶׁמְּסַבֵּב וּמִשְׁתַּדֵּל הַיֵּצֶר רָע בְּתַחְבּוּלוֹתָיו לְהַפִּיל אֶת הָאָדָם בְּמִכְמוֹרוֹת הַחֵטְא, כֵּן מִשְׁתַּדֵּל לִמְנוֹעַ מִמֶּנּוּ עֲשִׂיַּית הַמִּצְוֹת, וּלְאַבְּדָם מִמֶּנּוּ. וְאִם יִתְרַפֶּה וְיִתְעַצֵּל, וְלֹא יִתְחַזֵּק לִרְדוֹף אַחֲרֵיהֶם וְלִתְמוֹךְ בָּם, יִשָּׁאֵר נָעוּר וָרֵיק מֵהֶם בְּוַדַּאי.

וְתִרְאֶה כִּי טֶבַע הָאָדָם כָּבֵד מְאֹד, כִּי עַפְרִיּוּת הַחוֹמְרִיּוּת גַּס, עַל כֵּן לֹא יַחְפּוֹץ הָאָדָם בְּטוֹרַח וּמְלָאכָה. וּמִי שֶׁרוֹצֶה לִזְכּוֹת לַעֲבוֹדַת הַבּוֹרֵא יִתְבָּרַךְ, צָרִיךְ שֶׁיִּתְגַּבֵּר נֶגֶד טִבְעוֹ עַצְמוֹ, וְיִתְגַּבֵּר וְיִזְדָּרֵז, שֶׁאִם הוּא

פיקחות. לחשוב כל הזמן מחשבה יוזמת. לא לחכות שמשהו יעשה, לחשוב שלושה צעדים קדימה. עירני מראש.

לרדוף אחרי המצוות. "להדר [לחזר] אחרי המצוות", להפעיל אקטיביות מחשבתית. לא רק כשהיא מגיעה אלא להפעיל דפוס חשיבה קבוע לקראת המצווה, תמיד.

טבע האדם כבד מאוד, כי עפריות החמריות גס. כדי להבין מדוע חשוב כל כך לייצר מהלכי חיים אחרים, צריך לנתח את הטבע האנושי. יש בתוכנו יסוד שנקרא עפר. ה' עשה את האדם "עפר מן האדמה", "עפר אתה ואל עפר תשוב". יסוד העפר בטבע מבטא חוסר תנועה, סטטיות, ומצד שני האדמה היא דבר יציב. יש בטבע האנושי שאיפה חזקה ליציבות, האדם רוצה שלווה, דברים מוכרים, פוחד משינויים. יש בנפש נטייה חזקה למנוחה, האדם לא רוצה טורַח. לטרוח זה לצאת מהסדר הרגיל, להכניס שינויים בשגרה, ביציבות, בתוכנית, שינוי בהרגל. זה דורש לצאת משלוות חיים. הקושי בקיום המצוות הוא לשנות מההרגל בו אתה שבוי, לכן זריזים מקדימים, כדי ליצור מהלך אחר.

"רץ כצבי". רץ מלשון רצון - לבנות רצון; צבי "צבית" בארמית גם הוא רצון, חפץ. להיות יוזם. הצבי נמצא כל הזמן בעמדה נפשית המוכנה לשינויים קיצוניים. גם כשהוא במנוחה, גם כשהוא אוכל עשב ונראה שהוא בשלווה גמורה, יש לו יכולת ליצור תפנית

מַנִּיחַ עַצְמוֹ בְּיַד כְּבֵדוּתוֹ, וַדַּאי הוּא שֶׁלֹּא יַצְלִיחַ, וְהוּא מַה שֶּׁאָמַר הַתַּנָּא "הֱוֵי עַז כַּנָּמֵר וְקַל כַּנֶּשֶׁר רָץ כַּצְּבִי וְגִבּוֹר כָּאֲרִי לַעֲשׂוֹת רְצוֹן אָבִיךָ שֶׁבַּשָּׁמַיִם" (אבות ה׳ כ׳)**, וְכֵן מָנוּ חֲכָמִים זִכְרוֹנָם לִבְרָכָה** (ברכות ל״ב ב׳) **בַּדְּבָרִים הַצְּרִיכִים חִיזּוּק, תּוֹרָה וּמַעֲשִׂים טוֹבִים, וּמִקְרָא מָלֵא הוּא "חֲזַק וֶאֱמַץ מְאֹד לִשְׁמֹר לַעֲשׂוֹת"** (יהושע א׳ ו׳)**, כִּי חוֹזֶק גָּדוֹל צָרִיךְ לְמִי שֶׁרוֹצֶה לִכְפּוֹת הַטֶּבַע אֶל הֶפְכּוֹ.**

וְהִנֵּה שְׁלֹמֹה שָׁנָה מְאֹד בְּאַזְהָרָתוֹ עַל זֶה, בְּהַרְאוֹתוֹ אֶת רוֹעַ הָעַצְלָה וְהַהֶפְסֵד הַגָּדוֹל הַנִּמְשָׁךְ מִמֶּנָּה, וְאָמַר "מְעַט שֵׁנוֹת, מְעַט תְּנוּמוֹת... וּבָא כִמְהַלֵּךְ רֵאשֶׁךָ" וכו׳ (משלי ו׳ י׳-י״א)**, כִּי הִנֵּה הֶעָצֵל, אַף עַל פִּי שֶׁאֵינוֹ**

בהבזק של שנייה, לרוץ למקום אחר לגמרי, הפוך לחלוטין. מהר מאוד משנה כיוון. זה לא קריעת ים סוף בשבילו אלא בא בקלות. "רץ כצבי" - אין הכוונה שתרוץ במהירות של ק"מ לשנייה, אלא שתשמור על היכולת להיות פתוח נפשית, יוזם, מוכן לשינויים מבלי שזה ימוטט אותך. לחיות כך שאתה נמצא בעפר, ביציבות, אבל כצבי בעל רצון, יוזם ועירני. במצב זה אם אראה מצווה, ארוץ אליה כי אני עכשיו מקדים למצוות, זה חלק מהתכנית.

בדברים הצריכים חיזוק. לחזק זה מהלך שמקדים את הטבע. כל הזמן לחזק ולהתחזק, לרענן את התודעה שאנחנו רוצים מראש להיות בראש פתוח יותר, קשוב יותר - לקום שעה לפני, לתכנן אחרת, לא להיות שבוי בהרגלים.

"חזק ואמץ מאוד לשמור לעשות". ה׳ אומר ליהושע: אתה הולך לכבוש את כל ארץ ישראל במהלך צבאי ופוליטי מאוד מתוכנן ומאורגן. תתכונן מראש להפתעות, לכל מיני מצוות, יוזמות שיזדמנו לך. יהושע מכין תוכניות ויוזם מראש מהלכים של מצוות, אך יש גם הפתעות והוא לא נשבר מהן. זה בניין אישיות, הכנה נפשית מראש. *יהיו שינויים, איך אגיב להם?*

רוע העצלה וההפסד הגדול הנמשך ממנה. כדי לעסוק בזריזות, הרמח"ל עוסק נגטיבית בעצלות - העצלות היא תהליך תמידי, לא מצב נשלט. באדם יש קול פנימי בכל מקום ובכל נושא שמתעסק

עוֹשֶׂה רַע בְּקוּם עֲשֵׂה, הִנֵּה הוּא מֵבִיא אֶת הָרָעָה עָלָיו בְּשֵׁב וְאַל תַּעֲשֶׂה שֶׁלּוֹ.

וְאָמַר "גַּם מִתְרַפֶּה בִמְלַאכְתּוֹ אָח הוּא לְבַעַל מַשְׁחִית" (משלי י"ח ט'). כִּי אַף עַל פִּי שֶׁאֵינֶנּוּ הַמַּשְׁחִית הָעוֹשֶׂה אֶת הָרָעָה בְּיָדָיו, לֹא תַחְשׁוֹב שֶׁהוּא רָחוֹק מִמֶּנּוּ, אֶלָּא אָחִיו הוּא וּבֶן גִּילוֹ הוּא.

וְאָמַר עוֹד לְבָאֵר רָעַת הֶעָצֵל בֵּאוּר צִיּוּרִי, מַה שֶּׁיִּקְרֶה וְיִוָּלֵד לְעֵינֵינוּ יוֹם יוֹם "עַל שְׂדֵה אִישׁ עָצֵל עָבַרְתִּי, וְעַל כֶּרֶם אָדָם חֲסַר לֵב, וְהִנֵּה עָלָה כֻלּוֹ קִמְּשֹׂנִים, כָּסּוּ פָנָיו חֲרֻלִּים וכו' וָאֶחֱזֶה אָנֹכִי אָשִׁית לִבִּי רָאִיתִי לָקַחְתִּי מוּסָר - מְעַט שֵׁנוֹת, מְעַט תְּנוּמוֹת וכו' וּבָא מִתְהַלֵּךְ רֵישֶׁךָ" וכו' (משלי כ"ד ל'-ל"ד). וְהִנֵּה מִלְּבַד פְּשׁוּטוֹ, אֲשֶׁר הוּא אֲמִיתִּי כְּמַשְׁמָעוֹ, שֶׁהוּא מַה שֶּׁקּוֹרֶה אֶל שְׂדֵה הֶעָצֵל מַמָּשׁ, הִנֵּה דָּרְשׁוּ בּוֹ חֲכָמִים זִכְרוֹנָם לִבְרָכָה מִדְרָשׁ נָאֶה, זֶה לְשׁוֹנָם, "'וְהִנֵּה עָלָה כֻלּוֹ קִמְּשֹׂנִים' - שֶׁמְּבַקֵּשׁ פֵּירוּשׁ שֶׁל פָּרָשָׁה וְאֵינוֹ מוֹצֵא, 'כָּסּוּ פָנָיו' וכו' - מִתּוֹךְ שֶׁלֹּא עָמַל בָּהֶם הוּא יוֹשֵׁב וּמְטַמֵּא אֶת הַטָּהוֹר וּמְטַהֵר אֶת הַטָּמֵא וּפוֹרֵץ גִּדְרָן שֶׁל תַּלְמִידֵי חֲכָמִים.

בו: אם אני יכול להגיע לאותה תוצאה בפחות מאמץ, עמל וטורח, אז למה לעמול? הרי יש לי אפשרות לעשות משהו בקלילות, בלי מאמץ.

"גם מתרפה במלאכתו". זו צורת חשיבה של אדם שלא מתכוון להרוס שום דבר, אך שלמה המלך אומר שהוא "אח לבעל משחית". עצלנות היא לא מצב, היא תהליך מחשבתי ונפשי ההולך ונוצר, חוש פנימי שבודק ומחפש תמיד את הדרך הקלה, בלי מאמץ. קול פנימי הלועג לטרחה. זה מוביל ל**"עלה כמשונים"** - מין תיאור של בחור מכינה או בחור ישיבה שהתחיל מזה שהתרפה ממלאכתו, חיפש את הדרך הקלה ללא מאמץ. ופתאום **"מבקש פירוש פרשה ואינו מוצא"** - הוא לומד פרשה חדשה, נושא שלא עסק בו, רוצה להבין אבל קשה לו כי הפרשה מסובבת, הסוגיה או ההלכה קשה. מדוע? **"מתוך שלא עמל"** - לא התרגלת לעמל, בנית הרגל שיאפשר

וּמַה עָנְשׁוֹ שֶׁל זֶה? שְׁלֹמֹה פֵּירְשׁוֹ 'וּפֹרֵץ גָּדֵר יִשְּׁכֶנּוּ נָחָשׁ' (קהלת י' ח')" (ילקוט משלי תתקס"א).

וְהַיְינוּ, כִּי רָעַת הֶעָצֵל אֵינָהּ בָּאָה בְּבַת אַחַת, אֶלָּא מְעַט מְעַט בְּלֹא שֶׁיֵּדַע וְיַרְגִּישׁ בָּהּ, כִּי הִנֵּה הוּא נִמְשָׁךְ מֵרָעָה אֶל רָעָה עַד שֶׁיִּמָּצֵא טָבוּעַ בְּתַכְלִית הָרָעָה. הִנֵּה בַּתְּחִלָּה אֵינוֹ אֶלָּא מַחְסִיר הַטּוֹרַח אֲשֶׁר הָיָה רָאוּי לוֹ. וּמִזֶּה נִמְשָׁךְ שֶׁלֹּא יִלְמוֹד בַּתּוֹרָה כְּכָל הַצּוֹרֶךְ. וּמִפְּנֵי חֶסְרוֹן הַלִּימּוּד - כְּשֶׁיָּבֹא אַחַר כָּךְ לִלְמוֹד - תֶּחְסַר לוֹ הַהֲבָנָה. וְהִנֵּה אִלּוּלֵי הָיְתָה גּוֹמֶרֶת רָעָתוֹ בָּזֶה, כְּבָר הָיְתָה רַבָּה. אַךְ עוֹד מִתְרַבָּה וְהוֹלֶכֶת בַּמֶּה שֶׁבִּרְצוֹתוֹ עַל כָּל פָּנִים לְיַשֵּׁב הַפָּרָשָׁה וְהַפֶּרֶק הַהוּא, הִנֵּה יְגַלֶּה בָּהּ פָּנִים שֶׁלֹּא כַּהֲלָכָה, וְיַשְׁחִית הָאֱמֶת, וְיַהַפְכֵהוּ, וְיַעֲבֹר עַל הַתַּקָּנוֹת, וְיִפְרוֹץ אֶת הַגְּדֵרִים, וְסוֹפוֹ כְּלָיָה כְּמִשְׁפַּט כָּל פּוֹרֵץ גָּדֵר. אָמַר שְׁלֹמֹה, "וָאֶחֱזֶה אָנֹכִי אָשִׁית לִבִּי" (משלי כ"ד ל"ב), הִתְבּוֹנַנְתִּי עַל הַדָּבָר הַזֶּה וְרָאִיתִי גּוֹדֶל הָרַע שֶׁבּוֹ שֶׁהוּא כְּאֶרֶס הַהוֹלֵךְ וּמִתְפַּשֵּׁט מְעַט מְעַט וְאֵין פְּעוּלָּתוֹ נִיכֶּרֶת עַד הַמִּיתָה, וְזֶהוּ, "מְעַט שֵׁנוֹת וכו' כְּמִהַלֵּךְ רֵישֶׁךָ" וכו'.

כביכול להגיע לאותה תוצאה בלי מאמץ - ובכך יצרת סלידה מעמל. אבל אם אין עמל, אין הבנה! כי אם אפשר בלי עמל, למה להרגיל את עצמי לעבודה קשה, לטרחה? מתרפה במלאכתו - תהליך שבלי תשומת לב יוצר את הכישלון הבא. הכישלון מתחיל בצורת החשיבה הזו, וזה נקרא להשחית את האמת, ארס הולך ומתפשט. אמנם הוא לא ניכר כי האדם עובד, אבל בסוף נשאר בלי מודעות לפער האדיר בין המקום שבו הוא נמצא לבין המטרות אלידן רוצה להגיע.

לכן, עבודה קשה זה דבר טוב. את האפשרי נעשה מיד ואת הבלתי אפשרי יקח עוד זמן. להיות איש עבודה, לאהוב עבודה קשה.

מתוך שלא עמל בהם. משום שהוא מרגיש חייב להגיע למטרה, הוא טועה. בלי להרגיש הוא מטמא טהור ומתיר אסור, מברר דברים

וְהִנֵּה אֲנַחְנוּ רוֹאִים בְּעֵינֵינוּ כַּמָּה וְכַמָּה פְּעָמִים, שֶׁכְּבָר לִבּוֹ שֶׁל הָאָדָם יוֹדֵעַ חוֹבָתוֹ וְנִתְאַמֵּת אֶצְלוֹ מַה שֶּׁרָאוּי לוֹ לְהַצָּלַת נַפְשׁוֹ, וּמַה שֶּׁחוֹבָה עָלָיו מִצַּד בּוֹרְאוֹ, וְאַף עַל פִּי כֵן יַנִּיחֵהוּ - לֹא מֵחֶסְרוֹן הַכָּרַת הַחוֹבָה הַהִיא, וְלֹא לְשׁוּם טַעַם אַחֵר, אֶלָּא מִפְּנֵי שֶׁכְּבֵדוּת הָעַצְלָה מִתְגַּבֶּרֶת עָלָיו. וַהֲרֵי הוּא אוֹמֵר, אוֹכַל קִימְעָא אוֹ אִישַׁן קִימְעָא אוֹ קָשֶׁה עָלַי צֵאת מִבֵּיתִי, פָּשַׁטְתִּי אֶת כֻּתָּנְתִּי אֵיכָכָה אֶלְבָּשֶׁנָּה, חַמָּה עַזָּה בָּעוֹלָם, הַקָּרָה רַבָּה אוֹ הַגְּשָׁמִים, וְכָל שְׁאָר הָאֲמַתְלָאוֹת וְהַתּוֹאֲנוֹת אֲשֶׁר פִּי הָעֲצֵלִים מָלֵא מֵהֶם. וּבֵין כָּךְ וּבֵין כָּךְ הַתּוֹרָה מוּנַּחַת וְהָעֲבוֹדָה מְבוּטֶּלֶת וְהָאָדָם עוֹזֵב אֶת בּוֹרְאוֹ. הוּא מַה שֶּׁשְּׁלֹמֹה אָמַר "בַּעֲצַלְתַּיִם יִמַּךְ הַמְּקָרֶה וּבְשִׁפְלוּת יָדַיִם יִדְלֹף הַבָּיִת" (קהלת י' י"ח).

וְאוּלָם אִם תִּשְׁאַל אֶת פִּי הֶעָצֵל, יָבוֹא לְךָ בְּמַאֲמָרִים רַבִּים מִמַּאַמְרֵי הַחֲכָמִים וְהַמִּקְרָאוֹת מִן הַכְּתוּבִים, וְהַטְּעָנוֹת מִן הַשֵּׂכֶל, אֲשֶׁר כֻּלָּם

בצורה לא נכונה. מכשיל עצמו ומכשיל אחרים. איך זה קרה? הרי אתה בעד המטרה, אתה אידיאליסט! אבל לא התרגלת להתאמץ כל כך הרבה, לא תרגלת עבודה, לא התרגלת לעמל. בסוף גם תגייס את כל התורה לטעות שלך, וזה נקרא לגלות פנים שלא כהלכה, ואחר כך - לפרוץ גדר. ודבר זה מתבטא בהמון תחומים בחיים.

יורו לו לפי דעתו המשובשת להקל עליו ולהניחו במנוחת עצלתו. השכל של העצל עובד שעות נוספות. אם תשאל אותו, יגיד: 'להיפך! זו לא עבירה'. או שהוא מגייס את כל התורה לטובתו, בזמן שהקול הפנימי אומר מאחורי כל הסברות - אפשר בלי טרחה. זה לא דיון על המקורות, זה דיון על צורת החשיבה. האם אני עושה הנחות? האם אני מחפש עקיפות? האם אני מחפש פחות עבודה? האם זה מעניין אותי או לא? *זריזות זו החלטה! לא מעניין אותי לחפש עקיפות, להיפך. מעניין אותי לחפש דברים אחרים. מהדרים. מקדמים, יוצאים מראש - כן אני רוצה מראש עבודה קשה.*

"והוא אינו רואה שאין הטענות ההם והטעמים ההם נולדים לו מפני

יוֹרוּ לוֹ לְפִי דַעְתּוֹ הַמְשׁוּבֶּשֶׁת לְהָקֵל עָלָיו וּלְהַנִּיחוֹ בִּמְנוּחַת עַצְלָתוֹ. וְהוּא אֵינֶנּוּ רוֹאֶה שֶׁאֵין הַטְּעָנוֹת הָהֵם וְהַטְּעָמִים הָהֵם נוֹלָדִים לוֹ מִפְּנֵי שִׁיקּוּל דַּעְתּוֹ, אֶלָּא מִמְּקוֹר עַצְלָתוֹ הֵם נוֹבְעִים, אֲשֶׁר בִּהְיוֹתָהּ הִיא גּוֹבֶרֶת בּוֹ - מַטָּה דַעְתּוֹ וְשִׂכְלוֹ אֶל הַטְּעָנוֹת הָאֵלֶּה אֲשֶׁר לֹא יִשְׁמַע לְקוֹל הַחֲכָמִים וְאַנְשֵׁי הַדֵּיעָה הַנְּכוֹנָה. הוּא מַה שֶּׁשְּׁלֹמֹה צוֹחַ וְאוֹמֵר "חָכָם עָצֵל בְּעֵינָיו מִשִּׁבְעָה מְשִׁיבֵי טָעַם" (משלי כ"ו ט"ז). כִּי הָעַצְלָה אֵינֶנָּה מַנַּחַת לוֹ שֶׁיִּהְיֶה אֲפִילּוּ חָשׁ לְדִבְרֵי הַמּוֹכִיחִים אוֹתוֹ, אֶלָּא יַחְשׁוֹב הַכֹּל לְתוֹעִים וְשׁוֹטִים, וְהוּא לְבַדּוֹ חָכָם.

וְהִנֵּה תֵּדַע כִּי זֶה כְּלָל גָּדוֹל מְנוּסֶּה בִּמְלֶאכֶת הַפְּרִישׁוּת, שֶׁכָּל קוּלָּא צְרִיכָה בְּדִיקָה, כִּי אַף עַל פִּי שֶׁיְּכוֹלָה לִהְיוֹת יְשָׁרָה וּנְכוֹחָה, אָמְנָם קָרוֹב הַדָּבָר שֶׁתִּהְיֶה מֵעֲצַת הַיֵּצֶר וּמִרְמוֹתָיו. עַל כֵּן צָרִיךְ לִבְדּוֹק אַחֲרֶיהָ בַּחֲקִירוֹת וּדְרִישׁוֹת רַבּוֹת וְאִם אַחַר כָּל אֵלֶּה תִּצְדַּק, וַדַּאי שֶׁהִיא טוֹבָה.

שקול דעתו, אלא ממקור עצלותו". מקור עצלותו אינה "דעת", אלא דחף נפשי!

"חכם עצל בעיניו משבעה משיבי טעם". העצל חושב, "כולם רצים כל כך הרבה בכדי להגיע לאן שהגעתי בלי לרוץ", ומשוכנע שהוא חכם וכולם טיפשים. *איך אני מפתח ערנות לעצלנות כדי שהיא לא תתפוס אותי בלי שארגיש, בלי שקצה חוט שלה לא יחדור לי ללב?*

כל קולא צריכה בדיקה. מלאכת הפרישות דורשת זהירות מהתרגלות לשגרה, מהמנוחה. כשאתה רוצה לפסוק לעצמך לקולא, תב־וק מה מקורה, האם היא נובעת משיקול דעת או מנטיית העצלות? צריך הרבה בדיקה. אולי גייסת את כל האידיאלים לצדך, ובעצם אתה עצלן? יכול להיות שהסברה נכונה ובכל זאת מסתתר מאחוריה עצת היצר.

כי אף על פי שיכולה להיות ישרה ונכוחה. הרמח"ל לא אומר שקולות הן לא נכונות. לפעמים צריך להקל, אבל רק אחרי בדיקה. אנחנו לא נגד קולות ויש נושאים שחובה להקל בהם, אבל מה המניע?

כְּלָלוֹ שֶׁל דָּבָר, חִיזּוּק גָּדוֹל צָרִיךְ הָאָדָם לְהִתְחַזֵּק וּלְהִתְגַּבֵּר בִּזְרִיזוּת לַעֲשׂוֹת הַמִּצְוֹת בְּהַשְׁלִיכוֹ מֵעָלָיו כּוֹבֶד הָעַצְלָה הַמְעַכֶּבֶת עַל יָדוֹ. וְתִרְאֶה שֶׁהַמַּלְאָכִים נִשְׁתַּבְּחוּ בַּמִּדָּה הַטּוֹבָה הַזֹּאת, שֶׁנֶּאֱמַר בָּהֶם "גִּבּוֹרֵי כֹּחַ עוֹשֵׂי דְבָרוֹ לִשְׁמֹעַ בְּקוֹל דְּבָרוֹ" (תהלים ק"ג כ'). **וְאוֹמֵר "וְהַחַיּוֹת רָצוֹא וָשׁוֹב כְּמַרְאֵה הַבָּזָק"** (יחזקאל א' י"ד). **וְהִנֵּה הָאָדָם הוּא אָדָם וְלֹא מַלְאָךְ, עַל כֵּן אִי אֶפְשָׁר לוֹ שֶׁיַּגִּיעַ לִגְבוּרָתוֹ שֶׁל הַמַּלְאָךְ, אַךְ וַדַּאי שֶׁכָּל מַה שֶּׁיּוּכַל לְהִתְקָרֵב בְּמַדְרֵיגָתוֹ אֵלָיו רָאוּי הוּא שֶׁיִּתְקָרֵב. וְדָוִד הַמֶּלֶךְ הָיָה מְשַׁבֵּחַ עַל חֶלְקוֹ וְאוֹמֵר "חַשְׁתִּי וְלֹא הִתְמַהְמָהְתִּי לִשְׁמֹר מִצְוֹתֶיךָ"** (תהלים קי"ט ס').

ותראה שהמלאכים נשתבחו מידה הטובה הזאת. למלאכים יש את מידת הזריזות. הם שליחי ה' - שליחי מצווה, אין להם עבירות, אין יצר הרע ולכן לא שייכת אצלם מידת הזהירות. ואילו אנחנו לא כל כך נפגשים עם מלאכים, אבל התנ"ך מספר לנו קצת עליהם וכל בוקר מדברים עליהם בתפילה. מדוע מזכירים אותם מיד בבוקר "על אופנים וחיות הקודש"? מה קרה לנו, כבר הגענו למדרגה להתפלל על מלאכים, אופנים, חיות הקודש? כאשר אדם משכים קום, לפני שהתחיל את היום - עכשיו הזמן לעסוק בזריזות. אתה מציב מולך את המודל לזריזות - המלאכים, זה המודל לחיקוי. שליחי מצווה. אין להם יצר הרע, אף אחד לא מתנגד להם, לכאורה היו צריכים להיות הכי רגועים בעולם.. אבל הם 'גבורי כח' ו'החיות רצוא ושוב', 'כמראה הברק' מעופפים בעלי כנף, 'רעש גדול' - רעש של הכנפיים. זה העיקרון לעיסוק במצוות: כמו במרכבה. בזריזות, מתוך נחרצות, יוזמה, הליכה קדימה. האדם אמנם אינו מלאך אבל צריך ללמוד מהמלאכים איך עושים מצוות. לכן הצדיקים נקראים מלאכים, והגמרא אומרת עליהם שיש להם כנפיים כמו למלאכי השרת. אדם צדיק נחשב מלאך, "כי מלאך ה' צבאות הוא". *יוצאה כמו של המלאכים - כנפיים, רץ כצבי, ככה ניגשים לעולם המצוות.*

"חשתי ולא התמהמהתי לשמור מצוותיך". התמהמתי מלשון מה, מה? אולי אפשר יותר בקלות?

פרק ז

בבאור
חלקי הזריזות

פֶּרֶק ז

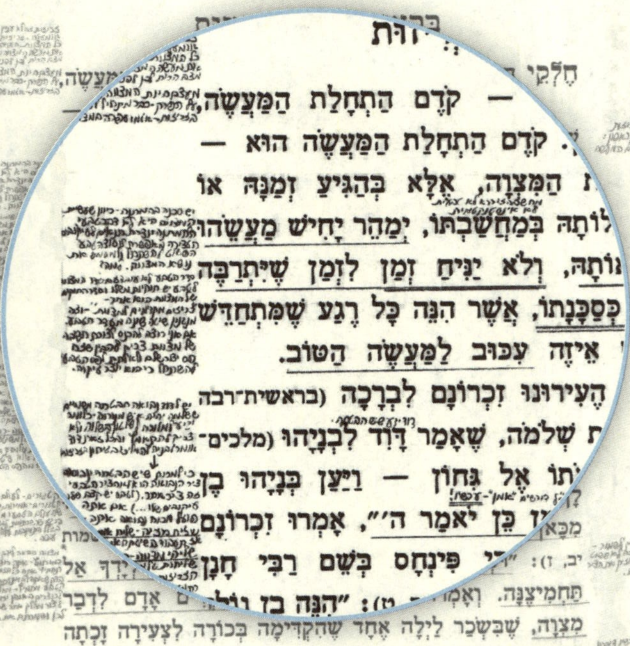

תַּחְמִיצֶנָּה. וְאָמְרוּ ... ט): "הִנֵּה בֹּז ...ם אָדָם לִדְבַר
מִצְוָה, שֶׁבִּשְׂכַר לַיְלָה אֶחָד שֶׁהִקְדִּימָה בְּכוּרָה לִצְעִירָה זָכְתָה
וְקִדְּמָה אַרְבָּעָה דוֹרוֹת בְּיִשְׂרָאֵל לְמַלְכוּת. וְאָמְרוּ (פסחים ד, א):
זְרִיזִין מַקְדִּימִים לְמִצְוֹת, וְכֵן אָמְרוּ (ברכות ו, ב): לְעוֹלָם יָרוּץ
אָדָם לִדְבַר מִצְוָה וַאֲפִלּוּ בְּשַׁבָּת. וּבַמִּדְרָשׁ אָמְרוּ (ויקרא־רבה יא,

חֶלְקֵי הַזְּרִיזוּת שְׁנַיִם: אֶחָד קוֹדֶם הַתְחָלַת הַמַּעֲשֶׂה, וְאֶחָד אַחֲרֵי כֵן. קוֹדֶם הַתְחָלַת הַמַּעֲשֶׂה הוּא: שֶׁלֹּא יַחְמִיץ הָאָדָם אֶת הַמִּצְוָה, אֶלָּא בְּהַגִּיעַ זְמַנָּהּ, אוֹ בְּהִזְדַּמְּנָהּ לְפָנָיו, אוֹ בַּעֲלוֹתָהּ בְּמַחֲשַׁבְתּוֹ, יְמַהֵר יָחִישׁ מַעֲשֵׂהוּ לֶאֱחוֹז בָּהּ וְלַעֲשׂוֹת אוֹתָהּ, וְלֹא יַנִּיחַ זְמַן לִזְמַן שֶׁיִּתְרַבֶּה בֵּינְתַיִם, כִּי אֵין סַכָּנָה כְּסַכָּנָתוֹ, אֲשֶׁר הִנֵּה כָּל רֶגַע שֶׁמִּתְחַדֵּשׁ יוּכַל לְהִתְחַדֵּשׁ אֵיזֶה עִיכּוּב לַמַּעֲשֶׂה הַטּוֹב.

וְעַל אֲמִתַּת זֶה הַדָּבָר, הֶעִירוּנוּ זִכְרוֹנָם לִבְרָכָה בְּעִנְיַן הַמְלָכַת שְׁלֹמֹה, שֶׁאָמַר דָּוִד לִבְנָיָהוּ "וְהוֹרַדְתֶּם אֹתוֹ אֶל גִּחוֹן" (מלכים א', א' ל"ג-ל"ו). וְעָנָה בְּנָיָהוּ, "אָמֵן כֵּן יֹאמַר ה'", אָמְרוּ זִכְרוֹנָם לִבְרָכָה, "רַבִּי פִּינְחָס בְּשֵׁם

ביאור חלקי הזריזות. זריזות אינה עניין נלווה, הידור או מעלה. היא חורזת את כל המצוות, זו האווירה העוטפת את מעשה המצווה מכל הצדדים, מצב הרוח לפני המצווה. כבר מעצם היות המצווה עומדת על הפרק מתחילה הזריזות.

חלקי הזריזות שניים: א. לפני מצווה כרקע למצווה. ב. בזמן עשיית המצווה כאחריות.

קודם התחלת המעשה. יש סכנה בהמתנה, בהשהייה, כיוון שעשיית המצווה היא לא דבר טבעי, וההמתנה יוצרת תנאים לעיכוב. העצירה מאפשרת ליסוד הטבעי הפשוט להשתחל ולעכב את נושא המצווה. כמו שראינו, הסדר הטבעי לא מתיישב עם סדר המצוות, לטבע יש חוקיות משלו וסדר החוקים של המצוות הוא אחר. *אם אני רוצה להכנס לצורת החשיבה של מצוות, עלי להבין שזה פס יצור שלם, ולא לתת לטבע להשתלט ולהתערב.*

"אמן כן יאמר ה'". דוד המלך מקבל נבואה - הבטחה משמיים ששלמה יהיה איש מנוחה, יגיע למלוכה בשלווה ולא יצטרך

רַבִּי יוֹחָנָן דְּצִפּוֹרִי, וַהֲלֹא כְּבָר נֶאֱמַר "הִנֵּה בֵן נוֹלָד לָךְ וְהוּא יִהְיֶה אִישׁ מְנוּחָה" (דברי הימים א', כ"ב ט'), אֶלָּא הַרְבֵּה קָטֵגוֹרִין יַעַמְדוּ מִכָּאן וְעַד גִּיחוֹן" (בראשית רבה ע"ו ב'). עַל כֵּן הִזְהִירוּ זִכְרוֹנָם לִבְרָכָה "'וּשְׁמַרְתֶּם אֶת הַמַּצּוֹת' - מִצְוָה הַבָּאָה לְיָדְךָ אַל תַּחְמִיצֶנָּה" (מכילתא שמות י"ב י"ז). וְאָמְרוּ "לְעוֹלָם יַקְדִּים אָדָם לִדְבַר מִצְוָה שֶׁלְּפִי שֶׁהִקְדִּימָה בְּכִירָה לִצְעִירָה" וכו' (נזיר כ"ג ב'). וְאָמְרוּ, "זְרִיזִים מַקְדִּימִין לְמִצְוֹת" (פסחים ד' א'). וְכֵן אָמְרוּ "לְעוֹלָם יָרוּץ אָדָם לִדְבַר מִצְוָה, וַאֲפִילוּ בְּשַׁבָּת" (ברכות ו' ב'). וּבַמִּדְרָשׁ

להתאמץ. בכל זאת דוד אומר לבניהו בן יהוידע להמליכו בגיחון בזריזות ובניהו עונה "אמן, כן יאמר ה'", דורשים חז"ל: אמן - עכשיו! גם ציר הנבואה הוא לא הציר הטבעי כי אם אתה פועל מכוח הנבואה אתה שליח מצווה, ומוטל עליך לעבוד בשיטת העשייה הנבואית. תורת הזריזות מלמדת אותנו שזה לא רק מעשה אלא שיטה שלמה, מערכת השונה מהציר הטבעי. שליחי מצווה הם כמו מלאכים, שליחות זו שיטה.

"הרבה קטגורין יעמדו מכאן ועד גיחון". לעולם הטבע יש אמירות ודרכי הבעה משלו. ברגע שההירתמות למצווה התמסמסה בגלל עיכוב, עלולים להגיע לביטול גמור של עשה.

"ושמרתם את המצות - מצווה הבאה לידך אל תחמיצנה". כמו חמץ: כשאדם עוסק במצוות הכנת מצה, הוא לש ברציפות כי בצק שלא לשים כל הזמן מחמיץ, זו דרך הטבע. לכן צריך באופן יזום ואקטיבי ליצור מהלך ששולל את הטבע. על כך נאמר "ושמרתם את המצות".

"לעולם ירוץ אדם לדבר מצוה ואפילו בשבת". כשמופיעה המילה "לעולם" - סימן שמדובר בשיטה. שבת היא יום מנוחה, ולכן מדגיש הרמח"ל שגם בשבת מוטלת עלינו חובת הזריזות. שלא נחשוב שכיון שבשבת יש קדושה, זרימת החיים היא של קודש, ואולי בשבת ננוח? אולי לא צריך זריזות בשבת? ההיפך. שהרי למלאכים אין יצר הרע, הם לא משועבדים לעולם הטבעי, ובכל זאת הם זריזים. למה? מכאן שנושא הזריזות אינו רק מצד הסכנה ליפול ביצר, אלא זאת שיטה. לא רק כ"סור מרע", אלא כי כך סדר המצוות האידיאלי מלכתחילה.

אָמְרוּ, "'הוּא יְנַהֲגֵנוּ עַל מוּת' (תהילים מ"ח ט"ו), בִּזְרִיזוּת, כְּאִלֵּין עוּלֵימָתָא, כְּמָה דְּאַתְּ אָמַר 'בְּתוֹךְ עֲלָמוֹת תּוֹפֵפוֹת'" (ויקרא רבה י"א ט').
כִּי הַזְּרִיזוּת הִיא מִדַּת שְׁלֵימוּת גָּדוֹל אֲשֶׁר טִבְעוֹ שֶׁל הָאָדָם מוֹנְעָהּ מִמֶּנּוּ עַתָּה. וּמִי שֶׁמִּתְגַּבֵּר וְתוֹפֵשׂ בָּהּ כָּל מַה שֶּׁיּוּכַל, הִנֵּה לֶעָתִיד לָבוֹא יִזְכֶּה לָהּ בֶּאֱמֶת, אֲשֶׁר הַבּוֹרֵא יִתְבָּרַךְ יִתְּנָהּ לוֹ שְׂכָרוֹ חֵלֶף מַה שֶּׁהִשְׁתַּדֵּל אַחֲרֶיהָ בִּזְמַן עֲבוֹדָתוֹ.
אַךְ הַזְּרִיזוּת אַחַר הַתְחָלַת הַמַּעֲשֶׂה הוּא: שֶׁכֵּיוָן שֶׁאָחַז בַּמִּצְוָה - יְמַהֵר

המדרש אומר שעל הפסוק "הוא ינהגנו על מות" (תהלים מח) - בזריזות. לעתיד לבוא הקב"ה ינהגנו בעלמות, "כאלין עולימתא", כמו "עלמות תופפות" (תהלים סח), נערות רוקדות שרצות בזריזות, ככה הקב"ה ינהיג אותנו. הזריזות היא שלמות גדולה, שנזכה לה לעתיד לבוא, מצב אידיאלי שבו הכל נעשה בזריזות. *הזריזות היא לא רק בעולם הזה, אלא עיקרון רוחני תמידי. זו המוזיקה של המצווה, האטמוספירה, ככה עושים מצוות.*

לפני המצווה אנחנו יוצרים רקע, מוזיקה תואמת. הגישה למצוות צריכה לכלול שני כללים: האחד, שקו הטבע לא יפריע. השני, שככה זה באמת לעתיד לבוא, כמו בשבת שהיא "מעין עולם הבא", כמו שמתנהגים המלאכים. זה השער למצוות: תנאים, תשתית נפשית נכונה למצוות - הזריזות.

הזריזות אחר התחלת המעשה. זריזות בתוך המצווה פירושה אחריות למהלך המתרחש: מכיוון שמעשה המצווה מורכב משלבים, מפרטים וזמן, אני בעצם יוצר מהלך שצריך להשלים מתחילתו ועד סופו. מהלך שלא הופיע בשלמותו הוא במו חיים שלא נולדו. כל הופעות החיים בעולם, כל צמיחה, הן מהלך עדין שכאשר הוא נרקם, צריך להיות ערני להופעתו בהתגלמותו. אם הערנות חסרה הרי שהדבר נובע מחוסר תשומת לב, מן העובדה שמהלכים אחרים חודרים מבלי משים. זה נכון בכל דבר שרוצים לבנות ולהצמיח בעולם, ונכון גם במצוות. תהליך חיוני דורש שכל השלבים בשרשרת יתרחשו בשלמות.

לְהַשְׁלִים אוֹתָהּ, וְלֹא לְהָקֵל מֵעָלָיו, כְּמִי שֶׁמִּתְאַוֶּה לְהַשְׁלִיךְ מֵעָלָיו מַשָּׂאוֹ, אֶלָּא מִיִּרְאָתוֹ פֶּן לֹא יִזְכֶּה לִגְמוֹר אוֹתָהּ. וְעַל זֶה הִרְבּוּ לְהַזְהִיר זִכְרוֹנָם לִבְרָכָה וְאָמְרוּ, "כָּל הַמַּתְחִיל בְּמִצְוָה וְאֵינוֹ גּוֹמֵר אוֹתָהּ, קוֹבֵר אִשְׁתּוֹ וּבָנָיו" (בראשית רבה פ"ה ג'). וְאָמְרוּ "אֵין הַמִּצְוָה נִקְרֵאת אֶלָּא עַל שֵׁם גּוֹמְרָהּ" (שם). וְאָמַר שְׁלֹמֹה הַמֶּלֶךְ עָלָיו הַשָּׁלוֹם, "חָזִיתָ אִישׁ מָהִיר בִּמְלַאכְתּוֹ לִפְנֵי מְלָכִים יִתְיַצָּב, בַּל יִתְיַצֵּב לִפְנֵי חֲשֻׁכִּים" (משלי כ"ב כ"ט). וַחֲכָמִים זִכְרוֹנָם לִבְרָכָה יִחֲסוּ לוֹ הַשֶּׁבַח הַזֶּה, עַל שֶׁמִּהֵר בִּמְלֶאכֶת בִּנְיַן הַבַּיִת וְלֹא נִתְעַצֵּל בָּהּ לְאַחֵר אוֹתָהּ (סנהדרין ק"ד ב').

וְכֵן דָּרְשׁוּהוּ עַל מֹשֶׁה עָלָיו הַשָּׁלוֹם, עַל שֶׁמִּיהֵר בִּמְלֶאכֶת הַמִּשְׁכָּן. וְכֵן תִּמְצָא כָּל מַעֲשֵׂיהֶם שֶׁל צַדִּיקִים תָּמִיד בִּמְהִירוּת.

"אין המצוה נקראת אלא על שם גומרה". גמר מצווה, סיומה, מבטא אחריות. לקיחת אחריות על מהלך שלם, עמידה איתנה על כך שמהלכים אחרים לא יבטלו את המהלך.

"חזית איש מהיר במלאכתו, לפני מלכים יתיצב". מי שיש לו את מידת הזריזות שייך למלכות, והראיה היא שהאדם שיופקד על תפקיד מלכותי צריך להיות אחראי. אנחנו מברכים "ברוך אתה ה' אלוקינו **מלך** העולם אשר קדשנו **במצוותיו**" - המצוות הן חלק מעניין מלכותי, ועל משימות מלכותיות לוקחים אחריות בלי תירוצים. *מצוות נקראות מלאכת שמים, מלאכה מלכותית. הזריזות היא האחריות. ערנות לעובדה שנולדים כאן חיים, מתרחשת התפתחות, יש כאן תהליך מלכותי המתרחש, המצוות הן גזרת מלך.*

על שמיהר במלאכת בניין הבית. הרבה מפעלים מתחילים בקול תרועה רמה, בטקס הנחת אבן פינה, 'כאן יוקם מקדש'. אבל שלמה מתחיל לבנות בלי שום טקסים, בלי הכרזות יתר. את ארמונו בנה במשך שלוש עשרה שנה ואת בית המקדש במשך שבע שנים, שניהם בזריזות גדולה. *לרגע לא פסק המרץ, לא פסקה הזריזות או האחריות המלכותית, מלאכת שמים!*

כל מעשיהם של צדיקים תמיד במהירות. צדיקים תמיד מבינים

אברהם כתיב בו "וימהר אברהם האהלה אל שרה ויאמר מהרי" "ויתן אל הנער וימהר" (בראשית י"ח ו'-ז'). **רבקה, 'ותמהר ותער כדה' וכו'** (בראשית כ"ד כ'). **וכן אמרו במדרש "'ותמהר האשה' וכו'** (שופטים י"ג י') **מלמד שכל מעשיהם של צדיקים במהירות"** (במדבר רבה י' ה'). **אשר לא יתנו הפסק זמן - לא אל התחלת המצוה ולא אל השלמתה.**

ותראה, שהאדם אשר תלהט נפשו בעבודת בוראו, ודאי שלא יתעצל בעשיית מצותיו, אלא תהיה תנועתו כתנועת האש המהירה, כי לא ינוח ולא ישקוט עד אם כלה הדבר להשלימו.

ואמנם התבונן עוד, שכמו שהזריזות הוא תולדת ההתלהטות

שבכל מעשה של מצווה שהם עושים הם שותפים למשהו שמימי, למלאכת שמים. יש פה אחריות, משימה - לא לפחד! עושים אותה מתחילה ועד סוף. *אם אני עסוק בזה, לא לתת למשהו לקטוע ולהפריע. בוא נעשה את המלאכה, מלאכת שמים.*

אברהם. שלוש פעמים מוזכרת המהירות. בפרשת וירא אנחנו רואים רק יום אחד בחיי אברהם, אבל זאת הייתה האווירה בבית כל יום, עשרות שנים, יום יום אורחים ועדיין יש היסטריה והכל מהר.

רבקה. מדוע מיהרה רבקה? כי זו דרך החיים שלה. כמו המלאכים, היא חיה חיי זריזות בדריכות תמידית.

תהיה תנועתו כתנועת האש המהירה. כמו שראינו, באדם ישנו יסוד העפר המבטא יציבות, נטייה לשגרה, לחוסר שינוי, חוסר רצון לזעזע את מהלך החיים הטבעי. למעשה זהו יסוד העצלות. ובמקביל יש באדם את יסוד האש, אשר מהווה חריגה בנוף, היא ההיפך מהטבע! שהרי חוק יסוד בטבע הוא כוח הכבידה, כל הדברים נופלים למטה. אבל האש עולה למעלה. בעצם הנוכחות שלה היא אומרת - אני שונה. יש לה איזו תנועה, משהו אחר שדוחף אותה. *כדי לבנות את הזריזות בתוכי אני צריך לחפש בנפשי את יסוד האש.*

המפרשים אומרים ש'אדם' מבטא מדרגה נמוכה, מלשון אדמה,

הַפְּנִימִי, כֵּן מִן הַזְּרִיזוּת יִוָּלֵד הַהִתְלַהֲטוּת. וְהַיְינוּ, כִּי מִי שֶׁמַּרְגִּישׁ עַצְמוֹ בְּמַעֲשֵׂה הַמִּצְוָה כְּמוֹ שֶׁהוּא מְמַהֵר תְּנוּעָתוֹ הַחִיצוֹנָה, כֵּן הִנֵּה הוּא גוֹרֵם שֶׁתִּבְעַר בּוֹ תְּנוּעָתוֹ הַפְּנִימִית כְּמוֹ כֵן, וְהַחֵשֶׁק וְהַחֵפֶץ יִתְגַּבֵּר בּוֹ וְיֵלֵךְ. אַךְ אִם יִתְנַהֵג בִּכְבֵדוּת בִּתְנוּעַת אֵיבָרָיו, גַּם תְּנוּעַת רוּחוֹ תִּשְׁקַע וְתִכְבֶּה. וְזֶה דָּבָר שֶׁהַנִּסָּיוֹן יְעִידֵהוּ.

וְאָמְנָם כְּבָר יָדַעְתָּ שֶׁהַנִּרְצֶה יוֹתֵר בַּעֲבוֹדַת הַבּוֹרֵא יִתְבָּרַךְ שְׁמוֹ הוּא חֵפֶץ הַלֵּב וּתְשׁוּקַת הַנְּשָׁמָה. וְהוּא מַה שֶּׁדָּוִד הַמֶּלֶךְ מִתְהַלֵּל בְּחֶלְקוֹ

ואילו 'איש, אישה', מבטא מדרגה גבוהה, מלשון אש. אדם יכול להחליט איזה יסוד יותר דומיננטי בו - היסוד השואף ליציבות, לחוסר שינוי, לעצלות, לחוסר יציאה מהידוע, מהשגרתי, לדריכה במקום; או היסוד שרוצה עלייה, תנועה, התפתחות על-טבעית, "לא ינוח ולא יישן". כאשר אדם מאתר בקרבו לאט לאט את יסוד האש, הוא יוצר בקרבו תנועה. *"שורו, הביטו וראו, מה גדול היום הזה, אש יוקדת בחזה והמחרשה שוב פולחת בשדה. את, מכוש, טוריה וקלשון התלכדו בסערה, ונדליקה שוב [את האדמה בלהבה], את הלב". את הלב הישראלי.*

"**מן הזריזות יוולד ההתלהטות**". איך מוצאים את יסוד האש? יש פה חידוש מבהיל! כמו שהזריזות מושפעת מהתלהטות פנימית (יסוד האש יוצר זריזות), כך גם ההיפך: מהזריזות נולדת התלהטות. אדם שמשתדל להתנהג בקיום מצווה בתנועה החיצונה בזריזות, לאט לאט יעורר בקרבו את יסוד האש. הזריזות מתחילה בביטויי זריזות חיצוניים והיא מביאה לתנועה הפנימית הולכת ובוערת, זוהי תנועה שקורית מעצמה.

המהר"ל מייעץ לנו כי מניסיונו, המציאות מוכיחה שהאדם יכול על ידי מערכת חיצונית לאתר יסודות פנימיים הנמצאים בחיים, ולתת להם הזדמנות להתגלות. אם עד עכשיו דיברנו על האש - התנועה הפנימית היא אמצעי למעשה, למצווה, אבל המטרה היא המצוות בזריזות. האמת לאמיתה, אומר המהר"ל, היא הפוכה. יסוד האש שבקרבנו הוא לא האמצעי, הוא המטרה! התלהבות היא לא חומר

הטוב ואומר "כאיל תערג על אפיקי מים כן נפשי תערג אליך אלהים, צמאה נפשי לאלהים" וכו' (תהלים מ"ב ב'), "נכספה וגם כלתה נפשי לחצרות ה'". "צמאה לך נפשי כמה לך בשרי" (תהלים ס"ג ב'). ואולם האדם אשר אין החמדה הזאת לוהטת בו כראוי, עצה טובה היא לו שיזדרז ברצונו כדי שימשך מזה שתולד בו החמדה בטבע. כי התנועה החיצונה מעוררת הפנימית, ובודאי שיותר מסורה בידו היא החיצונה מהפנימית. אך אם ישתמש ממה שבידו, יקנה גם מה

הדלק למעשה, היא המעשה. אם בוערת בך האש, היא תביא לידי מעשה. *אם אתנהג על פי יסוד העפר, בכבדות, בשהייה, יסוד האש לא ייחשף. לא נתתי לו אמצעי להתבטא, לא צינור להתגלות, וזו עובדה.*

הנרצה יותר בעבודת הבורא יתברך שמו הוא חפץ הלב ותשוקת הנשמה. זו המשמעות של דברי חז"ל: "זריזים מקדימין למצוות". בעומק הדבר זו מטרת כל המצוות, וכדברי הרמח"ל היותר נרצה! *ריבונו של עולם באמת רוצה יותר מאשר את המעשה, שיתעורר יסוד האש שבקרבנו. זריזות היא לא רק מבוא אלא הדבר בעצמו. מה שריבונו של עולם רוצה זה לא את המצווה אלא את הזריזות שלי במצוות.*

והוא מה שדוד המלך מתהלל בחלקו הטוב ואומר "צמאה נפשי לאלוהים". דוד המלך שמח על שהוא צמא. למה, צמא זה טוב? כן! יותר טוב מכל דבר אחר. כי העיקר זה הרצון לקיים מצוות. אם מבינים שזה הנושא, אז גם אחרי שקיימת את המצווה אתה עדיין רוצה בחיים מצוות כי אתה צמא. דוד המלך אומר שהמטרה היא לרצות לקיים מצוות, כלומר להיות צמא, והצמאון הוא מטרת כל המצוות. בדוד יש את הצמאון הנפשי, והתנועה הפנימית משתקפת בתנועה החיצונית..

"צמאה לך נפשי". אדם שאין לו צמאון נפשי, מוטב שיתחיל עם הבשר, כדברי ההמשך: "כמה לך בשרי". מתוך כמיהת הבשר ניתן להגיע לצימאון הנפש, שכן השניים קשורים. החיצוניות מסורה לאדם, לפיכך קל יותר להתחיל מהתנועה החיצונית. זה בידיים

שֶׁאֵינוֹ בְּיָדוֹ בְּהֶמְשֵׁךְ, כִּי תִּוָּלֵד בּוֹ הַשִּׂמְחָה הַפְּנִימִית וְהַחֵפֶץ וְהַחֶמְדָּה מִכֹּחַ מַה שֶּׁהוּא מִתְלַהֵט בִּתְנוּעָתוֹ בְּרָצוֹן. וְהוּא מַה שֶּׁהָיָה הַנָּבִיא אוֹמֵר "וְנֵדְעָה נִרְדְּפָה לָדַעַת אֶת ה'" (הושע ו' ג'). וּכְתִיב, "אַחֲרֵי ה' יֵלְכוּ כְּאַרְיֵה יִשְׁאָג".

שלך. קל לאדם להחליט אם הוא הולך לבית המדרש לאט או בזריזות, להתפלל, או כל משימה אחרת של מצוות, ובאיזה להיטות הוא עושה זאת; בחשק ובהתלהבות.

השמחה הפנימית. מה זו שמחה פנימית? דוד המלך אומר "ישמח לב מבקשי ה'" (תהלים קה), השמחה היא על הבקשה והצימאון.

"ונדעה נרדפה לדעת את ה'". הנביא הושע מדבר על מצב אידיאלי שבו אנחנו רודפים לדעת את ה'. זו זריזות, דעת ה', הקשר עם ריבונו של עולם מתוך מעלה של זריזות, של מהלך נפשי.

"אחרי ה' ילכו כאריה ישאג". כאשר אריה שואג שומעים כולם, שהרי זה באויר, זהו הרקע. הזריזות כשאגת האריה היא הרקע למצוות. הזריזות היא אוירה, הוויית חיים. זריזות היא שיטה, סדר ההתרחשות הרוחנית, אחריות, כי אנו עוסקים במלאכת שמים, במשימה מלכותית. זריזות היא יסוד האש. זריזות היא מטרת כל המצוות, היא הצימאון, החשק. לשם כך נצטווינו על המצוות, על מנת להיות זריזים. הזריזות היא לא אמצעי אלא מטרה. "אריה שאג מי לא ירא, ה' אלוקים דיבר מי לא ינבא".

פרק ח

בדרך קנית הזריזות

פֶּרֶק ח

בְּדֶרֶךְ קְנִיַּ... הַזְּרִיזוּת

הִנֵּה הָאֶמְצָעִים אֲשֶׁר נִקְנֶה בָּם הַזְּ... אוֹתָם אֲשֶׁר נִקְנֶה בָּם הַזְּהִירוּת, וּמַדְרֵגוֹתֶיהָ... ח, וּכְמוֹ שֶׁכָּתַבְתִּי לְמַעְלָה, כִּי עִנְיָנָם קָרוֹב זֶה ... בֵּינֵיהֶם אֶלָּא שֶׁזֶּה בַּעֲשֵׂה וְזֶה בְּלָאו. ... הָאָדָם גֹּדֶל עֵרֶךְ הַמִּצְווֹת וְרֹב חוֹבָתוֹ ... לָבוֹא אֶל הָעֲבוֹדָה וְלֹא יִתְרַ...

וְאָמְנָם מַה שֶּׁיּוּכַל לְהַגְבִּיר הַהִ... הַהִסְתַּכְּלוּת בְּרֹב הַטּוֹבוֹת ... עוֹשֶׂה עִם הָאָדָם בְּכָל עֵת וּבְכָל ... שֶׁעוֹשֶׂה עִמּוֹ מֵעֵת הַלֵּדָה עַד ... וִיקִים

וְהִנֵּה ... שֶׁיַּרְבֶּה לְהִסְתַּכֵּל וּלְהִתְבּוֹ... אִם עָנִי וְאִם עָשִׁיר, ... שֶׁלֹּא יִרְאֶה נִפְלָאוֹת וְטוֹבוֹת רַבּוֹת בְּמַצָּבוֹ, כִּי הֶעָשִׁיר וְהַבָּרִיא כְּבָר הוּא חַיָּב לוֹ יִתְבָּרֵךְ עַל עָשְׁרוֹ וְעַל בְּרִיאוּתוֹ; הֶעָנִי חַיָּב לוֹ — שֶׁאֲפִלּוּ בְּעָנְיוֹ מַמְצִיא לוֹ פַּרְנָסָתוֹ דֶּרֶךְ נֵס וָפֶלֶא, וְאֵינוֹ מַנִּיחוֹ לָמוּת בְּרָעָב; הַחוֹלֶה — עַל שֶׁמַּחֲזִיקוֹ בְּכֹבֶד חָלְיוֹ וּמַכּוֹתָיו, וְאֵינוֹ

הִנֵּה הָאֶמְצָעִים אֲשֶׁר נִקְנֶה בָּם הַזְּרִיזוּת הֵם הֵם אוֹתָם אֲשֶׁר נִקְנֶה בָּם הַזְּהִירוּת, וּמַדְרֵיגוֹתֵיהֶם כְּמַדְרֵיגוֹתֵיהֶם, וּכְמוֹ שֶׁכָּתַבְתִּי לְמַעְלָה. כִּי עִנְיָנָם קָרוֹב זֶה לָזֶה מְאֹד וְאֵין הֶפְרֵשׁ בֵּינֵיהֶם, אֶלָּא שֶׁזֶּה בַּעֲשִׂין וְזֶה בְּלָאוִין. וְכַאֲשֶׁר יִתְאַמֵּת אֵצֶל הָאָדָם גּוֹדֶל עֵרֶךְ הַמִּצְוֹת ורוֹב חוֹבָתוֹ בָּהֶם, וַדַּאי שֶׁיִּתְעוֹרֵר לִבּוֹ אֶל הָעֲבוֹדָה וְלֹא יִתְרַפֶּה מִמֶּנָּה.

וְאָמְנָם מַה שֶּׁיּוּכַל לְהַגְבִּיר הַהִתְעוֹרְרוּת הַזֶּה הוּא, הַהִסְתַּכְּלוּת בְּרוֹב

בדרך קניית הזריזות. הזריזות צריכה להתמודד עם העובדה שיש בטבע האנושי את יסוד העפר. איך מתמודדים עם הטבע הזה? איך מגבירים את הזריזות? דרך הזריזות! מצב שלם איך לקיים מצוות - בטרחה, בעמל, במסירות נפש, במאמץ, בעבודה. רץ כצבי, גיבור כארי, תכונות חזקות.

האמצעים אשר נקנה בם הזריזות הם הם אותם אשר נקנה בם הזהירות. כמו שהתורה מביאה לזהירות היא מביאה לזריזות. התורה מדגישה שהחיים האמיתיים הם החיים הרוחניים, כיסופי הנפש, תנועת הנפש והצמאון שלה, "ואתם הדבקים בה' אלוקיכם חיים כולכם היום", "אשר יעשה אותם האדם וחי בהם", והתורה גם מספרת הרבה סיפורים שמבליטים מעשי צדיקים שפעלו מתוך זריזות, ערנות ומסירות נפש.

עניינם קרוב זה לזה מאוד. בשביל להתמודד עם הטבע האנושי צריך לאזן את הכוחות המשפיעים עלינו. ההתמודדות אינה נעשית על ידי מלחמה ישירה בתכונה הטבעית ולא על ידי התנגדות עימה, אלא באמצעות איזון - הצבת משקל נגד. צריך להדגיש יסוד אחר וזה ייצור לאט לאט שינוי בשיווי משקל. זהו יסוד גדול בעבודת ובניין האישיות, להשתמש בחומרים הקיימים.

הַטּוֹבוֹת שֶׁהַקָּדוֹשׁ בָּרוּךְ הוּא עוֹשֶׂה עִם הָאָדָם בְּכָל עֵת וּבְכָל שָׁעָה, וְהַנִּפְלָאוֹת הַגְּדוֹלוֹת שֶׁעוֹשֶׂה עִמּוֹ מֵעֵת הַלֵּידָה עַד הַיּוֹם הָאַחֲרוֹן. כִּי כָּל מַה שֶּׁיַּרְבֶּה לְהִסְתַּכֵּל וּלְהִתְבּוֹנֵן בִּדְבָרִים אֵלֶּה, הִנֵּה יַרְבֶּה לְהַכִּיר לְעַצְמוֹ חוֹבָה רַבָּה אֶל הָאֵל הַמֵּטִיב לוֹ, וְיִהְיוּ אֵלֶּה אֶמְצָעִים לְשֶׁלֹּא יִתְעַצֵּל וְיִתְרַפֶּה מֵעֲבוֹדָתוֹ, כִּי הֲרֵי הוֹאִיל וְאֵינוֹ יָכוֹל וַדַּאי לִגְמוֹל לוֹ טוֹבָתוֹ יִתְבָּרַךְ, לְפָחוֹת יוֹדֶה לִשְׁמוֹ וִיקַיֵּם מִצְוֹתָיו.
וְהִנֵּה אֵין לְךָ אָדָם בְּאֵיזֶה מַצָּב שֶׁיִּמָּצֵא, אִם עָנִי וְאִם עָשִׁיר, אִם בָּרִיא וְאִם חוֹלֶה, שֶׁלֹּא יִרְאֶה נִפְלָאוֹת וְטוֹבוֹת רַבּוֹת בְּמַצָּבוֹ. כִּי הֶעָשִׁיר וְהַבָּרִיא - כְּבָר הוּא חַיָּב לוֹ יִתְבָּרַךְ עַל עָשְׁרוֹ וְעַל בְּרִיאוּתוֹ. הֶעָנִי -

הטובות שהקב״ה עושה עם האדם בכל עת ובכל שעה. חלק מטבענו הוא העובדה שנוצרנו עפר מהאדמה, אבל הקב״ה טמן בקרבנו טבע נוסף, לא פחות חזק והוא המצפון. המצפון נמצא בנו, בנפש של האדם בצלם אלוקים שבקרבו. כמו ביחסי בן אדם לחבירו, חבר מבקש טובה ועל מנת להיענות לה דרוש מאמץ. התלבטות אם לעזור או לא מעוררת יסורי מצפון, ׳מנגנת׳ על המצפון שמאזן אותך. אתה יוצא מגדרך, מכבדותך ומתאמץ בשבילו. *כך הדבר כשאני רוצה לזרז עצמי בעבודת ה׳ - להגביר מצפון! איך? התבוננות בטובות הרבות המתרחשות כל הזמן בכל שעה. אין לך כוח? תראה שלאלוקים יש כוח בשבילך. אין לך זמן? בכל עת ובכל שעה הוא משקיע בך. תראה מה הקב״ה נתן לך, ומה אתה נותן תמורה? הכרת תודה - לעורר את המצפון.*

מעת הלידה עד היום האחרון. צריך לשנות פרספקטיבה, לאמץ התבוננות רחבה בנפלאות, לראות דברים שאולי לא ראית עד כה. אתה יכול לראות איך הקב״ה דואג לאדם בכל מיני נקודות מפנה בחיים.

להכיר לעצמו חובה רבה. המטרה היא הגברת יסוד החובה. יסוד החובה מעורר ומזרז את האדם למאמץ וטרחה. הוא מחדד את התובנה שיש לך מחויבות, ״חובת הלבבות״. כך מתמודדים עם כבדות.

חַיָּב לוֹ שֶׁאֲפִילוּ בְּעָנְיוֹ מַמְצִיא לוֹ פַּרְנָסָתוֹ דֶּרֶךְ נֵס וָפֶלֶא וְאֵינוֹ מַנִּיחוֹ לָמוּת בָּרָעָב. הַחוֹלֶה, עַל שֶׁמַּחֲזִיקוֹ בְּכוֹבֶד חָלְיוֹ וּמַכּוֹתָיו, וְאֵינוֹ מַנִּיחוֹ לָרֶדֶת שַׁחַת. וְכֵן כָּל כַּיּוֹצֵא בָּזֶה, עַד שֶׁאֵין לְךָ אָדָם שֶׁלֹּא יַכִּיר עַצְמוֹ חַיָּב לַבּוֹרְאוֹ, וּבְהִסְתַּכְּלוֹ בְּטוֹבוֹת אֵלֶּה שֶׁהוּא מְקַבֵּל מִמֶּנּוּ, וַדַּאי שֶׁיִּתְעוֹרֵר לְהִזָּדֵרֵז לַעֲבוֹדָתוֹ כְּמוֹ שֶׁכָּתַבְתִּי לְמַעְלָה. כָּל שֶׁכֵּן אִם יִתְבּוֹנֵן הֱיוֹת כָּל טוּבוֹ תָּלוּי בְּיָדוֹ יִתְבָּרַךְ, וּמַה שֶּׁמִּצְטָרֵךְ לוֹ וּמַה שֶּׁמּוּכְרָח אֵלָיו - מִמֶּנּוּ יִתְבָּרַךְ הוּא, וְלֹא מֵאַחֵר! אֲשֶׁר עַל כֵּן וַדַּאי שֶׁלֹּא יִתְעַצֵּל מֵעֲבוֹד עֲבוֹדָתוֹ יִתְבָּרַךְ וְלֹא יֶחְסַר לוֹ מַה שֶּׁהוּא מוּכְרָח אֵלָיו.

לפחות יודה לשמו ויקיים מצוותיו. רבונו של עולם נתן לך כל כך הרבה דברים באווירה של חסד, אז לפחות שהאווירה של איך שאתה מתייחס לחיים שקיבלת תהיה מתאימה, שהמפגש שלך עם החיים יהיה באווירה של נתינה וחסד, וחשיבה של מאמץ ויוזמה. *אתה מבין שקיבלת כל כך הרבה במתנה - תן למתנה לפחות את היחס הראוי לה, הערך המוסרי המגיע לה.*

אין לך אדם באיזה מצב שיימצא... שלא יראה נפלאות וטובות רבות במצבו. אנחנו נפגשים עם הטוב האלוקי בשלוש מדרגות של הכרה: מדרגה ראשונה מדרגת העשיר והבריא - הכרה פשוטה, ובה קל לראות את הטובה; מדרגה שניה מדרגת עני וחולה - קשה לראות את הטובות באופן פרטני אבל בראייה כללית יש עובדה חשובה אחת - אתה חי; מדרגה עוד יותר מעולה, מדרגת "כל שכן". אדם רואה שלא משנה מה קורה לו, יש פה טוב אלוקי תמיד, מעבר למצבו הסובייקטיבי. רבונו של עולם נותן כל הזמן טוב, הכרה מאוד עליונה. *יש פה טוב אלוקי מוחלט שבא רק ממרומים, ואתה נפגש עם הטוב כל הזמן.*

ולא יחסר לו מה שהוא מוכרח אליו. "פותח את ידך ומשביע לכל חי רצון" (תהלים קמה).

וְהִנְּךָ רוֹאֶה מַה שֶּׁכָּלַלְתִּי פֹּה בִּדְבָרַי שְׁלֹשֶׁת הַמַּדְרֵיגוֹת אֲשֶׁר חִלַּקְתִּים בַּזְּהִירוּת, כִּי כְבָר עִנְיָנָם אֶחָד. וְהַדָּבָר לָמֵד מֵעִנְיָנוֹ:
שֶׁלִּשְׁלֵמֵי הַדַּעַת - תִּהְיֶה הַהֶעָרָה מִצַּד הַחוֹבָה וּמִצַּד עֵרֶךְ הַמַּעֲשִׂים וַחֲשִׁיבוּתָם.
לַפְּחוּתִים מֵהֶם - מִצַּד הָעוֹלָם הַבָּא וּכְבוֹדוֹ, שֶׁלֹּא תַשִּׂיגֵהוּ בּוּשָׁה לְיוֹם הַגְּמוּל בִּרְאוֹתוֹ הַטּוֹבָה שֶׁהָיָה יָכוֹל לְהַשִּׂיג וְאִבְּדָהּ.
וְלֶהָמוֹן - מִצַּד הָעוֹלָם הַזֶּה וּצְרָכָיו כְּעִנְיָן שֶׁפֵּרַשְׁתִּי שָׁם לְמַעְלָה.

שלוש מדרגות בזריזות. כמעט זהות לשלוש המדרגות במידת הזהירות: ההמון - אפשר לזרזו על ידי מיקוד תשומת לב לדברים טובים בנגלה, בעולם הזה ובצרכיו. יותר למעלה - בעלי מבט יותר כללי על החיים שלא מתמקדים רק בנקודות פרטיות; שלמי הדעת - התבוננות מעבר לטובה הספציפית שאני מקבל אלא באופן כללי, "טוב ה׳ לכל", שזו טובה אדירה. זו כשלעצמה עמדה כללית של התבוננות איך הקב"ה מניע את העולם ברוב חסדו. *השיטה העיקרית היא קניית הזריזות - הגברת משקל נגד לכבדות, וזה יתרחש על ידי הגברת המצפון.*

פרק ט

בבאור
מפסידי הזריזות
וההרחקה מהם

מְנִיחוֹ לָרֶדֶת שַׁחַת; וְכֵן כֹּל כַּיּוֹצֵא בָּזֶה, עַד שֶׁאֵין לְךָ אָדָם שֶׁלֹּא יַכִּיר עַצְמוֹ חַיָּב לְבוֹרְאוֹ. וּבְהִסְתַּכְּלוֹ בְּטוֹבוֹת אֵלֶּה שֶׁהוּא מְקַבֵּל מִמֶּנּוּ, וַדַּאי שֶׁיִּתְעוֹרֵר לְהִזְדָּרֵז לַעֲבוֹדָתוֹ, כְּמוֹ שֶׁכָּתַבְתִּי לְמַעְלָה, כָּל־שֶׁכֵּן אִם יִתְבּוֹנֵן הֱיוֹת כָּל טוּבוֹ תָּלוּי בְּיָדוֹ יִתְבָּרַךְ, וּמַה … יוֹם הַגְּמוּל בִּרְאוֹתוֹ … לָיו — מִמֶּנּוּ יִתְבָּרַךְ הוּא … יִתְעַצֵּל מֵעֲבֹד … ה, וְלֶהָמוֹן — מִצַּד הָעוֹלָם … וְהַ… שֶׁפֵּרַשְׁתִּי שָׁם לְמַעְלָה.

פֶּרֶק ט

הַזְּרִיזוּת וְהַהַרְחָקָה מֵהֶם

הֵם הֵם מַגְדִּילֵי הָעַצְלָה, וְהַגָּדוֹל … הַמְּנוּחָה הַגּוּפִית, וְשִׂנְאַת הַטֹּרַח, … כָל תַּאֲוֵיהֶם. כִּי הִנֵּה אָדָם כָּזֶה … נֵי בּוֹרְאוֹ כֹּבֶד גָּדוֹל, כִּי מִי

הִנֵּה מַפְסִי… וְהַמְּנוּחָה, וְלִישֹׁן שְׁנָתוֹ … הַגָּדוֹל שֶׁבְּכֻלָּם הוּא … שִׂנְאַת הַטֹּרַח, וְאַהֲבַת הָעִדּוּנִים בְּתַשְׁלוּם כָּל תַּאֲוֵיהֶם. כִּי הִנֵּה אָדָם כָּזֶה וַדַּאי שֶׁתִּכְבַּד עָלָיו הָעֲבוֹדָה לִפְנֵי בּוֹרְאוֹ כֹּבֶד גָּדוֹל, כִּי מִי שֶׁיִּרְצֶה לֶאֱכֹל אֲכִילוֹתָיו בְּכָל הַיִּשּׁוּב וְהַמְּנוּחָה, וְלִישֹׁן שְׁנָתוֹ בְּלֹא טוֹרַד, וִימָאֵן לָלֶכֶת אִם לֹא לְאִטּוֹ, וְכַיּוֹצֵא בִּדְבָרִים אֵלֶּה

הִנֵּה מַפְסִידֵי הַזְּרִיזוּת הֵם הֵם מַגְדִּילֵי הָעַצְלָה. וְהַגָּדוֹל שֶׁבְּכֻלָּם הוּא בַּקָּשַׁת הַמְּנוּחָה הַגּוּפְנִית, וְשִׂנְאַת הַטֹּרַח, וְאַהֲבַת הָעִדּוּנִים בְּתַשְׁלוּם כָּל תְּנָאֵיהֶם.

כִּי הִנֵּה אָדָם כָּזֶה וַדַּאי שֶׁתִּכְבַּד עָלָיו הָעֲבוֹדָה לִפְנֵי בּוֹרְאוֹ כֹּבֶד גָּדוֹל, כִּי מִי שֶׁיִּרְצֶה לֶאֱכוֹל אֲכִילוֹתָיו בְּכָל הַיִּשּׁוּב וְהַמְּנוּחָה, וְלִישַׁן שְׁנָתוֹ בְּלֹא טוֹרַד, וִימָאֵן לָלֶכֶת אִם לֹא לְאִטּוֹ, וְכַיּוֹצֵא בִּדְבָרִים אֵלֶּה, הִנֵּה יִקְשֶׁה עָלָיו לְהַשְׁכִּים לְבָתֵּי כְּנֵסִיּוֹת בַּבֹּקֶר, אוֹ לְקַצֵּר בִּסְעוּדָתוֹ מִפְּנֵי תְּפִלַּת הַמִּנְחָה בֵּין הָעַרְבַּיִם, אוֹ לָצֵאת לִדְבַר מִצְוָה אִם לֹא יִהְיֶה הָעֵת בָּרוּר. כָּל שֶׁכֵּן לְמַהֵר עַצְמוֹ לִדְבַר מִצְוָה אוֹ לְתַלְמוּד תּוֹרָה.

בקשת המנוחה הגופית. אם המטרה היא מנוחה, מה הטעם בעבודה כל השבוע? אם המנוחה היא תכלית, טיפשי למדי להזדרז. מה ההיגיון לעבוד קשה, כדי לנוח?

שנאת הטורח ואהבת העידונים. יש בטבע האנושי רצון טבעי למנוחה, אבל אם החלטת להפוך את המנוחה למטרה שלך יצרת מיד שני דברים: "שנאת הטורח" ואהבת העידונים". הטורח, הקושי והמאמץ הופכים לקשים ולא נעימים, ולכן אינך מתאמץ, אינך מתמודד מול קושי, אינך טורח. יותר מכך, אם המנוחה היא המטרה בחיים ואתה שונא כל מאמץ, אתה תאמץ את "אהבת העידונים בתשלום כל תנאיהם", מטרות שקל להשיג אותן. לנוח על הדשא זה קל? אז משכללים את מושג המנוחה "בעידונים" לדקויות ופרפקציוניזם, לאין סוף דגמים של כסא נוח.

וימאן ללכת אם לא לאיטו. ההופך את המנוחה למטרה ישנא מהר מאוד את כל השולחן ערוך ואת כל המצוות. הוא לא רק יתקשה בשמירת המצוות, הוא ישנא אותן.

וּמִי שֶׁמַּרְגִּיל עַצְמוֹ לַמִּנְהָגוֹת הָאֵלֶּה - אֵינֶנּוּ אָדוֹן בְּעַצְמוֹ לַעֲשׂוֹת הֵפֶךְ זֶה כְּשֶׁיִּרְצֶה, כִּי כְּבָר נֶאֱסַר רְצוֹנוֹ בְּמַאֲסַר הַהֶרְגֵּל הַנַּעֲשֶׂה טֶבַע שֵׁנִי. וְאָמְנָם צָרִיךְ שֶׁיֵּדַע הָאָדָם כִּי לֹא לִמְנוּחָה הוּא בָּעוֹלָם הַזֶּה, אֶלָּא לְעָמָל וָטוֹרַח, וְלֹא יִנְהַג בְּעַצְמוֹ אֶלָּא מִנְהַג הַפּוֹעֲלִים הָעוֹשִׂים מְלָאכָה אֵצֶל מַשְׂכִּירֵיהֶם. וּכְעִנְיַן מַה שֶּׁהָיָה אוֹמֵר "אֲגִירֵי דְיוֹמָא אֲנַן" (עירובין ס"ה א') **וּכְדֶרֶךְ יוֹצְאֵי הַצָּבָא בְּמַעַרְכוֹתֵיהֶם, אֲשֶׁר אֲכִילָתָם בְּחִפָּזוֹן, וּשְׁנָתָם**

ומי שמרגיל עצמו למנהגות האלה. כאשר האינסטינקט של חיפוש מנוחה הופך אט אט למטרה, הן על ידי השכל והן על ידי ההרגל - העצלות הופכת טבע שני. הוא שוכח הכל, והעולם הרוחני והמוסר נעלם בשניות, כי יש מטרה אחרת.

צריך שיידע האדם כי לא למנוחה הוא בעולם הזה. לכן אומר הרמח"ל שאדם צריך להבין את מקומו ולהגדיר את מטרותיו, והמטרה היא עמל וטורח. זו לא תופעת לוואי, לא הכרח, אלא המטרה, שהרי "אדם לעמל יולד". אדם נקרא על שם האדמה, שכל הזמן מוציאה לפועל, וגם הוא צריך להוציא לפועל. כשתינוק יוצא מרחם אימו הוא נולד מתוך מאמץ. התינוק, האם, המיילדת, הרופא והאחיות, כולם עובדים קשה. אך כשהיה ברחם אימו, לא התאמץ כלל. רגע הלידה הוא שער לעולם. את התינוק הנימול מברכים "ברוך הבא", זו קבלת פנים אחרי מאמץ אדיר. אבל המאמץ אינו עובדה שצריך לברוח ממנה אלא המציאות, לשם כך נולדנו. החיים מופיעים במאמץ, המוות בפסיביות.

"אגירי דיומא אנן". אנחנו שכירי יום. בעולם הזה אתה פועל שבא לעבוד, הוא יודע מה מעמדו - אם יעבוד היום יקבל שכר. הוא לא מחפש מנוחה.

וכדרך יוצאי הצבא במערכותיהם. כאן הוא משכלל את ההגדרה - כדרך יוצאי צבא, כחיילים שמאמנים אותם לקראת מערכה. אחד הכללים החשובים בצבא קובע שהאכילה לא תהיה ארוכה מדי, שהשינה לא תהיה נוחה מדי, משום שחייל כזה הוא מפונק ולא

עֲרַאי, וְעוֹמְדִים תָּמִיד מוּכָנִים לְעֵת קְרָב. וְעַל זֶה נֶאֱמַר "כִּי אָדָם לְעָמָל יוּלָּד" (איוב ה' ז'). וּכְשֶׁיַּרְגִּיל עַצְמוֹ עַל זֶה הַדֶּרֶךְ יִמְצָא הָעֲבוֹדָה קַלָּה עָלָיו וַדַּאי, כֵּיוָן שֶׁלֹּא יֶחְסַר בְּעַצְמוֹ הַהַזְמָנָה וְהַהֲכָנָה אֵלֶיהָ, וְעַל זֶה הַדֶּרֶךְ אָמְרוּ זִכְרוֹנָם לִבְרָכָה "כָּךְ הִיא דַּרְכָּהּ שֶׁל תּוֹרָה - פַּת בַּמֶּלַח תֹּאכַל וּמַיִם בַּמְּשׂוּרָה תִּשְׁתֶּה וְעַל הָאָרֶץ תִּישַׁן" (אבות ו' ד') שֶׁהוּא כְּלַל הַהַרְחָקָה בְּתַכְלִית מִן הַמְּנוּחוֹת וְהָעִדּוּנִים.

יעיל. הצבא יפסיד. ברור למי שמתכונן למערכה צבאית שאסור להרגיל את החיילים לתנאים אופטימליים, שכן הדבר פוגע במוכנות. וזה ההפך ממנוחה. אם נשקיע באכילה ושינה, זה עלול לאט לאט להפוך למטרה עצמה. זה יגמד את המטרות האמיתיות. מותרות? אין זמן לזה, לא עבור המותרות אתה כאן. אנחנו צריכים לזכור שאנו חיילים ויש לנו משימה. יש לנו מלכות ה', "ה' צבאות", הקדוש ברוך הוא מלך העולם, ואנחנו שייכים לקידוש שמו, צבאות ה'. אנו כמו המלאכים, שהם דגם ומודל לזריזות, חיילים, שליחים, צבא של "גיבורי כוח עושי דברו". אני צריך להיות מוכן ודרוך. תרגיל את עצמך לכך שאינך מחפש מנוחה גופנית אלא מאמץ, תדע מה המטרה ואז יהיה לך יותר קל.

"כך היא דרכה של תורה, פת במלח תאכל ומים במשורה תשתה ועל הארץ תישן". אין זאת אומרת שחובה לאכול רק פת במלח. הכוונה היא שאפילו כאשר אין לי אלא פת במלח, אני אמשיך ללמוד. חובה עלי להמשיך ללמוד. המטרה צריכה להיות ברורה, לרוץ - רצים! לרוץ ממשימה אחת לשניה. כך מתפללים ביציאה מבית המדרש: "אנו רצים... ומשכימים". זו דרכה של תורה. כאשר הצרכים הגופניים חשובים פחות, הלב והמוח פנויים לדברים החשובים באמת - נותר פנאי נפשי ומחשבתי למהות, לעיקר. זו דרכם של יוצאי צבא. אני צריך להיות כמו יוצאי הצבא, לפנות את המחשבה מן הצרכים הגופניים האגואיסטיים ולהיות תמיד מוכנים לעת קרב.

עוֹד מִמַּפְסִידֵי הַזְּרִיזוּת הוּא רוֹב הַפַּחַד וְגוֹדֶל הַמּוֹרָא מִן הַזְּמַן וְתוֹלְדוֹתָיו, כִּי פַּעַם יִירָא מֵהַקּוֹר אוֹ מֵהַחוֹם, וּפַעַם מֵהַפְּגָעִים, וּפַעַם מִן הֶחֳלָאִים, וּפַעַם מִן הָרוּחַ וְכֵן כָּל כַּיּוֹצֵא בָּזֶה. הוּא הָעִנְיָן שֶׁאָמַר שְׁלֹמֹה עָלָיו הַשָּׁלוֹם "אָמַר עָצֵל שַׁחַל בַּדָּרֶךְ אֲרִי בֵּין הָרְחוֹבוֹת" (משלי כ"ו י"ג). **וּכְבָר גִּנּוּ חֲכָמֵינוּ זִכְרוֹנָם לִבְרָכָה הַמִּדָּה הַזֹּאת וְיִחֲסוּהָ אֶל הַחַטָּאִים, וּמִקְרָא מְסַיְּעָם דִּכְתִיב "פָּחֲדוּ בְצִיּוֹן חַטָּאִים אָחֲזָה רְעָדָה חֲנֵפִים"** (ישעיה ל"ג י"ד). **עַד שֶׁאָמַר אֶחָד מִן הַגְּדוֹלִים אֶל תַּלְמִידוֹ בִּרְאוֹתוֹ**

רוב הפחד וגודל המורא מן הזמן ותולדותיו. האדם חושש כי העולם מלא תהפוכות ותמורות, ולכן רוב זמנו מבוזב בעיסוק בלתי פוסק של בטחונות ומגננות. הדבר נובע מנקודת המוצא ש'באתי לעולם הזה לחיות חיים מוצלחים ונעימים'. אדם השבוי בתכנונים שלו וחושב שבא לעולם כדי להגשים אותם, נשאר מפוחד תמיד כי העולם לא מסתדר לו, לא מתוכנן איתו. אך יש כאן טעות בהגדרה היסודית. ממה אתה מפחד בדיוק? אם מרכז מאווייך הוא עבודת ה', אין דבר שיכול לאיים עליך. מה כבר יכול לקרות? הזריזות מובילה לעבודת ה' ולביטחון בה' ומסלקת את הפחד. *ביטחון בה' זה לא כמה פעמים ביום אתה אומר "בעזרת ה'" או "יהיה טוב", אלא במה אתה משקיע את האנרגיות שלך: האם ביצירת בטחונות, בהגשמת התוכנית שלך בימים לעצמך, או שבאת לעבוד את הקב"ה? אני באתי לעבוד את הקב"ה.*

פעם יירא מהקור או מהחום, ופעם מן הפגעים ופעם מן החולאים. אם אני מתרכז בתכנונים שלי בלבד, מחכה שיהיה חמים בחורף וממוזג בקיץ, שתהיה לי ארוחת צהרים טובה, ספרים בבית המדרש, חברים לחברותא ורק אז אלמד. ואם לא, אז מה? זו נקודת מוצא לא נכונה המגדילה את הפחד.

"בטח בה' ועשה טוב". *בטחון בה' פירושו - לא באתי להגשים את התכנונים שלי אלא את התכנונים של הקב"ה, ואלו לא חייבים להיות תואמים אחד לאחד עם התכנונים שלי. הנושא המרכזי הוא התכנונים שלו והאם אני מגשים אותם? אני סומך עליו ושהוא ידאג לבטחוני. העניין שלי - להיות נאמן לתוכניות. "בטח בה'"*

אוֹתוֹ מִתְפַּחֵד, "חַטָּאָה אַתְּ" (ברכות ס׳ א׳). אֶלָּא עַל זֶה נֶאֱמַר "בְּטַח בַּה׳ וַעֲשֵׂה טוֹב שְׁכָן אֶרֶץ וּרְעֵה אֱמוּנָה" (תהלים ל״ז ג׳).

כְּלָלוֹ שֶׁל דָּבָר: צָרִיךְ שֶׁיָּשִׂים הָאָדָם אֶת עַצְמוֹ עֲרַאי בָּעוֹלָם וְקָבוּעַ בָּעֲבוֹדָה. יִתְרַצֶּה וְיִסְתַּפֵּק בְּכָל עִנְיְנֵי הָעוֹלָם בְּמַה שֶּׁמִּזְדַּמֵּן לוֹ, וְיִקַּח מִן הַבָּא בְיָדוֹ, וְיִהְיֶה רָחוֹק מִן הַמְּנוּחָה וְקָרוֹב לַמְּלָאכָה וְלֶעָמָל. וְיִהְיֶה נָכוֹן לִבּוֹ בָּטוּחַ בַּה׳ וְלֹא יִירָא מִתּוֹלְדוֹת הַזְּמָן וּפְגָעָיו.

שֶׁמָּא תֹּאמַר, הֲרֵי מָצִינוּ שֶׁחִיְּבוּ חֲכָמִים בְּכָל מָקוֹם שֶׁיִּשְׁמוֹר הָאָדָם

מוביל ל"עשה טוב". תתמקד בעשייה שלא רואגת לעצמך, למכוונים שלך, "שכן ארץ ורעה אמונה" - אלא להגשמת המגמה האלוקית.

כללו של דבר, האדם עראי בעולם וקבוע בעבודה... רחוק מן המנוחה וקרוב למלאכה ולעמל. מסכם הרמח"ל עד כאן - אם הנושא המרכזי, תכלית החיים, היא עבודת ה׳, אזי כל שאר הנושאים הם ארעיים, ומימושם איננו צריך להטריד את האדם. אני מסתדר עם מה שיש כי "אדם לעמל יולד", באתי לעולם לעבוד. רחוק מן המנוחה, קרוב למלאכה ולעמל. זו המשמעות של בטחון בה׳, "והיה ה׳ מבטחו" (ירמיה יז) - ריבונו של עולם מתווה את הדרך ולפיכך אין צורך לדאוג. אבל אם כך הדבר, מדוע נאמר: "אשרי אדם מפחד תמיד" (משלי כח)? משום שבדברי תורה מותר לפחד ולחשוש מרמת העבודה הרוחנית שלי, לבחון עד כמה אני עובד עבודת ה׳ ומתעמת עם התוכנית של הקב"ה.

מצינו שחייבו חכמים בכל מקום שישמור האדם את עצמו. כאן יש קושיה גדולה - לכאורה לא מספיק רק לבטוח בה׳ כי יש מושג שנקרא "ונשמרתם לנפשותיכם" - חובת הזהירות, הצורך לשמור על החיים מוטל דווקא עלי. אסור לומר: הקב"ה ישמור לי על החיים ויבטיח את קיומם. לאדם, אפילו צדיק, אסור להכניס עצמו למקום סכנה. זו אחריות שלך! תהיה עירני, תשים לב. לפעמים מול ערך הזריזות יש ערך הזהירות. לדוגמא, נתינת צדקה. זריזות אומרת שתתן הרבה צדקה, ואילו זהירות אומרת: שים לב שישאר לך כסף לאוכל ובריאות. מה היחס הנכון בין בטחון בה׳ לבין חובת הזהירות

אֶת עַצְמוֹ שְׁמִירָה מְעוּלָּה וְלֹא יָשִׂים עַצְמוֹ בְּסַכָּנָה אֲפִילּוּ הוּא צַדִּיק וּבַעַל מַעֲשִׂים, וְאָמְרוּ "הַכֹּל בִּידֵי שָׁמַיִם חוּץ מִצִּנִּים פַּחִים" (כתובות ל' א') וּמִקְרָא כָּתוּב "וְנִשְׁמַרְתֶּם מְאֹד לְנַפְשֹׁתֵיכֶם" (דברים ד' ט"ו) הֲרֵי שֶׁאֵין לְהַחְלִיט הַבִּטָּחוֹן הַזֶּה עַל כָּל פָּנִים, וְהָתָם אָמְרוּ, "וַאֲפִילּוּ לִדְבַר מִצְוָה" (פסחים ח' ב')?

דַּע. כִּי יֵשׁ יִרְאָה וְיֵשׁ יִרְאָה. יֵשׁ יִרְאָה רְאוּיָה וְיֵשׁ יִרְאָה שׁוֹטָה. יֵשׁ בִּטָּחוֹן וְיֵשׁ הוֹלֵלוּת. כִּי הִנֵּה הָאָדוֹן בָּרוּךְ הוּא עָשָׂה אֶת הָאָדָם בַּעַל שֵׂכֶל נָכוֹן וּסְבָרָא נְכוֹחָה לְשֶׁיִּנְהַג עַצְמוֹ עַל דֶּרֶךְ טוֹב וְיִשָּׁמֵר מִן הַדְּבָרִים הַמַּזִּיקִים אֲשֶׁר נִבְרְאוּ לַעֲנוֹשׁ אֶת הָרְשָׁעִים. וּמִי שֶׁיִּרְצֶה שֶׁלֹּא יִנְהַג עַצְמוֹ בְּדֶרֶךְ הַחָכְמָה וְיַפְקִיר עַצְמוֹ לְסַכָּנוֹת הִנֵּה אֵין זֶה בִּטָּחוֹן אֶלָּא הוֹלֵלוּת! וְהִנֵּה הוּא חוֹטֵא בְּמַה שֶּׁהוּא עוֹשֶׂה נֶגֶד רְצוֹן הַבּוֹרֵא יִתְבָּרַךְ שְׁמוֹ, שֶׁרוֹצֶה שֶׁיִּשְׁמוֹר הָאָדָם אֶת עַצְמוֹ. וְנִמְצָא שֶׁמִּלְּבַד הַסַּכָּנָה

וההשתדלות? עובדה שאנחנו כן צריכים להשקיע מאמץ בחיים הבטחת הקיום החומרי.

דע כי יש יראה ויש יראה. לא במקרה יצר בנו ריבונו של עולם את מושג הזהירות כתחושה. באמת יש קשר בין הזהירות בחיים הפיזיים לבין הזהירות בעניינים הרוחניים. זה אותה מערכת, אותה עמדה נפשית. כמו שאדם זהיר בקיום הגוף, כך הוא זהיר במוסר. וגם ההיפך - "הדברים המזיקים, אשר נבראו לענוש את הרשעים" - אדם שאינו זהיר בעניינים רוחניים מוחק לאט לאט מקרבו את מושג הזהירות בעניינים גופניים. אדם שלא נזהר בענייני מוסר ויראת שמים פוגע בעצמו בקומת הזהירות החומרית. ולכן הרשעים נפגעים ממזיקים יותר.

והנה הוא חוטא במה שהוא עושה נגד רצון הבורא. כשאתה מסגל לעצמך את מידת הזריזות, אסור לך לשכוח את הזהירות. זהירות מעבירות קשורה ומחוברת לזהירות בעולם הזה. כמו שנזהרים בענייני העולם הזה, כך, ובאותה עמדה נפשית, צריכה להיות הזהירות מעבירות. השכל הישר מדריך אותנו לנהוג זהירות בענייני

הַמּוּטְבַּעַת בַּדָּבָר אֲשֶׁר הוּא עָלוּל אֵלֶיהָ מִפְּנֵי חֶסְרוֹן שְׁמִירָתוֹ, הִנֵּה עוֹד הוּא מִתְחַיֵּב בְּנַפְשׁוֹ בְּקוּם עֲשֵׂה בַּחֵטְא אֲשֶׁר הוּא חוֹטֵא, וְנִמְצָא הַחֵטְא עַצְמוֹ מְבִיאוֹ לֵיעָנֵשׁ.

וְאוּלָם הַשְּׁמִירָה הַזֹּאת, וְזֹאת הַיִּרְאָה הַמְיֻסֶּדֶת עַל הַנְהָגַת הַחָכְמָה וְהַשֵּׂכֶל הִיא הָרְאוּיָה, שֶׁעָלֶיהָ נֶאֱמַר "עָרוּם רָאָה רָעָה וְנִסְתָּר וּפְתָיִים עָבְרוּ וְנֶעֱנָשׁוּ" (משלי כ"ב ג').

אַךְ הַיִּרְאָה הַשּׁוֹטָה הוּא שֶׁיִּהְיֶה הָאָדָם רוֹצֶה לְהוֹסִיף שְׁמִירוֹת עַל שְׁמִירוֹת, וְיִרְאָה עַל יִרְאָה וְעוֹשֶׂה מִשְׁמֶרֶת לְמִשְׁמַרְתּוֹ, בְּאוֹפֶן שֶׁיַּגִּיעַ מִזֶּה בִּיטּוּל לַתּוֹרָה וְלָעֲבוֹדָה.

וְהַכְּלָל לְהַבְחִין בֵּין שְׁתֵּי הַיִּרְאוֹת הוּא מַה שֶּׁחִילְּקוּ חֲכָמִים זִכְרוֹנָם לִבְרָכָה בְּאָמְרָם "הֵיכָא דִּשְׁכִיחַ הֶזֵּקָא שָׁאנֵי" (פסחים ח' ב'), כִּי מָקוֹם שֶׁהַהֶזֵּק מָצוּי וְנוֹדָע - יֵשׁ לִישָּׁמֵר. אַךְ מָקוֹם שֶׁאֵין הַהֶיזֵּק נוֹדָע, אֵין

יראת שמים כמו בענייני העולם הזה, ואנו צריכים לסמוך על השכל הזה. ההיגיון הבריא והאינטואיציות הטבעיות שלנו פועלים כהלכה, ואנו צריכים לשמור עליהם. זהירות זו איננה מנוגדת למידת הביטחון - ההפך! היא הבטחון! זהירות שכזו מכוננת את יראת השמים. באמצעותה אתה מקשיב לרצונו של מקום. הזהירות בעניינים קיומיים בונה תשתית לזהירות בעניינים מוסריים רוחניים, זו יראה טובה.

נמצא החטא עצמו מביאו להיענש. כי פגעת בקומת הזהירות שלך.

יראה שוטה. מרוב זהירות אתה מאבד את הזריזות, וזה רע. חששות מופרזים עוצרים את מהלך החיים הקיומי שלך, ולכן כמובן שגם בעבודת ה' אין לחששות האלה מקום. זה נקרא "יראה שוטה".

"היכא דשכיח הזקא שאני", כי מקום שההיזק מצוי ונודע יש לישמר. איך מבדילים בין יראה טובה ליראה שוטה? במקום שההיזק מצוי והסכנה שכיחה, נראית, מוגדרת, ניתנת לבחינה על פי שכל ישר - אסור להתעלם ממנה. גם ללכת לצבא זה מסוכן, אבל הולכים. כמו שלא עוצרים את החיים, לא עוצרים את עבודת ה'.

לִירֹא. וְעַל כַּיּוֹצֵא בָּזֶה נֶאֱמַר "רֵעוּתָא דְּלָא חֲזֵינָן לָא מַחֲזְקִינָן" (חולין נ"ו ב'). "וְאֵין לוֹ לֶחָכָם אֶלָּא מַה שֶּׁעֵינָיו רוֹאוֹת" (בבא בתרא קל"א א'). הוּא עַצְמוֹ עִנְיַן הַפָּסוּק שֶׁהֵבֵאנוּ לְמַעְלָה, "עָרוּם רָאָה רָעָה וְנִסְתָּר" (משלי כ"ז י"ג), הָא אֵינוֹ מְדַבֵּר אֶלָּא בְּנִסְתָּר מִן הָרָעָה אֲשֶׁר רוֹאֶה, לֹא מִמַּה שֶּׁיּוּכַל לִהְיוֹת שֶׁיִּהְיֶה אֶפְשָׁרִי שֶׁיָּבֹא, וְהוּא מַמָּשׁ עִנְיַן הַפָּסוּק שֶׁהִזְכַּרְתִּי לְמַעְלָה, "אָמַר עָצֵל שַׁחַל בַּדָּרֶךְ" וכו' (משלי כ"ו י"ג).

וַחֲכָמִים זִכְרוֹנָם לִבְרָכָה פֵּירְשׁוּ הָעִנְיָן כְּמִין חוֹמֶר, לְהַרְאוֹת עַד הֵיכָן מַגַּעַת יִרְאַת הַהֶבֶל לְהַפְרִישׁ הָאָדָם מִן הַמַּעֲשֶׂה הַטּוֹב. אָמְרוּ "שִׁבְעָה דְּבָרִים אָמַר שְׁלֹמֹה בֶּעָצֵל. כֵּיצַד?

אָמְרוּ לֶעָצֵל: הֲרֵי רַבְּךָ בָּעִיר לֵךְ וּלְמוֹד תּוֹרָה מִמֶּנּוּ. וְהוּא מֵשִׁיב אוֹתָם: מִתְיָרֵא אֲנִי מִן הָאֲרִי שֶׁבַּדֶּרֶךְ.

רַבְּךָ בְּתוֹךְ הַמְּדִינָה. אוֹמֵר לָהֶם: מִתְיָרֵא אֲנִי שֶׁלֹּא יִהְיֶה אֲרִי בֵּין הָרְחוֹבוֹת.

אוֹמְרִים לוֹ: הֲרֵי הוּא בְּתוֹךְ בֵּיתְךָ. אוֹמֵר לָהֶם: אִם אֲנִי הוֹלֵךְ אֶצְלוֹ אֲנִי מוֹצֵא הַפֶּתַח נְעוּלָה" וכו' (דברים רבה ח' ו').

עד היכן מגיעה יראת ההבל להפריש אדם מן המעשה הטוב. אם תאמר לעצל לבוא לשיעור, הוא יענה: "מסוכן, הרי בדיוק אמרו בחדשות שברח אריה מגן החיות", הרי שגם אם באופן תיאורטי הוא צודק, הוא מוכיח שאינו רוצה להתאמץ. התירוץ הוא המגננה שהוא מקים לעצמו. "אני רוצה לשמור על חיי, על המצב הנוכחי. טוב לי ככה, לא רוצה להשתנות". *זריזות זו תנועה והשתנות. מי שעסוק בחששות תקוע בחיים שלו, לא מתפתח, לא מתקדם, לא צומח. כי כל קושי הוא אתגר. אפשר להצמיח אלף חששות ולהישאר במקום, אפשר לצמוח ולהתמודד. אם דבר מסוים הוא אמיתי ונכון וטוב וישר ומתאים לך – תלך! חושש? אז מה?! תתמודד!*

הערת הלב. העיקר זה להעיר את הלב. בסופו של דבר עיקר הזריזות

הָא לְמִדַּת שֶׁאֵין הַיִּרְאָה גּוֹרֶמֶת שֶׁיִּתְעַצֵּל, אֶלָּא עַצְלָה גּוֹרֶמֶת לוֹ שֶׁיִּתְיָרֵא. וְכָל הַדְּבָרִים הָאֵלֶּה, הַנִּסָּיוֹן הַיּוֹמִי יָעִיד עֲלֵיהֶם, מִמַּה שֶּׁכְּבָר פָּשׁוּט הוּא וְרָגִיל בְּרוֹב הֲמוֹן בְּנֵי הָאָדָם אֲשֶׁר זֶה דַּרְכָּם כֶּסֶל לָמוֹ. וּמַשְׂכִּיל עַל דָּבָר יִמְצָא אֱמֶת לַאֲמִתּוֹ, וְדַעַת לְנָבוֹן נָקֵל.
וּכְבָר נִתְבָּאֵר עִנְיַן הַזְּרִיזוּת בֵּיאוּר שֶׁאֶחְשׁוֹב הֱיוֹתוֹ מַסְפִּיק לְהֶעָרַת הַלֵּב, וְהֶחָכָם יֶחְכַּם עוֹד וְיוֹסִיף לֶקַח.
וְהִנְּךָ רוֹאֶה כִּי רָאוּי לַזְּרִיזוּת לִהְיוֹת בְּהַדְרָגָה אַחַר הַזְּהִירוּת, כִּי עַל הָרוֹב לֹא יִהְיֶה הָאָדָם זָרִיז אִם לֹא יִהְיֶה זָהִיר בַּתְּחִלָּה. כִּי מִי שֶׁלֹּא יָשִׂים לִבּוֹ לִיזָּהֵר בְּמַעֲשָׂיו וּלְהִתְבּוֹנֵן בָּעֲבוֹדָה וּמִשְׁפָּטֶיהָ, שֶׁזֹּו הִיא מִדַּת הַזְּהִירוּת, כְּמוֹ שֶׁכָּתַבְתִּי, קָשֶׁה שֶׁיִּלְבַּשׁ אַהֲבָה וְחֶמְדָּה אֵלֶיהָ וְיִזְדָּרֵז בִּתְשׁוּקָה לִפְנֵי בּוֹרְאוֹ. כִּי הִנֵּה הוּא עוֹדֶנּוּ טוֹבֵעַ בְּתַאֲווֹת הַגּוּפָנִיּוֹת, וְרָץ מְרוּצַת הֶרְגֵּלוֹ הַמַּרְחִיקוֹ מִכָּל זֶה. אָמְנָם אַחַר שֶׁכְּבָר פָּקַח עֵינָיו לִרְאוֹת מַעֲשָׂיו וְלִיזָּהֵר בָּם, וְחָשַׁב חֶשְׁבּוֹן הַמִּצְוֹת וְהָעֲבֵירוֹת כַּאֲשֶׁר זָכַרְנוּ, נָקֵל הוּא לוֹ שֶׁיָּסוּר מִן הָרַע וְיִשְׁתּוֹקֵק אֶל הַטּוֹב וְיִזְדָּרֵז בּוֹ. וְזֶה פָּשׁוּט.

אינה טיעון שכלי קר, אלא נוצרת על ידי התלהטות פנימית. חפץ הלב ותשוקת הנשמה.

והנך רואה, כי ראוי לזריזות להיות בדרגה אחר הזהירות. בסוף הפרקים על מידת הזריזות, הרמח"ל שוב מזכיר לנו מדוע חשוב כל כך הסדר - זהירות ואז זריזות. אמנם יש באדם יסודות חומריים, אולם הזריזות היא היכולת לרומם אותם כך שיהיו רוחניים. צריך לעורר פה משהו חדש, מהלך של רגשות, התלהבות נפשית שבאה מעולם הרוח שבקרבנו, מהנשמה. קשה ומסובך להוליד בקרבנו "אהבה וחמדה", אלא אם כן שמנו מעצור להשתלטות הצורך החומרי עלינו. ולכן הזריזות תלויה בזהירות מתמדת. פקיחת העיניים של הזהירות ממילא יוצרת השתוקקות אל הטוב - זריזות. ודברים אלו מובילים אל מידת הנקיות.

פרק י

בבאור מדת הנקיות

לישן מעט! הא למדת, שאין היראה שגורמת שיתעצל, אלא עצלה גורמת לו שיתירא.

וכל הדברים האלה — הנסיון היומי יעיד עליהם ממה שכבר פשוט הוא ורגיל ברב המון בני־האדם אשר זה דרכם כסל למו, ומשכיל על דבר ימצא אמת לאמתו, ודעת לנבון נקל.

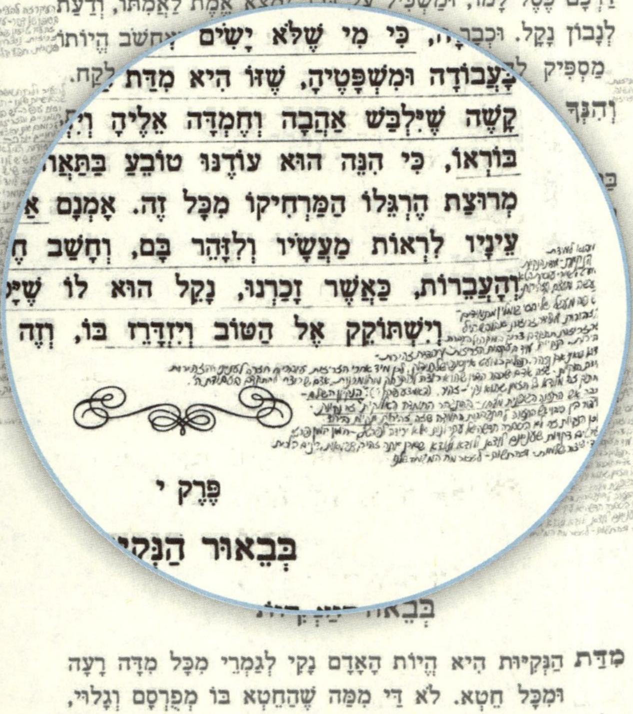

בבאור הנקיות

מדת הנקיות היא היות האדם נקי לגמרי מכל מדה רעה ומכל חטא. לא די ממה שהחטא בו מפרסם וגלוי, אלא גם־כן ממה שהלב נפתה בו להורות התר כדבר,

מִדַּת הַנְּקִיּוּת הִיא, הֱיוֹת הָאָדָם נָקִי לְגַמְרֵי מִכָּל מִדָּה רָעָה וּמִכָּל חֵטְא. לֹא דַי מִמַּה שֶּׁהַחֵטְא בּוֹ מְפוּרְסָם וְגָלוּי, אֶלָּא גַּם כֵּן מִמַּה שֶּׁהַלֵּב נִפְתֶּה בּוֹ לְהוֹרוֹת הֶתֵּר בַּדָּבָר. שֶׁכַּאֲשֶׁר נַחְקֹר עָלָיו בֶּאֱמֶת נִמְצָא שֶׁלֹּא הָיָה הַהֶיתֵּר הַהוּא נִרְאֶה לוֹ אֶלָּא מִפְּנֵי הֱיוֹת הַלֵּב עֲדַיִין נָגוּעַ קְצָת מִן הַתַּאֲוָה, כִּי לֹא טִהַר מִמֶּנָּה מִכֹּל וָכֹל, עַל כֵּן תִּמְשְׁכֵהוּ לְהָקֵל לוֹ. אַךְ הָאָדָם אֲשֶׁר טֹהַר מִזֶּה הַנֶּגַע לְגַמְרֵי וְנִקָּה מִכָּל רוֹשֶׁם רַע שֶׁמַּשְׁאֶרֶת הַתַּאֲוָה אַחֲרֶיהָ, הִנֵּה רְאִיָּתוֹ תִּהְיֶה בְּרוּרָה לְגַמְרֵי

בביאור מידת הנקיות. מידת הנקיות עוסקת בעיקר ב'לא תעשה', וקשורה מאוד למידת הזהירות. יש פה מעגל של יחסי גומלין מתמידים: הזהירות מולידה את הזריזות, אבל כדי שהזריזות תתגבר צריך במקביל את הזהירות. נוצר תהליך כמעט אינסופי של בידוק עצמי. לכן מיד אחרי הזריזות, עוברים חזרה לענייני הזהירות – מידת הנקיות. האדם שכבר הבין שהוא רוצה להתרחק מחומרנות אך גם רוצה להתקדם בעבודת ה', מוודא כל הזמן שהוא נקי – זהיר. כמו שכותב הרמח"ל בהמשך, "הנקיון השלם יכבה אש התאווה הגופנית מליבו, בהתגבר החמדה האלוקית". זו נקיות, חיבור בין כיבוי אש התאווה להתגברות החמדה, זהירות ונקיות ביחד. לכן הנקיות אינה הסבר חדש של עקרונות אלא ירידה לפרטים, פרטי פרטים ודקויות שעניינן לוודא שוב ושוב שאתה אכן זהיר. הנקיות חייבת לדון בדינים ובהלכות כדי ליצור שלמות. וזה חשוב כדי לזכור את המגמה שלנו. היא איננה יכולה להישאר ברובד התיאורטי בלבד, ולכן צריכה להיות מוסברת בדוגמאות ממשיות כדי להגיע לשלמות.

האדם אשר טוהר מזה הנגע לגמרי... ראיתו תהיה ברורה לגמרי והבחנתו זכה. אדם נקי הוא אדם ש"ראיתו ברורה" ו"הבחנתו זכה", הוא מאבחן את המציאות נכונה. יש מצבים בהם האדם אינו

והבחנתו זכה ולא תטהו החמדה לשום דבר. אלא כל מה שהוא חטא, אפילו שיהיה קל שבקלי החטאים, תכירהו שהוא רע ותרחיקהו ממנו.

וכלשון הזה אמרו חכמים על השלימים המטהרים מעשיהם טהרה רבה שלא יהיה בהם אפילו נדנוד דבר רע, "נקיי הדעת שבירושלים" (סנהדרין כ"ג א').

והנך רואה עתה ההפרש שבין הזהיר והנקי, אף על פי שקרובים הם זה לזה בעניינם:

הזהיר הוא הנזהר במעשיו ורואה שלא יחטא במה שכבר נודע לו ומפורסם אצל הכל היותו חטא. אמנם עדיין איננו אדון בעצמו שלא ימשך לבו מן התאוה הטבעית שלא תטהו להראות לו היתרים באיזה דברים שאין רעתם מפורסמת. וזה, כי אף על פי שהוא משתדל

רואה לפניו שום בעיה, משום שהעיניים שלו כבר נוגעות בדבר, משוחדות. "הנוגע בדבר" (מושג מהלכות עדות) לא שם לב, אינו מבחין בכלל בסכנה. בתת המודע יש מגע אינטרסנטי המונע ראייה ישרה, והאדם לא שם לב כלל שהוא משוחד. *כשלומדים גמרא אסור לקבל כל דבר כמובן מאליו. יש לבחון כל דבר ולהעמיק.*

כל מה שהוא חטא... תכירהו שהוא רע ותתרחק ממנו. *היצר מציג לך לפעמים שלהתגבר על אתגר זה כמו נהר ענק שאי אפשר לחצות, ורק לאחר שאתה מתגבר אתה קולט שהייתה זו אך שלולית. וגם אם זה באמת נהר, הרי שגם נהר אפשר לחצות, אז קפוץ למים.*

הזהיר הוא הנזהר במעשיו. בניגוד לנקי, הזהיר לא יחטא במה שנודע וברור אך עדיין כושר ההבחנה שלו משוחד. למרות שהוא משתדל לכבוש את יצרו, הדבר מטה את כושר השיפוט שלו, שכן אדם לא יכול לעקור את התאוות לגמרי מליבו.

יכבוש אותה וילך אחר החכמה. כל הכוחות הנטועים בעם ישראל אין לנסות להופכו. אין מידה שאין בה צד טוב, בעומק האמת,

לִכְבּוֹשׁ אֶת יִצְרוֹ וְלִכְפּוֹת אֶת תַּאֲוֹתָיו, לֹא מִפְּנֵי זֶה יְשַׁנֶּה אֶת טִבְעוֹ וְלֹא יוּכַל לְהָסִיר מִלִּבּוֹ הַתַּאֲוָה הַגּוּפָנִית, אֶלָּא שֶׁיִּכְבּוֹשׁ אוֹתָהּ וְיֵלֵךְ אַחַר הַחָכְמָה וְלֹא אַחֲרֶיהָ. אַךְ עַל כָּל פָּנִים חֹשֶׁךְ הַחוֹמְרִיּוּת עוֹשֶׂה אֶת שֶׁלּוֹ לַהֲסִיתוֹ וּלְפַתּוֹתוֹ.

אָמְנָם אַחַר שֶׁיִּתְרַגֵּל הָאָדָם הֶרְגֵּל גָּדוֹל בַּזְּהִירוּת הַזֶּה, עַד שֶׁיִּנָּקֶה נִקָּיוֹן רִאשׁוֹן מִן הַחֲטָאִים הַמְפוּרְסָמִים, וְיַרְגִּיל עַצְמוֹ בָּעֲבוֹדָה וּבִזְרִיזוּתָהּ, וְתִתְגַּבֵּר בּוֹ הָאַהֲבָה אֶל בּוֹרְאוֹ וְהַחֶמְדָּה אֵלָיו, הִנֵּה כֹּחַ הַהֶרְגֵּל הַזֶּה יַרְחִיק אוֹתוֹ מֵעִנְיְנֵי הַחוֹמֶר וְיַדְבִּיק דַּעְתּוֹ אֶל הַשְּׁלֵימוּת הַנַּפְשִׁיִּי עַד שֶׁסּוֹף סוֹף יוּכַל לְהַגִּיעַ אֶל הַנִּקָּיוֹן הַשָּׁלֵם. שֶׁכְּבָר יִכְבֶּה אֵשׁ הַתַּאֲוָה הַגּוּפִיִּית מִלִּבּוֹ בְּהִתְגַּבֵּר בּוֹ הַחֶמְדָּה הָאֱלֹהִית וְאָז תִּשָּׁאֵר רְאִיָּתוֹ זַכָּה וּבָרָה, כְּמוֹ שֶׁכָּתַבְתִּי לְמַעְלָה, שֶׁלֹּא יְפוּתֶּה וְלֹא יַשִּׂיגֵהוּ חֹשֶׁךְ חוֹמְרִיּוּתוֹ, וְיִנָּקֶה בְּמַעֲשָׂיו מִכֹּל וָכֹל.

מידות הן לא טובות ולא רעות אלא נייטרליות. הטוב והרע הם בנו - באופן שאנו מממשים את המידות, ולכן יש אדם טוב ואדם רע לפי המידות שבו. *אבירות לב – צורך גדול לעבודת קונו. אדם נבחן ביכולת ללכת נגד הטבע שלו. כשמופיע רגש מנוגד למוסר, אז נמדד כוח הרצון ללכת דווקא עם המוסר.*

אחר שיתרגל האדם הרגל גדול בזהירות הזה. בעקביות, בשמחה וברצון להתקדם, תגיע למצב שתאהב את הנקיות ותימשך אליה, עד שהיא תיעשה לך טבע שני. *רבי עקיבא: מה מים חקקו בסלע, ככה התורה תחדור ללב. היא פועלת את פעולתה לאט, צריך עקביות.*

החמדה האלוקית. אדם המרגיש מרץ, חיות, שמחה וגודל באתגרים רוחניים, הרי שהתחושות הגופניות כבר אינן תופסות אצלו את הבמה ואת מרכז שיקול הדעת. יש לו חוויות משמעותיות ועשירות, ואז מתאפשרת הנקיות בתחום הרוחני. אדם שהוא רק זהיר לא יצליח להיות נקי, מכיון שלמרות שהוא זהיר יש לו אש יצרית שעושה בו שמות. אך על ידי הזריזות נוצרת דבקות - חמדה, אש אלוקית.

וְהִנֵּה עַל מִדָּה זוֹ הָיָה דָוִד שָׂמֵחַ בְּעַצְמוֹ וְאוֹמֵר, "אֶרְחַץ בְּנִקָּיוֹן כַּפָּי וַאֲסֹבְבָה אֶת מִזְבַּחֲךָ ה'" (תהלים כ"ו ו') **כִּי בֶּאֱמֶת רַק מִי שֶׁיִּנָּקֶה לְגַמְרֵי מִכָּל נִדְנוּד חֵטְא וְעָוֹן, הוּא הָרָאוּי לֵירָאוֹת אֶת פְּנֵי הַמֶּלֶךְ ה', כִּי זוּלַת זֶה אֵין לוֹ אֶלָּא לֵיבוֹשׁ וְלִיכָּלֵם מִלְּפָנָיו, וּכְמַאֲמַר עֶזְרָא הַסּוֹפֵר "אֱלֹהַי בֹּשְׁתִּי וְנִכְלַמְתִּי לְהָרִים אֱלֹהַי פָּנַי אֵלֶיךָ"** (עזרא ט' ו').

וְהִנֵּה וַדַּאי כִּי מְלָאכָה רַבָּה הִיא לָאָדָם לְהַגִּיעַ אֶל שְׁלֵימוּת הַמִּדָּה הַזֹּאת. כִּי הָעֲבֵירוֹת הַנִּכָּרוֹת וִידוּעוֹת, קַלּוֹת הֵן לִישָּׁמֵר מֵהֶם כֵּיוָן שֶׁרָעָתָם גְּלוּיָה, אַךְ הַדִּקְדּוּק הַזֶּה הַמִּצְטָרֵךְ לַנְּקִיּוּת הוּא הַקָּשֶׁה יוֹתֵר, כִּי הוֹרָאַת הַהֶיתֵּר מְכַסָּה עַל הַחֵטְא, וּכְמוֹ שֶׁכָּתַבְתִּי. וְהוּא כְּעִנְיַן מַה שֶּׁאָמְרוּ זִכְרוֹנָם לִבְרָכָה "עֲבֵרוֹת שֶׁאָדָם דָּשׁ בַּעֲקֵבָיו סוֹבְבוֹת אוֹתוֹ בִּשְׁעַת הַדִּין" (עבודה זרה י"ח א').

וְעַל דֶּרֶךְ זֶה אָמְרוּ זִכְרוֹנָם לִבְרָכָה "רֻבָּם בְּגָזֵל, וּמִעוּטָם בַּעֲרָיוֹת, וְכֻלָּם בַּאֲבַק לָשׁוֹן הָרָע" (בבא בתרא קס"ה א') **כִּי מִפְּנֵי רוֹב דַּקּוּתוֹ כָּל בְּנֵי אָדָם נִכְשָׁלִים בּוֹ בְּמַה שֶּׁאֵין מַכִּירִים אוֹתוֹ. וְאָמְרוּ זִכְרוֹנָם לִבְרָכָה, שֶׁדָּוִד**

להיות בחינת "ישראל אשר בך אתפאר". אלה האנשים שהקב"ה יכול לסמוך עליהם, בשעת פקודה - הם שם. כל אחד בדרכו המיוחדת.

"ארחץ בניקיון כפי ואסובבה את מזבחך ה'", "בושתי ונכלמתי אלוהי להרים פני אליך". שני הפסוקים מתאחדים. אדם נקי יכול להיות במדרגה של "ואסובבה את מזבחך". סובב - בצורה מקיפה ושלמה. מי שפניו נמצאים אל מול פני ה', המגמה שלו והמגמה האלוקית מתאחדות. אך מי שאינו נקי, "בושתי ונכלמתי", לא יוכל להגיד שהפְּנִים שלו והפְּנִים של המלך תואמים, "פנים אל פנים".

דוד היה נזהר ומנקה עצמו ניקיון גמור מכל אלה. דוד שייך למדרגה גבוהה מאוד: הוא יוצא למלחמה ובטוח שינצח. יש קשר בין הנקיון לבין המלחמה. דוד העוסק ב"נקיון כפי" הוא דוד של הביטחון

הָיָה נִזְהָר וּמְנַקֶּה עַצְמוֹ נִיקָּיוֹן גָּמוּר מִכָּל אֵלֶּה, וְעַל כֵּן הָיָה הוֹלֵךְ לַמִּלְחָמָה בְּבִטָּחוֹן חָזָק וְהָיָה שׁוֹאֵל, "אֶרְדּוֹף אוֹיְבַי וְאַשִּׂיגֵם וְלֹא אָשׁוּב עַד כַּלּוֹתָם" (תהלים י"ח ל"ח) מַה שֶּׁלֹּא שָׁאֲלוּ יְהוֹשָׁפָט, אָסָא וְחִזְקִיָּה, לְפִי שֶׁלֹּא הָיוּ מְנוּקִּים כָּל כָּךְ. וְהוּא מַה שֶּׁאָמַר הוּא עַצְמוֹ בְּתוֹךְ דְּבָרָיו "יִגְמְלֵנִי ה' כְּצִדְקִי כְּבֹר יָדַי יָשִׁיב לִי" (תהלים י"ח כ"א). וְאָמַר עוֹד "וַיָּשֶׁב ה' לִי כְּצִדְקִי כְּבֹר יָדַי לְנֶגֶד עֵינָיו" (תהלים י"ח כ"ה), וְהוּא הַבּוֹר וְהַנִּיקָּיוֹן הַזֶּה שֶׁזָּכַרְנוּ. וְאָז חָזַר וְאָמַר עוֹד "כִּי בְךָ אָרוּץ גְּדוּד" וכו' "אֶרְדּוֹף אוֹיְבַי וְאַשִּׂיגֵם" (תהלים י"ח ל', ל"ח). וְהוּא עַצְמוֹ אָמַר עוֹד "מִי יַעֲלֶה בְּהַר ה' וּמִי יָקוּם בִּמְקוֹם קָדְשׁוֹ נְקִי כַפַּיִם וּבַר לֵבָב" (תהלים כ"ד ג'-ד').

וְאָמְנָם וַדַּאי שֶׁהַמִּדָּה הַזֹּאת קָשָׁה, כִּי טֶבַע הָאָדָם חַלָּשׁ וְלִבּוֹ נִפְתֶּה עַל נְקַלָּה, וּמַתִּיר לְעַצְמוֹ הַדְּבָרִים שֶׁיּוּכַל לִמְצוֹא בָּהֶם כְּדֵי הַטְעָאָה. וּבְוַדַּאי שֶׁמִּי שֶׁהִגִּיעַ לְזֹאת הַמִּדָּה, כְּבָר הִגִּיעַ לְמַדְרֵיגָה גְּדוֹלָה, כִּי בִּפְנֵי מִלְחָמָה חֲזָקָה עָמַד וְנִצַּח. וְנָבוֹא עַתָּה לְבָאֵר פְּרָטֵי הַמִּדָּה הַזֹּאת.

בנצחון המלחמה. במלחמה יש יצרים רבים המתעוררים לפתע, יש שטף של חיים, עוצמות חיים, ואדם צריך להשתמש נכון באנרגיות ואף בכעסים. דווקא אז נדרשת הנקיות, שכן הלוחם מורה לעצמו היתר. דווקא במלחמה, כשהוא במרוצה ואינו שם לב לפרטים, בזמן שהוא עסוק בדבר גדול ואיננו אמור כביכול לדקדק בקטנות. כאשר יש תחושה של עשייה משמעותית כל כך, ישנה סכנה שהפרטים הקטנים פתאום ייעלמו. דווקא אז צריך שמירה, כי "ה' אלוקיך מתהלך בקרב מחניך". לכן, דוד בונה את הביטחון הצבאי שלו על הניקיון.

"מי יעלה בהר ה' ומי יקום במקום קדשו? נקי כפים ובר לבב". לעלות זו מדרגה ראשונה. 'לקום במקום קודשו' זו מדרגה גבוהה יותר כי יש בה כבר קביעות. ואת זה יכול לעשות רק נקי כפיים ובר לבב, מי שהגיע לנקיון מעשי ונקיון הלב.

פרק יא

בפרטי
מדת הנקיות

אָסָא וְחִזְקִיָּה, לְפִי שֶׁלֹּא הָיוּ מְנֻקִּים כָּל־כָּךְ. וְהוּא מַה שֶּׁאָמַר הוּא עַצְמוֹ בְּתוֹךְ דְּבָרָיו (שם פסוק כא): "יִגְמְלֵנִי ה' כְּצִדְקִי, כְּבֹר יָדַי יָשִׁיב לִי"; וְאָמַר עוֹד (שם פסוק כה): "וַיָּשֶׁב ה' לִי כְצִדְקִי, כְּבֹר יָדַי לְנֶגֶד עֵינָיו" — וְהוּא הַבֹּר וְהַנִּקָּיוֹן הַזֶּה שֶׁזָּכַרְנוּ. וְאָז חָזַר וְאָמַר (שם פסו… …בְךָ אָרֻץ גְּדוּד, וּבֵאלֹהַי אֲדַלֶּג שׁוּר"; (שם פסוק לח) … וְאַשִּׂיגֵם"; וְהוּא עַצְמוֹ אָמַר עוֹד (תהלים כד, ג-ד … ה' וּמִי יָקוּם בִּמְקוֹם קָדְשׁוֹ, נְקִי …

וְאָמְנָם וַדַּאי שֶׁהַמִּדָּה הַזֹּאת … וְלִבּוֹ נִפְתֶּה עַל נְקַלָּה … לִמְצֹא בָּהֶם כְּדֵי הַטְעָאָה … כְּבָר הִגִּיעַ לְמַדְרֵגָה … פְּרָטֵי … בְּכָל הַפְּרָטִים שֶׁבְּכָל … וְחָמֵשׁ מִצְוֹת "לֹא תַעֲשֶׂה". כִּי אָמְנָם עִנְיַן הַמִּדָּה כְּבָר אָמַרְתִּי שֶׁהוּא לִהְיוֹת נָקִי מִכָּל עַנְפֵי הָעֲבֵרוֹת, וְאוּלָם אַף־עַל־פִּי שֶׁבְּכָל הָעֲבֵרוֹת מִשְׁתַּדֵּל הַיֵּצֶר הָרָע לְהַחֲטִיא אֶת הָאָדָם, כְּבָר יֵשׁ מֵהֶם שֶׁהַטֶּבַע מְחַמְּדָן יוֹתֵר, וּבָהֶן מַרְאֶה לוֹ יוֹתֵר הֶתֵּרִים, אֲשֶׁר

פְּרָטֵי מִדַּת הַנְּקִיּוּת רַבִּים הֵם מְאֹד וְהִנָּם, כְּכָל הַפְּרָטִים שֶׁבְּכָל הַשְּׁלֹשׁ מֵאוֹת שִׁשִּׁים וְחָמֵשׁ מִצְוֹת לֹא תַעֲשֶׂה. כִּי אָמְנָם עִנְיַן הַמִּדָּה כְּבָר אָמַרְתִּי שֶׁהוּא לִהְיוֹת נָקִי מִכָּל עַנְפֵי הָעֲבֵירוֹת. וְאוּלָם אַף עַל פִּי שֶׁבְּכָל הָעֲבֵירוֹת מִשְׁתַּדֵּל הַיֵּצֶר הָרָע לְהַחֲטִיא אֶת הָאָדָם, כְּבָר יֵשׁ מֵהֶם שֶׁהַטֶּבַע מְחַמְּדָן יוֹתֵר וּבָהֶן מַרְאֶה לוֹ יוֹתֵר הֶיתֵּרִים, אֲשֶׁר עַל כֵּן יִצְטָרֵךְ בָּהֶן יוֹתֵר חִיזּוּק לְנַצֵּחַ אֶת יִצְרוֹ וּלְהִנָּקוֹת מִן הַחֵטְא. וְכֵן אָמְרוּ זִכְרוֹנָם לִבְרָכָה "גָּזֵל וַעֲרָיוֹת נַפְשׁוֹ שֶׁל אָדָם מְחַמַּדְתָּן וּמִתְאַוָּה לָהֶן" (חגיגה י"א ב').

וְהִנֵּה אֲנַחְנוּ רוֹאִים, שֶׁאַף עַל פִּי שֶׁלֹּא רוֹב בְּנֵי הָאָדָם גַּנָּבִים בְּגָלוּי הֵם, דְּהַיְינוּ, שֶׁיִּשְׁלְחוּ יָד מַמָּשׁ בְּמָמוֹן חַבְרֵיהֶם לָקַחַת וְלָשׂוּם בִּכְלֵיהֶם - אַף עַל פִּי כֵן רוּבָּם טוֹעֲמִים טַעַם גְּנֵבָה בְּמַשָּׂאָם וּמַתָּנָם, בְּמָה שֶׁיּוֹרוּ הֶיתֵּר לְעַצְמָם לְהִשְׂתַּכֵּר אִישׁ בְּהֶפְסֵד שֶׁל חֲבֵירוֹ, וְיֹאמְרוּ "לְהַרְוִיחַ שָׁאנֵי". וְאוּלָם לָאוִין הַרְבֵּה נֶאֶמְרוּ בְּגָזֵל: "לֹא תַעֲשֹׁק", "לֹא תִגְזֹל", "לֹא תִגְנֹבוּ, וְלֹא תְכַחֲשׁוּ וְלֹא תְשַׁקְּרוּ אִישׁ בַּעֲמִיתוֹ", "לֹא תוֹנוּ אִישׁ אֶת אָחִיו", "לֹא תַשִּׂיג גְּבוּל רֵעֲךָ". הֵן כָּל אֵלֶּה חִילּוּקֵי דִינִים שֶׁבְּגָזֵל, כּוֹלְלִים

יש מהן שהטבע מחמדן יותר ובהן מראה לו יותר היתרים. לכן גם צריך בהם יותר זהירות. *בדברים שאתה מחויב להם, היכן שקשה לך - שם התיקון שלך.*

"להרוויח שאני". בעולם יש יחסים ממוניים בין בני אדם. אנשים זקוקים זה לזה. האחד מחפש קונים והאחר מוכרים, אבל אצל כולם המטרה היא להרוויח. זהו הכוח המניע את העולם הכלכלי. אלא שהרבה פעמים כשאתה מרוויח, האחר מפסיד. התעלמות מתובנה זו היא חסרון בהבנה של המערכת החברתית הכלכלית.

מַעֲשִׂים רַבִּים מִן הַמַּעֲשִׂים הַנַּעֲשִׂים בִּכְלַל הַמַּשָּׂא וְהַמַּתָּן הַמְּדִינִי, וּבְכֻלָּם אִסּוּרִים רַבִּים. כִּי לֹא הַמַּעֲשֶׂה הַנִּכָּר וּמְפוּרְסָם בְּעוֹשֶׁק וּבְגָזֵל הוּא לְבַדּוֹ הָאָסוּר, אֶלָּא כָּל שֶׁסּוֹף סוֹף יַגִּיעַ אֵלָיו וְיִגְרוֹם אוֹתוֹ, כְּבָר הוּא בִּכְלַל הָאִיסּוּר.

וְעַל זֶה אָמְרוּ זִכְרוֹנָם לִבְרָכָה "'וְאֶת אֵשֶׁת רֵעֵהוּ לֹא טִמֵּא' (יחזקאל י"ח ו') – שֶׁלֹּא יָרַד לְאֻמָּנוּת חֲבֵרוֹ" (סנהדרין פ"א א'). וּכְבָר הָיָה רַבִּי יְהוּדָה אוֹסֵר לְחֶנְוָנִי שֶׁלֹּא יְחַלֵּק קְלָיוֹת וֶאֱגוֹזִים לְתִינוֹקוֹת כְּדֵי לְהַרְגִּילָן שֶׁיָּבוֹאוּ אֶצְלוֹ, וְלֹא הִתִּירוּ חֲכָמִים אֶלָּא מִפְּנֵי שֶׁגַּם חֲבֵירָיו יְכוֹלִים לַעֲשׂוֹת כֵּן (בבא מציעא ס' א'). וְאָמְרוּ זִכְרוֹנָם לִבְרָכָה "קָשֶׁה גֶּזֶל הֶדְיוֹט מִגֶּזֶל גָּבוֹהַּ, שֶׁזֶּה הִקְדִּים חֵטְא לִמְעִילָה וְזֶה הִקְדִּים מְעִילָה לְחֵטְא" וכו' (בבא בתרא פ"ח ב'). וּכְבָר פָּטְרוּ אֶת הַפּוֹעֲלִים הָעוֹשִׂים אֵצֶל בַּעַל הַבַּיִת מִבִּרְכַּת הַמּוֹצִיא, וּמִבְּרָכוֹת אַחֲרוֹנוֹת דְּבִרְכַּת הַמָּזוֹן, וַאֲפִילוּ בִּקְרִיאַת שְׁמַע לֹא חִיְּיבוּם לִיבָּטֵל מִמְּלַאכְתָּן אֶלָּא בְּפָרָשָׁה רִאשׁוֹנָה בִּלְבַד (ברכות ט"ז א'), קַל וָחוֹמֶר בֶּן בְּנוֹ שֶׁל קַל וָחוֹמֶר לְדִבְרֵי הָרְשׁוּת, שֶׁכָּל שְׂכִיר יוֹם אָסוּר בָּהֶן שֶׁלֹּא לְבַטֵּל מְלַאכְתּוֹ שֶׁל בַּעַל הַבַּיִת. וְאִם עָבַר הֲרֵי זֶה גַּזְלָן. הִנֵּה אַבָּא חִלְקִיָּה אֲפִילוּ שָׁלוֹם לֹא הֵשִׁיב לְתַלְמִידֵי חֲכָמִים שֶׁנָּתְנוּ לוֹ שָׁלוֹם, שֶׁלֹּא לִיבָּטֵל מִמְּלֶאכֶת רֵעֵהוּ (תענית כ"ג ב'). וְיַעֲקֹב אָבִינוּ עָלָיו הַשָּׁלוֹם מְבָאֵר בְּפִיו וְאוֹמֵר "הָיִיתִי בַיּוֹם אֲכָלַנִי חֹרֶב וְקֶרַח בַּלָּיְלָה וַתִּדַּד שְׁנָתִי מֵעֵינָי" (בראשית ל"א מ'). מַה יַּעֲנוּ אֵיפוֹא הָעוֹסְקִים בַּהֲנָאוֹתֵיהֶם בִּשְׁעַת מְלָאכָה וּבְטֵלִים מִמֶּנָּה? אוֹ כִּי יַעַסְקוּ בְּחֶפְצֵיהֶם אִישׁ לְבִצְעוֹ?

קל וחומר בן בנו של קל וחומר לדברי הרשות. אם חצי מזמן העבודה אתה העובד מדבר עם חבריך זהו גזל מוחלט, משום שאינך נותן תמורה על השעות שאתה מקבל עליהן כסף.

"הייתי ביום אכלני חורב וקרח בלילה ותדד שנתי מעיני". יעקב אבינו מעיד על עצמו ששום דבר לא גרם לו לפגוע בעבודתו. הוא היה נאמן לעבודתו בקרח, בחום, ביום ובלילה, למרות שהמעביד שלו היה אדם די נבל.

כְּלָלוֹ שֶׁל דָּבָר: הַשָּׂכוּר אֵצֶל חֲבֵירוֹ לְאֵיזֶה מְלָאכָה שֶׁתִּהְיֶה, הִנֵּה כָּל שְׁעוֹתָיו מְכוּרוֹת הֵן לוֹ לְיוֹמוֹ, כְּעִנְיָן שֶׁאָמְרוּ זִכְרוֹנָם לִבְרָכָה, "שְׂכִירוּת מְכִירָה לְיוֹמֵיהּ" (בבא מציעא נ"ו ב'). וְכָל מַה שֶּׁיִּקַּח מֵהֶן לַהֲנָאַת עַצְמוֹ בְּאֵיזֶה אוֹפֶן שֶׁיִּהְיֶה - אֵינוֹ אֶלָּא גָּזֵל גָּמוּר! וְאִם לֹא מְחָלוֹ אֵינוֹ מָחוּל! שֶׁכְּבָר אָמְרוּ רַבּוֹתֵינוּ זִכְרוֹנָם לִבְרָכָה "עֲבֵרוֹת שֶׁבֵּין אָדָם לַחֲבֵרוֹ אֵין יוֹם הַכִּפּוּרִים מְכַפֵּר עַד שֶׁיְּרַצֶּה אֶת חֲבֵרוֹ" (יומא פ"ה ב').

וְלֹא עוֹד, אֶלָּא שֶׁאֲפִילוּ אִם עָשָׂה מִצְוָה בִּזְמַן מְלַאכְתּוֹ - לֹא לִצְדָקָה תֵּחָשֵׁב לוֹ אֶלָּא עֲבֵירָה הִיא בְּיָדוֹ! שֶׁאֵין עֲבֵירָה מִצְוָה! וְקָרָא כְּתִיב "שֹׂנֵא גָזֵל בְּעוֹלָה" (ישעיהו ס"א ח'). וּכְעִנְיָן זֶה אָמְרוּ זִכְרוֹנָם לִבְרָכָה "הֲרֵי שֶׁגָּזַל סְאָה חִטִּים, וּטְחָנָהּ, וַאֲפָאָהּ, וּמְבָרֵךְ, אֵין זֶה מְבָרֵךְ אֶלָּא מְנָאֵץ, דִּכְתִיב "וּבוֹצֵעַ בֵּרֵךְ נִאֵץ ה'" (תהלים י' ג') (בבא קמא צ"ד א'). וְעַל כַּיּוֹצֵא בָּזֶה נֶאֱמַר, "אוֹי לוֹ לָזֶה שֶׁנַּעֲשָׂה סַנֵּגוֹרוֹ קַטֵּגוֹרוֹ" (ירושלמי סוכה י"ב א'). וּכְמַאֲמָרָם זִכְרוֹנָם לִבְרָכָה בְּעִנְיַן לוּלָב הַגָּזוּל (שם). וְהַדִּין נוֹתֵן: כִּי הֲרֵי גֶּזֶל חֵפֶץ - גָּזֵל. וְגֶזֶל זְמָן - גָּזֵל. מַה גּוֹזֵל אֶת הַחֵפֶץ וְעוֹשֶׂה בּוֹ מִצְוָה - נַעֲשָׂה סַנֵּיגוֹרוֹ קַטֵּיגוֹרוֹ, אַף גּוֹזֵל אֶת הַזְּמַן וְעוֹשֶׂה בּוֹ מִצְוָה - נַעֲשָׂה סַנֵּיגוֹרוֹ קַטֵּיגוֹרוֹ. וְאֵין הַקָּדוֹשׁ בָּרוּךְ הוּא חָפֵץ אֶלָּא בֶּאֱמוּנָה, וְכֵן הוּא אוֹמֵר "אֱמוּנִים נוֹצֵר ה'" (תהלים ל"א כ"ד). וְאוֹמֵר "פִּתְחוּ שְׁעָרִים וְיָבֹא גוֹי צַדִּיק שֹׁמֵר אֱמֻנִים" (ישעיהו כ"ו ב'). וְאוֹמֵר "עֵינַי בְּנֶאֶמְנֵי אֶרֶץ לָשֶׁבֶת עִמָּדִי" (תהלים ק"א ו'). וְאוֹמֵר "עֵינֶיךָ הֲלֹא לֶאֱמוּנָה" (ירמיה ה' א').

וְאַף אִיּוֹב הֵעִיד עַל עַצְמוֹ וְאָמַר "אִם תִּטֶּה אַשֻּׁרִי מִנִּי הַדָּרֶךְ וְאַחַר

"עברות שבין אדם לחברו אין יום הכיפורים מכפר". החברה נבנית במגעים, במשא ומתן הכלכלי. אם שם הדברים אינם טהורים, הדבר מפורר את החברה.

"שומר אמונים". אמונה = יושר. "ויהי ידיו אמונה עד בוא השמש", ידיו נשארו ישרות. אמונה זה תמיד יושר!

"עיני בנאמני ארץ לשבת עמדי". ה' בוחר באלה הנוהגים באמנות.

עֵינַי הָלַךְ לִבִּי וּבְכַפַּי דָּבַק מְאוּם" (איוב ל"א ז'), וְהַבֵּט יוֹפִי הַמָּשָׁל הַזֶּה, כִּי דִּימָּה הַגָּזֵל הַבִּלְתִּי נִגְלֶה כַּדָּבָר הַמִּתְדַּבֵּק בְּיַד הָאָדָם, שֶׁאַף עַל פִּי שֶׁאֵין הָאָדָם הוֹלֵךְ לְכַתְּחִלָּה לִיטּוֹל אוֹתוֹ, וְנִשְׁאָר דָּבֵק מֵאֵלָיו - סוֹף סוֹף בְּיָדוֹ הוּא. כֵּן הַדָּבָר הַזֶּה, שֶׁאַף שֶׁלֹּא יִהְיֶה הָאָדָם הוֹלֵךְ וְגוֹזֵל מַמָּשׁ, קָשֶׁה הוּא שֶׁיִּהְיוּ יָדָיו רֵיקָנִיּוֹת מִמֶּנּוּ לְגַמְרֵי.

אָמְנָם בֶּאֱמֶת כָּל זֶה נִמְשָׁךְ מִמַּה שֶּׁתַּחַת הֱיוֹת הַלֵּב מוֹשֵׁל בָּעֵינַיִם, שֶׁלֹּא יַנִּיחַ לִהְיוֹת נְעִים לָהֶם - אֶת שֶׁל אֲחֵרִים, הָעֵינַיִם מוֹשְׁכִים אֶת הַלֵּב לְבַקֵּשׁ הֵיתֵּרִים עַל מַה שֶּׁנִּרְאֶה לָהֶם יָפֶה וְנֶחְמָד. עַל כֵּן אָמַר אִיּוֹב, שֶׁהוּא לֹא כֵן עָשָׂה וְלֹא הָלַךְ לִבּוֹ אַחַר עֵינָיו, עַל כֵּן לֹא דָּבַק בְּכַפָּיו מְאוּם.

רְאֵה נָא בְּעִנְיְנֵי הָאוֹנָאָה, כַּמָּה נָקֵל הוּא לָאָדָם לְהִתְפַּתּוֹת וְלִיכָּשֵׁל, כַּאֲשֶׁר לִכְאוֹרָה יֵרָאֶה לוֹ שֶׁרָאוּי הוּא לְהִשְׁתַּדֵּל לְיַפּוֹת סְחוֹרָתוֹ בְּעֵינֵי הָאֲנָשִׁים, וּלְהִשְׁתַּכֵּר בִּיגִיעַ כַּפָּיו, לְדַבֵּר עַל לֵב הַקּוֹנֶה לְמַעַן יִתְרַצֶּה לוֹ, וְיֹאמְרוּ עַל כָּל זֶה "יֵשׁ זָרִיז וְנִשְׂכָּר" (פסחים נ' ב'), "וְיַד חָרוּצִים תַּעֲשִׁיר" (משלי י' ד'). אָמְנָם אִם לֹא יְדַקְדֵּק וְיִשְׁקוֹל מַעֲשָׂיו הַרְבֵּה, הִנֵּה תַּחַת חִטָּה יֵצֵא חוֹחַ, כִּי יַעֲבוֹר וְנִכְשַׁל בַּעֲוֹן הַהוֹנָאָה אֲשֶׁר הוּזְהַרְנוּ עָלֶיהָ "לֹא תוֹנוּ אִישׁ אֶת עֲמִיתוֹ" (ויקרא כ"ה י"ז). וְאָמְרוּ זִכְרוֹנָם לִבְרָכָה, אֲפִילּוּ לְרַמּוֹת אֶת הַגּוֹי אָסוּר (חולין צ"ד א'), וּקְרָא כְּתִיב "שְׁאֵרִית יִשְׂרָאֵל לֹא יַעֲשׂוּ עַוְלָה וְלֹא יְדַבְּרוּ כָזָב, וְלֹא יִמָּצֵא בְּפִיהֶם לְשׁוֹן תַּרְמִית" (צפניה ג' י"ג). וְכֵן אָמְרוּ "אֵין מְפַרְכְּסִין אֶת הַכֵּלִים הַיְשָׁנִים שֶׁיֵּרָאוּ כַּחֲדָשִׁים" (בבא מציעא ס' ב'), "אֵין מְעָרְבִין פֵּירוֹת בְּפֵירוֹת, אֲפִילּוּ חֲדָשִׁים בַּחֲדָשִׁים,

"ובכפי לא דבק מאום". איוב מעיד על עצמו שהוא מעולם לא נטה מהדרך ומעולם לא דבק בכף ידו מאומה. איך מגיעים לזה? אתה לא יכול להכניס את ידך לצנצנת ריבה מתוך החלטה לא לגעת בריבה. כשיש משהו דביק, הוא נדבק. אם אתה מכניס את היד למקום בעייתי, כבר הסתבכת. אז אל תכניס את היד למקום כזה. "קשה שיהיו ידיו ריקניות לגמרי".

אֲפִילוּ סְאָה בְּדִינָר, וַאֲפִילוּ יָפֶה דִינָר וּטְרֵסִית לֹא יְעָרֵב וְיִמְכְּרֵם סְאָה בְּדִינָר. "כָּל עוֹשֵׂה אֵלֶּה כָּל עוֹשֵׂה עָוֶל" (דברים כ"ה ט"ז) נִקְרוּי ה' שֵׁמוֹת: עַוָּל, שָׂנאוּי, מְשׁוּקָץ, חֵרֶם, תּוֹעֵבָה" (ספרי תצא פ"ה).

עוֹד אָמְרוּ זִכְרוֹנָם לִבְרָכָה "כָּל הַגּוֹזֵל אֶת חֲבֵירוֹ אֲפִילוּ שָׁוֶה פְּרוּטָה כְּאִלּוּ נוֹטֵל נַפְשׁוֹ מִמֶּנּוּ" (בבא קמא קי"ט א'), הֲרֵי לְךָ חוֹמֶר הֶעָוֹן הַזֶּה אֲפִילוּ כְּשִׁיעוּר מוּעָט. וְאָמְרוּ עוֹד "אֵין הַגְּשָׁמִים נֶעֱצָרִים אֶלָּא בַּעֲוֹן גָּזֵל" (תענית ז' ב'). וְעוֹד אָמְרוּ "קֻפָּה מְלֵאָה עֲווֹנוֹת מִי מְקַטְרֵג בְּרֹאשׁ כֻּלָּם? גָּזֵל" (ילקוט שמעוני ויקרא כ"ה תר"ס). וְדוֹר הַמַּבּוּל לֹא נֶחְתַּם גְּזַר דִּינָם אֶלָּא עַל הַגָּזֵל (סנהדרין ק"ח א').

וְאִם תֹּאמַר בִּלְבָבְךָ, וְאֵיךְ אֶפְשָׁר לָנוּ שֶׁלֹּא לְהִשְׁתַּדֵּל בְּמַשָּׂאֵנוּ וּמַתָּנֵנוּ לְרַצּוֹת אֶת חֲבֵירֵינוּ עַל הַמֶּקַח וְעַל שָׁוְויוֹ? חִלּוּק גָּדוֹל יֵשׁ בַּדָּבָר. כִּי כָּל מַה שֶּׁהוּא לְהַרְאוֹת אֶת הַקּוֹנִים אֲמִתַּת טוּב הַחֵפֶץ וְיָפְיוֹ, הִנֵּה הַהִשְׁתַּדְּלוּת הַהוּא טוֹב וְיָשָׁר. אַךְ מַה שֶּׁהוּא לְכַסּוֹת מוּמֵי חֶפְצוֹ אֵינוֹ אֶלָּא הוֹנָאָה וְאָסוּר! וְזֶה כְּלָל גָּדוֹל בֶּאֱמוּנַת הַמַּשָּׂא וְהַמַּתָּן.

לֹא אוֹמַר מֵעִנְיַן הַמִּדּוֹת, שֶׁהֲרֵי בְּפֵירוּשׁ כָּתוּב בָּהֶם, "תּוֹעֲבַת ה' אֱלֹהֶיךָ כָּל עֹשֵׂה אֵלֶּה" (דברין כ"ה ט"ז). וְאָמְרוּ זִכְרוֹנָם לִבְרָכָה "קָשֶׁה עָנְשָׁן שֶׁל מִדּוֹת מֵעָנְשָׁן שֶׁל עֲרָיוֹת" וכו' (בבא בתרא פ"ח ב'). וְאָמְרוּ (בבא בתרא פ"ח א') "הַסִּיטוֹן מְקַנֵּחַ מִדּוֹתָיו" וכו'. וְכָל כָּךְ לָמָּה? כְּדֵי שֶׁלֹּא יַחְסְרוּ בְּלֹא דַּעַת וְלֹא יֵעָנֵשׁ.

כָּל שֶׁכֵּן עֲוֹן הָרִבִּית שֶׁגָּדוֹל הוּא כְּכוֹפֵר בֵּאלֹהֵי יִשְׂרָאֵל חַס וְחָלִילָה. וְאָמְרוּ זִכְרוֹנָם לִבְרָכָה עַל פָּסוּק "בַּנֶּשֶׁךְ נָתַן וְתַרְבִּית לָקַח וָחָי - לֹא

תחת היות הלב מושל בעיניים. הלב צריך לשלוט תמיד בעיניים. כי העיניים נמשכות לכיוון של החמדה, והיד באה אחריהן. הגוף נוטה אחרי העיניים עוד הרבה לפני ששיקול הדעת מגיע, והשאלה מה מותר ומה אסור מתעוררת מאוחר מדי. בענייני ממון נצרכת זהירות גדולה דווקא בגלל שהוא מצוי מאוד והלב מתפתה תמיד להרוויח ופחות רגיש לצרכים של הזולת.

יִחְיֶה" (יחזקאל י"ח י"ג), שֶׁאֵינוֹ חַי לִתְחִיַּת הַמֵּתִים, כִּי הוּא וְאָבָק שֶׁלּוֹ מְשׁוּקָּץ וּמְתוֹעָב בְּעֵינֵי ה'. וְאֵינִי רוֹאֶה צוֹרֶךְ לְהַאֲרִיךְ בָּזֶה, שֶׁכְּבָר אֵימָתוֹ מוּטֶּלֶת עַל כָּל אִישׁ יִשְׂרָאֵל.

אָמְנָם כְּלָלוֹ שֶׁל דָּבָר: כְּמוֹ שֶׁחֶמְדַּת הַמָּמוֹן רַבָּה - כֵּן מִכְשׁוֹלוֹתָיו רַבִּים. וּכְדֵי שֶׁיִּהְיֶה הָאָדָם נָקִי מֵהֶם בֶּאֱמֶת, עִיּוּן גָּדוֹל וְדִקְדּוּק רַב צָרִיךְ לוֹ. וְאִם נִקָּה מִמֶּנּוּ, יֵדַע שֶׁהִגִּיעַ כְּבָר לְמַדְרֵיגָה גְּדוֹלָה. כִּי רַבִּים יִתְחַסְּדוּ בַּעֲנָפִים רַבִּים מֵעַנְפֵי הַחֲסִידוּת וּבְעִנְיַן שִׂנְאַת הַבֶּצַע לֹא יָכְלוּ לְהַגִּיעַ אֶל מְחוֹז הַשְּׁלֵימוּת. הוּא מַה שֶּׁאָמַר צוֹפַר הַנַּעֲמָתִי לְאִיּוֹב "אִם אָוֶן בְּיָדְךָ - הַרְחִיקֵהוּ, וְאַל תַּשְׁכֵּן בְּאֹהָלֶיךָ עַוְלָה, כִּי אָז תִּשָּׂא פָנֶיךָ מִמּוּם, וְהָיִיתָ מֻצָק וְלֹא תִירָא" (איוב י"א י"ד).

וְהִנֵּה דִּבַּרְתִּי עַד הֵנָּה מִפְּרָטֵי מִצְוָה אַחַת מִן הַמִּצְוֹת, וְכִפְרָטֵי חִלּוּקִים אֵלֶּה וַדַּאי שֶׁנִּמְצָאִים בְּכָל מִצְוָה וּמִצְוָה, אָמְנָם אֵינֶנִּי מַזְכִּיר אֶלָּא אוֹתָם שֶׁרְגִילִים רוֹב בְּנֵי הָאָדָם לִיכָּשֵׁל בָּהֶם.

וּנְדַבֵּר עַתָּה מִן הָעֲרָיוֹת שֶׁגַּם הֵם מִן הַחֲמוּדִים, וְהֵם שְׁנִיִּים בְּמַדְרֵיגָה אֶל הַגָּזֵל, כְּמַאֲמָרָם זִכְרוֹנָם לִבְרָכָה "רוּבָּם בְּגָזֵל וּמִיעוּטָם בַּעֲרָיוֹת" (בבא בתרא קס"ה א'). וְהִנֵּה מִי שֶׁיִּרְצֶה לְהִנָּקוֹת לְגַמְרֵי מִזֶּה הַחֵטְא, גַּם לוֹ תִּצְטָרֵךְ מְלָאכָה לֹא מוּעֶטֶת, כִּי אֵין בִּכְלָל הָאִיסּוּר גּוּפוֹ שֶׁל מַעֲשֶׂה בִּלְבַד, אֶלָּא כָּל הַקָּרֵב אֵלָיו. וּמִקְרָא מָלֵא הוּא "לֹא תִקְרְבוּ לְגַלּוֹת עֶרְוָה" (ויקרא י"ח ו'). וְאָמְרוּ זִכְרוֹנָם לִבְרָכָה "אָמַר הַקָּדוֹשׁ בָּרוּךְ הוּא, אַל תֹּאמַר, הוֹאִיל וְאָסוּר לִי לְהִשְׁתַּמֵּשׁ בְּאִשָּׁה, הֲרֵינִי תּוֹפְשָׂהּ וְאֵין לִי עָוֹן, הֲרֵינִי מְגַפְּפָהּ וְאֵין לִי עָוֹן, אוֹ שֶׁאֲנִי נוֹשְׁקָהּ וְאֵין לִי עָוֹן. אָמַר הַקָּדוֹשׁ בָּרוּךְ הוּא, כְּשֵׁם שֶׁאִם נָדַר נָזִיר שֶׁלֹּא לִשְׁתּוֹת יַיִן - אָסוּר

"**כדי להסתכל בה**". הריחוק ממה שקושר לעבירה איננו במעשה בלבד אלא אפילו בראייה. ראייה נתפשת כעניין אסתטי, ללא שום יצריות, כדבר יפה שמוסיף חן לחיים, כמו נוף יפה שעושה הרגשה נעימה. יופי הוא דבר שהנפש מקבלת ממנו הרמוניה, תחושת טובה

לֶאֱכוֹל עֲנָבִים לַחִים וִיבֵשִׁים, וּמִשְׁרַת עֲנָבִים, וְכָל הַיּוֹצֵא מִגֶּפֶן הַיַּיִן, אַף אִשָּׁה שֶׁאֵינָהּ שֶׁלְּךָ אָסוּר לִיגַּע בָּהּ כָּל עִקָּר, וְכָל מִי שֶׁנּוֹגֵעַ בְּאִשָּׁה שֶׁאֵינָהּ שֶׁלּוֹ מֵבִיא מִיתָה לְעַצְמוֹ" וכו' (שמות רבה ט"ז ב'). וְהַבֵּט מַה נִּפְלְאוּ דִּבְרֵי הַמַּאֲמָר הַזֶּה, כִּי הִמְשִׁיל אֶת הָאִיסּוּר הַזֶּה לְנָזִיר, אֲשֶׁר אַף עַל פִּי שֶׁעִיקַּר הָאִיסּוּר אֵינוֹ אֶלָּא שְׁתִיַּית יַיִן, הִנֵּה אָסְרָה לוֹ תּוֹרָה כָּל מַה שֶּׁיֵּשׁ לוֹ שַׁיָּיכוּת עִם הַיַּיִן, וְהָיָה זֶה לִימּוּד שֶׁלִּימְּדָה תּוֹרָה לַחֲכָמִים, אֵיךְ יַעֲשׂוּ הֵם הַסְּיָיג לַתּוֹרָה בְּמִשְׁמֶרֶת שֶׁנִּמְסַר בְּיָדָם לַעֲשׂוֹת לְמִשְׁמַרְתָּהּ. כִּי יִלְמְדוּ מִן הַנָּזִיר לֶאֱסוֹר בַּעֲבוּר הָעִיקָּר גַּם כָּל דְּדָמֵי לֵיהּ. וְנִמְצָא שֶׁעָשְׂתָה הַתּוֹרָה בְּמִצְוָה זֹאת שֶׁל נָזִיר, מַה שֶּׁמָּסְרָה לַחֲכָמִים שֶׁיַּעֲשׂוּ בִּשְׁאָר כָּל הַמִּצְוֹת, לְמַעַן דַּעַת שֶׁזֶּה רְצוֹנוֹ שֶׁל מָקוֹם, כְּשֶׁאוֹסֵר לָנוּ אֶחָד מִן הָאִיסּוּרִין, יִלְמַד סָתוּם מִן הַמְּפוֹרָשׁ לֶאֱסוֹר כָּל הַקָּרוֹב לוֹ.

וְעַל זֶה הַדֶּרֶךְ אָסְרוּ בְּעִנְיָן זֶה שֶׁל הָעֲרָיוֹת כָּל מַה שֶּׁהוּא מִמִּינוֹ שֶׁל הַזְּנוּת אוֹ הַקָּרוֹב אֵלָיו, יִהְיֶה בְּאֵיזֶה חוּשׁ שֶׁיִּהְיֶה, דְּהַיְינוּ: בֵּין בְּמַעֲשֶׂה. בֵּין בִּרְאִיָּה. בֵּין בְּדִיבּוּר. בֵּין בִּשְׁמִיעָה. וַאֲפִילוּ בְּמַחֲשָׁבָה. וְעַתָּה אָבִיא לְךָ רְאָיוֹת עַל כָּל אֵלֶּה מִדִּבְרֵיהֶם זִכְרוֹנָם לִבְרָכָה.

בְּמַעֲשֶׂה: דְּהַיְינוּ - הַנְּגִיעָה אוֹ הַחִיבּוּק וְכַיּוֹצֵא, כְּבָר נִתְבָּאֵר לְמַעְלָה בַּמַּאֲמָר שֶׁזָּכַרְנוּ וְאֵין צָרִיךְ לְהַאֲרִיךְ.

בִּרְאִיָּה: אָמְרוּ זִכְרוֹנָם לִבְרָכָה "'יָד לְיָד לֹא יִנָּקֶה רָע' (משלי י"א כ"א) - כָּל הַמְרַצֶּה מָעוֹת מִיָּדוֹ לְיָדָהּ כְּדֵי לְהִסְתַּכֵּל בָּהּ לֹא יִנָּקֶה מִדִּינָהּ שֶׁל גֵּיהִנֹּם" (ברכות ס"א א').

וְאָמְרוּ עוֹד "מִפְּנֵי מָה הֻצְרְכוּ יִשְׂרָאֵל שֶׁבְּאוֹתוֹ הַדּוֹר כַּפָּרָה? מִפְּנֵי שֶׁזָּנוּ עֵינֵיהֶם מִן הָעֶרְוָה... אָמַר רַב שֵׁשֶׁת, מִפְּנֵי מָה מָנָה הַכָּתוּב תַּכְשִׁיטִין

ונעימות נפשית. יש האומרים שאפילו השכל נהנה מזה. אז לא - אל תאמר שזו סוגיה נפרדת מהמעשה. אתה מנסה להפריד ביניהם וזו טעות, כי אולי בשכל אפשר להפריד אבל האמת הנפשית היא שראייה ומעשה הם אותו דבר.

שֶׁבַּחוּץ עִם תַּכְשִׁיטִין שֶׁבִּפְנִים? לוֹמַר לְךָ, כָּל הַמִּסְתַּכֵּל בְּאֶצְבַּע קְטַנָּה שֶׁל אִשָּׁה כְּאִלּוּ מִסְתַּכֵּל בִּמְקוֹם הַתּוֹרֶף" (ברכות ס"ד א'-ב').
וְאָמְרוּ עוֹד, "'וְנִשְׁמַרְתָּ מִכֹּל דָּבָר רָע' (דברים כ"ג י') שֶׁלֹּא יִסְתַּכֵּל אָדָם בְּאִשָּׁה נָאָה וַאֲפִילוּ הִיא פְּנוּיָה, בְּאֵשֶׁת אִישׁ - וַאֲפִילוּ הִיא מְכוֹעֶרֶת" (עבודה זרה כ' א').

בְּעִנְיַן הַדִּיבּוּר עִם הָאִשָּׁה: בְּהֶדְיָא שָׁנִינוּ "כָּל הַמַּרְבֶּה שִׂיחָה עִם הָאִשָּׁה גּוֹרֵם רָעָה לְעַצְמוֹ" (אבות א' ה').
וּבִשְׁמִיעָה: אָמְרוּ "קוֹל בְּאִשָּׁה עֶרְוָה" (ברכות כ"ד א').
עוֹד בְּעִנְיַן זְנוּת הַפֶּה וְהָאֹזֶן, דְּהַיְינוּ הַדִּיבּוּר בְּדִבְרֵי הַזְּנוּת אוֹ הַשְּׁמִיעָה לִדְבָרִים הָאֵלֶּה, כְּבָר צָוְחוּ כִּכְרוּכְיָא וְאָמְרוּ "'וְלֹא יִרְאֶה בְךָ עֶרְוַת דָּבָר' (דברים כ"ג ט"ו) - עֶרְוַת דִּבּוּר" (ירושלמי ו' ב') זֶה נִיבּוּל פֶּה. וְאָמְרוּ "בַּעֲוֹן נַבְלוּת פֶּה צָרוֹת רַבּוֹת וּגְזֵרוֹת קָשׁוֹת מִתְחַדְּשׁוֹת וּבַחוּרֵי יִשְׂרָאֵל מֵתִים" (שבת ל"ג א') חַס - וְשָׁלוֹם. וְאָמְרוּ עוֹד "כָּל הַמְנַבֵּל פִּיו מַעֲמִיקִים לוֹ גֵּיהִנֹּם" (שם). וְאָמְרוּ עוֹד "הַכֹּל יוֹדְעִים כַּלָּה לָמָּה נִכְנֶסֶת לַחֻפָּה, אֶלָּא כָּל הַמְנַבֵּל פִּיו אֲפִלּוּ... גְּזַר דִּין שֶׁל שִׁבְעִים שָׁנָה לְטוֹבָה הוֹפְכִים לוֹ לְרָעָה" (שם).

וְאָמְרוּ עוֹד "אֲפִילוּ שִׂיחָה קַלָּה שֶׁבֵּין אִישׁ לְאִשְׁתּוֹ מַגִּידִים לוֹ לָאָדָם בִּשְׁעַת הַדִּין" (חגיגה ה' ב'). וּבְעִנְיַן הַשְּׁמִיעָה הָרָעָה הַזֹּאת גַּם כֵּן אָמְרוּ "אַף שׁוֹמֵעַ וְשׁוֹתֵק, שֶׁנֶּאֱמַר 'זְעוּם ה' יִפָּל שָׁם' - (משלי כ"ב י"ד)" (שבת ל"ג א').

"אפילו שיחה קלה". מי שיודע להגדיר באמת, נמצא במדרגה גבוהה מאוד של מודעות. אבל כאשר אתה מרבה לדבר אתה מכניס לנפשך מוטיב נפשי שאתה לא תמיד יודע לכלכל נכון.

עד כאן דברי יצר רע. במחשבה שאנו יודעים להגדיר את הגבול יש סיכון. אתה חייב להיות ער לכך שאם תגיד לעצמך שאתה יודע לעשות הבחנה, וכל החומרות נאמרו רק לאנשי התאווה, לאנשים יצריים - אתה חי באשליה. הן נאמרו בשבילך!

הֲרֵי לְךָ שֶׁכָּל הַחוּשִׁים צְרִיכִים לִהְיוֹת נְקִיִּים מִן הַזְּנוּת וּמֵעִנְיָנוֹ. וְאִם לְחָשְׁךָ אָדָם לוֹמַר, שֶׁמָּה שֶׁאָמְרוּ עַל נִבּוּל פֶּה, אֵינוֹ אֶלָּא כְּדֵי לְאַיֵּים וּלְהַרְחִיק אָדָם מִן הָעֲבֵרָה, וּבְמִי שֶׁדָּמוֹ רוֹתֵחַ הַדְּבָרִים אֲמוּרִים, שֶׁמִּידֵי דִּבְּרוֹ בָּא לִידֵי תַּאֲוָה, אֲבָל בְּמִי שֶׁאוֹמְרוֹ דֶּרֶךְ שְׂחוֹק בְּעָלְמָא לָאו מִלְּתָא הוּא וְאֵין לָחוּשׁ עָלָיו, אַף אַתָּה אֱמֹר לוֹ - עַד כָּאן דִּבְרֵי יֵצֶר רָע. כִּי מִקְרָא מָלֵא שֶׁהֱבִיאוּהוּ זִכְרוֹנָם לִבְרָכָה לְרְאָיָיתָם "עַל כֵּן עַל בַּחוּרָיו לֹא יִשְׂמַח ה׳ וכו׳ כִּי כֻלּוֹ חָנֵף וּמֵרַע וְכָל פֶּה דֹּבֵר נְבָלָה" (ישעיה ט׳ ט״ז), הִנֵּה לֹא הִזְכִּיר הַכָּתוּב הַזֶּה לֹא עֲבוֹדַת אֱלִילִים וְלֹא גִילּוּי עֲרָיוֹת וְלֹא שְׁפִיכוּת דָּמִים, אֶלָּא חֲנוּפָה, וּלְשׁוֹן הָרַע, וְנִיבּוּל פֶּה - כֻּלָּם מֵחַטֹּאת הַפֶּה בְּדִיבּוּרוֹ. וַעֲלֵיהֶם יָצְאָה הַגְּזֵרָה, "עַל בַּחוּרָיו לֹא יִשְׂמַח ה׳ וְאֶת יְתוֹמָיו וְאֶת אַלְמְנוֹתָיו" וכו׳. אֶלָּא הָאֱמֶת הוּא כְּדִבְרֵי רַבּוֹתֵינוּ זִכְרוֹנָם לִבְרָכָה, שֶׁנִּיבּוּל פֶּה הוּא עֶרְוָתוֹ שֶׁל הַדִּיבּוּר מַמָּשׁ, וּמִשֵּׁם זְנוּת הוּא, שֶׁנֶּאֱסַר כְּכָל שְׁאָר עִנְיְנֵי הַזְּנוּת - חוּץ מִגּוּפוֹ שֶׁל מַעֲשֶׂה, שֶׁאַף עַל פִּי שֶׁאֵין בָּהֶם כָּרֵת אוֹ מִיתַת בֵּית דִּין אֲסוּרִים הֵם אִיסּוּר עַצְמָם, מִלְּבַד הֱיוֹתָם גַּם כֵּן גּוֹרְמִים וּמְבִיאִים אֶל הָאִיסּוּר הָרָאשִׁי עַצְמוֹ, וּכְעִנְיַן הַנָּזִיר שֶׁזָּכְרוּ בַּמִּדְרָשׁ שֶׁהֵבֵאנוּ לְמַעְלָה.

בְּעִנְיַן הַמַּחֲשָׁבָה: כְּבָר אָמְרוּ בִּתְחִילַּת הַבָּרַיְתָא שֶׁלָּנוּ "וְנִשְׁמַרְתָּ מִכֹּל דָּבָר רַע׳ - שֶׁלֹּא יְהַרְהֵר אָדָם בַּיּוֹם" וכו׳ (עבודה זרה כ׳ ב׳) וְאָמְרוּ

חטאת הפה בדיבורו. במקום שהדיבור שלך נמצא, שם אתה. אם פיך מסוגל להיות אפילו שותף סביל בשיחה נמוכה, שיש בה גסות פה, שם אתה. אם אתה נמצא בחברה שלא נעים לך לשמוע את מה שנאמר בה אבל הדברים לא משפיעים עליך, על הדיבור שלך ועל לשונך, הדבר נסבל, וכמו שהדברים נכנסים לאוזניים כך ייצאו. אבל כאשר הם משפיעים ומחלחלים אליך, זו כבר בעיה, כי הדיבור זה אתה, הוא הופך להיות חלק מצורת החשיבה שלך.

עוֹד "הִרְהוּרֵי עֲבֵירָה קָשִׁים מֵעֲבֵירָה" (יומא כ"ט א'), **וּמִקְרָא מָלֵא הוּא "תּוֹעֲבַת ה' כָּל מַחְשְׁבוֹת רָע"** (משלי ט"ו כ"ו).

וְהִנֵּה דִּבַּרְנוּ מִשְּׁנֵי גוּפֵי עֲבֵירוֹת חֲמוּרוֹת שֶׁבְּנֵי אָדָם קְרוֹבִים לִיכָּשֵׁל בְּעַנְפֵיהֶם מִפְּנֵי רוּבָּם שֶׁל הָעֲנָפִים וְרוֹב נְטִיַּית לִבּוֹ שֶׁל אָדָם בְּתַאֲוָתוֹ אֲלֵיהֶם.

וְהַמַּדְרֵגָה הַשְּׁלִישִׁית אַחַר הַגָּזֵל וְהָעֲרָיוֹת לְעִנְיַן הַחֶמְדָּה - הִנֵּה הוּא אִיסּוּר הַמַּאֲכָלוֹת: בֵּין בְּעִנְיַן הַטְּרֵיפוֹת עַצְמָם. בֵּין בְּעִנְיַן תַּעֲרוֹבוֹתֵיהֶן. בֵּין בְּעִנְיַן בָּשָׂר בְּחָלָב. אוֹ חֵלֶב וְדָם. וְעִנְיַן בִּישׁוּלֵי גוֹיִם. וְעִנְיַן גְּעוּלֵי גוֹיִם, יֵין נְסִיכָם וּסְתָם יֵינָם. כָּל אֵלֶּה הַנְּקִיּוּת בָּהֶם צָרִיךְ דִּקְדּוּק גָּדוֹל וְצָרִיךְ חִיזּוּק, כִּי יֵשׁ תַּאֲוַת הַלֵּב הַמִּתְאַוֶּה בְּמַאֲכָלִים הַטּוֹבִים, וְחֶסְרוֹן הַכִּיס בְּאִיסּוּרֵי הַתַּעֲרוֹבוֹת וְכַיּוֹצֵא בָּזֶה. וּפְרָטֵיהֶם רַבִּים כְּכָל דִּינֵיהֶם הַיְּדוּעִים וְהַמְבוֹאָרִים בְּסִפְרֵי הַפּוֹסְקִים. וְהַמֵּיקֵל בָּהֶם בְּמָקוֹם שֶׁאָמְרוּ לְהַחְמִיר אֵינוֹ אֶלָּא מַשְׁחִית לְנַפְשׁוֹ. וְכָךְ אָמְרוּ בְּסִפְרָא "'לֹא תִטַּמְּאוּ בָּהֶם וְנִטְמֵתֶם בָּם' (ויקרא י"א מ"ג) **- אִם מְטַמְּאִים אַתֶּם בָּם סוֹפְכֶם לְטָמֵא בָּם"** (ספרא שמיני י"ב). **וְהַיְנוּ כִּי הַמַּאֲכָלוֹת הָאֲסוּרוֹת מַכְנִיסִים טוּמְאָה מַמָּשׁ בְּלִבּוֹ וּבְנַפְשׁוֹ שֶׁל אָדָם עַד שֶׁקְּדוּשָּׁתוֹ שֶׁל הַמָּקוֹם בָּרוּךְ הוּא מִסְתַּלֶּקֶת**

"תועבת ה' כל מחשבה רעה". העבירה היא מעשה נקודתי שנגמר, אבל הרהורי עבירה עוטפים אותך כל היום ולא עוזבים. הדיבור תמיד קשור למחשבות ולרצונות. הזהירות מעריות כולה קשורה לשמירה על האישיות, לשמירה על המחשבות. המחשבה היא הדבר היקר ביותר שקיים באדם. בעזרתה האדם יכול להתנשא למרומים, לעניינים כלליים, להשיג השגות עליונות. עיקר העניין הוא הראש. איפה הוא נמצא ובמה אתה משקיע את המחשבות שלך? לפיכך, הדיבור והמחשבה הם עיקר הדיון בהתקדמות המוסרית. אדם שנשמר מעריות מנקה את המחשבה שלו, ואז הוא יכול לחשוב על מטרות ועל ערכים אלוהיים. הראש מתרומם מעל למים.

וּמִתְרַחֶקֶת מִמֶּנּוּ. וְהוּא מַה שֶּׁאָמְרוּ בַּשַּׁ"ס גַּם כֵּן "'וְנִטְמֵתֶם בָּם' - אַל תִּקְרֵי וְנִטְמֵתֶם אֶלָּא וְנִטַמְטֶם" (יומא ל"ט א'), שֶׁהָעֲבֵירָה מְטַמְטֶמֶת לִבּוֹ שֶׁל אָדָם, כִּי מְסַלֶּקֶת מִמֶּנּוּ הַדֵּיעָה הָאֲמִיתִּית וְרוּחַ הַשֵּׂכֶל שֶׁהַקָּדוֹשׁ בָּרוּךְ הוּא נוֹתֵן לַחֲסִידִים, כְּמוֹ שֶׁאָמַר הַכָּתוּב "כִּי ה' יִתֵּן חָכְמָה" (משלי ב' ו'), וְהִנֵּה הוּא נִשְׁאָר בַּהֲמִיִּי וְחוּמְרִי מְשׁוּקָּע בְּגַסּוּת הָעוֹלָם הַזֶּה. וְהַמַּאֲכָלוֹת הָאֲסוּרוֹת יְתֵירוֹת בָּזֶה עַל כָּל הָאִסּוּרִין, כֵּיוָן שֶׁהֵם נִכְנָסִים בְּגוּפוֹ שֶׁל הָאָדָם מַמָּשׁ וְנַעֲשִׂים בָּשָׂר מִבְּשָׂרוֹ.

וּכְדֵי לְהוֹדִיעֵנוּ שֶׁלֹּא הַבְּהֵמוֹת הַטְּמֵאוֹת אוֹ הַשְּׁקָצִים בִּלְבַד הֵם הַטְּמֵאִים, אֶלָּא גַּם הַטְּרֵיפוֹת שֶׁבְּמִין הַכָּשֵׁר עַצְמוֹ הֵם בִּכְלַל טוּמְאָה, אָמַר הַכָּתוּב "לְהַבְדִּיל בֵּין הַטָּמֵא וּבֵין הַטָּהוֹר" (ויקרא י"א מ"ז). וּבָא הַפֵּירוּשׁ לְרַבּוֹתֵינוּ זִכְרוֹנָם לִבְרָכָה "אֵין צָרִיךְ לוֹמַר בֵּין חֲמוֹר לְפָרָה, לָמָּה נֶאֱמַר בֵּין הַטָּמֵא וּבֵין הַטָּהוֹר? בֵּין טְמֵאָה לָךְ וּבֵין טְהוֹרָה לָךְ, בֵּין נִשְׁחַט רֻבּוֹ שֶׁל קָנֶה לְנִשְׁחַט חֶצְיוֹ. וְכַמָּה בֵּין רֻבּוֹ לְחֶצְיוֹ? מְלֹא הַשַּׂעֲרָה" (ילקוט שמעוני שמיני י"א תקמ"ז). עַד כָּאן לְשׁוֹנָם. וְאָמְרוּ לָשׁוֹן זֶה בְּסִיּוּם מַאֲמָרָם, "וְכַמָּה בֵּין רֻבּוֹ" וכו'. לְהַרְאוֹת כַּמָּה נִפְלָא כֹּחַ הַמִּצְוָה - שֶׁחוּט הַשַּׂעֲרָה מַבְדִּיל בֵּין טוּמְאָה לְטָהֳרָה מַמָּשׁ.

המאכלות האסורות מכניסים טומאה ממש בליבו ובנפשו של אדם. אוכל איננו רק סיפוק צרכי הגוף, אלא מה שמאפשר לנפש להתממש. האוכל הוא חומר הבערה של הנפש. בתוך הנפש יש רובד פשוט של החיים עצמם, רגשות, מחשבות, אצילות, רוח הקודש, והשאלה איזה רובד של הנפש יבוא לידי ביטוי, תלויה בשאלה איזה דלק נתת לה? מערכת הכשרות היא 'מערכת ההכשרה', אתה מכשיר את המזון להיות ראוי אליך ולנפש האצילית שלך.

"להבדיל בין הטמא לבין הטהור". יש שכל רציונאלי-אנושי, אבל יש גם שכל עליון, שכל של רוח הקודש. מי שרוצה שכל של תורה נדרש ליצור הכשרה, ולא להישאר בהמי וחומרי.

וְהִנֵּה מִי שֶׁיֵּשׁ לוֹ מוֹחַ בְּקָדְקֳדוֹ יַחְשׁוֹב אִיסוּרֵי הַמַּאֲכָל כְּמַאֲכָלִים הָאַרְסִיִּים אוֹ כְּמַאֲכָל שֶׁנִּתְעָרֵב בּוֹ אֵיזֶה דָּבָר אַרְסִיִּי, כִּי הִנֵּה לוּ דָּבָר זֶה יֶאֱרַע, הֲיָקֵל אָדָם עַל עַצְמוֹ לֶאֱכֹל מִמֶּנּוּ? אִם יִשָּׁאֵר לוֹ בּוֹ אֵיזֶה בֵּית מֵיחוּשׁ אֲפִילוּ חֲשָׁשָׁא קְטַנָּה - וַדַּאי שֶׁלֹּא יָקֵל. וְאִם יָקֵל, לֹא יִהְיֶה נֶחְשָׁב אֶלָּא לְשׁוֹטֶה גָּמוּר. אַף אִסּוּר הַמַּאֲכָל כְּבָר בֵּיאַרְנוּ שֶׁהוּא אֶרֶס מַמָּשׁ לַלֵּב וְנֶפֶשׁ, אִם כֵּן מִי אֵיפוֹא יִהְיֶה הַמֵּיקֵל בִּמְקוֹם חֲשָׁשָׁא שֶׁל אִיסּוּר - אִם בַּעַל שֵׂכֶל הוּא?! וְעַל דָּבָר זֶה נֶאֱמַר "וְשַׂמְתָּ סַכִּין בְּלֹעֶךָ אִם בַּעַל נֶפֶשׁ אָתָּה" (משלי כ"ג ב').

וּנְדַבֵּר עַתָּה עַל הַחֲטָאִים הַמְּנִיעִיִּים הַנּוֹלָדִים מֵחֶבְרַת בְּנֵי הָאָדָם וְקִיבּוּצָם, כְּגוֹן: הוֹנָאַת דְּבָרִים. הַלְבָּנַת הַפָּנִים. הַכְשָׁלַת הָעִוֵּר בְּעֵצָה. רְכִילוּת. שִׂנְאָה וּנְקִימָה. שְׁבוּעוֹת. דְּבַר שֶׁקֶר וְחִלּוּל הַשֵּׁם. כִּי מִי יֹאמַר נִקֵּיתִי מֵהֶם? טָהַרְתִּי מֵאַשְׁמָה בָּם? כִּי עַנְפֵיהֶם רַבִּים וְדַקִּים עַד מְאֹד, אֲשֶׁר הַהִזָּהֵר בָּם טוֹרַח גָּדוֹל.

איסורי המאכל כמאכלים הארסיים. אנחנו צריכים לרומם את היחס לפרטים הללו של דיני גזל, עריות וכשרות. למאכלים האלה יש השפעה מעבר למה שנראה לעין. המטרה היא המחשבה, ואדם צריך לשאול את עצמו - לאילו מחשבות אני שואף, לאיזו איכות?

הונאת הדברים. במאבק חברתי נוצרת תחושה שבהשפלת הזולת האדם מקדם את עצמו. שאם אני קצת אבייש את החבר, אתקדם מבחינה חברתית. זו טעות נוראה. משמעות איסור הונאת דברים היא שאסור לי לומר לחבר דבר שיגרום לו להתבייש כדי להתקדם על חשבונו.

"זכור נא מי הוא נקי אבד". אם חברך הוא בעל תשובה ואתה נלחץ מכך שהוא מתקדם יפה, אסור לך להזכיר לו את העבר. אסור לחשוב שתוכל לחפות בכך על העובדה שאתה עצמך לא מתקדם בכלל.

"גדול הונאת דברים מהונאת ממון". הונאת ממון היא דבר מוגדר יחסית: יש לאדם תאוות בצע, ומול התאווה הזו צריך לעמוד. אבל

הוֹנָאַת הַדְּבָרִים: בִּכְלָלָהּ הוּא לְדַבֵּר בִּפְנֵי חֲבֵרוֹ לְבַד, שֶׁיֵּבוֹשׁ מִמֶּנּוּ. כָּל שֶׁכֵּן הָאֲמִירָה בְּפֵירוּשׁ דָּבָר שֶׁיֵּבוֹשׁ בּוֹ, אוֹ לַעֲשׂוֹת לוֹ מַעֲשֶׂה שֶׁיִּגְרוֹם לוֹ שֶׁיֵּבוֹשׁ, וְהוּא מַה שֶּׁאָמְרוּ בְּפֶרֶק הַזָּהָב "אִם הָיָה בַעַל תְּשׁוּבָה, לֹא יֹאמַר לוֹ זְכֹר מַעֲשֶׂיךָ הָרִאשׁוֹנִים" וכו' (בבא מציעא נ"ח ב'). **"אִם הָיוּ חֳלָאִים בָּאִים עָלָיו, לֹא יֹאמַר לוֹ כְּדֶרֶךְ שֶׁאָמְרוּ חֲבֵרָיו לְאִיּוֹב, "זְכָר נָא מִי הוּא נָקִי אָבָד"** (איוב ד' ז'). **אִם הָיוּ חַמָּרִים מְבַקְּשִׁים הֵימֶנּוּ תְּבוּאָה לֹא יֹאמַר לָהֶם - 'לְכוּ אֵצֶל פְּלוֹנִי שֶׁהוּא מוֹכֵר תְּבוּאָה', וְיוֹדֵעַ בּוֹ שֶׁלֹּא מָכַר תְּבוּאָה מִיָּמָיו"** (בבא מציעא נ"ח ב'). **וּכְבָר אָמְרוּ זִכְרוֹנָם לִבְרָכָה "גָּדוֹל הוֹנָאַת דְּבָרִים מֵהוֹנָאַת מָמוֹן"** (שם) **וכו'.**

וְכָל שֶׁכֵּן אִם הוּא בָּרַבִּים, שֶׁבְּהֶדְיָא שָׁנִינוּ, "הַמַּלְבִּין פְּנֵי חֲבֵירוֹ בָּרַבִּים אֵין לוֹ חֵלֶק לָעוֹלָם הַבָּא" (אבות ג' י"א),

וְאָמַר רַבִּי חִסְדָּא "כָּל הַשְּׁעָרִים נִנְעֲלוּ חוּץ מִשַּׁעֲרֵי הוֹנָאָה" (בבא מציעא נ"ט א'). **וְאָמַר רַבִּי אֶלְעָזָר "הַכֹּל, הַקָּדוֹשׁ בָּרוּךְ הוּא נִפְרָע עַל יְדֵי שָׁלִיחַ,**

בהונאת דברים מדובר בנטייה דקה מאוד שנמצאת באדם, מין מחשבה קטנה שעסוקה בתחרות הסמויה בינו לבין הזולת. היא מצויה מאחורי הקלעים ולפעמים מגיחה לפתע. לכן בדבר הזה צריך יראת שמיים גדולה.

"המלבין פני חברו אין לו חלק בעולם הבא". המשפיל אדם מול אנשים רבים, אין לו חלק לעולם הבא. אם אתה חושב ששיטת ההתקדמות בעולם הזה היא על ידי השפלת אחרים, דע לך שההתקדמות שלך היא לא התקדמות בכלל. יש פה אי הבנה בסיסית. אתה חושב שחייך תלויים בזולת, ואם הוא מתקדם אז אתה לא ולהפך? זו טעות. לכל אדם מקום בעולם, לכל אחד חשבון פרטי עם הקב"ה.

"כל השערים ננעלו חוץ משערי הונאה". ריבונו של עולם מחמיר מאוד במקרי הונאה. הונאה היא פגיעה במערכת, שיבוש של הסדרים הדורש התערבות עליונה, בירור נוקב ועליון.

חוּץ מֵהוֹנָאָה" (שם). וְאָמְרוּ "שְׁלֹשָׁה אֵין הַפַּרְגּוֹד נִנְעָל בִּפְנֵיהֶם, וְאֶחָד מֵהֶם הוֹנָאָה" (שם). וַאֲפִילוּ לִדְבַר מִצְוָה אָמַר הַכָּתוּב "הוֹכֵחַ תּוֹכִיחַ אֶת עֲמִיתֶךָ" (ויקרא י"ט י"ז), וְאָמְרוּ זִכְרוֹנָם לִבְרָכָה "יָכוֹל אֲפִילוּ פָּנָיו מִשְׁתַּנּוֹת? תַּלְמוּד לוֹמַר, 'וְלֹא תִשָּׂא עָלָיו חֵטְא'" (ערכין ט"ז ב'). מִכָּל אֵלֶּה הַמַּאֲמָרִים תִּרְאֶה עַד הֵיכָן מִתְפַּשְּׁטִים עַנְפֵי הָאַזְהָרָה הַזֹּאת, וְכַמָּה עָנְשָׁהּ קָשֶׁה.

בְּעִנְיַן נְתִינַת הָעֵצָה: שָׁנִינוּ בְּתוֹרַת כֹּהֲנִים "'וְלִפְנֵי עִוֵּר לֹא תִתֵּן מִכְשֹׁל' (ויקרא י"ט י"ד) - לִפְנֵי סוּמָא בַּדָּבָר. אָמַר לְךָ בַּת פְּלוֹנִי מַהִי לִכְהֻנָּה? אַל תֹּאמַר לוֹ, כְּשֵׁרָה הִיא, וְהִיא אֵינָהּ אֶלָּא פְּסוּלָה. הָיָה נוֹטֵל מִמְּךָ עֵצָה, אַל תִּתֵּן לוֹ עֵצָה שֶׁאֵינָהּ הוֹגֶנֶת לוֹ, וְאַל תֹּאמַר לוֹ, מְכֹר שָׂדְךָ וְקַח לְךָ חֲמוֹר, וְאַתָּה עוֹקֵף עָלָיו וְנוֹטְלָהּ מִמֶּנּוּ. שֶׁמָּא תֹּאמַר, עֵצָה יָפָה אֲנִי נוֹתֵן לוֹ, הֲרֵי הַדָּבָר מָסוּר לַלֵּב, שֶׁנֶּאֱמַר 'וְיָרֵאתָ מֵאֱלֹהֶיךָ'" (ילקוט שמעוני ויקרא י"ט תר"ט). נִמְצֵאנוּ לְמֵדִים, שֶׁבֵּין בְּדָבָר שֶׁיָּכוֹל לִהְיוֹת נוֹגֵעַ בּוֹ, וּבֵין בְּדָבָר שֶׁאֵינוֹ נוֹגֵעַ בּוֹ כְּלָל, חַיָּב אָדָם לְהַעֲמִיד אֶת הַבָּא לְהִתְיָעֵץ בּוֹ עַל הָאֱמֶת הַזַּךְ וְהַבָּרוּר. וְתִרְאֶה שֶׁעָמְדָה תּוֹרָה עַל סוֹף דַּעְתָּם שֶׁל רַמָּאִים, דְּלָאו בְּשׁוֹפְטָנֵי עַסְקִינַן שֶׁיְּיָעֲצוּ עֵצָה שֶׁרָעָתָהּ מְפוּרְסֶמֶת וְנִגְלֵית, אֶלָּא בַּחֲכָמִים לְהָרַע, אֲשֶׁר יִתְּנוּ עֵצָה לְחַבְרֵיהֶם שֶׁלְּפִי הַנִּגְלֶה בָּהּ, יֵשׁ בָּהּ מִן הָרֶיוַח אֶל חֲבֵירוֹ בֶּאֱמֶת, אַךְ סוֹף הָעִנְיָן אֵינוֹ לְטוֹבָתוֹ שֶׁל חֲבֵירוֹ, כִּי אִם לְרָעָתוֹ וְלַהֲנָאָתוֹ שֶׁל הַמֵּיעֵץ, עַל כֵּן אָמְרוּ, "שֶׁמָּא תֹּאמַר עֵצָה יָפָה וכו' וַהֲרֵי הַדָּבָר מָסוּר לַלֵּב" וכו' (שם).

וְכַמָּה נִכְשָׁלִים בְּנֵי הָאָדָם בְּאֵלֶּה הַחֲטָאִים יוֹם יוֹם, בִּהְיוֹתָם קְרוּאִים

"הוכח תוכיח". אם ההוכחה לא תתקבל, כדאי לא להגיד אותה כלל. וכדאי שחברים טובים וידידי אמת יוכיחו אותך כשאתה נכשל, וברגע האמת. מה מועיל חבר שאומר שאתה צודק תמיד?...

"וכולם באבק לשון הרע". רכילות מלשון רוכל, סוחר שלא מייצר כלום אבל הכול עובר דרכו. רכילות היא ניסיון ליצור רווח חברתי. המרכל יודע הכול על המתרחש בחברה והדבר מקנה לו תחושת

וְהוֹלְכִים לְתוֹקֶף חֶמְדַּת הַבֶּצַע. וּכְבָר הִתְבָּאֵר גּוֹדֶל עָנְשָׁם בַּכָּתוּב "אָרוּר מַשְׁגֶּה עִוֵּר בַּדָּרֶךְ" (דברים כ"ז י"ח). אַךְ זֹאת הִיא חוֹבַת הָאָדָם הַיָּשָׁר, כַּאֲשֶׁר יָבוֹא אִישׁ לְהִתְיָעֵץ בּוֹ, יְיָעֲצֵהוּ הָעֵצָה שֶׁהָיָה הוּא נוֹטֵל לְעַצְמוֹ מַמָּשׁ, מִבְּלִי שֶׁיַּשְׁקִיף בָּהּ אֶלָּא לְטוֹבָתוֹ שֶׁל הַמִּתְיָעֵץ, לֹא לְשׁוּם תַּכְלִית אַחֵר - קָרוֹב אוֹ רָחוֹק שֶׁיִּהְיֶה. וְאִם יֶאֱרַע שֶׁיִּרְאֶה הוּא הֶיזֵּק לְעַצְמוֹ בָּעֵצָה הַהִיא, אִם יָכוֹל לְהוֹכִיחַ אוֹתָהּ עַל פָּנָיו שֶׁל הַמִּתְיָעֵץ - יוֹכִיחֶהָ, וְאִם לָאו - יִסְתַּלֵּק מִן הַדָּבָר וְלֹא יְיָעֲצֵהוּ. אַךְ עַל כָּל פָּנִים אַל יְיָעֲצֵהוּ עֵצָה שֶׁתַּכְלִיתָהּ דָּבָר זוּלַת טוֹבָתוֹ שֶׁל הַמִּתְיָעֵץ, אִם לֹא שֶׁכַּוָּנַת הַמִּתְיָעֵץ לְרָעָה, שֶׁאָז וַדַּאי מִצְוָה לְרַמּוֹתוֹ, וּכְבָר נֶאֱמַר "וְעִם עִקֵּשׁ תִּתַּפָּתָּל" (תהלים י"ח כ"ז), וְחוּשַׁי הָאַרְכִּי יוֹכִיחַ (שמואל ב' פרק י"ז).

הָרְכִילוּת וְלָשׁוֹן הָרָע: כְּבָר חוּמְרוֹ נוֹדָע, וְגוֹדֶל עֲנָפָיו כִּי רַבּוּ מְאֹד, עַד שֶׁכְּבָר גָּזְרוּ אוֹמֶר חֲכָמֵינוּ זִכְרוֹנָם לִבְרָכָה בַּמַּאֲמָר שֶׁכְּבָר הִזְכַּרְתִּי "וְכֻלָּם בַּאֲבַק לָשׁוֹן הָרָע". וְאָמְרוּ "הֵיכִי דָּמֵי לָשׁוֹן הָרָע? כְּגוֹן דְּאָמַר הֵיכָא מִשְׁתַּכַּח נוּרָא אֶלָּא בֵּי פְלָנְיָא" (ערכין ט"ו ב'). אוֹ שֶׁיְּסַפֵּר טוֹבָתוֹ לִפְנֵי שׂוֹנְאָיו, וְכָל כַּיּוֹצֵא בָּזֶה, אַף עַל פִּי שֶׁנִּרְאִים דְּבָרִים קַלִּים וּרְחוֹקִים מִן הָרְכִילוּת, הִנֵּה בֶּאֱמֶת מֵאָבָק שֶׁלּוֹ הֵם.

כְּלָלוֹ שֶׁל דָּבָר: הַרְבֵּה דְּרָכִים לַיֵּצֶר. אֲבָל כָּל דָּבָר שֶׁיּוּכַל לְהִוָּלֵד מִמֶּנּוּ נֶזֶק אוֹ בִּזָּיוֹן לַחֲבֵירוֹ, בֵּין בְּפָנָיו בֵּין שֶׁלֹּא בְּפָנָיו, הֲרֵי זֶה בִּכְלַל לָשׁוֹן הָרָע הַשָּׂנְאוּי וּמְתוֹעָב לִפְנֵי הַמָּקוֹם שֶׁאָמְרוּ עָלָיו "כָּל הַמְסַפֵּר לָשׁוֹן הָרָע - כְּאִלּוּ כּוֹפֵר בָּעִקָּר" (שם), וּקְרָא כְּתִיב "מְלָשְׁנִי בַסֵּתֶר רֵעֵהוּ אוֹתוֹ אַצְמִית" (תהלים ק"א ה').

כוח, שהוא יודע תמיד איפה כל אחד היה ומה עשה. המרכל הופך להיות לב חברתי, מרכזי. זה כמובן דבר שלילי - לבנות מעמד חברתי על בסיס הדיבורים של האחד על האחר.

"מלשני בסתר רעהו, אותו אצמית". לשון הרע גרועה מרכילות. מי שמוציא לשון הרע לא רק סוחר בחיים של אחרים כדי לבנות את המעמד החברתי שלו, אלא גם דואג שהיחס אליהם יהיה שלילי

גַּם הַשִּׂנְאָה וְהַנְּקִימָה קָשָׁה מְאֹד לְשֶׁיִּמָּלֵט מִמֶּנָּה לֵב הוֹתֵל אֲשֶׁר לִבְנֵי הָאָדָם. כִּי הָאָדָם מַרְגִּישׁ מְאֹד בְּעֶלְבּוֹנוֹתָיו, וּמִצְטַעֵר צַעַר גָּדוֹל, וְהַנְּקָמָה לוֹ מְתוּקָה מִדְּבַשׁ, כִּי הִיא מְנוּחָתוֹ לְבַדָּהּ. עַל כֵּן לְשֶׁיִּהְיֶה בְּכוֹחוֹ לַעֲזוֹב מַה שֶּׁטִּבְעוֹ מַכְרִיחַ אוֹתוֹ, וְיַעֲבוֹר עַל מִדּוֹתָיו וְלֹא יִשְׂנָא מִי שֶׁהֵעִיר בּוֹ הַשִּׂנְאָה, וְלֹא יִקּוֹם מִמֶּנּוּ בְּהִזְדַּמֵּן לוֹ שֶׁיּוּכַל לְהִנָּקֵם, וְלֹא יִטּוֹר לוֹ, אֶלָּא אֶת הַכֹּל יִשְׁכַּח וְיָסִיר מִלִּבּוֹ כְּאִלּוּ לֹא הָיָה - חָזָק וְאַמִּיץ הוּא! וְהוּא קַל רַק לְמַלְאֲכֵי הַשָּׁרֵת שֶׁאֵין בֵּינֵיהֶם הַמִּדּוֹת הַלָּלוּ, לֹא אֶל שׁוֹכְנֵי בָתֵּי חוֹמֶר אֲשֶׁר בֶּעָפָר יְסוֹדָם. אָמְנָם גְּזֵירַת מֶלֶךְ הִיא, וְהַמִּקְרָאוֹת גְּלוּיִים בָּאֵר הֵיטֵב, אֵינָם צְרִיכִים פֵּירוּשׁ, "לֹא תִשְׂנָא אֶת אָחִיךָ בִּלְבָבֶךָ" "לֹא תִקֹּם וְלֹא תִטֹּר אֶת בְּנֵי עַמֶּךָ" (ויקרא י"ט י"ז-י"ח).

וְעִנְיַן הַנְּקִימָה וְהַנְּטִירָה יָדוּעַ. דְּהַיְינוּ:

נְקִימָה - לִימָּנַע מֵהֵיטִיב לְמִי שֶׁלֹּא רָצָה לְהֵיטִיב לוֹ, אוֹ שֶׁהֵרַע לוֹ כְּבָר.

וּנְטִירָה - לְהַזְכִּיר בְּעֵת שֶׁהוּא מֵיטִיב לְמִי שֶׁהֵרַע לוֹ אֵיזֶה זִכָּרוֹן מִן הָרָע שֶׁעָשָׂה לוֹ. וּלְפִי שֶׁהַיֵּצֶר הוֹלֵךְ וּמַרְתִּיחַ אֶת הַלֵּב, וּמְבַקֵּשׁ תָּמִיד לְהַנִּיחַ לְפָחוֹת אֵיזֶה רוֹשֶׁם אוֹ אֵיזֶה זִכָּרוֹן מִן הַדָּבָר. וְאִם לֹא יוּכַל לְהַשְׁאִיר זִכָּרוֹן גָּדוֹל, יִשְׁתַּדֵּל לְהַשְׁאִיר זִכָּרוֹן מוּעָט.

מתוך רצון שהמעמד החברתי שלו ישתפר. לא רק דברים מפורשים על הזולת הם לשון הרע. גם הרמז, סגנון הדיבור, הקריצה הם 'אבק לשון הרע', ורק מי שרגיש לנושאים חברתיים יבחין בבעייתיות שבכך. האבק חודר לכל מקום, הוא קטן וקשה להבחין בו.

"לא תקום ולא תטור". יש אשליה, ששיכוך והרגעת העלבון יכולים להיעשות על ידי פגיעה חוזרת בזולת. אך זה רק דמיון שהנקמה היא פתרון או מענה לרגשות הכאב והצער שנמצאים בתוכנו. כדי שאתרומם מעל הנקמה, אני צריך להתעלות מעל הרצון, להרגיע את הרגשות שלי, לעשות דברים מתוך ראייה כללית אחראית. לנוקם

יֹאמַר דֶּרֶךְ מָשָׁל לְאָדָם, אִם תִּרְצֶה לִיתֵּן לָאִישׁ הַזֶּה אֶת אֲשֶׁר לֹא רָצָה הוּא לָתֵת לְךָ כְּשֶׁנִּצְרַכְתָּ, לְפָחוֹת לֹא תִּתְּנֵנוּ בְּסֵבֶר פָּנִים יָפוֹת. אוֹ, אִם אֵינְךָ רוֹצֶה לְהָרַע לוֹ, לְפָחוֹת לֹא תֵּיטִיב לוֹ טוֹבָה גְדוֹלָה. וְלֹא תְּסַיְּיעֵהוּ סִיּוּעַ גָּדוֹל. אוֹ, אִם תִּרְצֶה גַּם לְסַיְּיעוֹ הַרְבֵּה, לְפָחוֹת לֹא תַעֲשֵׂהוּ בְּפָנָיו. אוֹ, לֹא תָשׁוּב לְהִתְחַבֵּר עִמּוֹ וְלִהְיוֹת לוֹ לְרֵיעַ. אִם מָחַלְתָּ לוֹ - שֶׁלֹּא תֵּרָאֶה לוֹ לְאוֹיֵב - דַּי בָּזֶה. וְאִם גַּם לְהִתְחַבֵּר עִמּוֹ תִּרְצֶה - אַךְ לֹא תַּרְאֶה לוֹ כָּל כָּךְ חִבָּה גְדוֹלָה כְּבָרִאשׁוֹנָה. וְכֵן כָּל כַּיּוֹצֵא בָּזֶה מִמִּינֵי הֶחָרִיצוּת שֶׁבַּיֵּצֶר, מַה שֶּׁהוּא מִשְׁתַּדֵּל לְפַתּוֹת אֶת לִבּוֹת בְּנֵי הָאָדָם. עַל כֵּן בָּאָה הַתּוֹרָה וְכָלְלָה כְּלָל שֶׁהַכֹּל נִכְלָל בּוֹ, "וְאָהַבְתָּ לְרֵעֲךָ כָּמוֹךָ" (ויקרא י"ט י"ח), כָּמוֹךָ - בְּלִי שׁוּם הֶפְרֵשׁ. כָּמוֹךָ - בְּלִי חִילּוּקִים, בְּלִי תַחְבּוּלוֹת וּמְזִימוֹת. כָּמוֹךָ מַמָּשׁ.

אוּלָם הַשְּׁבוּעוֹת: אַף עַל פִּי שֶׁמִּן הַסְּתָם - כָּל שֶׁאֵינוֹ מִן הַהֶדְיוֹטוֹת נִשְׁמָר מֵהוֹצִיא שֵׁם שָׁמַיִם מִפִּיו לְבַטָּלָה, כָּל שֶׁכֵּן בִּשְׁבוּעָה, יֵשׁ עוֹד אֵיזֶה עֲנָפִים קְטַנִּים, שֶׁאַף עַל פִּי שֶׁאֵינָם מִן הַחֲמוּרִים יוֹתֵר, עַל כָּל פָּנִים רָאוּי לְמִי שֶׁרוֹצֶה לִהְיוֹת נָקִי לִישָּׁמֵר מֵהֶם. וְהוּא מַה שֶּׁאָמְרוּ בַּגְּמָרָא "אָמַר רַבִּי אֶלְעָזָר, לָאו - שְׁבוּעָה. וְהֵן - שְׁבוּעָה. אָמַר רָבָא, וְהוּא דְאָמַר 'לָאו' 'לָאו' תְּרֵי זִמְנֵי, וְהוּא דְאָמַר 'הֵן' 'הֵן' תְּרֵי זִמְנֵי"

חסרה הראייה של האחריות הכללית. להשתמש בנקמה כסוכרייה שבאה להמתיק את הכאב, זה דבר ילדותי. צריך להתרומם לראייה חברתית אחראית. אדם המתגבר על רגשותיו הנמוכים למען דבר כללי הוא אמיץ. ומי ששומר את השנאה בליבו, אין סיכוי שהיא תיפתר. כנראה שהוא מרוצה ממציאות של שנאה קטנה בלב.

"ואהבת לרעך כמוך". התורה הסמיכה את הפסוקים של נקמה ונטירה לפסוק "ואהבת לרעך כמוך". נקימה ונטירה נוגדים את "ואהבת לרעך כמוך", כי הם גורמים לפירוק החברה בלי שום תועלת.

(שבועות ל״ו א׳). וְכֵן אָמְרוּ ״׳וְהִין צֶדֶק׳ (ויקרא י״ט ל״ו) – שֶׁיְּהֵא לָאו שֶׁלְּךָ צֶדֶק, וְהֵן שֶׁלְּךָ צֶדֶק״ (בבא מציעא מ״ט א׳).

וְהִנֵּה דְּבַר הַשֶּׁקֶר: גַּם הוּא חוֹלִי רָע נִתְפַּשֵּׁט מְאֹד בִּבְנֵי הָאָדָם. וְאוּלָם מַדְרֵיגוֹת מַדְרֵיגוֹת יֵשׁ בּוֹ. יֵשׁ בְּנֵי אָדָם שֶׁאוּמָּנוּתָם מַמָּשׁ הִיא הַשַּׁקְרָנוּת. הֵם הַהוֹלְכִים וּבוֹדִים מִלִּבָּם כְּזָבִים גְּמוּרִים לְמַעַן הַרְבּוֹת שִׂיחָה בֵּין הַבְּרִיּוֹת, אוֹ לְהֵחָשֵׁב מִן הַחֲכָמִים וְיוֹדְעֵי דְּבָרִים הַרְבֵּה, וַעֲלֵיהֶם נֶאֱמַר ״תּוֹעֲבַת ה׳ שִׂפְתֵי שָׁקֶר״ (משלי י״ב כ״ב). וְאוֹמֵר ״שִׂפְתוֹתֵיכֶם דִּבְּרוּ שֶׁקֶר, לְשׁוֹנְכֶם עַוְלָה תֶהְגֶּה״ (ישעיה נ״ט ג׳). וּכְבָר גָּזְרוּ דִּינָם חֲכָמֵינוּ זִכְרוֹנָם לִבְרָכָה ״אַרְבַּע כִּיתּוֹת אֵינָן מְקַבְּלוֹת פְּנֵי הַשְּׁכִינָה״ (סנהדרין ק״ג א׳) וְאֶחָד מֵהֶם כַּת שַׁקְרָנִים.

וְיֵשׁ אֲחֵרִים קְרוֹבִים לָהֶם בְּמַדְרֵיגָה אַף עַל פִּי שֶׁאֵינָם כְּמוֹהֶם מַמָּשׁ, וְהֵם הַמְכַזְּבִים בְּסִיפּוּרֵיהֶם וְדִבְרֵיהֶם, וְהַיְינוּ, שֶׁאֵין אוּמָּנוּתָם בְּכָךְ – לָלֶכֶת וְלִבְדּוֹת סִיפּוּרִים וּמַעֲשִׂים אֲשֶׁר לֹא נִבְרְאוּ וְלֹא יִהְיוּ. אֲבָל בְּבוֹאָם לְסַפֵּר דְּבַר מָה, יְעָרְבוּ בָּהֶם מִן הַשְּׁקָרִים כְּמוֹ שֶׁיַּעֲלֶה עַל רוּחָם, וְיִתְרַגְּלוּ בָּזֶה עַד שֶׁשָּׁב לָהֶם כְּמוֹ טֶבַע, וְהֵם הֵם הַבַּדָּאִים אֲשֶׁר אִי אֶפְשָׁר לְהַאֲמִין לְדִבְרֵיהֶם, וּכְמַאֲמָרָם זִכְרוֹנָם לִבְרָכָה ״כָּךְ הוּא עָנְשׁוֹ שֶׁל בַּדַּאי, שֶׁאֲפִילוּ אוֹמֵר אֱמֶת אֵין שׁוֹמְעִין לוֹ״ (סנהדרין פ״ט ב׳), שֶׁכְּבָר הִטְבִּיעוּ בָּהֶם הָרָעָה הַזֹּאת שֶׁלֹּא יוּכְלוּ לָצֵאת דִּבְרֵיהֶם נְקִיִּים מִן הַכָּזָב מִתּוֹךְ פִּיהֶם. הוּא מַה שֶּׁהַנָּבִיא מִצְטַעֵר וְאוֹמֵר ״לִמְּדוּ לְשׁוֹנָם דַּבֶּר שֶׁקֶר הַעֲוֵה נִלְאוּ״ (ירמיהו ט׳ ד׳).

וְיֵשׁ עוֹד אֲחֵרִים שֶׁחָלְיָם קַל מֵחוֹלִי הָרִאשׁוֹנִים, וְהֵם אוֹתָם שֶׁאֵינָם קְבוּעִים כָּל כָּךְ בַּשֶּׁקֶר, אֶלָּא שֶׁלֹּא יָחוּשׁוּ לְהִתְרַחֵק מִמֶּנּוּ, וְאִם יִזְדַּמֵּן

״שיהיה לאו שלך צדק והן שלך צדק״. עולם השבועות וההבטחות יוצר את הקשרים החזקים ביותר בין בני אדם. הסכם על סמך הבנות עם הזולת בנוי על אמון, על העובדה שהדיבור שלנו הוא דבר רציני. אם הדיבור הופך להיות לא רציני, החברה מתפרקת.

לָהֶם יֹאמְרוּהוּ. וּפְעָמִים רַבּוֹת יֹאמְרוּהוּ דֶּרֶךְ שְׂחוֹק אוֹ כַּיּוֹצֵא בָּזֶה בְּלֹא כַּוָּנָה רָעָה.

וְאָמְנָם הֶחָכָם הוֹדִיעָנוּ שֶׁכָּל זֶה הוּא הֵפֶךְ רְצוֹן הַבּוֹרֵא בָּרוּךְ הוּא וּמִדַּת חֲסִידָיו. הוּא מַה שֶּׁכָּתוּב "דְּבַר שֶׁקֶר יִשְׂנָא צַדִּיק" (משלי י"ג ה'). וְהוּא מַה שֶּׁבָּאָה עָלָיו הָאַזְהָרָה "מִדְּבַר שֶׁקֶר תִּרְחָק" (שמות כ"ג ז'). וְתִרְאֶה שֶׁלֹּא אָמַר "מִשֶּׁקֶר תִּשָּׁמֵר", אֶלָּא "מִדְּבַר שֶׁקֶר תִּרְחָק" לְהָעִיר אוֹתָנוּ עַל הַהֶרְחֵק הַגָּדוֹל וְהַבְּרִיחָה הַרְבֵּה שֶׁצָּרִיךְ לִבְרוֹחַ מִזֶּה. וּכְבָר נֶאֱמַר "שְׁאֵרִית יִשְׂרָאֵל לֹא יַעֲשׂוּ עַוְלָה וְלֹא יְדַבְּרוּ כָזָב וְלֹא יִמָּצֵא בְּפִיהֶם לְשׁוֹן תַּרְמִית" (צפניה ג' י"ג). וַחֲכָמֵינוּ זִכְרוֹנָם לִבְרָכָה אָמְרוּ "חוֹתָמוֹ שֶׁל הַקָּדוֹשׁ בָּרוּךְ הוּא אֱמֶת" (שבת נ"ה א'). וּבְוַדַּאי שֶׁאִם הָאֱמֶת הוּא מַה שֶּׁבָּחַר בּוֹ הַקָּדוֹשׁ בָּרוּךְ הוּא לְקַחְתּוֹ לְחוֹתָם לוֹ, כַּמָּה יִהְיֶה הֶפְכּוֹ מְתוֹעָב לְפָנָיו. וְהִזְהִיר הַקָּדוֹשׁ בָּרוּךְ הוּא עַל הָאֱמֶת אַזְהָרָה רַבָּה וְאָמַר "דַּבְּרוּ אֱמֶת אִישׁ אֶת רֵעֵהוּ" (זכריה ח' ט"ז). וְאָמַר "וְהוּכַן בַּחֶסֶד כִּסֵּא וְיָשַׁב עָלָיו בֶּאֱמֶת" (ישעיה ט"ז ה'). וְאָמַר "וַיֹּאמֶר אַךְ עַמִּי הֵמָּה בָּנִים לֹא יְשַׁקֵּרוּ" (ישעיה ס"ג ח'), הָא לָמַדְתָּ שֶׁזֶּה תָּלוּי בָּזֶה. וְאָמַר "וְנִקְרְאָה יְרוּשָׁלַיִם עִיר הָאֱמֶת" (זכריה ח' ג'), לְהַגְדִּיל חֲשִׁיבוּתָהּ. וּכְבָר אָמְרוּ זִכְרוֹנָם לִבְרָכָה "'וְדוֹבֵר אֱמֶת בִּלְבָבוֹ' - כְּגוֹן רַב סַפְרָא" וכו' (מכות כ"ד א'), לְהוֹדִיעֲךָ עַד הֵיכָן חוֹבַת הָאֱמֶת מַגַּעַת. וּכְבָר אָסְרוּ לְתַלְמִיד חָכָם לְשַׁנּוֹת בְּדִיבּוּרוֹ חוּץ מִשְּׁלֹשָׁה דְּבָרִים (בבא מציעא כ"ג ב). וְאֶחָד מִן הָעַמּוּדִים שֶׁהָעוֹלָם עוֹמֵד עָלָיו הוּא הָאֱמֶת (אבות א' י"ח). אִם כֵּן, מִי שֶׁדּוֹבֵר שֶׁקֶר כְּאִלּוּ נוֹטֵל יְסוֹדוֹ שֶׁל עוֹלָם. וְהַהֵפֶךְ מִזֶּה מִי שֶׁזָּהִיר בָּאֱמֶת - כְּאִלּוּ מְקַיֵּם יְסוֹדוֹ שֶׁל עוֹלָם. וּכְבָר סִפְּרוּ אוֹמֵר זִכְרוֹנָם לִבְרָכָה מֵאוֹתוֹ הַמָּקוֹם שֶׁהָיוּ זְהִירִים בֶּאֱמֶת,

"שפתותיכם דברו שקר, לשונכם עולה תהגה". השקר הוא דבר שאיננו קיים בעולמו של הקב"ה. השקרן מנסה לבנות את עולמו על ידי דבר שלא נברא על ידי הקב"ה, וזו תועבה.

שֶׁלֹּא הָיָה מַלְאַךְ הַמָּוֶת שׁוֹלֵט שָׁם. וּלְפִי שֶׁאִשְׁתּוֹ שֶׁל רַבִּי פְּלוֹנִי שִׁנְּתָה בִּדְבָרֶיהָ, אַף עַל פִּי שֶׁהָיָה לְכַוָּנָה טוֹבָה, גֵּירְתָה בָּהֶם מַלְאַךְ הַמָּוֶת, עַד שֶׁגֵּירְשׁוּהָ מִשָּׁם בַּעֲבוּר זֶה וְחָזְרוּ לְשַׁלְוָתָם (סנהדרין צ"ז א'). וְאֵין צָרִיךְ לְהַאֲרִיךְ בַּדָּבָר הַזֶּה שֶׁהַשֵּׂכֶל מְחַיְּיבוֹ וְהַדַּעַת מַכְרִיחוֹ.

עַנְפֵי חִילּוּל הַשֵּׁם: גַּם כֵּן הֵם רַבִּים וּגְדוֹלִים. כִּי הַרְבֵּה צָרִיךְ הָאָדָם לִהְיוֹת חָס עַל כְּבוֹד קוֹנוֹ וּבְכָל מַה שֶּׁיַּעֲשֶׂה צָרִיךְ שֶׁיִּסְתַּכֵּל וְיִתְבּוֹנֵן מְאֹד שֶׁלֹּא יֵצֵא מִשָּׁם מַה שֶּׁיּוּכַל לִהְיוֹת חִילּוּל לִכְבוֹד שָׁמַיִם חַס וְחָלִילָה. וּכְבָר שָׁנִינוּ "אֶחָד שׁוֹגֵג וְאֶחָד מֵזִיד בְּחִלּוּל הַשֵּׁם" (אבות ד' ד'). וְאָמְרוּ זִכְרוֹנָם לִבְרָכָה "הֵיכִי דָּמֵי חִלּוּל הַשֵּׁם? אָמַר רַב, כְּגוֹן אֲנָא דְּשָׁקִילְנָא בִּשְׂרָא וְלָא יָהִיבְנָא דָּמֵי לְאַלְתַּר. וְרַבִּי יוֹחָנָן אָמַר, כְּגוֹן אֲנָא דְּמַסְגֵּינָא אַרְבַּע אַמּוֹת בְּלֹא תּוֹרָה וּבְלֹא תְּפִלִּין" (יומא פ"ו א'). וְהָעִנְיָן, שֶׁכָּל אָדָם לְפִי מַדְרֵיגָתוֹ וּלְפִי מַה שֶּׁהוּא נֶחְשָׁב בְּעֵינֵי הַדּוֹר, צָרִיךְ שֶׁיִּתְבּוֹנֵן לְבִלְתִּי עֲשׂוֹת דָּבָר בִּלְתִּי הָגוּן לְאִישׁ כָּמוֹתוֹ, כִּי כְּפִי רְבוֹת חֲשִׁיבוּתוֹ וְחָכְמָתוֹ כֵּן רָאוּי שֶׁיַּרְבֶּה זְהִירוּתוֹ בְּדִבְרֵי הָעֲבוֹדָה וְדִקְדּוּקוֹ בָּהּ. וְאִם אֵינֶנּוּ עוֹשֶׂה

"חס על כבוד קונו". סוגית חילול ה׳ היא סוגיה חברתית למרות שהיא קשורה לשמו של הקב"ה, משום שחילול ה׳ עוסק בהשלכות החברתיות של ההתנהגות. רמאות פוגעת בקשרים חברתיים שבנויים על אמון. הערכים של התורה מגבשים את החברה ומתווים את דרכה. המזלזל בערך כלשהו גורם מיד השפעה מערכתית. כשאחד ממרכיבי החברה מחליש ומוריד את חשיבותם של רצונותיו של ה׳, הדבר פוגע בחברה כולה. החברה הישראלית קשורה לתוכן האלוהי, ולכן לפגיעה ברצון ה׳ יש השלכות גם עליה.

חילול השם. למדתי מהרמב"ם: מה זה קידוש השם ומה זה חילול השם? הכל מתחיל מדבר פנימי. כשאתה לבד ואתה עושה מצווה לגמרי בלי לחשוב על טובתך ועל אף אחד, בכוונה טהורה, רק כדי לעשות את המצווה - זה קידוש השם. ואם היו שם אנשים, זה קידוש השם ברבים. והפוך - חילול השם.

כֵּן, הֲרֵי שֵׁם שָׁמַיִם מִתְחַלֵּל בּוֹ חַס וְחָלִילָה, כִּי כְּבוֹד הַתּוֹרָה הוּא, שֶׁמִּי שֶׁמַּרְבֶּה הַלִּימּוּד בָּהּ - יַרְבֶּה כְּמוֹ כֵן בְּיוֹשֶׁר וּבְתִיקּוּן הַמִּדּוֹת. וְכָל מַה שֶּׁיֶּחְסַר מִזֶּה לְמִי שֶׁמַּרְבֶּה בְּלִימּוּד גּוֹרֵם בִּיזָּיוֹן לַלִּימּוּד עַצְמוֹ, וְזֶה חַס וְחָלִילָה חִילּוּל לִשְׁמוֹ יִתְבָּרַךְ שֶׁנָּתַן לָנוּ אֶת תּוֹרָתוֹ הַקְּדוֹשָׁה וְצִוָּנוּ לַעֲסוֹק בָּהּ לְהַשִּׂיג עַל יָדָהּ שְׁלֵימוּתֵינוּ.

וְהִנֵּה גַּם שְׁמִירַת הַשַּׁבָּתוֹת וְיָמִים טוֹבִים רַבָּה הִיא, כִּי הַמִּשְׁפָּטִים רַבִּים, וְכֵן אָמְרוּ "הִלְכְתָא רַבְּתָא לְשַׁבְּתָא" (שבת י"ב א'). וַאֲפִילּוּ דִּבְרֵי הַשְּׁבוּת, אַף עַל פִּי שֶׁמִּדִּבְרֵי חֲכָמִים הֵם - עִיקָּרִים הֵם. וְכֵן אָמְרוּ "לְעוֹלָם אַל תְּהִי שְׁבוּת קַלָּה בְּעֵינֶיךָ, שֶׁהֲרֵי סְמִיכָה שְׁבוּת הִיא וְנֶחְלְקוּ בָּהּ גְּדוֹלֵי הַדּוֹר" (חגיגה ט"ז ב'). וְאוּלָם פְּרָטֵי הַדִּינִים לְמַחְלְקוֹתָם מְבוֹאָרִים הֵם אֵצֶל הַפּוֹסְקִים בְּסִפְרֵיהֶם, וְכֻלָּם שָׁוִים לְחוֹבָתֵינוּ בָּם וְלַזְּהִירוּת הַמִּצְטָרֵךְ. וּמַה שֶּׁקָּשֶׁה עַל הֶהָמוֹן שְׁמִירָתוֹ, הוּא הַשְׁבִּיתָה מִן הָעֵסֶק, וּמִדַּבֵּר בְּמַשָּׂא וּבְמַתָּנָם. וְאוּלָם הָאִיסּוּר הַזֶּה מְבוֹאָר בְּדִבְרֵי הַנָּבִיא "וְכִבַּדְתּוֹ מֵעֲשׂוֹת דְּרָכֶיךָ מִמְּצוֹא חֶפְצְךָ וְדַבֵּר דָּבָר" (ישעיה נ"ח י"ג). וְהַכְּלָל הוּא: שֶׁכָּל

כבוד התורה הוא שמי שירבה הלימוד בה, ירבה כמו כן ביושר ובתיקון המידות. כבוד משמעו מרחב השפעה. הגמרא אומרת שמי שלומד תורה, הכול מסתכלים עליו לטוב ולמוטב, לכן הערנות שלו צריכה להיות מאוד גבוהה. חשבונות שאדם עושה כשהוא מרגיש שהוא מייצג משהו הם חשבונות הרבה יותר גדולים.

"וכבדתו מעשות דרכיך ממצוא חפצך ודבר דבר". מה שקשה בהכרת הלכות שבת הוא מה עושים בה, על מה מדברים, איך מעבירים את היום? איך לא הופכים את היום הזה ליום שבו מתכננים מה עושים בימי החול? צריך להיזהר שהשבת לא תהיה יום של הכנות לשבוע הבא. אך במקום לשחרר את היום הזה, ההמון משעבד אותו. מידת הנקיות דורשת לטפל בשאלה מה עושים עם השבת עצמה, ולא רק מהן המלאכות האסורות בה.

שבת היא זמן בו החברה צריכה להחליט האם יש לה רצון לעסוק

מַה שֶּׁאָסוּר בְּשַׁבָּת לַעֲשׂוֹתוֹ - אָסוּר לְהִשְׁתַּדֵּל בַּעֲבוּרוֹ, אוֹ לְהַזְכִּירוֹ בְּפִיו. וְלָכֵן אָסְרוּ לְעַיֵּין בִּנְכָסָיו - לִרְאוֹת מַה צָּרִיךְ לְמָחָר (שבת ק״נ א׳). אוֹ לֵילֵךְ לְפֶתַח הַמְּדִינָה - לָצֵאת בַּלַּיְלָה מְהֵרָה לַמֶּרְחָץ (עירובין ל״ט א׳). וְאָסְרוּ לוֹמַר ״דָּבָר פְּלוֹנִי אֶעֱשֶׂה לְמָחָר״, אוֹ ״סְחוֹרָה פְּלוֹנִית אֶקְנֶה לְמָחָר״, וְכֵן כָּל כַּיּוֹצֵא בָּזֶה.

וְהִנֵּה עַד הֵנָּה דִּבַּרְתִּי מִן קְצָת הַמִּצְוֹת, מַה שֶּׁאָנוּ רוֹאִים שֶׁבְּנֵי הָאָדָם נִכְשָׁלִים בָּהֶם עַל הָרוֹב, וּמֵאֵלֶּה נִלְמַד לְכָל שְׁאָר הַלָּאוִין, שֶׁאֵין לְךָ אִיסּוּר שֶׁאֵין לוֹ עֲנָפִים וּפְרָטִים, מֵהֶם חֲמוּרִים וּמֵהֶם קַלִּים. וּמִי שֶׁרוֹצֶה לִהְיוֹת נָקִי, צָרִיךְ שֶׁיִּהְיֶה נָקִי מִכֻּלָּם וְטָהוֹר מִכֻּלָּם. וּכְבָר אָמְרוּ זִכְרוֹנָם לִבְרָכָה ״שִׁנַּיִךְ כְּעֵדֶר הָרְחֵלִים - מָה רָחֵל זוֹ צְנוּעָה כָּךְ הָיוּ יִשְׂרָאֵל צְנוּעִין וּכְשֵׁרִים בְּמִלְחֶמֶת מִדְיָן. רַב הוּנָא בְּשֵׁם רַב אַחָא אָמַר, שֶׁלֹּא

במשהו שהוא מעבר ליום יום. היא דוגמא מצוינת לכבוד שמיים, כי אנחנו נותנים מקום לשמיים בחיינו. אני מאפשר לתוכן רוחני להטביע את רישומו במציאות, נותן לשם שמים להתגלות. אל תחלל, אל תהפוך את השבת ליום חול. היחס לשבת הוא ענף מרכזי מאוד של כבוד ה׳, וחילול שבת זה חילול ה׳, כאילו אומרים שלתוכן האלוהי אין מקום ואי אפשר להעביר איתו יום שלם. אם התוכן האלוהי הוא משמעותי בחברה, אין לנו בעיה לדבר עליו יום שלם. צריך לשחרר פנאי לתוכן הרוחני. ההתרגלות בכבוד שמים עוברת דרך השבת.

״המספר בין ישתבח ליוצר - עבירה היא בידו מעורכי המלחמה״. בתפילת שחרית אסור לדבר בין ׳ישתבח׳ ל׳יוצר׳. תפילת שחרית מסודרת כך שלאחר שמתכנסים ביחד לבית כנסת, מתחילים את התפילה באמירת שבחו של הקב״ה בפסוקי דזמרא וישתבח. מתוך שמשבחים הקב״ה אנחנו נכנסים למחויבות, מקבלים עול מלכות שמים ועול מצוות בקריאת שמע, ואז מגיעים לעמוד לפני הקב״ה בתפילת עמידה. זה שיח מרומם. כיצד יכול אדם להכניס דיבורי חולין באמצע הדיבור הזה? המלחמה היא השיח התרבותי הלאומי,

הִקְדִּים אֶחָד מֵהֶם תְּפִלִּין שֶׁל רֹאשׁ לִתְפִלִּין שֶׁל יָד, שֶׁאִלּוּ הִקְדִּים אֶחָד לֹא הָיָה מֹשֶׁה מְשַׁבְּחָן וְלֹא הָיוּ יוֹצְאִים מִשָּׁם בְּשָׁלוֹם" (רבה שיר השירים ו' י"ז). וְכֵן אָמְרוּ "הַמְסַפֵּר בֵּין יִשְׁתַּבַּח לְיוֹצֵר - עֲבֵרָה הִיא בְּיָדוֹ וְחוֹזֵר עָלֶיהָ מֵעוֹרְכֵי הַמִּלְחָמָה". הֲרֵי לְךָ עַד הֵיכָן צָרִיךְ לְהַגִּיעַ הַדִּקְדּוּק וְהַנְּקִיּוּת הָאֲמִתִּי בַּמַּעֲשִׂים.

וְהִנֵּה, כְּמוֹ שֶׁצָּרִיךְ נְקִיּוּת בַּמַּעֲשִׂים, כָּךְ צָרִיךְ נְקִיּוּת בַּמִּדּוֹת. וְכִמְעַט שֶׁיּוֹתֵר קָשֶׁה הוּא הַנְּקִיּוּת בַּמִּדּוֹת מִמַּה שֶּׁהוּא בַּמַּעֲשִׂים, כִּי הַטֶּבַע פּוֹעֵל בַּמִּדּוֹת יוֹתֵר מִמַּה שֶּׁהוּא פּוֹעֵל בְּמַעֲשִׂים, יַעַן הַמֶּזֶג וְהַתְּכוּנָה הֵם - אוֹ מְסַיְּעִים אוֹ מִתְנַגְּדִים גְּדוֹלִים לָהֶם. וְכָל מִלְחָמָה שֶׁהִיא נֶגֶד נְטִיַּת הַטֶּבַע - מִלְחָמָה חֲזָקָה הִיא. וְהוּא מַה שֶּׁפֵּרְשׁוּ בְּמַאֲמָרָם זִכְרוֹנָם לִבְרָכָה "אֵיזֶהוּ גִבּוֹר? הַכּוֹבֵשׁ אֶת יִצְרוֹ" (אבות ד' א').

מעשה של עם. מלחמה איננה מעשה פרטי, אישי. גם בהלכות מלחמה אנחנו רואים את הצורך לדקדק במצוות כעניין חברתי. כשהעם נלחם, זהו אירוע חברתי. ההצלחה שלנו כעם תלויה בכבוד שמים. אם כבוד שמים חל בנו, אנחנו מנצחים בקרב.

הנקיות במידות. *מאוד קשה. הרבה יותר קל לשנות התנהגות במעשים מאשר לשנות אופי, מידות, נפש. אחרי המעשים נמשכים הלבבות, אבל גם אחרי הלבבות נמשכים המעשים. כדי לעבוד על המידות, חייבים לעשות זאת גם במעשים. מבחוץ אתה יכול "לשחק אותה", אבל מבפנים אתה חייב להיות אמיתי עם עצמך.*

"איזהו גיבור? הכובש את יצרו". "יצרו" היא המילה החשובה. לכבוש את היצר כולם צריכים, אבל משמעות המילה "יצרו" היא לא רק היצר שלו, אלא גם כיצד נוצר. היצר הוא היצירה שהקב"ה יצר אותך, ואתה צריך לנהל את היצירה שלך. צריך לבחון היטב מי אתה ואיך אתה בנוי. לא יועיל שתסתכל על אחרים. אין לזה שום משמעות. עבודת המידות דורשת כנות ומאבק, והיא גבורה גדולה. ובמידות, כשאנו נכנסים לעומק הנפש, הרבה יותר קשה להתמודד מאשר במעשים.

וְהִנֵּה הַמִּדּוֹת הֵן רַבּוֹת, כִּי כְּפִי כָּל הַפְּעוּלוֹת שֶׁשַּׁיָּיכִים לָאָדָם בָּעוֹלָם, כְּמוֹ כֵן מִדּוֹת הֵן - שֶׁאַחֲרֵיהֶן הוּא נִמְשָׁךְ בִּפְעוּלוֹתָיו. אָמְנָם כְּמוֹ שֶׁדִּבַּרְנוּ בַּמִּצְוֹת שֶׁהָיָה הַצּוֹרֶךְ בָּם יוֹתֵר, דְּהַיְינוּ, מִמַּה שֶּׁרְגִילוּת בְּנֵי הָאָדָם לִיכָּשֵׁל, כֵּן נְדַבֵּר בַּמִּדּוֹת בָּרָאשִׁיּוֹת בַּאֲרִיכוּת עִיּוּן יוֹתֵר מִפְּנֵי רְגִילוּתֵינוּ בָּם. וְהֵם: הַגַּאֲוָה. הַכַּעַס. הַקִּנְאָה וְהַתַּאֲוָה. הֵן כָּל אֵלֶּה מִדּוֹת רָעוֹת אֲשֶׁר רָעָתָם נִיכֶּרֶת וּמְפוּרְסֶמֶת, אֵין צָרִיךְ לָהּ רְאָיוֹת, כִּי הִנֵּה הֵנָּה רָעוֹת בְּעַצְמָן וְרָעוֹת בְּתוֹלְדוֹתֵיהֶן, כִּי כֻּלָּן חוּץ מִשּׁוּרַת הַשֵּׂכֶל וְהַחָכְמָה, וְכָל אַחַת כְּדַאי לְעַצְמָהּ לְהָבִיא אֶת הָאָדָם אֶל עֲבֵירוֹת חֲמוּרוֹת.

עַל הַגַּאֲוָה: מִקְרָא מָלֵא מַזְהִיר וְאוֹמֵר "וְרָם לְבָבֶךָ וְשָׁכַחְתָּ אֶת ה׳ אֱלֹהֶיךָ" (דברים ח׳ י״ד).

עַל הַכַּעַס: אָמְרוּ זִכְרוֹנָם לִבְרָכָה "כָּל הַכּוֹעֵס כְּאִלּוּ עוֹבֵד עֲבוֹדָה זָרָה" (זוהר ג׳ קע״ט א׳).

עַל הַקִּנְאָה וְהַתַּאֲוָה: שָׁנִינוּ בְּהֶדְיָא "הַקִּנְאָה וְהַתַּאֲוָה וְהַכָּבוֹד מוֹצִיאִים אֶת הָאָדָם מִן הָעוֹלָם" (אבות ד׳ כ״א).

אָמְנָם הָעִיּוּן הַמִּצְטָרֵךְ בָּם הוּא, לְהִמָּלֵט מֵהֶם וּמִכָּל עֲנָפֵיהֶם, כִּי כֻּלָּם כְּאֶחָד סוּרֵי הַגֶּפֶן נָכְרִיָּה. וְנַתְחִיל לְדַבֵּר בָּם רִאשׁוֹן רִאשׁוֹן.

הִנֵּה כְּלַל עִנְיַן הַגַּאֲוָה הוּא זֶה, שֶׁהָאָדָם מַחְשִׁיב עַצְמוֹ בְּעַצְמוֹ, וּבִלְבָבוֹ יְדַמֶּה - כִּי לוֹ נָאוָה תְהִלָּה. וְאָמְנָם זֶה יָכוֹל לִימָּשֵׁךְ מִסְּבָרוֹת רַבּוֹת מִתְחַלְּפוֹת. כִּי יֵשׁ מִי שֶׁיַּחְשִׁיב אֶת עַצְמוֹ בַּעַל שֵׂכֶל. וְיֵשׁ מִי שֶׁיַּחְשִׁיב עַצְמוֹ נָאֶה. וְיֵשׁ שֶׁיַּחְשִׁיב עַצְמוֹ נִכְבָּד. וְיֵשׁ שֶׁיַּחְשִׁיב עַצְמוֹ גָּדוֹל. וְיֵשׁ שֶׁיַּחְשִׁיב עַצְמוֹ חָכָם. כְּלָלוֹ שֶׁל דָּבָר, כָּל אֶחָד מִן הַדְּבָרִים הַטּוֹבִים שֶׁבָּעוֹלָם, אִם יַחְשׁוֹב הָאָדָם שֶׁיֶּשְׁנָהּ בּוֹ, הֲרֵי הוּא מְסוּכָּן מִיָּד לִיפּוֹל

"ורם לבבך ושכחת את ה׳ אלוקיך". בעניין הגאווה, מלבד שהשכל אומר שהיא מידה רעה גם התורה אומרת שזה רע, יש כאן הסבר שכלי והסבר דתי. אל תאמר ׳למרות שמידותי אינן טובות, אני דתי

בְּשַׁחַת זֶה שֶׁל גַּאֲוָה. אַךְ אַחֲרֵי שֶׁקָּבַע הָאָדָם בְּלִבּוֹ הֱיוֹתוֹ חָשׁוּב וְרָאוּי לִתְהִלָּה, לֹא תִהְיֶה הַתּוֹלָדָה הַיּוֹצֵאת מִן הַמַּחֲשָׁבָה הַזֹּאת אַחַת בִּלְבָד, אֶלָּא תּוֹלָדוֹת רַבּוֹת וּמְשׁוּנּוֹת תֵּצֶאנָה מִמֶּנָּה, וַאֲפִילוּ הֶפְכִּיּוֹת נִמְצָא בָּהֶן, וְנוֹלָדוֹת מִסִּבָּה אַחַת, וּשְׁתֵּיהֶן לְדָבָר אֶחָד מִתְכַּוְּנוֹת.

הִנֵּה יִמָּצֵא גֵּאֶה אֶחָד שֶׁיַּחְשׁוֹב בְּלִבּוֹ, שֶׁכֵּיוָן שֶׁהוּא רָאוּי לִתְהִלָּה וְהוּא מְיוּחָד וְרָשׁוּם בְּמַעֲלָתוֹ כְּפִי מַחֲשַׁבְתּוֹ, רָאוּי לוֹ גַּם כֵּן שֶׁיִּתְנַהֵג בְּדֶרֶךְ מְיוּחָד וְרָשׁוּם בְּכוֹבֶד רַב, בֵּין בְּלֶכְתּוֹ, בֵּין בְּשִׁבְתּוֹ, בֵּין בְּקוּמוֹ, בְּדִיבּוּרוֹ וּבְכָל מַעֲשָׂיו. לֹא יֵלֵךְ אֶלָּא בְּנַחַת גָּדוֹל, עֲקֵבוֹ בְּצַד גּוּדָלוֹ. לֹא יֵשֵׁב אֶלָּא אַפְרַקְדָּן. לֹא יָקוּם אֶלָּא מְעַט מְעַט כְּנָחָשׁ. וְלֹא יְדַבֵּר עִם הַכֹּל אֶלָּא עִם נִכְבְּדֵי הָעָם, וְגַם בֵּינֵיהֶם לֹא יְדַבֵּר אֶלָּא מַאֲמָרִים קְצָרִים כְּמַאַמְרֵי הַתְּרָפִים. וְכָל שְׁאָר מַעֲשָׂיו, בִּתְנוּעוֹתָיו, בִּפְעוּלּוֹתָיו, בְּמַאֲכָלוֹ וּבְמִשְׁתָּיו, בְּלְבוּשָׁיו וּבְכָל דְּרָכָיו יִתְנַהֵג בִּכְבֵדוּת גָּדוֹל, כְּאִלּוּ כָּל בְּשָׂרוֹ עוֹפֶרֶת וְכָל עֲצָמָיו אֶבֶן אוֹ חוֹל.

וְיִמָּצֵא גֵּאֶה אַחֵר שֶׁיַּחְשׁוֹב, שֶׁלְּפִי שֶׁהוּא רָאוּי לִתְהִלָּה וְרַב הַמַּעֲלוֹת, צָרִיךְ שֶׁיִּהְיֶה מַרְגִּיז הָאָרֶץ, וְשֶׁהַכֹּל יִרְעֲשׁוּ מִפָּנָיו, כִּי לֹא יֵאוֹת שֶׁיֶּהֶרְסוּ בְּנֵי הָאָדָם לְדַבֵּר עִמּוֹ וּלְבַקֵּשׁ מִמֶּנּוּ דָּבָר. וְאִם יַעְפִּילוּ לַעֲלוֹת אֵלָיו - יְבַהֲלֵם בְּקוֹלוֹ, וּבְרוּחַ שְׂפָתָיו יְהוּמֵּם בַּעֲנוֹת לָהֶם עַזּוֹת וּפָנָיו זוֹעֲפוֹת בְּכָל עֵת וּבְכָל שָׁעָה.

וְיֵשׁ גֵּאֶה אַחֵר שֶׁיַּחְשׁוֹב בְּלִבּוֹ, שֶׁכְּבָר הוּא כָּל כָּךְ גָּדוֹל וּמְכוּבָּד עַד שֶׁאִי אֶפְשָׁר לַכָּבוֹד שֶׁיִּתְפָּרֵשׁ מִמֶּנּוּ, וְאֵינוֹ צָרִיךְ לוֹ כְּלָל, וּלְהַרְאוֹת הַדָּבָר הַזֶּה יַעֲשֶׂה מַעֲשִׂים כְּמַעֲשֵׂה הֶעָנָו, וְיַכְרִיז עַל מִדּוֹתָיו לְהַרְאוֹת שִׁפְלוּת גָּדוֹל וַעֲנָוָה עַד אֵין חֵקֶר. וְלִבּוֹ מִתְנַשֵּׂא בְּקִרְבּוֹ לֵאמֹר, 'אֲנִי

המקיים מצוות'. אם המידות אינן טובות, גם המצוות אינן טובות. כי אם רם לבבך, שכחת את ה'.

כָּל כָּךְ רָם וְכָל כָּךְ נִכְבָּד שֶׁכְּבָר אֵינִי צָרִיךְ לְכָבוֹד וְאֵין לִי אֶלָּא לְוַתֵּר עָלָיו, שֶׁכְּבָר רַב הוּא אֶצְלִי'.

וְיִמָּצֵא גֵּאֶה אַחֵר שֶׁרוֹצֶה לִהְיוֹת נִרְשָׁם הַרְבֵּה בְּמַעֲלוֹתָיו וּלְהִתְיַחֵד בִּדְרָכָיו, עַד שֶׁלֹּא דַּי לוֹ שֶׁיְּהַלְלוּהוּ כָּל הָעוֹלָם עַל הַמַּעֲלוֹת אֲשֶׁר הוּא חוֹשֵׁב שֶׁיֵּשׁ בּוֹ, אֶלָּא שֶׁרוֹצֶה שֶׁעוֹד יַרְבּוּ לְהוֹסִיף בִּתְהִלָּתוֹ - שֶׁהוּא הֶעָנָו שֶׁבָּעֲנָוִים. וְנִמְצָא זֶה מִתְגָּאֶה בְּעַנְוְתוֹ וְרוֹצֶה בְּכָבוֹד עַל מַה שֶּׁמַּרְאֶה עַצְמוֹ בּוֹרֵחַ מִמֶּנּוּ. וְהִנֵּה גֵּאֶה כָּזֶה יָשִׂים עַצְמוֹ תַּחַת קְטַנִּים מִמֶּנּוּ הַרְבֵּה, אוֹ תַּחַת נִבְזִים שֶׁבָּעָם, שֶׁיַּחְשׁוֹב לְהֵרָאוֹת בָּזֶה תַּכְלִית הָעֲנָוָה, וּכְבָר לֹא יִרְצֶה בְּשׁוּם תּוֹאַר מִתּוֹאֲרֵי הַגְּדוֹלָה, וִימָאֵן בְּכָל הָעִילּוּיִים, וְלִבּוֹ אוֹמֵר בְּקִרְבּוֹ, "אֵין חָכָם וְעָנָו כָּמוֹנִי בְּכָל הָאָרֶץ".

וְאָמְנָם גֵּאִים כָּאֵלֶּה, אַף עַל פִּי שֶׁלִּכְאוֹרָה מַרְאִים עַצְמָם עֲנָוִים, לֹא יִבָּצְרוּ מִכְשׁוֹלוֹת לָהֶם שֶׁבִּלְתִּי יְדִיעָתָם תִּהְיֶה מִתְגַּלֵּית גַּאֲוָתָם כְּלֶהָבָה הַיּוֹצֵאת מִבֵּין הַחֲרָסִים. וּכְבָר מָשְׁלוּ חֲכָמֵינוּ זִכְרוֹנָם לִבְרָכָה "מָשָׁל לְבַיִת מָלֵא תֶּבֶן, וְהָיָה בַּבַּיִת חוֹרִין וְהָיָה הַתֶּבֶן נִכְנָס בָּהֶם. לְאַחַר יָמִים הִתְחִיל אוֹתוֹ הַתֶּבֶן שֶׁהָיָה בְּתוֹךְ אוֹתָם הַחוֹרִין יוֹצֵא, יָדְעוּ הַכֹּל כִּי הָיָה אוֹתוֹ בַּיִת שֶׁל תֶּבֶן" (רבה במדבר י"ח י"ז). כֵּן הַדָּבָר הַזֶּה, שֶׁלֹּא יוּכְלוּ תָּמִיד לְהַסְתִּיר אֶת עַצְמָם, וּמַחֲשַׁבְתָּם הָרָעָה תִּהְיֶה נִיכֶּרֶת מִתּוֹךְ מַעֲשֵׂיהֶם, אַךְ דַּרְכֵיהֶם הֵם בַּעֲנָוָה פְּסוּלָה וְשִׁפְלוּת מְרוּמָּה.

וְיִמָּצְאוּ גֵּאִים אֲחֵרִים שֶׁתִּשָּׁאֵר גַּאֲוָתָם קְבוּרָה בְּלִבָּם לֹא יוֹצִיאוּהָ אֶל הַמַּעֲשֶׂה, אֲבָל יַחְשְׁבוּ בִּלְבָבָם שֶׁכְּבָר הֵם חֲכָמִים גְּדוֹלִים יוֹדְעֵי הַדְּבָרִים לַאֲמִתָּם וְשֶׁלֹּא רַבִּים יֶחְכְּמוּ כְּמוֹהֶם, עַל כֵּן לֹא יָשִׁיתוּ לֵב אֶל

"תועבת ה' כל גבה לב". הבעיה הגדולה של הגאווה היא הדמיון שיש בה, והשכל הישר שהולך ונעלם. שלמה כבר אמר "ואת צנועים - חכמה". החכמה מתגלה במקום שאין גאווה. לעיתים אדם אינו מסוגל לומר על דברים שהם אמת בגלל גאוותו, והשכל הולך

דִּבְרֵי זוּלָתָם, בְּחָשְׁבָם כִּי מַה שֶּׁקָּשֶׁה עֲלֵיהֶם לֹא יִהְיֶה נָקֵל לַאֲחֵרִים, וּמַה שֶּׁשִּׂכְלָם מַרְאֶה לָהֶם כָּל כָּךְ בָּרוּר הוּא, וְכָל כָּךְ פָּשׁוּט, עַד שֶׁלֹּא יָחוּשׁוּ לְדִבְרֵי הַחוֹלְקִים עֲלֵיהֶם, אִם רִאשׁוֹנִים וְאִם אַחֲרוֹנִים, וְסָפֵק אֵין אֶצְלָם עַל סְבָרָתָם.

כָּל אֵלֶּה תּוֹלְדוֹת הַגַּאֲוָה הַמְּשִׁיבָה הַחֲכָמִים אָחוֹר וְדַעְתָּם מְסַכֶּלֶת, מְסִירָה לֵב רָאשֵׁי הַחָכְמָה, וְאַף כִּי תַּלְמִידִים שֶׁלֹּא שִׁמְּשׁוּ כָּל צָרְכָּם שֶׁכִּמְעַט שֶׁנִּפְקְחוּ עֵינֵיהֶם - כְּבָר חַכְמֵי הַחֲכָמִים שָׁוִים לָהֶם בְּלִבָּם. וְעַל כֻּלָּם נֶאֱמַר "תּוֹעֲבַת ה' כָּל גְּבַהּ לֵב" (משלי ט"ז ה'), וּמִכֻּלָּם צָרִיךְ שֶׁיִּנָּקֶה הָרוֹצֶה בְּמִדַּת הַנְּקִיּוּת וְיֵדַע וְיָבִין כִּי אֵין הַגַּאֲוָה אֶלָּא עִוָּרוֹן מַמָּשׁ אֲשֶׁר אֵין שֵׂכֶל הָאָדָם רוֹאֶה חֶסְרוֹנוֹתָיו וּמַכִּיר פְּחִיתוּתוֹ. שֶׁאִלּוּ הָיָה יָכוֹל לִרְאוֹת וְהָיָה מַכִּיר הָאֱמֶת, הָיָה סָר וּמִתְרַחֵק מִכָּל הַדְּרָכִים הָרָעִים וְהַמְקוּלְקָלִים הָאֵלֶּה הֶרְחֵק גָּדוֹל.

וְעוֹד נְדַבֵּר מִזֶּה בְּסִיַּעְתָּא דִשְׁמַיָּא בְּבוֹאֵינוּ אֶל מִדַּת הָעֲנָוָה, אֲשֶׁר מִפְּנֵי הַקּוֹשִׁי הַגָּדוֹל שֶׁיֵּשׁ בְּהַשָּׂגָתָהּ הוּשְׂמָה בְּדִבְרֵי רַבִּי פִּנְחָס מִן הָאַחֲרוֹנוֹת. וּנְדַבֵּר עַתָּה מִן הַכַּעַס: הִנֵּה יֵשׁ הָרַגְזָן שֶׁאָמְרוּ עָלָיו, "כָּל הַכּוֹעֵס כְּאִלּוּ עוֹבֵד עֲבוֹדָה זָרָה" (זוהר ג' קע"ט א'), וְהוּא הַנִּכְעָס עַל כָּל דָּבָר שֶׁיַּעֲשׂוּ נֶגֶד רְצוֹנוֹ, וּמִתְמַלֵּא חֵמָה עַד שֶׁכְּבָר לִבּוֹ בַּל עִמּוֹ וַעֲצָתוֹ נִבְעָרָה. וְהִנֵּה אִישׁ כָּזֶה כְּדַאי לְהַחֲרִיב עוֹלָם מָלֵא אִם יִהְיֶה יְכוֹלֶת בְּיָדוֹ, כִּי אֵין הַשֵּׂכֶל שׁוֹלֵט בּוֹ כְּלָל, וְהוּא סָר טַעַם מַמָּשׁ כְּכָל הַחַיּוֹת הַטּוֹרְפוֹת, וְעָלָיו נֶאֱמַר "טֹרֵף נַפְשׁוֹ בְּאַפּוֹ הַלְמַעַנְךָ תֵּעָזַב אָרֶץ" (איוב י"ח ד'), וְהוּא קַל וַדַּאי לַעֲבוֹר כָּל מִינֵי עֲבֵירוֹת שֶׁבָּעוֹלָם אִם חֲמָתוֹ תְּבִיאֵהוּ

ונעלם. אפילו אנשים חכמים מאוד, חכמתם נסוגה. אנשים שקצת למדו והחכימו אבל לא שימשו כל צורכם מרגישים שהם יודעים הכול, הגאווה מטמטמת את ליבם. היא יוצרת מעצור בפני החוכמה של האדם. ולכן - "איזהו חכם הלומד מכל אדם".

לָהֶם, כִּי כְּבָר אֵין לוֹ מֵנִיעַ אַחֵר אֶלָּא כַּעְסוֹ, וְאֶל אֲשֶׁר יְבִיאֵהוּ - יֵלֵךְ.

וְיֵשׁ כַּעֲסָן רָחוֹק מִזֶּה, וְהוּא שֶׁלֹּא עַל כָּל דָּבָר אֲשֶׁר יְבוֹאֵהוּ שֶׁלֹּא כִּרְצוֹנוֹ אִם קָטָן וְאִם גָּדוֹל יִבְעַר אַפּוֹ, אַךְ בְּהַגִּיעוֹ לְהַרְגִּיז - יִרְגַּז וְיִכְעַס כַּעַס גָּדוֹל, וְהוּא שֶׁקְּרָאוּהוּ חֲכָמֵינוּ זִכְרוֹנָם לִבְרָכָה "קָשֶׁה לִכְעֹס וְקָשֶׁה לִרְצוֹת" (אבות ה' י"א), וְגַם זֶה רַע וַדַּאי, כִּי כְּבָר יְכוֹלָה לָצֵאת תְּקָלָה רַבָּה מִתַּחַת יָדוֹ בִּזְמַן הַכַּעַס, וְאַחַר כָּךְ לֹא יוּכַל לְתַקֵּן אֶת אֲשֶׁר עִוְּתוֹ.

וְיֵשׁ כַּעֲסָן פָּחוּת מִזֶּה שֶׁלֹּא יִכְעוֹס עַל נְקַלָּה, וַאֲפִילוּ כְּשֶׁיַּגִּיעַ לִכְעוֹס יִהְיֶה כַּעְסוֹ כַּעַס קָטָן וְלֹא יָסוּר מִדַּרְכֵי הַשֵּׂכֶל, אַךְ עוֹדֶנּוּ יִשְׁמוֹר עֶבְרָתוֹ. וְהִנֵּה זֶה רָחוֹק מִן הַהֶפְסֵד יוֹתֵר מֵהָרִאשׁוֹנִים שֶׁזָּכַרְנוּ, וְאַף גַּם זֹאת וַדַּאי שֶׁלֹּא הִגִּיעַ לִהְיוֹת נָקִי, כִּי אֲפִילוּ זָהִיר אֵינֶנּוּ עֲדַיִן, כִּי עַד שֶׁהַכַּעַס עוֹשֶׂה בּוֹ רוֹשֶׁם, לֹא יֵצֵא מִכְּלַל כַּעֲסָן.

וְיֵשׁ עוֹד פָּחוּת מִזֶּה, וְהוּא, שֶׁקָּשֶׁה לִכְעוֹס וְכַעְסוֹ לֹא לְהַשְׁחִית וְלֹא לְכַלֵּה, אֶלָּא כַּעַס מוּעָט. וְכַמָּה זַעְמוֹ? - רֶגַע וְלֹא יוֹתֵר, דְּהַיְינוּ, מִשָּׁעָה שֶׁהַכַּעַס מִתְעוֹרֵר בּוֹ בַּטֶּבַע עַד שֶׁגַּם הַתְּבוּנָה תִּתְעוֹרֵר כְּנֶגְדּוֹ. וְהוּא מַה שֶּׁאָמְרוּ חֲכָמֵינוּ זִכְרוֹנָם לִבְרָכָה "קָשֶׁה לִכְעֹס וְנוֹחַ לִרְצוֹת" (אבות ה'

אין לו מניע אחר אלא כעסו, ואל אשר יביאהו - ילך. הכעס מופיע בגלל שאתה מתנשא מעל אחרים. המתנשא מרשה לעצמו לכעוס על החברה. התכניות שלו חשובות ומרכזיות, והתכניות של האחרים - פחות. רוב הכעסים בעולם הם תוצאה של החשבה עצמית יתירה. "כל הכועס כאילו עובד עבודה זרה", כאילו הופך את עצמו לאלוהים, למרכז העולם. אם קרה משהו שלא על פי התכנון שלו, הוא מתפוצץ. הוא משוכנע בפנימיותו שכל העולם אמור להיות מתואם איתו...

"מי שבולם עצמו בשעת מריבה". העולם קיים בזכות מי שבולם את פיו בשעת מריבה. למה הקב"ה מקיים את הארץ? הרי יש בה המון חסרונות. יש בה חטאים ודברים לא טובים. אבל מה שמקיים אותה

י״א). הִנֵּה זֶה חֵלֶק טוֹב וַדַּאי, כִּי טֶבַע הָאָדָם מִתְעוֹרֵר לְכַעַס, וְאִם הוּא מִתְגַּבֵּר עָלָיו שֶׁאֲפִילוּ בִּשְׁעַת הַכַּעַס עַצְמוֹ לֹא יִבְעַר הַדִּבָּה, וּמִתְגַּבֵּר עָלָיו שֶׁאֲפִילוּ אוֹתוֹ הַכַּעַס הַקַּל לֹא יַעֲמוֹד בּוֹ זְמַן גָּדוֹל אֶלָּא יַעֲבוֹר וְיֵלֵךְ - וַדַּאי שֶׁרָאוּי לְשֶׁבַח הוּא.

וְאָמְרוּ זִכְרוֹנָם לִבְרָכָה "'תּוֹלֶה אֶרֶץ עַל בְּלִימָה' (איוב כ״ו ז׳) - עַל מִי שֶׁבּוֹלֵם אֶת עַצְמוֹ בִּשְׁעַת מְרִיבָה" (חולין פ״ט א׳). וְהַיְנוּ שֶׁכְּבָר נִתְעוֹרֵר טִבְעוֹ בְּכַעַס וְהוּא בְּהִתְגַּבְּרוּתוֹ בּוֹלֵם פִּיו.

אָמְנָם מִדָּתוֹ שֶׁל הִלֵּל הַזָּקֵן עוֹלָה עַל כָּל אֵלֶּה, שֶׁכְּבָר לֹא הָיָה מַקְפִּיד עַל שׁוּם דָּבָר וַאֲפִילוּ הִתְעוֹרְרוּת שֶׁל כַּעַס לֹא נַעֲשָׂה בּוֹ, זֶה הוּא וַדַּאי הַנָּקִי מִן הַכַּעַס מִכֹּל וָכֹל.

וְהִנֵּה אֲפִילוּ לְדָבָר מִצְוָה הִזְהִירוּנוּ זִכְרוֹנָם לִבְרָכָה שֶׁלֹּא לִכְעֹס, וַאֲפִילוּ הָרַב עִם תַּלְמִידוֹ וְהָאָב עִם בְּנוֹ. וְלֹא שֶׁלֹּא יְיַסְּרֵם, אֶלָּא יְיַסְּרֵם וִייַסְּרֵם, אַךְ מִבְּלִי כַּעַס, כִּי אִם לְהַדְרִיךְ אוֹתָם בַּדֶּרֶךְ הַיְשָׁרָה, וְהַכַּעַס שֶׁיֵּרָאֶה לָהֶם, יִהְיֶה כַּעַס הַפָּנִים וְלֹא כַּעַס הַלֵּב. וְאָמַר שְׁלֹמֹה "אַל תְּבַהֵל בְּרוּחֲךָ לִכְעוֹס" (קהלת ז׳ ט׳) וכו׳. וְאוֹמֵר "כִּי לֶאֱוִיל יַהֲרָג כָּעַשׂ" (איוב ה׳ ב׳).

וְאָמְרוּ זִכְרוֹנָם לִבְרָכָה "בִּשְׁלֹשָׁה דְבָרִים הָאָדָם נִכָּר - בְּכוֹסוֹ, בְּכִיסוֹ, בְּכַעְסוֹ" (עירובין ס״ה ב׳).

זה ההבנה שאפשר להתקדם, שיש לאן לשאוף. אדם ששולט על שכלו בשעת כעסו נמצא כל הזמן בהתקדמות, ועבורו נברא העולם.

הנקי מן הכעס מכל וכל. רק מי שאיננו כועס ראוי להיות מנהיג ישראל. זה פרמטר למנהיג. הנהגת השכל נמדדת לפי מידת הכעס. לכן המודל של מנהיג הוא הלל הזקן שהיה נשיא ישראל, עליו נאמר שאי אפשר להכעיסו. השורש של כל הכעסים הוא מידת הגאווה. אבל הלל היה ענוותן, הוא לא החשיב את רצונותיו יותר מרצונותיהם של אחרים.

"אדם ניכר בכוסו, כיסו וכעסו". כעס הוא התפרקות של האדם. השכל, ההגיון, הכוח האנושי הכי חשוב שלנו, הולך לאיבוד, ולכן

הַקִּנְאָה: גַּם הִיא אֵינָהּ אֶלָּא חֶסְרוֹן יְדִיעָה וְסִכְלוּת, כִּי אֵין הַמְקַנֵּא מַרְוִיחַ כְּלוּם לְעַצְמוֹ, וְגַם לֹא מַפְסִיד לְמִי שֶׁהוּא מִתְקַנֵּא בּוֹ. אֵינוֹ אֶלָּא מַפְסִיד לְעַצְמוֹ, וּכְמַאֲמַר הַכָּתוּב שֶׁזָּכַרְתִּי "וּפֹתֶה תָּמִית קִנְאָה" (איוב ה' ב'). וְאָמְנָם יֵשׁ מִי שֶׁסִּכְלוּתוֹ רַבָּה כָּל כָּךְ, עַד שֶׁאִם יִרְאֶה לַחֲבֵירוֹ אֵיזֶה טוֹבָה יִתְעַשֵּׁשׁ בְּעַצְמוֹ וְיִדְאַג וְיִצְטַעֵר, עַד שֶׁאֲפִילוּ הַטּוֹבוֹת שֶׁבְּיָדוֹ לֹא יְהַנּוּהוּ מִצַּעַר מַה שֶּׁהוּא רוֹאֶה בְּיַד חֲבֵירוֹ. וְהוּא מַה שֶּׁאָמַר עָלָיו הֶחָכָם "וּרְקַב עֲצָמוֹת קִנְאָה" (משלי י"ד ל').

אָמְנָם יֵשׁ אֲחֵרִים שֶׁאֵינָם מִצְטַעֲרִים וְכוֹאֲבִים כָּל כָּךְ, אַף עַל פִּי כֵן יַרְגִּישׁוּ בְּעַצְמָם אֵיזֶה צַעַר, וּלְפָחוֹת יִתְקָרֵר רוֹחָם בִּרְאוֹתָם אֶחָד עוֹלֶה אֵיזֶה מַעֲלָה יְתֵירָה - אִם לֹא יִהְיֶה מֵאוֹהֲבָיו הַיּוֹתֵר דְּבֵקִים לוֹ, כָּל שֶׁכֵּן אִם מֵאוֹתָם אֲשֶׁר אֵין לוֹ אַהֲבָה רַבָּה עִמּוֹ הוּא, כָּל שֶׁכֵּן אִם יִהְיֶה גֵּר מֵאֶרֶץ אַחֶרֶת. וְתִרְאֶה שֶׁבְּפִיהֶם אֶפְשָׁר שֶׁיֹּאמְרוּ דְּבָרִים כִּשְׂמֵחִים, אוֹ מוֹדִים עַל טוֹבָתוֹ, אַךְ לִבָּם רָפֶה בְּקִרְבָּם. וְהוּא דָּבָר יֶאֱרַע עַל הָרוֹב בְּרוֹב בְּנֵי הָאָדָם, כִּי אַף עַל פִּי שֶׁלֹּא יִהְיוּ בַּעֲלֵי קִנְאָה מַמָּשׁ, אָמְנָם לֹא נִיקוּ מִמֶּנָּה לְגַמְרֵי.

כָּל שֶׁכֵּן אִם בַּעַל אוּמָנוּתוֹ מַצְלִיחַ בָּהּ שֶׁכְּבָר כָּל אוּמָּן סָנֵי לְחַבְרֵיהּ

חשוב לעבוד על עצמנו ולהתגבר על הכעס, כי כל פעם שמתגברים על הכעס עולה המשקל של השכל בחיים שלנו.

הקנאה. היא הקצנה והעצמה של תחושת החיסרון, ובכך היא סוג של מנגנון השמדה עצמי. הרבה מתאוות הקניין מתחילה מהקנאה. אנשים קונים מוצרים שראו אצל חבריהם למרות שאין להם צורך בהם. אדם מקנא עד כדי כך שאפילו מה שיש לו לא שווה בעיניו כלום. תחושת החיסרון משתלטת על האישיות, הוא מתמלא צער על כך שיש לזולת ולו אין. הצער הזה הורג את האדם מבפנים. הקנאה היא ריקבון העצמיות.

אם מצליח בה יותר ממנו. בתוך הלב יש ריקבון, תחושת עוינות כלפי הצלחת הזולת. הקנאה מחבלת במשימה שלנו בעולם. באנו

(רבה בראשית י"ט ד') וְכָל שֶׁכֵּן אִם מַצְלִיחַ בָּהּ יוֹתֵר מִמֶּנּוּ. וְאָמְנָם לוּ יָדְעוּ וְלוּ יָבִינוּ כִּי אֵין אָדָם נוֹגֵעַ בַּמּוּכָן לַחֲבֵירוֹ אֲפִילוּ כִּמְלֹא נִימָא (יומא ל"ח ב') וְהַכֹּל כַּאֲשֶׁר לַכֹּל מֵ-ה' הוּא כְּפִי עֲצָתוֹ הַנִּפְלָאָה וְחָכְמָתוֹ הַבִּלְתִּי נוֹדַעַת, הִנֵּה לֹא הָיָה לָהֶם טַעַם לְהִצְטַעֵר בְּטוֹבַת רֵיעֵיהֶם כְּלָל. וְהוּא מַה שֶּׁיִּיעֵד לָנוּ הַנָּבִיא עַל הַזְּמַן הֶעָתִיד, שֶׁלְּמַעַן תִּהְיֶה טוֹבַת יִשְׂרָאֵל שְׁלֵמָה, יַקְדִּים הַקָּדוֹשׁ בָּרוּךְ הוּא לְהָסִיר מִלְּבָבֵנוּ הַמִּדָּה הַמְגוּנָּה הַזֹּאת, וְאָז לֹא יִהְיֶה צַעַר לְאֶחָד בְּטוֹבַת הָאַחֵר, וְגַם לֹא יִצְטָרֵךְ הַמַּצְלִיחַ לְהַסְתִּיר עַצְמוֹ וּדְבָרָיו מִפְּנֵי הַקִּנְאָה, וְהוּא מַה שֶּׁכָּתוּב "וְסָרָה קִנְאַת אֶפְרַיִם וְצֹרְרֵי יְהוּדָה יִכָּרֵתוּ אֶפְרַיִם לֹא יְקַנֵּא אֶת יְהוּדָה" וכו' (ישעיה י"א י"ג). הוּא הַשָּׁלוֹם וְהַשַּׁלְוָה אֲשֶׁר לְמַלְאֲכֵי הַשָּׁרֵת, אֲשֶׁר כֻּלָּם שְׂמֵחִים בַּעֲבוֹדָתָם - אִישׁ אִישׁ עַל מְקוֹמוֹ, וְאֵין אֶחָד מִתְקַנֵּא בַּחֲבֵירוֹ כְּלָל, כִּי כֻּלָּם יוֹדְעִים הָאֱמֶת לַאֲמִתּוֹ, וַעֲלֵזִים עַל הַטּוֹב אֲשֶׁר בְּיָדָם וּשְׂמֵחִים בְּחֶלְקָם.

וְתִרְאֶה, כִּי אֲחוֹת הַקִּנְאָה הִיא הַחֶמְדָּה וְהַתַּאֲוָה: הֲלֹא הִיא הַמְיַגַּעַת לֵב הָאָדָם עַד יוֹם מוֹתוֹ, וּכְמַאֲמָרָם זִכְרוֹנָם לִבְרָכָה "אֵין אָדָם מֵת וַחֲצִי תַּאֲוָתוֹ בְּיָדוֹ" (רבה קהלת א' י"ג). וְאָמְנָם עִיקַּר הַתַּאֲוָה פּוֹנֶה לִשְׁנֵי רָאשִׁים:

לעולם כדי להתקדם מבחינה מוסרית, והקנאה יוצרת חולשה נפשית פנימית כי היא מסיחה את הדעת מיתרונותינו. באותו זמן שיכולנו להתקדם ולעשות דברים טובים, אישיותנו מוחלשת ונרקבת.

"הכל כאשר לכל מה' הוא". את הקנאה מנקים על ידי הידיעה שאין שום קשר בין מה שיש לזולת למה שיש לך. הזולת לא לקח ממך דבר. לכל אחד נותן הקב"ה את מה שהוא צריך ואסור לאדם לחשוב שמה שיש לזולת נלקח ממנו.

"חצי תאוותו בידו". לגאווה ולכעס יש מכנה משותף, והוא החשבה עצמית יתירה של האדם את עצמו. בניגוד לגאווה, מקורן של הקנאה והתאווה איננו בהחשבה העצמית אלא במפגש של האדם

הָאֶחָד הוּא הַמָּמוֹן, וְהַשֵּׁנִי הוּא הַכָּבוֹד. שְׁנֵיהֶם כְּאֶחָד רָעִים מְאֹד וְגוֹרְמִים לָאָדָם רָעוֹת רַבּוֹת.

הִנֵּה חֶמְדַּת הַמָּמוֹן: הִיא הָאוֹסֶרֶת אוֹתוֹ בְּמַאֲסַר הָעוֹלָם, וְנוֹתֶנֶת עֲבוֹדוֹת הֶעָמָל וְהָעֵסֶק עַל זְרוֹעוֹתָיו, כְּעִנְיַן הַכָּתוּב "אוֹהֵב כֶּסֶף לֹא יִשְׂבַּע כֶּסֶף" (קהלת ה' ט')**. הִיא הַמְסִירָה אוֹתוֹ מִן הָעֲבוֹדָה, כִּי הִנֵּה כַּמָּה תְּפִילּוֹת נֶאֱבָדוֹת וְכַמָּה מִצְוֹת נִשְׁכָּחוֹת מִפְּנֵי רוֹב הָעֵסֶק וִיגִיעַת הֲמוֹן הַסְּחוֹרָה - כָּל שֶׁכֵּן תַּלְמוּד תּוֹרָה. וּכְבָר אָמְרוּ זִכְרוֹנָם לִבְרָכָה "'לֹא מֵעֵבֶר לַיָּם הִיא'** (דברים ל' י"ג) **- בְּאוֹתָם שֶׁהוֹלְכִים מֵעֵבֶר לַיָּם בִּסְחוֹרָה"** (עירובין נ"ה א')**, וְכֵן שָׁנִינוּ "לֹא כָּל הַמַּרְבֶּה בִּסְחוֹרָה מַחְכִּים"** (אבות ב' ה')**.**

עם הסביבה. בקנאה אדם מרגיש כמה חסר לו, כמה אין לו, וגם התאווה שורשה דומה. היא בנויה על התחושה שבחוץ יש דברים שהוא זקוק להם. התאווה והחמדה קובעות שהציר המרכזי של האדם נמצא מחוץ לו, שבפנימיותו אין לו כלום משלו.

חמדת הממון. כסף מלשון כיסופים לממון. לכיסופים אלה, כידוע אין סוף. מהות הכסף היא שכל הזמן אפשר לכסוף, להוסיף עוד אפס למספרים. אט אט האדם משתעבד לצורך בהון, ברכוש, וכבר איננו בן חורין. זהו תהליך אינסופי.

תמיד יש רכוש נוסף שעדיין לא הושג, והכול זמין בחוץ אם תתאמץ מספיק. וכיוון שהכול בחוץ, דרוש המון עמל - אך זהו עמל של התעסקות חסרת תכלית. האדם הופך כבול לתחרות אינסופית. אם הוא עובד לכסף, הוא לא חי יותר מבחינה נפשית. משום שהעבודה, מטרתה להגדיל את החיים. אם האדם רק אוהב כסף הוא אמנם עובד, אבל חייו אינם גדלים. יש פה עבודה שמבטלת את מושג העבודה האמתי. התפילה נקראת עבודה שבלב, ושם האדם גדל. זו עבודה שמגדילה את איכות החיים, את ההרגשות והרצונות. ואילו אדם שמוטרד מכסף אינו מצליח להתפלל.

חמדת הכבוד. חמדת הכבוד גרועה אף יותר. יש בכל אדם תחושה עמוקה כאילו המעמד, הסטטוס, ההגדרה החברתית, הם נקודת

הִיא הַמּוֹסֶרֶת אוֹתוֹ לְסַכָּנוֹת רַבּוֹת וּמַתֶּשֶׁת אֶת כֹּחוֹ בְּרוֹב הַדְּאָגָה, אֲפִילוּ אַחֲרֵי הַשִּׂיגוֹ הַרְבֵּה, וְכֵן שָׁנִינוּ (אבות ב׳ ז׳) "מַרְבֶּה נְכָסִים מַרְבֶּה דְאָגָה".
הִיא הַמַּעֲבֶרֶת פְּעָמִים רַבּוֹת עַל מִצְוֹת הַתּוֹרָה וַאֲפִילוּ עַל חוּקּוֹת הַשֵּׂכֶל הַטִּבְעִיִּים.
יְתֵרָה עָלֶיהָ חֶמְדַּת הַכָּבוֹד: כִּי כְּבָר הָיָה אֶפְשָׁר שֶׁיִּכְבּוֹשׁ הָאָדָם אֶת יִצְרוֹ עַל הַמָּמוֹן וְעַל שְׁאָר הַהֲנָאוֹת, אַךְ הַכָּבוֹד הוּא הַדּוֹחֵק, כִּי אִי אֶפְשָׁר לוֹ לִסְבּוֹל וְלִרְאוֹת אֶת עַצְמוֹ פָּחוּת מֵחֲבֵירָיו, וְעַל דָּבָר זֶה נִכְשְׁלוּ רַבִּים וְנֶאֶבְדוּ. הִנֵּה יָרָבְעָם בֶּן נְבָט לֹא נִטְרַד מֵהָעוֹלָם הַבָּא

הקיום שלי. אם אני במעמד חברתי נמוך אני כביכול בבעיה קיומית, ועל זה 'יוצאים לקרב', עד כדי כך שאנשים מוכנים לוותר על רכושם אם הדבר פוגע להם בכבוד. במשוואה של ממון מול כבוד, אנשים מעדיפים להישאר בלי עבודה ובלבד שלא ייפגע להם הכבוד. אדם מרגיש עוגמת נפש, חנק נפשי לראות את עצמו פחות מוצלח מחבריו. זו תחושה מעיקה מאוד, שגורמת סבל רב וכישלונות אדירים, ולא רק בתחום הכלכלי.

גם הכישלונות של גדולי העולם נבעו מחמדת הכבוד. הדוגמאות של ירבעם שלא רצה להיות שני לדוד, קרח שרצה להיות יותר ממשה, ובמיוחד שאול המלך, שהגיע למצב שהוא רוצה להרוג את דוד. שפיותו ואף בריאותו התקלקלו בגלל הכבוד. מה שמעסיק אותו זה מה הנשים אמרו עליו ועל דוד - מלך ישראל מגדיר את עצמו לפי מה שאומרות הנשים. הרבה דברים שהיום נראים לנו חשובים, אינם חשובים באמת, אלמלא הכבוד. בגדים יפים, המראה החיצוני של הבית. מה הטעם בכל אלו? הבית שלך זה לא אתה, הבגד שלך זה לא אתה, איזה רכב יש לך זה גם לא אתה. מי אתה? אתה האישיות שלך. כך קורה שהאדם יכול לגרום נזק לחברה שלמה בגלל הכבוד שלו. במקום שיעשה דברים שטובים לחברה, הכבוד מביא אותו לפגוע בכולם. חמדת הכבוד יכולה להביא לשפיכות דמים.

אֶלָּא בַּעֲבוּר הַכָּבוֹד, הוּא מַה שֶּׁאָמְרוּ זִכְרוֹנָם לִבְרָכָה "תְּפָסוֹ הַקָּדוֹשׁ בָּרוּךְ הוּא בְּבִגְדוֹ, וְאָמַר לוֹ:
'חֲזֹר בְּךָ, וַאֲנִי וְאַתָּה וּבֶן יִשַׁי נְטַיֵּל בְּגַן עֵדֶן',
אָמַר לוֹ - 'מִי בָּרֹאשׁ?'
אָמַר לוֹ - 'בֶּן-יִשַׁי בָּרֹאשׁ'.
אָמַר לוֹ - 'אִי הָכֵי לָא בָּעִינָא'" (סנהדרין ק"ב א').

מִי גָּרַם לְקֹרַח שֶׁיֹּאבַד הוּא וְכָל עֲדָתוֹ עִמּוֹ? אֶלָּא מִפְּנֵי הַכָּבוֹד, וּמִקְרָא מָלֵא הוּא "וּבִקַּשְׁתֶּם גַּם כְּהֻנָּה" (במדבר ט"ז י'). וַחֲכָמֵינוּ זִכְרוֹנָם לִבְרָכָה (רבה במדבר י"ח ב') הִגִּידוּ לָנוּ, כִּי כָל זֶה נִמְשַׁךְ מִפְּנֵי שֶׁרָאָה אֱלִיצָפָן בֶּן עֻזִּיאֵל נָשִׂיא, וְהָיָה רוֹצֶה לִהְיוֹת הוּא נָשִׂיא בִּמְקוֹמוֹ. הוּא שֶׁגָּרַם לְפִי דַעַת חֲכָמֵינוּ זִכְרוֹנָם לִבְרָכָה (זהר ג' קנ"ח א') אֶל הַמְרַגְּלִים שֶׁיּוֹצִיאוּ דִבָּה עַל הָאָרֶץ, וְגָרְמוּ מִיתָה לָהֶם וּלְכָל דּוֹרָם מִיִּרְאָתָם פֶּן יִמְעַט כְּבוֹדָם בִּכְנִיסַת הָאָרֶץ, שֶׁלֹּא יִהְיוּ הֵם נְשִׂיאִים לְיִשְׂרָאֵל וְיַעַמְדוּ אֲחֵרִים בִּמְקוֹמָם.

עַל מָה הִתְחִיל שָׁאוּל לֶאֱרוֹב אֶל דָּוִד? אֶלָּא מִפְּנֵי הַכָּבוֹד, שֶׁנֶּאֱמַר "וַתַּעֲנֶינָה הַנָּשִׁים הַמְשַׂחֲקוֹת וַתֹּאמַרְנָה, הִכָּה שָׁאוּל וכו' וַיְהִי שָׁאוּל עוֹיֵן אֶת דָּוִד מֵהַיּוֹם הַהוּא וָהָלְאָה" (שמואל א. י"ח ז'-ט').

מִי גָּרַם לוֹ לְיוֹאָב שֶׁיָּמִית אֶת עֲמָשָׂא? אֶלָּא הַכָּבוֹד. שֶׁאָמַר לוֹ דָּוִד "אִם לֹא שַׂר צָבָא תִּהְיֶה לְפָנַי כָּל הַיָּמִים" (שמואל ב. י"ט ד').

כְּלָלוֹ שֶׁל דָּבָר, הַכָּבוֹד הוּא הַדּוֹחֵק אֶת לֵב הָאָדָם יוֹתֵר מִכָּל הַתְּשׁוּקוֹת וְהַחֶמְדּוֹת שֶׁבָּעוֹלָם. אִלּוּלֵי זֶה כְּבָר הָיָה הָאָדָם מִתְרַצֶּה לֶאֱכֹל מַה שֶּׁיּוּכַל. לִלְבֹּשׁ מַה שֶּׁיְּכַסֶּה עֶרְוָתוֹ, וְלִשְׁכּוֹן בְּבַיִת שֶׁתַּסְתִּירֵהוּ מִן הַפְּגָעִים. וְהָיְתָה פַּרְנָסָתוֹ קַלָּה עָלָיו, וְלֹא הָיָה צָרִיךְ לְהִתְיַגֵּעַ לְהַעֲשִׁיר כְּלָל. אֶלָּא שֶׁלְּבִלְתִּי רְאוֹת עַצְמוֹ שָׁפָל וּפָחוּת מֵרֵיעָיו - מַכְנִיס עַצְמוֹ

וראוי הנקי להינקות ולהיטהר ממנו טהרה גמורה. למה נדמה לך שהמעמד החברתי שלך חשוב יותר מהמעמד הרוחני שלך? עבד ה' הוא אדם שההתקדמות הרוחנית שלו היא מרכז החיים שלו,

בְּעָבִי הַקּוֹרָה הַזֹּאת וְאֵין קֵץ לְכָל עֲמָלוֹ. עַל כֵּן אָמְרוּ רַבּוֹתֵינוּ זִכְרוֹנָם לִבְרָכָה "הַקִּנְאָה וְהַתַּאֲוָה וְהַכָּבוֹד מוֹצִיאִין אֶת הָאָדָם מִן הָעוֹלָם" (אבות ד' כ"א).

וְהִזְהִירוּנוּ "אַל תְּבַקֵּשׁ גְּדֻלָּה וְאַל תַּחְמֹד כָּבוֹד" (אבות ו' ד'). כַּמָּה הֵם שֶׁמִּתְעַנִּים בָּרָעָב וְיַשְׁפִּילוּ אֶת עַצְמָם לְהִתְפַּרְנֵס מִן הַצְּדָקָה - וְלֹא יִתְעַסְּקוּ בִּמְלָאכָה שֶׁלֹּא תִּהְיֶה מְכוּבֶּדֶת בְּעֵינֵיהֶם, מִיִּרְאָתָם פֶּן יִמְעַט כְּבוֹדָם.

הֲיֵשׁ לְךָ הוֹלֵלוּת גָּדוֹל מִזֶּה?

וְיוֹתֵר יִרְצוּ בְּבַטָּלָה הַמְּבִיאָה לִידֵי שִׁעֲמוּם וְלִידֵי זִמָּה וְלִידֵי גָּזֵל וְלִידֵי כָּל גּוּפֵי עֲבֵירוֹת, שֶׁלֹּא לְהַשְׁפִּיל מַעֲלָתָם וּלְהַבְזוֹת כְּבוֹדָם הַמְּדוּמֶּה. וְאָמְנָם חֲכָמֵינוּ זִכְרוֹנָם לִבְרָכָה, אֲשֶׁר הוֹרוּנוּ וְהִדְרִיכוּנוּ תָּמִיד בְּדַרְכֵי הָאֱמֶת, אָמְרוּ "אֱהֹב אֶת הַמְּלָאכָה וּשְׂנָא אֶת הָרַבָּנוּת" (אבות א' י'). וְאָמְרוּ עוֹד "פְּשׁוֹט נְבֵלְתָּא בְּשׁוּקָא וְלָא תֵּימָא, כָּהֲנָא אֲנָא, וְגַבְרָא רַבָּא אֲנָא" (פסחים קי"ג א'). וְאָמְרוּ עוֹד "לְעוֹלָם יַעֲבֹד אָדָם עֲבוֹדָה שֶׁהִיא זָרָה לוֹ וְאַל יִצְטָרֵךְ לַבְּרִיּוֹת" (בבא בתרא ק"י א').

כְּלַל הַדְּבָרִים, הַכָּבוֹד הוּא מִן הַמִּכְשׁוֹלוֹת הַיּוֹתֵר גְּדוֹלִים אֲשֶׁר לָאָדָם, וְאִי אֶפְשָׁר לוֹ לִהְיוֹת עֶבֶד נֶאֱמָן לְקוֹנוֹ כָּל זְמַן שֶׁהוּא חָס עַל כְּבוֹד עַצְמוֹ, כִּי עַל כָּל פָּנִים יִצְטָרֵךְ לְמַעֵט בִּכְבוֹד שָׁמַיִם מִפְּנֵי סִכְלוּתוֹ זֶה. הוּא מַה שֶּׁאָמַר דָּוִד הַמֶּלֶךְ עָלָיו הַשָּׁלוֹם "וּנְקַלֹּתִי עוֹד מִזֹּאת וְהָיִיתִי שָׁפָל בְּעֵינָי" (שמואל ב. ו' כ"ב). וְהַכָּבוֹד הָאֲמִיתִּי אֵינוֹ אֶלָּא יְדִיעַת הַתּוֹרָה בֶּאֱמֶת. וְכֵן אָמְרוּ זִכְרוֹנָם לִבְרָכָה "אֵין כָּבוֹד אֶלָּא תּוֹרָה, שֶׁנֶּאֱמַר "כָּבוֹד חֲכָמִים יִנְחָלוּ"" (אבות ו' ג'), וְזוּלָתָהּ אֵינוֹ אֶלָּא כָּבוֹד מְדוּמֶּה וְכוֹזֵב, הֶבֶל וְאֵין בּוֹ מוֹעִיל. וְרָאוּי הַנָּקִי לְהִנָּקוֹת וּלְהִטָּהֵר מִמֶּנּוּ טָהֳרָה גְּמוּרָה אָז יַצְלִיחַ.

ואם יותר חשוב לך המעמד החברתי לא תוכל להיות עבד ה'. לא תוכל להיות מסור באמת משום שמשהו בהתמסרות שלך לתכנים השמימיים יתמעט. הדרך הכי טובה לאזן את הכבוד היא להציב

וְהִנֵּה כִּלַּלְתִּי עַד הֵנָּה רַבִּים מִפְּרָטֵי הַנְּקִיּוּת, וְזֶה בִּנְיַן אָב לְכָל שְׁאָר הַמִּצְוֹת וְהַמִּדּוֹת כּוּלָּם. "יִשְׁמַע חָכָם וְיוֹסִיף לֶקַח וְנָבוֹן תַּחְבֻּלוֹת יִקְנֶה" (משלי א׳ ה׳).

וְהִנֵּה אֵינֶנִּי יָכוֹל לְהַכְחִישׁ שֶׁיֵּשׁ קְצָת טוֹרַח לְאָדָם לְהַגִּיעַ אֶל הַנְּקִיּוּת הַזֶּה. אַף עַל פִּי כֵן אוֹמֵר אֲנִי שֶׁאֵין צָרִיךְ כָּל כָּךְ כְּמוֹ שֶׁנִּרְאֶה לִכְאוֹרָה, וְהַמַּחֲשָׁבָה בַּדָּבָר הַזֶּה קָשָׁה מִן הַמַּעֲשֶׂה. כִּי כַּאֲשֶׁר יָשִׂים הָאָדָם בְּלִבּוֹ וְיִקְבַּע בִּרְצוֹנוֹ בִּקְבִיעוּת לִהְיוֹת מִבַּעֲלֵי הַמִּדָּה הַטּוֹבָה הַזֹּאת, הִנֵּה בִּמְעַט הֶרְגֵּל שֶׁיַּרְגִּיל עַצְמוֹ בָּזֶה, תָּשׁוּב לוֹ קַלָּה הַרְבֵּה יוֹתֵר מִמַּה שֶּׁהָיָה יָכוֹל לַחְשׁוֹב, וְזֶה דָּבָר שֶׁהַנִּסָּיוֹן יוֹכִיחַ אֲמִיתּוֹ.

את הכבוד האמתי, מי אני? התורה שבי. אם אדם מתפתה לחשוב על דבר אחר, הוא ייפול מיד. תורה היא שם קוד לכל ההתפתחות הרוחנית של האדם.

פרק יב

בדרכי קנית הנקיות

בְּעֵינָי". וְהַכָּבוֹד הָאֲמִתִּי אֵינוֹ אֶלָּא יְדִיעַת הַתּוֹרָה בֶּאֱמֶת, וְכֵן אָמְרוּ זִכְרוֹנָם לִבְרָכָה (אבות ו, ג): אֵין כָּבוֹד אֶלָּא תּוֹרָה, שֶׁנֶּאֱמַר (משלי ג, לה): "כָּבוֹד חֲכָמִים יִנְחָלוּ"; וְזוּלָתָהּ אֵינוֹ אֶלָּא כָּבוֹד מְדֻמֶּה וְכוֹזֵב, הֶבֶל וְאֵין בּוֹ מוֹעִיל, וְרָאוּי הַנָּקִי

לְהִנָּקוֹת וּלְהִטַּ... יַצְלִיחַ.

וְהִנֵּה כְּלָל... ־אָב

שֶׁהָיָה יָכוֹל לַחְשֹׁב. זֶה

... יוֹכִיחַ אֲמִתּוֹ.

פֶּרֶק יב

...י קְנִיַּת הַנְּקִיּוּת

לִקְנוֹת הַנְּקִיּוּת — הוּא הַתְמָדַת

...כָמִים זִכְרוֹנָם לִבְרָכָה, אִם בְּעִנְיְנֵי

...רִים. כִּי הִנֵּה אַחַר שֶׁכְּבָר הִתְאַמֵּת

...צֹּרֶךְ בּוֹ, אַחַר שֶׁכְּבָר הִשִּׂיג

...בְּדַרְכֵי קְנִיָּתָם וְהִתְרַחֵק

הִנֵּה הָאֶמְצָעִי הָאֲמִ... הוּא הַתְמָדַת

הַקְּרִיאָה בְּדִבְרֵי הַחֲכָמִים זִכְרוֹנָם לִבְרָכָה, אִם בְּעִנְיְנֵי הַהֲלָכוֹת, וְאִם בְּעִנְיְנֵי הַמּוּסָרִים. כִּי הִנֵּה אַחַר שֶׁכְּבָר הִתְאַמֵּת אֵצֶל הָאָדָם חוֹבַת הַנְּקִיּוּת וְהַצֹּרֶךְ בּוֹ, אַחַר שֶׁכְּבָר הִשִּׂיג הַזְּהִירוּת וְהַזְּרִיזוּת, בַּמֶּה שֶׁנִּתְעַסֵּק בְּדַרְכֵי קְנִיָּתָם וְהִתְרַחֵק

הִנֵּה הָאֶמְצָעִי הָאֲמִתִּי לִקְנוֹת הַנְּקִיּוּת, הִיא הַתְמָדַת הַקְּרִיאָה בְּדִבְרֵי הַחֲכָמִים זִכְרוֹנָם לִבְרָכָה, אִם בְּעִנְיְנֵי הַהֲלָכוֹת וְאִם בְּעִנְיְנֵי הַמּוּסָרִים. כִּי הִנֵּה אַחַר שֶׁכְּבָר הִתְאַמֵּת אֵצֶל הָאָדָם חוֹבַת הַנְּקִיּוּת וְהַצּוֹרֶךְ בּוֹ, אַחַר שֶׁכְּבָר הִשִּׂיג הַזְּהִירוּת וְהַזְּרִיזוּת בְּמָה שֶׁנִּתְעַסֵּק בְּדַרְכֵי קְנִיָּתָם, וְהִתְרַחֵק מִמַּפְסִידֵיהֶם, הִנֵּה לֹא יִשָּׁאֲרוּ לוֹ עַתָּה עִכּוּבִים לִקְנוֹת הַנְּקִיּוּת אֶלָּא יְדִיעַת הַדִּקְדּוּקִים אֲשֶׁר בַּמִּצְוֹת כְּדֵי שֶׁיּוּכַל לִיזָּהֵר בְּכֻלָּם. וְעַל כֵּן הִנֵּה צָרִיךְ לוֹ בְּהֶכְרֵחַ יְדִיעַת הַהֲלָכוֹת עַל בּוּרְיָם, לָדַעַת עַנְפֵי

בדרכי קניית הנקיות. פרק הסיכום של מידת הנקיות מהווה גם מעבר ממערכה למערכה, מהנקיות לפרישות. השלמת העבודה העצמית שלנו על מידת הנקיות היא השלמה של כל המערכה הכוללת את מידות הזהירות, הזריזות והנקיות. זו המערכה הראשונה של עבודת ה׳ שניתן להגדיר אותה באמצעות הכותרת - להיות צדיק, כאשר צדיק הוא מי שמקיים את כל התורה.

ידיעת הדקדוקים אשר במצוות. הקומה הראשונה בעבודת ה׳ בנויה משני יסודות: זהירות וזריזות. כמו שראינו, הנקיות היא שכלול ובירור של הזהירות והזריזות. המהפכה התפיסתית כבר התרחשה בעבודה על הזהירות והזריזות, והנקיות שאחריהן מרחיבה ומממשת בגבורה את המידות הראשונות.

מטרת הנקיות היא לוודא שהזהירות והזריזות מתבצעות. לכן הדרך לקנות את הנקיות היא בקריאה עמוקה של הפרטים ועיסוק בפרטים. אחרי ששינינו את התודעה בעזרת הזהירות והזריזות, אנחנו ממשיכים לדייק בפרטים על ידי הלימוד וההתמדה. כי אחרי שהשגנו אותן ממילא נבקש להיות נקיים, ולא צריכים להיות לנו שום עיכובים בכך, צריך רק להכיר את כל הפרטים. אני צריך את המודעות לפרטים הקטנים, כי את הרצון יש לי כבר.

הַמִּצְוֹת עַד הֵיכָן הֵם מַגִּיעִים. וְגַם לְפִי שֶׁהַשִּׁכְחָה מְצוּיָה בַּדְּבָרִים הַדַּקִּים הָאֵלֶּה, הִנֵּה תִּצְטָרֵךְ לוֹ הַתְמָדַת הַקְּרִיאָה בַּסְּפָרִים הַמְבָאֲרִים אֵלֶּה הַדִּקְדּוּקִים, לְמַעַן חַדֵּשׁ בְּשִׂכְלוֹ זְכִירָתָם, אָז וַדַּאי שֶׁיִּתְעוֹרֵר לְקַיְּמָם. וְכֵן בְּעִנְיַן הַמִּדּוֹת מוּכְרַחַת לוֹ קְרִיאַת מַאַמְרֵי הַמּוּסָר לַקַּדְמוֹנִים אוֹ לָאַחֲרוֹנִים. כִּי פְּעָמִים רַבּוֹת אֲפִילוּ אַחַר שֶׁיִּקְבַּע הָאָדָם בְּעַצְמוֹ לִהְיוֹת מִן הַמְדַקְדְּקִים הַנְּקִיִּים - אֶפְשָׁר לוֹ שֶׁיֶּאְשַׁם בִּפְרָטִים מִפְּנֵי שֶׁלֹּא הִגִּיעָה יְדִיעָתוֹ בָּהֶם, כִּי אֵין אָדָם נוֹלָד חָכָם, וְאִי אֶפְשָׁר לוֹ לָדַעַת אֶת הַכֹּל. אַךְ בִּקְרִיאַת הַדְּבָרִים יִתְעוֹרֵר בַּמֶּה שֶׁלֹּא יָדַע, וְיִתְבּוֹנֵן בַּמֶּה שֶׁלֹּא

אלה הדקדוקים. אנו עוסקים בלימוד ההלכה. על מנת לדעת את ההלכות מספיקה קריאה אחת, אבל ההתמדה בלימוד נחוצה על מנת להתמודד עם "השכחה המצויה בדברים הדקים". יש לנו נטייה לשכוח. יש לנו נטייה להתיר אף בחוסר תשומת לב, שכן חלק מהדברים אינם חד משמעיים. יש לנו הרבה סברות טבעיות, אישיות וחברתיות הגורמות לשכוח. מאבק החיים ההישגי גורם לנו לחשוב שהכול כשורה, והתחושה הזו מעלימה את הפרטים, ואז אנו נכשלים. מה שמתאים להגיון שלנו אנו זוכרים, מה שאינו משתלב איתו אנו נוטים לשכוח, ולכן ההתמדה איננה עצם הלימוד עצמו, אלא שינוי התפיסה. גם לימוד צייתני וחסר מקוריות גורם לשכחה. אנו צריכים לימוד יצירתי המחולל שינוי, אותו לא נשכח.

למען חדש בשכלו זכירתם, אז ודאי שיתעורר לקיימם. החידוש הוא החשוב, השינוי בתפיסה. זו עליית המדרגה. תשומת לב לפרטים בניגוד למה שמתחולל בנו באופן טבעי, היא המקדמת אותנו. ההבדל בין צדיק לחסיד הוא שצדיק מציית וחסיד יוצר, ולכן נאמר "ולא עם הארץ חסיד" (אבות ב). הבדל זה מסמן את הנקיות כחוליית מעבר. הלימוד, השינון וההקפדה ישנו לנו את אורח המחשבה. בתחילה זה אולי ייראה כשיגעון, אבל אט אט יגיע השינוי.

הַשְּׂכִיל מִתְּחִלָּה וַאֲפִילוּ בַּמֶּה שֶׁלֹּא יִמְצָא בַּסְּפָרִים עַצְמָם, כִּי בִּהְיוֹת שִׂכְלוֹ נֵעוֹר עַל הַדָּבָר הוֹלֵךְ וּמַשְׂגִּיחַ הוּא עַל כָּל הַצְּדָדִין וּמַמְצִיא עִנְיָנִים חֲדָשִׁים מִמְּקוֹר הָאֱמֶת.

וְאָמְנָם מַפְסִידֵי הַמִּדָּה הַזֹּאת הִנֵּה הֵם כָּל מַפְסִידֵי הַזְּהִירוּת, וְנוֹסָף עֲלֵיהֶם חֶסְרוֹן הַבְּקִיאוּת בִּידִיעַת הַדִּינִים אוֹ הַמּוּסָרִים כְּמוֹ שֶׁכָּתַבְתִּי. וּכְבָר אָמְרוּ רַבּוֹתֵינוּ זִכְרוֹנָם לִבְרָכָה "וְלֹא עַם הָאָרֶץ חָסִיד" (אבות ב' ה'), כִּי מִי שֶׁלֹּא יֵדַע - אִי אֶפְשָׁר לוֹ לַעֲשׂוֹת. וְכֵן אָמְרוּ "תַּלְמוּד גָּדוֹל שֶׁהַתַּלְמוּד מֵבִיא לִידֵי מַעֲשֶׂה" (קדושין מ' ב').

מוכרחת לו קריאת מאמרי המוסר לקדמונים או אחרונים. הצורך שלנו בלימוד תמידי לתיקון המידות נועד לעזור לנו להתמודד עם אין סוף אתגרים חדשים שהמציאות יוצרת. כל אדם מתמודד עם נפשו שלו, וחייב ליצור תמיד רעיונות חדשים משלו. לכן האתגר בהתמדה בלימוד המוסר הוא השינוי, ולא הידע, השינון או פחד השכחה. זו הנקיות, ועל ידה נבנה קומה חדשה בבניין המוסר. בתחילה ניצור את השינוי בחשיבה על מנת שהיא תתאים להיגיון של התורה, ובהמשך התהליך, יצירתיות וחידוש יקדמו אותנו לקומה הבאה של הפרישות והחסידות.

וממציא עניינים חדשים ממקור האמת. *ספר הלכה צריך להבין או לפרש, אבל מסילת ישרים מלמד אותי להיות יצירתי. כל אדם צריך לחבר לעצמו ספר מוסר, שהרי המטרה של ספר מוסר היא להתעורר לחשוב על מה שלא כתוב בו, שהמחשבה תתמקד במוסר, שהנפש תתעסק.*

תלמוד גדול, שהתלמוד מביא לידי מעשה. *כלום מעשה בא לידך? המעשה הוא העיקר. המבחן הוא אם אני מיישם את מה שלמדתי.*

פרק יג

בבאור מדת הפרישות

הַפְּרִישׁוּת, הִיא תְּחִלַּת הַחֲסִידוּת. וְתִרְאֶה שֶׁכָּל מַה שֶּׁבֵּאַרְנוּ עַד עַתָּה הוּא מַה שֶּׁמִּצְטָרֵךְ אֶל הָאָדָם לְשֶׁיִּהְיֶה צַדִּיק. וּמִכָּאן וּלְהַלְאָה הוּא לְשֶׁיִּהְיֶה חָסִיד.

וְנִמְצָא הַפְּרִישׁוּת עִם הַחֲסִידוּת הוּא כְּמוֹ הַזְּהִירוּת עִם הַזְּרִיזוּת, שֶׁזֶּה "בְּסוּר מֵרָע" וְזֶה "בַּעֲשֵׂה טוֹב".

וְהִנֵּה כְּלַל הַפְּרִישׁוּת הוּא מַה שֶּׁאָמְרוּ זִכְרוֹנָם לִבְרָכָה "קַדֵּשׁ עַצְמְךָ בַּמּוּתָּר לָךְ" (יבמות כ' א'), וְזֹאת הִיא הוֹרָאָתָהּ שֶׁל הַמִּלָּה עַצְמָהּ פְּרִישׁוּת. רוֹצֶה לוֹמַר, לִהְיוֹת פּוֹרֵשׁ וּמַרְחִיק עַצְמוֹ מִן הַדָּבָר, וְהַיְינוּ שֶׁאוֹסֵר עַל עַצְמוֹ דְּבַר הֶיתֵּר - וְהַכַּוָּנָה בָּזֶה לְשֶׁלֹּא יִפְגַּע בָּאִיסּוּר עַצְמוֹ. וְהָעִנְיָן, שֶׁכָּל דָּבָר שֶׁיּוּכַל לְהִוָּלֵד מִמֶּנּוּ גְּרָמַת רַע, אַף עַל פִּי שֶׁעַכְשָׁו אֵינוֹ גּוֹרֵם לוֹ, וְכָל שֶׁכֵּן שֶׁאֵינֶנּוּ רַע מַמָּשׁ, יַרְחִיק וְיִפְרוֹשׁ מִמֶּנּוּ.

וְהִתְבּוֹנֵן וְתִרְאֶה שֶׁיֵּשׁ כָּאן שָׁלֹשׁ מַדְרֵגוֹת: יֵשׁ הָאִסּוּרִים עַצְמָם. וְיֵשׁ סְיָיגוֹתֵיהֶם - וְהֵם הַגְּזֵירוֹת וְהַמִּשְׁמָרוֹת שֶׁגָּזְרוּ חֲכָמֵינוּ זִכְרוֹנָם לִבְרָכָה עַל כָּל יִשְׂרָאֵל. וְיֵשׁ הַהַרְחָקִים שֶׁמּוּטָּל עַל כָּל פָּרוּשׁ וּפָרוּשׁ לַעֲשׂוֹת - לִהְיוֹת כּוֹנֵס בְּתוֹךְ שֶׁלּוֹ וּבוֹנֶה גְּדָרִים לְעַצְמוֹ, דְּהַיְינוּ, לְהַנִּיחַ מִן הַהֶיתֵּרִים עַצְמָם שֶׁלֹּא נֶאֶסְרוּ לְכָל יִשְׂרָאֵל וְלִפְרוֹשׁ מֵהֶם, כְּדֵי שֶׁיִּהְיֶה מְרוּחָק מִן הָרַע הֶרְחֵק גָּדוֹל.

וְאִם תֹּאמַר, מִנַּיִן לָנוּ לִהְיוֹת מוֹסִיפִים וְהוֹלְכִים בָּאִסּוּרִים, וַהֲרֵי חֲכָמֵינוּ זִכְרוֹנָם לִבְרָכָה אָמְרוּ "לֹא דַּיֶּיךָ מַה שֶּׁאָסְרָה תוֹרָה שֶׁאַתָּה בָא לֶאֱסוֹר עָלֶיךָ דְּבָרִים אֲחֵרִים"? (ירושלמי נדרים כ"ט א'), וַהֲרֵי מַה שֶּׁרָאוּ הַחֲכָמִים זִכְרוֹנָם לִבְרָכָה בְּחָכְמָתָם שֶׁצָּרִיךְ לֶאֱסוֹר וְלַעֲשׂוֹת מִשְׁמֶרֶת כְּבָר עֲשָׂאוּהוּ, וּמַה שֶּׁהִנִּיחוּ עַתָּה לְהֶיתֵּר הוּא מִפְּנֵי שֶׁרָאוּ הֱיוֹתוֹ רָאוּי לְהֶיתֵּר וְלֹא לְאִיסּוּר, וְלָמָּה נְחַדֵּשׁ עַתָּה גְּזֵירוֹת אֲשֶׁר לֹא רָאוּ הֵם לִגְזוֹר אוֹתָם? וְעוֹד, שֶׁאֵין גְּבוּל לַדָּבָר הַזֶּה, וְנִמְצָא אִם כֵּן הָאָדָם שׁוֹמֵם וּכְעוּנֶה וְלֹא

נֶהֱנֶה מִן הָעוֹלָם כְּלָל, וַחֲכָמֵינוּ זִכְרוֹנָם לִבְרָכָה אָמְרוּ שֶׁעָתִיד אָדָם לִיתֵּן דִּין לִפְנֵי הַמָּקוֹם עַל כָּל מַה שֶּׁרָאוּ עֵינָיו וְלֹא רָצָה לֶאֱכוֹל מִמֶּנּוּ, אַף עַל פִּי שֶׁהָיָה מוּתָּר לוֹ וְהָיָה יָכוֹל (ירושלמי קדושין מ"ח ב'), וְאַסְמְכוּהָ אַקְּרָא "וְכֹל אֲשֶׁר שָׁאֲלוּ עֵינַי לֹא אָצַלְתִּי מֵהֶם"? (קהלת ב' י') הַתְּשׁוּבָה הִיא: כִּי הַפְּרִישׁוּת וַדַּאי צָרִיךְ וּמוּכְרָח, וְהִזְהִירוּ עָלָיו הַחֲכָמִים זִכְרוֹנָם לִבְרָכָה. הוּא מַה שֶּׁאָמְרוּ "'קְדֹשִׁים תִּהְיוּ' (ויקרא י"ט ב') - פְּרוּשִׁים תִּהְיוּ" (תורת כהנים).

עוֹד אָמְרוּ "כָּל הַיּוֹשֵׁב בְּתַעֲנִית נִקְרָא קָדוֹשׁ - קַל וָחֹמֶר מִנָּזִיר" (תענית י"א א'). עוֹד אָמְרוּ "'צַדִּיק אוֹכֵל לְשֹׂבַע נַפְשׁוֹ' (משלי י"ג כ"ה) זֶה חִזְקִיָּהוּ מֶלֶךְ יְהוּדָה, שֶׁהָיוּ מַעֲלִים עַל שׁוּלְחָנוֹ שְׁתֵּי לִיטְרִין שֶׁל יָרָק" וכו' (מדרש משלי י"ג). עוֹד אָמְרוּ בְּרַבֵּנוּ הַקָּדוֹשׁ, שֶׁבִּשְׁעַת מִיתָתוֹ זָקַף עֶשֶׂר אֶצְבְּעוֹתָיו וְאָמַר "גָּלוּי וְיָדוּעַ לְפָנֶיךָ שֶׁלֹּא נֶהֱנֵיתִי מִן הָעוֹלָם הַזֶּה אֲפִילוּ בְּאֶצְבַּע קְטַנָּה שֶׁלִּי" (כתובות ק"ד א'). עוֹד אָמְרוּ "עַד שֶׁאָדָם מִתְפַּלֵּל עַל דִּבְרֵי תוֹרָה שֶׁיִּכָּנְסוּ בְּתוֹךְ מֵעָיו, יִתְפַּלֵּל עַל אֲכִילָה וּשְׁתִיָּה שֶׁלֹּא יִכָּנְסוּ בְּתוֹךְ מֵעָיו" (תנא דבי אליהו רבה כ"ו). הֵן כָּל אֵלֶּה מַאֲמָרִים מוֹרִים בְּפֵירוּשׁ צֹרֶךְ הַפְּרִישׁוּת וְהַחוֹבָה בּוֹ. אָמְנָם עַל כָּל פָּנִים צְרִיכִים אָנוּ לְתָרֵץ הַמַּאֲמָרִים הַמּוֹרִים הֵפֶךְ זֶה.

אַךְ הָעִנְיָן הוּא, כִּי וַדַּאי חִילּוּקִים רַבִּים וְעִיקָּרִים יֵשׁ בַּדָּבָר. יֵשׁ פְּרִישׁוּת שֶׁנִּצְטַוִּינוּ בּוֹ. וְיֵשׁ פְּרִישׁוּת שֶׁהוּזְהַרְנוּ עָלָיו לְבִלְתִּי הִכָּשֵׁל בּוֹ, וְהוּא מַה שֶּׁאָמַר שְׁלֹמֹה הַמֶּלֶךְ עָלָיו הַשָּׁלוֹם "אַל תְּהִי צַדִּיק הַרְבֵּה" (קהלת ז' ט"ז).

וּנְבָאֵר עַתָּה הַפְּרִישׁוּת הַטּוֹב וְנֹאמַר: כִּי הִנֵּה אַחַר שֶׁהִתְבָּאֵר לָנוּ הֱיוֹת כָּל עִנְיְנֵי הָעוֹלָם נִסְיוֹנוֹת לָאָדָם, וּכְמוֹ שֶׁכָּתַבְנוּ כְּבָר לְמַעְלָה וְהוֹכַחְנוּהוּ בִּרְאָיוֹת, וְהִתְאַמֵּת לָנוּ גַּם כֵּן רוֹב חוּלְשַׁת הָאָדָם וְקִרְבַת דַּעְתּוֹ אֶל כָּל הָרָעוֹת, יִתְבָּרֵר בְּהֶכְרֵחַ שֶׁכָּל מַה שֶּׁיּוּכַל הָאָדָם לְהִמָּלֵט

הפרישות הטוב. *האדם אינו תלוי בהנאות החיים החולפות.*

מִן הָעִנְיָנִים הָאֵלֶּה רָאוּי שֶׁיַּעֲשֵׂהוּ, כְּדֵי שֶׁיִּהְיֶה נִשְׁמָר יוֹתֵר מִן הָרָעָה אֲשֶׁר בְּרַגְלֵיהֶם. כִּי הִנֵּה, אֵין לְךָ תַּעֲנוּג עוֹלָמִי אֲשֶׁר לֹא יִמְשׁוֹךְ אַחֲרָיו אֵיזֶה חֵטְא בְּעָקֵב. דֶּרֶךְ מָשָׁל, הַמַּאֲכָל וְהַמִּשְׁתֶּה כְּשֶׁנְּקִיּוֹ מִכָּל אִיסּוּרֵי הָאֲכִילָה הִנֵּה מוּתָּרִים הֵם, אָמְנָם מִלּוּי הַכֶּרֶס מוֹשֵׁךְ אַחֲרָיו פְּרִיקַת הָעוֹל, וּמִשְׁתֵּה הַיַּיִן מוֹשֵׁךְ אַחֲרָיו הַזְּנוּת וּשְׁאָר מִינִים רָעִים. כָּל שֶׁכֵּן, שֶׁבִּהְיוֹת הָאָדָם מַרְגִּיל עַצְמוֹ לִשְׂבּוֹעַ מֵאֲכִילָה וּשְׁתִיָּה, הִנֵּה אִם פַּעַם אַחַת יֶחְסַר לוֹ רְגִילוּתוֹ - יִכְאַב לוֹ וְיַרְגִּישׁ מְאֹד. וּמִפְּנֵי זֶה נִמְצָא הוּא מַכְנִיס עַצְמוֹ בְּתוֹקֶף עֲמַל הַסְּחוֹרָה וִיגִיעַת הַקִּנְיָן לְשֶׁתִּהְיֶה שׁוּלְחָנוֹ עֲרוּכָה כִּרְצוֹנוֹ. וּמִשָּׁם נִמְשָׁךְ אֶל הָעָוֶל וְהַגָּזֵל, וּמִשָּׁם אֶל הַשְּׁבוּעוֹת וְכָל שְׁאָר הַחֲטָאִים הַבָּאִים אַחַר זֶה, וּמֵסִיר עַצְמוֹ מִן הָעֲבוֹדָה וּמִן הַתּוֹרָה וּמִן הַתְּפִלָּה. מַה שֶּׁהָיָה נִפְטָר מִכָּל זֶה לוּ מִתְּחִלָּתוֹ לֹא מָשַׁךְ עַצְמוֹ בַּהֲנָאוֹת אֵלֶּה.

וּכְעִנְיָן זֶה אָמְרוּ בְּעִנְיַן בֵּן סוֹרֵר וּמוֹרֶה "הִגִּיעָה תּוֹרָה לְסוֹף דַּעְתּוֹ" וכו' (סנהדרין ע"ב א'). וְכֵן עַל עִנְיַן הַזְּנוּת אָמְרוּ "כָּל הָרוֹאֶה סוֹטָה בְּקִלְקוּלָהּ יַזִּיר עַצְמוֹ מִן הַיַּיִן" (סוטה ב' א'). וְתִרְאֶה כִּי זֹאת הִיא תַּחְבּוּלָה גְּדוֹלָה לָאָדָם לְמַעַן הִנָּצֵל מִיִּצְרוֹ, כִּי כֵּיוָן שֶׁבִּהְיוֹתוֹ בְּפֶרֶק הָעֲבֵירָה, קָשֶׁה עָלָיו לְנַצְּחוֹ וְלִכְבּוֹשׁ אוֹתוֹ, עַל כֵּן צָרִיךְ שֶׁבְּעוֹדֶנּוּ רָחוֹק מִמֶּנָּה יַשְׁאִיר עַצְמוֹ רָחוֹק, כִּי אָז יִהְיֶה קָשֶׁה לַיֵּצֶר לְקָרְבוֹ אֵלֶיהָ.

הִנֵּה הַבְּעִילָה עִם אִשְׁתּוֹ מוּתֶּרֶת הִיא הֶתֵּר גָּמוּר, אָמְנָם כְּבָר תִּיקְּנוּ טְבִילָה לְבַעֲלֵי קְרַיִין שֶׁלֹּא יִהְיוּ תַּלְמִידֵי חֲכָמִים מְצוּיִים אֵצֶל נְשֵׁיהֶם כְּתַרְנְגוֹלִים (ברכות כ"ב ב'), לְפִי שֶׁאַף עַל פִּי שֶׁהַמַּעֲשֶׂה עַצְמוֹ מוּתָּר, אָמְנָם כְּבָר הוּא מַטְבִּיעַ בְּעַצְמוֹ שֶׁל הָאָדָם הַתַּאֲוָה הַזֹּאת, וּמִשָּׁם יָכוֹל לִימָּשֵׁךְ אֶל הָאִיסּוּר, וּכְמַאֲמָרָם רַבּוֹתֵינוּ זִכְרוֹנָם לִבְרָכָה "אֵבֶר קָטָן יֵשׁ בָּאָדָם. מַשְׂבִּיעוֹ - רָעֵב, מַרְעִיבוֹ - שָׂבֵעַ" (סנהדרין ק"ז א'). וְלֹא עוֹד, אֶלָּא שֶׁאֲפִילוּ בַּשָּׁעָה הָרְאוּיָה וְהָעֵת הֶהָגוּן, אָמְרוּ עַל רַבִּי אֱלִיעֶזֶר שֶׁהָיָה מְגַלֶּה טֶפַח

וּמְכַסֶּה טְפָחַיִים וְדוֹמֶה לְמִי שֶׁכְּפָאוֹ שֵׁד, כְּדֵי שֶׁלֹּא לֵיהָנוֹת אֲפִילוּ בִּשְׁעַת הֲנָאָתוֹ" (נדרים כ׳ ב׳).

הַמַּלְבּוּשִׁים וְהַקִּשּׁוּטִים - לֹא הִזְהִירָה הַתּוֹרָה עַל יָפְיָם אוֹ עַל תַּבְנִיתָם, אֶלָּא שֶׁלֹּא יִהְיֶה בָּהֶם כִּלְאַיִם וְיִהְיֶה בָּהֶם צִיצִית, וְאָז כֻּלָּם מוּתָּרִים. אָמְנָם מִי לֹא יֵדַע שֶׁמַּלְבִּישַׁת הַפְּאֵר וְהָרִקְמָה תִּמָּשֵׁךְ הַגַּאֲוָה? וְגַם הַזְּנוּת יִגְבַּל בָּהּ, מִלְּבַד הַקִּנְאָה וְהַתַּאֲוָה וְהָעוֹשֶׁק הַנִּמְשָׁכִים מִכָּל מַה שֶּׁהוּא יָקָר עַל הָאָדָם לְהַשִּׂיגוֹ. וּכְבָר אָמְרוּ זִכְרוֹנָם לִבְרָכָה כֵּיוָן שֶׁרוֹאֶה הַיֵּצֶר, אָדָם שֶׁתּוֹלֶה בַּעֲקֵבוֹ, מְמַשְׁמֵשׁ בִּגְדָיו, וּמְסַלְסֵל בִּשְׂעָרוֹ, אוֹמֵר, זֶה שֶׁלִּי (ע״פ בראשית רבה כ״ב ו׳).

הַטִּיּוּל וְהַדִּבּוּר אִם אֵינוֹ בְּדָבָר אִיסּוּר וַדַּאי, דִּין תּוֹרָה מוּתָּר הוּא, אָמְנָם כַּמָּה בִּיטּוּל תּוֹרָה נִמְשָׁךְ מִמֶּנּוּ? כַּמָּה מִן הַלָּשׁוֹן הָרָע? כַּמָּה מִן הַשְּׁקָרִים? כַּמָּה מִן הַלֵּיצָנוּת? וְאוֹמֵר "בְּרֹב דְּבָרִים לֹא יֶחְדַּל פָּשַׁע" (משלי י׳ י״ט).

כְּלַל הַדָּבָר, כֵּיוָן שֶׁכָּל עִנְיְנֵי הָעוֹלָם אֵינָם אֶלָּא סַכָּנוֹת עֲצוּמוֹת, אֵיךְ לֹא יְשׁוּבַּח מִי שֶׁיִּרְצֶה לִימָּלֵט מֵהֶם, וּמִי שֶׁיַּרְבֶּה לְהַרְחִיק מֵהֶם?!

זֶהוּ עִנְיַן הַפְּרִישׁוּת הַטּוֹב שֶׁלֹּא יִקַּח מִן הָעוֹלָם בְּשׁוּם שִׁימּוּשׁ שֶׁהוּא מִשְׁתַּמֵּשׁ מִמֶּנּוּ אֶלָּא מַה שֶּׁהוּא מוּכְרָח בּוֹ מִפְּנֵי הַצּוֹרֶךְ אֲשֶׁר לוֹ בְּטִבְעוֹ אֵלָיו.

הוּא מַה שֶּׁהִשְׁתַּבַּח רַבִּי בַּמַּאֲמָר שֶׁזָּכַרְתִּי, שֶׁלֹּא נֶהֱנָה מִן הָעוֹלָם הַזֶּה אֲפִילוּ בְּאֶצְבַּע קְטַנָּה עִם הֱיוֹתוֹ נְשִׂיא יִשְׂרָאֵל, וְשׁוּלְחָנוֹ שׁוּלְחַן מְלָכִים בְּהֶכְרֵחַ לִיקַר נְשִׂיאוּתוֹ. וּכְמַאֲמָרָם זִכְרוֹנָם לִבְרָכָה "׳שְׁנֵי גוֹיִם בְּבִטְנֵךְ׳

משנת חסידים היא. *הרמח"ל עוזב את העולם הפרטי של הצדיק ועובר אל האידיאליסטיות, אל הדור, אל האנשים שמסביבך, אל דרך החסיד.* [הדוגמא היא מאירוע קשה שאירע לרבי יהושע בן לוי. בזמנו של ר׳ יהושע בן לוי חי אדם ששמו עולא בר קושב, אשר נתבע למלכות הרומית ונגזרה עליו מיתה. הוא ברח לעיר לוד והתחבא שם. השלטון הרומי איים שאם הקהילה לא תמסור את בר קושב, תחוסל הקהילה כולה.

(בראשית כ"ה כ"ג) – זֶה רַבִּי וְאַנְטוֹנִינוּס שֶׁלֹּא פָּסַק מֵעַל שֻׁלְחָנָם" וכו' (עבודה זרה י"א א'). וְחִזְקִיָּהוּ מֶלֶךְ יְהוּדָה כְּמוֹ כֵן. וּשְׁאָר הַמַּאֲמָרִים שֶׁזָּכַרְתִּי כֻּלָּם מְקַיְּמִים וּמוֹרִים שֶׁיֵּשׁ לָאָדָם לִפְרוֹשׁ מִכָּל מַה שֶּׁהוּא תַּעֲנוּג עוֹלָמִי, לְמַעַן לֹא יִפּוֹל בְּסַכָּנָתוֹ.

וְאִם תִּשְׁאַל וְתֹאמַר, אִם כֵּן אֵיפוֹא, שֶׁזֶּה דָּבָר מִצְטָרֵךְ וּמוּכְרָח, לָמָּה לֹא גָּזְרוּ עָלָיו הַחֲכָמִים, כְּמוֹ שֶׁגָּזְרוּ עַל הַסְּיָיגוֹת וְתַקָּנוֹת שֶׁגָּזְרוּ? הִנֵּה הַתְּשׁוּבָה מְבוֹאֶרֶת וּפְשׁוּטָה - כִּי לֹא גָּזְרוּ חֲכָמִים גְּזֵרָה אֶלָּא אִם כֵּן רוֹב הַצִּיבּוּר יְכוֹלִים לַעֲמוֹד בָּהּ, וְאֵין רוֹב הַצִּיבּוּר יְכוֹלִים לִהְיוֹת חֲסִידִים, אֲבָל דַּי לָהֶם שֶׁיִּהְיוּ צַדִּיקִים. אַךְ הַשְּׂרִידִים אֲשֶׁר בָּעָם, הַחֲפֵצִים לִזְכּוֹת לִקְרֵבָתוֹ יִתְבָּרַךְ וּלְזַכּוֹת בִּזְכוּתָם לְכָל שְׁאָר הֶהָמוֹן הַנִּתְלֶה בָּם, לָהֶם מַגִּיעַ לְקַיֵּים מִשְׁנַת חֲסִידִים אֲשֶׁר לֹא יָכְלוּ לְקַיֵּים הָאֲחֵרִים, הֵם הֵם סִדְרֵי הַפְּרִישׁוּת הָאֵלֶּה. כִּי בָּזֶה בָּחַר ה', שֶׁכֵּיוָן שֶׁאִי אֶפְשָׁר לָאוּמָּה שֶׁתִּהְיֶה כֻּלָּהּ שָׁוָה בְּמַעֲלָה אַחַת, כִּי יֵשׁ בָּעָם מַדְרֵיגוֹת מַדְרֵיגוֹת, אִישׁ לְפִי שִׂכְלוֹ, הִנֵּה לְפָחוֹת יְחִידֵי סְגוּלָּה יִמָּצְאוּ אֲשֶׁר יָכִינוּ אֶת עַצְמָם הֲכָנָה גְּמוּרָה, וְעַל יְדֵי הַמּוּכָנִים יִזְכּוּ גַּם הַבִּלְתִּי מוּכָנִים אֶל אַהֲבָתוֹ יִתְבָּרַךְ וְהַשְׁרָאַת שְׁכִינָתוֹ, כְּעִנְיָן שֶׁדָּרְשׁוּ זִכְרוֹנָם לִבְרָכָה בְּאַרְבָּעָה מִינִים שֶׁבַּלּוּלָב "יָבוֹאוּ אֵלֶּה וִיכַפְּרוּ עַל אֵלֶּה" (ויקרא רבה ל' י"א).

וּכְבָר מָצָאנוּ לְאֵלִיָּהוּ זָכוּר לְטוֹב שֶׁאָמַר לְרַבִּי יְהוֹשֻׁעַ בֶּן לֵוִי בְּמַעֲשֶׂה דְּעוּלָּא בַּר קוֹשֶׁב כְּשֶׁהֱשִׁיבוֹ 'וְלֹא מִשְׁנָה הִיא?' אַף הוּא אָמַר לוֹ 'וְכִי מִשְׁנַת חֲסִידִים הִיא?' (ע"פ ירושלמי תרומות מ"ז א').

אַךְ הַפְּרִישׁוּת הָרַע הוּא כְּדֶרֶךְ הַגּוֹיִם הַסְּכָלִים, אֲשֶׁר לֹא דַּי שֶׁאֵינָם

הלך רבי יהושע בן לוי ושכנע את בר קושב להסגיר את עצמו. מאותו זמן ואילך, אליהו הנביא שהיה רגיל להתגלות לר' יהושע בן לוי, פסק מלהגלות אליו. לאחר צומות ותעניות של רבי יהושע בן לוי, שוב נגלה אליו אליהו הנביא וגער בו. רבי יהושע בן לוי שאל את אליהו הנביא, מה היה הפגם במעשיו? הרי נהג כפסק המשנה! האם ההנהגה הזו איננה הנהגה ראויה? ואליהו הנביא

לוֹקְחִים מִן הָעוֹלָם מַה שֶּׁאֵין לָהֶם הֶכְרֵחַ בּוֹ, אֶלָּא שֶׁכְּבָר יִמְנְעוּ מֵעַצְמָם גַּם אֶת הַמּוּכְרָח, וְיִיַסְּרוּ גּוּפָם בְּיִסּוּרִין וּדְבָרִים זָרִים אֲשֶׁר לֹא חָפֵץ בָּהֶם ה' כְּלָל, אֶלָּא אַדְּרַבָּה חֲכָמִים אָמְרוּ "אָסוּר לָאָדָם שֶׁיְּסַגֵּף עַצְמוֹ" (תענית כ"ב ב'). **וּבְעִנְיַן הַצְּדָקָה אָמְרוּ "כָּל מִי שֶׁצָּרִיךְ לִטּוֹל וְאֵינוֹ נוֹטֵל, הֲרֵי זֶה שׁוֹפֵךְ דָּמִים"** (ירושלמי פאה ל"ז ב'). **וְכֵן אָמְרוּ "'לְנֶפֶשׁ חַיָּה' - נְשָׁמָה שֶׁנָּתַתִּי בְּךָ הַחֲיֵה אוֹתָהּ"** (תענית כ"ב ב'), **וְאָמְרוּ "כָּל הַיּוֹשֵׁב בְּתַעֲנִית נִקְרָא חוֹטֵא"** (תענית י"א א'). **וְהֶעֱמִידוּהָ בְּדִלָּא מָצֵי מְצַעֵר נַפְשֵׁיהּ. וְהִלֵּל הָיָה אוֹמֵר "גּוֹמֵל נַפְשׁוֹ אִישׁ חָסֶד"** (משלי י"א י"ז), **עַל אֲכִילַת הַבֹּקֶר, וְהָיָה רוֹחֵץ פָּנָיו וְיָדָיו לִכְבוֹד קוֹנוֹ, קַל וָחֹמֶר מִדְּיוֹקְנָאוֹת הַמְּלָכִים** (ויקרא רבא ל"ד ג').

השיב לו שחסידים אינם נוהגים על פי פסק המשנה אלא על פי משנת חסידים. יש הלכות המופנות לכול, ויש לחסידים. זו היא משנת חסידים, משנה ליחידי סגולה].

הפרישות הרע. *פרישות צריכה להיות פרישות ממותרות ולא ממצרכים בסיסיים.*

כל היושב בתענית נקרא חוטא. *זו שאלה של איזון.* [ההשקפה הראויה אינה של מלחמה כנגד הגוף, אלא כנגד הצרכים האגואיסטים לעומת המטרה. יש לאדם אחריות על נשמתו, ועליו לשים לב מה

הֲרֵי לְךָ הַכְּלָל הָאֲמִיתִּי: שֶׁכָּל מַה שֶּׁאֵינוֹ מוּכְרָח לָאָדָם בְּעִנְיְנֵי הָעוֹלָם הַזֶּה - רָאוּי לוֹ שֶׁיִּפְרוֹשׁ מֵהֶם. וְכָל מַה שֶּׁהוּא מוּכְרָח לוֹ מֵאֵיזֶה טַעַם שֶׁיִּהְיֶה, כֵּיוָן שֶׁהוּא מוּכְרָח לוֹ - אִם הוּא פּוֹרֵשׁ מִמֶּנּוּ, הֲרֵי זֶה חוֹטֵא. הִנֵּה זֶה כְּלָל נֶאֱמָן.

אַךְ מִשְׁפַּט הַפְּרָטִים עַל פִּי הַכְּלָל הַזֶּה, אֵינוֹ מָסוּר אֶלָּא אֶל שִׁיקּוּל הַדַּעַת "וּלְפִי שִׂכְלוֹ יְהוּלַּל אִישׁ" (משלי י"ב ח'), כִּי אִי אֶפְשָׁר לְקַבֵּץ כָּל הַפְּרָטִים, כִּי רַבִּים הֵם, וְאֵין שֵׂכֶל הָאָדָם יָכוֹל לְהַקִּיף עַל כֻּלָּם אֶלָּא דָּבָר דָּבָר בְּעִתּוֹ.

היא צריכה. לכן היושב בתענית בלי שיוצא לו מזה רווח רוחני נקרא חוטא].

היה רוחץ פניו וידיו לכבוד קונו. *מנקים ורוחצים את צלם אלוקים. הגוף משקף מה שבתוכו. צריך לשמור על גוף נקי ויפה.*

הנה זה כלל נאמן. *אבל בוודאי שמה שלא מקדם אותך, כנראה זורק אותך אחורה.*

פרק יד

בחלקי הפרישות

פֶּרֶק יד

הִנֵּה בְּפֶרֶק הַקּוֹדֵם
חֶלְקֵי ... דִּבְרֵי הָעוֹלָם אֶלָּא מַה שֶּׁהַצֹּרֶךְ ... פרישות
עַל כָּל מַה שֶּׁהוּא תַּעֲנוּג לְאֶחָד מִן
...אֲכָלוֹת, בִּבְעִילוֹת, בְּמַלְבּוּשִׁים, בְּטִיּוּלִים,
...א בָּזֶה, רַק בְּיָמִים שֶׁהָעֹנֶג בָּהֶם מִצְוָה.

...ם הוּא לְהַחְמִיר בָּהֶם תָּמִיד, לָחוּשׁ אֲפִלּוּ
...י יָחִיד בְּמַחֲלוֹקוֹת אִם טַעְמוֹ נִרְאֶה, אֲפִלּוּ
...ו, וּבִתְנַאי שֶׁלֹּא יִהְיֶה חֻמְרוֹ קֻלּוֹ, וּלְהַחְמִיר
...קוֹם שֶׁאֶפְשָׁר לְהָקֵל בָּהֶם. וּכְבָר בֵּאֲרוּ לָנוּ
...בְרָכָה (חולין לז, ב) מַאֲמַר יְחֶזְקֵאל (יחזקאל ד,
... מְטֻמָּאָה" — שֶׁלֹּא אָכַלְתִּי מִבְּהֵמָה
...אָכַלְתִּי מִבְּשַׂר כֹּס כֹּס. וְהִנֵּה כָּל זֶה
...לָא אִיהוּ דְּאַחְמִיר אַנַּפְשֵׁהּ. וּכְבָר
...שֶׁאָסוּר עַל כָּל יִשְׂרָאֵל
מֻתָּר הוּא ... וּכְבָר
זָכַרְתִּי לְמַעְלָה, שֶׁ... כָּל יִשְׂרָאֵל —
לַפְּרוּשִׁים, שֶׁיֵּשׁ לָהֶם לְהַרְחִיק מִן הַכִּעוּר וּמִן הַדּוֹמֶה לוֹ וּמִן
הַדּוֹמֶה לַדּוֹמֶה. וְכֵן אָמַר מָר עוּקְבָא (חולין קה, א): אֲנָא בְּהַאי
מִלְּתָא חַלָּא בַּר חַמְרָא לְגַבֵּי אַבָּא, דְּאִלּוּ אַבָּא כַּד אָכֵל בִּשְׂרָא
הָאִדָּנָא לָא הֲוָה אָכֵל גְּבִינָא עַד לְמָחָר כִּי הַשְׁתָּא, וַאֲנָא בְּהַאי

חֶלְקֵי הַפְּרִישׁוּת הָרָאשִׁיִּים שְׁלֹשָׁה: כִּי הִנֵּה יֵשׁ פְּרִישׁוּת בַּהֲנָאוֹת. פְּרִישׁוּת בְּדִינִים. פְּרִישׁוּת בְּמִנְהָגִים.

הַפְּרִישׁוּת בַּהֲנָאוֹת: הוּא מַה שֶּׁהִזְכַּרְנוּ בַּפֶּרֶק הַקּוֹדֵם, דְּהַיְנוּ שֶׁלֹּא לָקַחַת מִדִּבְרֵי הָעוֹלָם אֶלָּא מַה שֶּׁהַצּוֹרֶךְ יַכְרִיחַ. וְדָבָר זֶה יַקִּיף עַל כָּל מַה שֶּׁהוּא תַּעֲנוּג לְאֶחָד מִן הַחוּשִׁים, וְהַיְנוּ: בְּמַאֲכָלוֹת, בִּבְעִילוֹת, בְּמַלְבּוּשִׁים, בְּטִיּוּלִים, בִּשְׁמוּעוֹת, וְכָל כַּיּוֹצֵא בָּזֶה, רַק בַּיָּמִים שֶׁהָעוֹנֶג בָּהֶם מִצְוָה.

וְהַפְּרִישׁוּת בַּדִּינִים הוּא לְהַחֲמִיר בָּהֶן תָּמִיד לָחוּשׁ אֲפִילוּ לְדִבְרֵי יָחִיד בְּמַחֲלוֹקוֹת אִם טַעְמוֹ נִרְאֶה אֲפִילוּ שֶׁאֵין הֲלָכָה כְּמוֹתוֹ, וּבִתְנַאי שֶׁלֹּא יִהְיֶה חוּמְרוֹ - קוּלּוֹ. וּלְהַחֲמִיר בִּסְפֵיקוֹת אֲפִילוּ בְּמָקוֹם שֶׁאֶפְשָׁר לְהָקֵל בָּהֶם. וּכְבָר בֵּאֲרוּ לָנוּ חֲכָמֵינוּ זִכְרוֹנָם לִבְרָכָה מַאֲמַר יְחֶזְקֵאל "'הִנֵּה נַפְשִׁי לֹא מְטֻמָּאָה'... (יחזקאל ד' י"ד) שֶׁלֹּא אָכַלְתִּי מִבְּהֵמָה שֶׁהוֹרָה בָּהּ חָכָם, וְלֹא אָכַלְתִּי מִבְּשַׂר כּוֹס כּוֹס" (חולין מ"ד ב'). וְהִנֵּה כָּל זֶה מוּתָּר הוּא מִן הַדִּין וַדַּאי אֶלָּא אִיהוּ דְּאַחְמִיר אַנַּפְשֵׁיהּ.

וּכְבָר זָכַרְתִּי לְמַעְלָה שֶׁאֵין לִלְמוֹד מִמַּה שֶּׁהוּתַּר עַל כָּל יִשְׂרָאֵל - לַפְּרוּשִׁים, שֶׁיֵּשׁ לָהֶם לְהַרְחִיק מִן הַכִּיעוּר וּמִן הַדּוֹמֶה לוֹ, וּמִן הַדּוֹמֶה לַדּוֹמֶה. וְכֵן אָמַר מַר עוּקְבָא "אֲנָא בְּהַאי מִלְּתָא חַלָּא בַּר חַמְרָא לְגַבֵּי אַבָּא, דְּאִלּוּ אַבָּא כַּד אָכֵל בִּשְׂרָא הָאִידָּנָא לָא הֲוֵה אָכֵל גְּבִינָה עַד לְמָחָר כִּי הַשְׁתָּא. וַאֲנָא בְּהַאי סְעוּדָתָא לָא אָכֵילְנָא - בִּסְעוּדָתָא אַחֲרִיתָא אָכֵילְנָא" (חולין ק"ה א'). וּבְוַדַּאי שֶׁאֵין פְּסַק הַהֲלָכָה כְּמוֹ שֶׁהָיָה

הפרישות בדינים - להחמיר בהם תמיד. צריך עקביות, זו לא חכמה להחמיר בדבר אחד ולהקל בדבר אחר.

אָבִיו עוֹשֶׂה, שֶׁאִם לֹא כֵן לֹא הָיָה מַר עוּקְבָא עוֹשֶׂה נֶגֶד זֶה, אֶלָּא שֶׁאָבִיו מַחֲמִיר הָיָה בִּפְרִישׁוּתוֹ וּלְכָךְ הָיָה מַר עוּקְבָא קוֹרֵא עַצְמוֹ "חַלָּא בַּר חַמְרָא" לְפִי שֶׁלֹּא הָיָה פּוֹרֵשׁ כָּל כָּךְ כָּמוֹהוּ.

וְהַפְּרִישׁוּת בְּמִנְהָגִים: הוּא הַהִתְבּוֹדְדוּת, וְהַהִבָּדֵל מִן הַחֶבְרָה הַמְּדִינִית - לְפַנּוֹת לִבּוֹ אֶל הָעֲבוֹדָה וְהַהִתְבּוֹנְנוּת בָּהּ כָּרָאוּי. וּבִתְנַאי שֶׁלֹּא יִטֶּה גַּם בָּזֶה אֶל הַקָּצֶה הָאַחֵר, שֶׁכְּבָר אָמְרוּ זִכְרוֹנָם לִבְרָכָה "לְעוֹלָם תְּהֵא דַּעְתּוֹ שֶׁל אָדָם מְעֹרֶבֶת עִם הַבְּרִיּוֹת" (כתובות י"ז א'), וְכֵן אָמְרוּ "'חֶרֶב אֶל הַבַּדִּים וְנוֹאָלוּ' (ירמיה נ' ל"ו) חֶרֶב עַל שׂוֹנְאֵיהֶם שֶׁל תַּלְמִידֵי חֲכָמִים שֶׁיּוֹשְׁבִים בַּד בְּבַד וְעוֹסְקִים בַּתּוֹרָה" (מכות י' א'), אֶלָּא יִתְחַבֵּר הָאָדָם עִם הַטּוֹבִים זְמַן מַה שֶּׁמִּצְטָרֵךְ לוֹ לְלִימּוּדוֹ אוֹ לְפַרְנָסָתוֹ וְיִתְבּוֹדֵד אַחַר כָּךְ לְהִדָּבֵק בֵּאלֹהָיו וּלְהַשִּׂיג דַּרְכֵי הַיּוֹשֶׁר וְהָעֲבוֹדָה הָאֲמִיתִּית. וּבִכְלָל זֶה לְמַעֵט בְּדִיבּוּרוֹ, וּלְיִזָּהֵר מִן הַשִּׂיחָה בְּטֵלָה, וְשֶׁלֹּא לְהִסְתַּכֵּל חוּץ מֵאַרְבַּע אַמּוֹתָיו, וְכָל כַּיּוֹצֵא בָּזֶה מִן הָעִנְיָנִים שֶׁהָאָדָם מַרְגִּיל אֶת עַצְמוֹ בָּהֶם עַד שֶׁנִּשְׁאָרִים לוֹ בַּטֶּבַע אֶל תְּנוּעוֹתָיו.

וְהִנֵּה שְׁלֹשֶׁת הַחֲלָקִים הָאֵלֶּה, אַף עַל פִּי שֶׁאֲמַרְתִּים לְךָ בִּכְלָלִים קְצָרִים, הִנְּךָ רוֹאֶה שֶׁהֵם כּוֹלְלִים פְּעוּלּוֹת רַבּוֹת מִפְּעוּלּוֹת הָאָדָם, וּכְבָר אָמַרְתִּי לְךָ שֶׁהַפְּרָטִים, אִי אֶפְשָׁר לִימָּסֵר כִּי אִם לְשִׁיקּוּל הַדַּעַת, לְהַיְישִׁיר אוֹתָם עַל יוֹשֶׁר הַכְּלָל וַאֲמִיתּוֹ.

הפרטים, אי אפשר לימסר כי אם לשיקול הדעת. *גם כאשר משיגים פרישות עדיין לא תמה המלאכה. אל תקצין עם הפרישות, אומר הרמח"ל, בכל דבר ובכל פרט. כי פרישות איננה מן הדברים המוכרחים. יש הרבה ימים שהאדם מתענג ושמח בעולם.*

פרק טו

בדרכי קנית הפרישות

הִנֵּה הַדֶּרֶךְ הַמּוּבְחָר לִקְנוֹת אֶת הַפְּרִישׁוּת, הוּא שֶׁיִּסְתַּכֵּל הָאָדָם בִּגְרִיעוּת תַּעֲנוּגוֹת הָעוֹלָם הַזֶּה, וּפְחִיתוּתָם מִצַּד עַצְמָם, וְהָרָעוֹת הַגְּדוֹלוֹת שֶׁקְּרוֹבוֹת לְיִוָּלֵד מֵהֶם.

כִּי הִנֵּה מַה שֶּׁמַּטֶּה הַטֶּבַע אֶל הַתַּעֲנוּגוֹת הָאֵלֶּה עַד שֶׁיִּצְטָרֵךְ כָּל כָּךְ כֹּחַ וְתַחְבּוּלוֹת לְהַפְרִישׁוֹ מֵהֶם, הוּא פִּיתּוּי הָעֵינַיִם הַנִּפְתִּים בְּמַרְאֵה הַדְּבָרִים אֲשֶׁר הוּא טוֹב וְעָרֵב לִכְאוֹרָה. הוּא הַפִּתּוּי שֶׁגָּרַם לַחֵטְא הָרִאשׁוֹן שֶׁיֵּעָשֶׂה, כְּעֵדוּת הַכָּתוּב "וַתֵּרֶא הָאִשָּׁה כִּי טוֹב הָעֵץ לְמַאֲכָל, וְכִי תַאֲוָה הוּא לָעֵינַיִם וכו' וַתִּקַּח מִפִּרְיוֹ וַתֹּאכַל" (בראשית ג' ו'). אֲבָל כְּשֶׁיִּתְבָּרֵר אֶל הָאָדָם הֱיוֹת הַטּוֹב הַהוּא כּוֹזֵב לְגַמְרֵי, מְדוּמֶּה וּבְלִי שׁוּם הַתְמָדָה נְכוֹנָה, וְהָרַע בּוֹ אֲמִיתִּי אוֹ קָרוֹב לְהִוָּלֵד מִמֶּנּוּ בֶּאֱמֶת, וַדַּאי שֶׁיִּמְאַס בּוֹ וְלֹא יַחְפְּצֵהוּ כְּלָל. עַל כֵּן, זֶהוּ כָּל הַלִּימּוּד שֶׁצָּרִיךְ שֶׁיְּלַמֵּד הָאָדָם אֶת שִׂכְלוֹ, לְהַכִּיר בְּחוּלְשַׁת הַתַּעֲנוּגִים הָאֵלֶּה וְשִׁקְרָם, עַד שֶׁמֵּאֵלָיו יִמְאַס בָּם וְלֹא יִקְשֶׁה בְּעֵינָיו לְשַׁלְּחָם מֵאִתּוֹ.

הִנֵּה תַּעֲנוּג הַמַּאֲכָל, הוּא הַיּוֹתֵר מוּחָשׁ וּמוּרְגָּשׁ. הֲיֵשׁ דָּבָר אָבֵד וְנִפְסָד יוֹתֵר מִמֶּנּוּ? שֶׁהֲרֵי אֵין שִׁיעוּרוֹ אֶלָּא כְּשִׁיעוּר בֵּית הַבְּלִיעָה. כֵּיוָן שֶׁיָּצָא מִמֶּנָּה וְיָרַד בִּבְנֵי הַמֵּעַיִם - אָבַד זִכְרוֹ וְנִשְׁכַּח כְּאִלּוּ לֹא הָיָה. וְכָךְ יִהְיֶה שָׂבֵעַ אִם אָכַל בַּרְבּוּרִים אֲבוּסִים, כְּמוֹ אִם אָכַל לֶחֶם קִיבָּר לוֹ אָכַל מִמֶּנּוּ כְּדֵי שְׂבִיעָה. כָּל שֶׁכֵּן אִם יָשִׂים אֶל לִבּוֹ הֶחוֹלָאִים הָרַבִּים שֶׁיְּכוֹלִים לָבוֹא עָלָיו מֵחֲמַת אֲכִילָתוֹ, וּלְפָחוֹת הַכּוֹבֶד שֶׁמַּגִּיעֵהוּ אַחַר הָאֲכִילָה וְהֶעֱשָׁנִים הַמַּכְהִים אֶת שִׂכְלוֹ, הִנֵּה עַל כָּל אֵלֶּה וַדַּאי שֶׁלֹּא יַחְפּוֹץ אָדָם בְּדָבָר הַזֶּה כֵּיוָן שֶׁטּוֹבָתוֹ אֵינָהּ טוֹבָה, וְרָעָתוֹ רָעָה.

וּשְׁאָר כָּל הַהֲנָאוֹת שֶׁבָּעוֹלָם כְּמוֹ כֵן, אִלּוּ יִתְבּוֹנֵן בָּהֶם יִרְאֶה שֶׁאֲפִילּוּ הַטּוֹב הַמְדוּמֶּה שֶׁבָּהֶם אֵינֶנּוּ אֶלָּא לִזְמַן מוּעָט, וְהָרַע שֶׁיָּכוֹל לְהִוָּלֵד

מֵהֶם קָשֶׁה וְאָרוֹךְ, עַד שֶׁלֹּא יֵאוֹת לְשׁוּם בַּעַל שֵׂכֶל לָשִׂים עַצְמוֹ בְּסַכָּנוֹת הָרָעוֹת עַל רֶיוַח הַטּוֹב הַמּוּעָט הַהוּא. וְזֶה פָּשׁוּט.

וּכְשֶׁיַּרְגִּיל אֶת עַצְמוֹ וְיַתְמִיד בְּעִיּוּנוֹ עַל הָאֱמֶת הַזֹּאת, הִנֵּה מְעַט מְעַט יֵצֵא חָפְשִׁי מִמַּאֲסַר הַסִּכְלוּת אֲשֶׁר חֹשֶׁךְ הַחוֹמֶר אוֹסֵר אוֹתוֹ בּוֹ, וְלֹא יִתְפַּתֶּה מִפִּיתּוּיֵי הַהֲנָאוֹת הַכּוֹזְבוֹת כְּלָל - אָז יִמְאַס בָּהֶן וְיֵדַע שֶׁאֵין לוֹ לָקַחַת מִן הָעוֹלָם אֶלָּא הַהֶכְרֵחִי, וּכְמוֹ שֶׁכָּתַבְתִּי.

וְהִנֵּה, כְּמוֹ שֶׁהַהִתְבּוֹנֵן עַל זֶה הַדָּבָר גּוֹרֵם קְנִיַּית הַפְּרִישׁוּת, כָּךְ סִכְלוּתוֹ מַפְסִיד אוֹתוֹ, וְהַהִתְמַדָּה בֵּין הַשָּׂרִים וְאַנְשֵׁי הַגְּדוּלוֹת הָרוֹדְפִים אַחַר הַכָּבוֹד וּמַרְבִּים הַהֶבֶל. כִּי בִּרְאוֹתוֹ אֶת הַיְקָר הַהוּא וְהַגְּדוּלָּה הַהִיא, אִי אֶפְשָׁר שֶׁלֹּא תִתְעוֹרֵר תַּאֲוָתוֹ בּוֹ לַחְמוֹד אוֹתָם. וַאֲפִילוּ לֹא יַנִּיחַ אֶת יִצְרוֹ שֶׁיְּנַצַּח אוֹתוֹ, עַל כָּל פָּנִים מִידֵי מִלְחָמָה לֹא יִמָּלֵט, וְהִנֵּה הוּא בְּסַכָּנָה. וּכְעִנְיָן זֶה אָמַר שְׁלֹמֹה "טוֹב לָלֶכֶת אֶל בֵּית אֵבֶל מִלֶּכֶת אֶל בֵּית מִשְׁתֶּה" (קהלת ז׳ ב׳).

וְיָקָר מִן הַכֹּל הוּא הַהִתְבּוֹדְדוּת, כִּי כְמוֹ שֶׁמֵּסִיר מֵעֵינָיו עִנְיְנֵי הָעוֹלָם, כֵּן מַעֲבִיר חֶמְדָּתָם מִלִּבּוֹ. וּכְבָר הִזְכִּיר דָּוִד הַמֶּלֶךְ עָלָיו הַשָּׁלוֹם בְּשֶׁבַח הַהִתְבּוֹדְדוּת וְאָמַר "מִי יִתֶּן לִי אֵבֶר כַּיּוֹנָה וכו׳ הִנֵּה אַרְחִיק נְדֹד אָלִין בַּמִּדְבָּר סֶלָה" (תהלים נ״ה ז׳-ח׳), וְהַנְּבִיאִים אֵלִיָּהוּ וֶאֱלִישָׁע מָצָאנוּ הֱיוֹתָם מְיַחֲדִים מְקוֹמָם עַל הֶהָרִים מִפְּנֵי הִתְבּוֹדְדוּתָם. וְהַחֲכָמִים הַחֲסִידִים הָרִאשׁוֹנִים זִכְרוֹנָם לִבְרָכָה הָלְכוּ בְּעִקְבוֹתֵיהֶם, כִּי מָצְאוּ לָהֶם זֶה הָאֶמְצָעִי הַיּוֹתֵר מוּכָן לִקְנוֹת שְׁלֵימוּת הַפְּרִישׁוּת, לְמַעַן אֲשֶׁר לֹא יְבִיאוּם הַבְלֵי חַבְרֵיהֶם לְהַהְבִּיל גַּם הֵם כְּמוֹתָם.

וּמִמַּה שֶׁצָּרִיךְ לִיזָּהֵר בִּקְנִיַּת הַפְּרִישׁוּת הוּא, שֶׁלֹּא יִרְצֶה הָאָדָם לְדַלֵּג וְלִקְפּוֹץ אֶל הַקָּצֶה הָאַחֲרוֹן שֶׁבּוֹ רֶגַע אֶחָד, כִּי זֶה וַדַּאי לֹא יַעֲלֶה בְיָדוֹ, אֶלָּא יִהְיֶה פּוֹרֵשׁ וְהוֹלֵךְ מְעַט מְעַט. הַיּוֹם יִקְנֶה קְצָת מִמֶּנּוּ וּמָחָר יוֹסִיף עָלָיו מְעַט יוֹתֵר, עַד שֶׁיִּתְרַגֵּל בּוֹ לִגְמָרֵי, כִּי יָשׁוּב לוֹ כְּמוֹ טֶבַע מַמָּשׁ.

פרק טז

בבאור
מדת הטהרה

הַטָּהֳרָה הִיא תִּקּוּן הַלֵּב וְהַמַּחֲשָׁבוֹת. וְזֶה הַלָּשׁוֹן מְצָאנוּהוּ אֵצֶל דָּוִד שֶׁאָמַר "לֵב טָהוֹר בְּרָא לִי אֱלֹקִים" (תהלים נ"א י"ב).

וְעִנְיָנָהּ, שֶׁלֹּא יַנִּיחַ הָאָדָם מָקוֹם לַיֵּצֶר בְּמַעֲשָׂיו, אֶלָּא יִהְיוּ כָּל מַעֲשָׂיו עַל צַד הַחָכְמָה וְהַיִּרְאָה וְלֹא עַל צַד הַחֵטְא וְהַתַּאֲוָה. וְזֶה אֲפִילוּ בַּמַּעֲשִׂים הַגּוּפָנִיִּים וְהַחָמְרִיִּים. שֶׁאֲפִילוּ אַחֲרֵי הִתְנַהֲגוֹ בִּפְרִישׁוּת, דְּהַיְינוּ שֶׁלֹּא יִקַּח מִן הָעוֹלָם אֶלָּא הַהֶכְרֵחִי, עֲדַיִן יִצְטָרֵךְ לְטַהֵר לִבּוֹ וּמַחֲשַׁבְתּוֹ, שֶׁגַּם בְּאוֹתוֹ הַמְעַט אֲשֶׁר הוּא לוֹקֵחַ לֹא יְכַוֵּין אֶל הַהֲנָאָה וְהַתַּאֲוָה כְּלָל, אֶלָּא תִּהְיֶה כַּוָּנָתוֹ אֶל הַטּוֹב הַיּוֹצֵא מִן הַמַּעֲשֶׂה הַהוּא עַל צַד הַחָכְמָה וְהָעֲבוֹדָה. וּכְעִנְיָן שֶׁאָמְרוּ בְּרַבִּי אֱלִיעֶזֶר שֶׁהָיָה מְגַלֶּה טֶפַח וּמְכַסֶּה טְפָחַיִים וְדוֹמֶה לְמִי שֶׁכְּפָאוֹ שֵׁד (נדרים כ' ב'), שֶׁלֹּא הָיָה נֶהֱנֶה כְּלָל וְלֹא הָיָה עוֹשֶׂה הַמַּעֲשֶׂה הַהוּא אֶלָּא מִפְּנֵי הַמִּצְוָה וְהָעֲבוֹדָה. וְעַל דֶּרֶךְ זֶה אָמַר שְׁלֹמֹה "בְּכָל דְּרָכֶיךָ דָעֵהוּ וְהוּא יְיַשֵּׁר אֹרְחֹתֶיךָ" (משלי ג' ו').

וְאָמְנָם צָרִיךְ שֶׁתֵּדַע, שֶׁכְּמוֹ שֶׁשַּׁיָּךְ טָהֳרַת הַמַּחֲשָׁבָה בַּמַּעֲשִׂים הַגּוּפָנִיִּים, אֲשֶׁר מִצַּד עַצְמָם קְרוֹבִים לַיֵּצֶר, לְשֶׁיִּתְרַחֲקוּ מִמֶּנּוּ וְלֹא יִהְיוּ מִשֶּׁלּוֹ, כֵּן שַׁיָּךְ טָהֳרַת הַמַּחֲשָׁבָה בְּמַעֲשִׂים הַטּוֹבִים הַקְּרוֹבִים לַבּוֹרֵא יִתְבָּרַךְ שְׁמוֹ, לְשֶׁלֹּא יִתְרַחֲקוּ מִמֶּנּוּ וְלֹא יִהְיוּ מִשֶּׁל הַיֵּצֶר, וְהוּא עִנְיַן 'שֶׁלֹּא־לִשְׁמָהּ' הַמֻּזְכָּר בְּדִבְרֵי רַבּוֹתֵינוּ זִכְרוֹנָם לִבְרָכָה פְּעָמִים רַבּוֹת. וְאוּלָם כְּבָר נִתְבָּאֲרוּ דִּבְרֵי חֲכָמֵינוּ זִכְרוֹנָם לִבְרָכָה שֶׁיֵּשׁ מִינִים שׁוֹנִים שֶׁל 'שֶׁלֹּא־לִשְׁמָהּ':

הָרַע מִכֻּלָּם הוּא שֶׁאֵינֶנּוּ עוֹבֵד לְשֵׁם עֲבוֹדָה כְּלָל, אֶלָּא לְרַמּוֹת בְּנֵי הָאָדָם וּלְהַרְוִיחַ הוּא כָּבוֹד אוֹ מָמוֹן, וְזֶהוּ שֶׁאָמְרוּ בּוֹ "נוֹחַ לוֹ שֶׁנֶּהֶפְכָה

"לב טהור ברא לי אלוקים". *אל תיתן לדברים לא מהותיים להצטרף ולגזול ממך את כוונתו הטהורה של המעשה.*

שְׁלִיטָתוֹ עַל פָּנָיו״ (כלה ח׳). וְעָלָיו אָמַר הַנָּבִיא ״וַנְּהִי כַטָּמֵא כֻּלָּנוּ וּכְבֶגֶד עִדִּים כָּל צִדְקוֹתֵינוּ״ (ישעיה ס״ד ב׳).

וְיֵשׁ מִין אַחֵר שֶׁל ׳שֶׁלֹּא־לִשְׁמָהּ׳, שֶׁהוּא הָעֲבוֹדָה עַל מְנָת לְקַבֵּל פְּרָס. וְעָלָיו אָמְרוּ ״לְעוֹלָם יַעֲסוֹק אָדָם בַּתּוֹרָה וּבְמִצְוֹת וַאֲפִילּוּ שֶׁלֹּא־לִשְׁמָהּ, שֶׁמִּתּוֹךְ שֶׁלֹּא־לִשְׁמָהּ בָּא לִשְׁמָהּ״ (פסחים נ ב׳). אַךְ עַל כָּל פָּנִים מִי שֶׁלֹּא הִגִּיעַ עֲדַיִין מִתּוֹךְ שֶׁלֹּא־לִשְׁמָהּ אֶל לִשְׁמָהּ, הֲרֵי רָחוֹק הוּא מִשְּׁלֵימוּתוֹ. אָמְנָם מַה שֶּׁצָּרִיךְ לָאָדָם יוֹתֵר עִיּוּן וּמְלָאכָה רַבָּה הוּא תַּעֲרוֹבֶת הָאִיסּוּר. דְּהַיְינוּ, שֶׁלִּפְעָמִים הָאָדָם הוֹלֵךְ וְעוֹשֶׂה מִצְוָה לִשְׁמָהּ מַמָּשׁ, שֶׁכָּךְ גָּזַר אָבִינוּ שֶׁבַּשָּׁמַיִם, אָמְנָם לֹא יֶחְדַּל מִלְּשַׁתֵּף עִמָּהּ אֵיזֶה פְּנִיָּה אַחֶרֶת, אוֹ שֶׁיְּשַׁבְּחוּהוּ בְּנֵי הָאָדָם, אוֹ שֶׁיְּקַבֵּל שָׂכָר בְּמַעֲשֵׂהוּ. וְלִפְעָמִים אֲפִילּוּ אִם לֹא יִהְיֶה מִתְכַּוֵּין מַמָּשׁ לְשֶׁיְּשַׁבְּחוּהוּ, בִּשְׂמוֹחַ לִבּוֹ עַל הַשֶּׁבַח יַרְבֶּה לְדַקְדֵּק יוֹתֵר. כְּעֵין מַעֲשֶׂה שֶׁל בִּתּוֹ שֶׁל רַבִּי חֲנִינָא בֶּן תְּרַדְיוֹן שֶׁהָיְתָה פּוֹסַעַת פְּסִיעוֹת יָפוֹת, וְכֵיוָן שֶׁשָּׁמְעָה שֶׁאוֹמְרִים, ״כַּמָּה נָאוֹת פְּסִיעוֹתֶיהָ שֶׁל רִיבָה זוֹ״ (עבודה זרה י״ח א׳), מִיָּד דִּקְדְּקָה יוֹתֵר. הֲרֵי הַתּוֹסֶפֶת הַזֶּה נוֹלַד מִכֹּחַ הַשֶּׁבַח שֶׁשִּׁבְּחוּהוּ. וְאָמְנָם אַף עַל פִּי שֶׁאִיסּוּר כָּזֶה בָּטֵל בְּמִיעוּטוֹ, עַל כָּל פָּנִים הַמַּעֲשֶׂה שֶׁתַּעֲרוֹבֶת כָּזֶה בְּתוֹכוֹ - טָהוֹר לְגַמְרֵי אֵינֶנּוּ. כִּי הִנֵּה כְּשֵׁם שֶׁאֵין עוֹלֶה עַל גַּבֵּי הַמִּזְבֵּחַ שֶׁלְּמַטָּה - אֶלָּא סוֹלֶת נְקִיָּה מְנוּפָּה בִּשְׁלֹשׁ עֶשְׂרֵה נָפָה, שֶׁכְּבָר טָהַר לְגַמְרֵי מִכָּל סִיג, כָּךְ אִי אֶפְשָׁר לַעֲלוֹת עַל רְצוֹן מִזְבְּחוֹ הָעֶלְיוֹן לִהְיוֹת מֵעֲבוֹדַת הָאֵל הַשְּׁלֵימָה וְהַמּוּבְחֶרֶת אֶלָּא הַמּוּבְחָר שֶׁבַּמַּעֲשִׂים הַטָּהוֹר מִכָּל מִינֵי סִיג.

וְאֵינֶנִּי אוֹמֵר שֶׁמַּה שֶּׁהוּא זוּלַת זֶה יִהְיֶה נִדְחֶה לְגַמְרֵי, כִּי הֲרֵי הַקָּדוֹשׁ בָּרוּךְ הוּא אֵינוֹ מְקַפֵּחַ שְׂכַר כָּל בְּרִיָּה וּמְשַׁלֵּם שְׂכַר הַמַּעֲשִׂים לְפִי מַה שֶּׁהֵם, אָמְנָם עַל הָעֲבוֹדָה הַתְּמִימָה אֲנִי מְדַבֵּר, הָרְאוּיָה לְכָל

העבודה התמימה, הראויה לכל אוהבי ה׳ באמת. *העבודה השלמה באה מתוך אהבה.*

אוֹהֲבֵי ה׳ בֶּאֱמֶת, שֶׁלֹּא יִקָּרֵא בְּזֶה הַשֵּׁם אֶלָּא הָעֲבוֹדָה הַטְּהוֹרָה לְגַמְרֵי, שֶׁלֹּא תִהְיֶה הַפְּנִיָּה בָּהּ אֶלָּא לַשֵּׁם יִתְבָּרַךְ וְלֹא לְזוּלָתוֹ. וְכָל מַה שֶּׁיִּתְרַחֵק מִן הַמַּדְרֵיגָה הַזֹּאת - כְּפִי הַרְבּוֹת רִיחוּקוֹ כֵּן יִרְבֶּה הַחִסָּרוֹן בָּהּ. הוּא מַה שֶּׁדָּוִד הַמֶּלֶךְ עָלָיו הַשָּׁלוֹם אוֹמֵר "מִי לִי בַשָּׁמָיִם וְעִמְּךָ לֹא חָפַצְתִּי בָאָרֶץ" (תהלים ע״ג כ״ה). וְאָמַר כְּמוֹ כֵן "צְרוּפָה אִמְרָתְךָ מְאֹד וְעַבְדְּךָ אֲהֵבָהּ" (תהלים קי״ט ק״מ), כִּי בֶּאֱמֶת הָעֲבוֹדָה הָאֲמִיתִּית צְרִיכָה לִהְיוֹת צְרוּפָה הַרְבֵּה יוֹתֵר מִן הַזָּהָב וּמִן הַכֶּסֶף, וְהוּא מַה שֶּׁאָמַר עַל הַתּוֹרָה "אִמְרוֹת ה׳ אֲמָרוֹת טְהֹרוֹת, כֶּסֶף צָרוּף בַּעֲלִיל לָאָרֶץ מְזֻקָּק שִׁבְעָתָיִם" (תהלים י״ב ז׳).

וּמִי שֶׁהוּא עוֹבֵד ה׳ בֶּאֱמֶת, לֹא יִסְתַּפֵּק בָּזֶה בְּמוּעָט, וְלֹא יִתְרַצֶּה לָקַחַת כֶּסֶף מְעוֹרָב בְּסִיגִים וּבְדִילִים, דְּהַיְינוּ, עֲבוֹדָה מְעוֹרֶבֶת בִּפְנִיּוֹת לֹא טוֹבוֹת, אֶלָּא הַזַּךְ וְהַטָּהוֹר כָּרָאוּי. וְאָז יִקָּרֵא עוֹשֶׂה מִצְוָה כְּמַאֲמָרָהּ שֶׁעָלָיו אָמְרוּ חֲכָמֵינוּ זִכְרוֹנָם לִבְרָכָה "כָּל הָעוֹשֶׂה מִצְוָה כְּמַאֲמָרָהּ, אֵין מְבַשְּׂרִין אוֹתוֹ בְּשׂוֹרוֹת רָעוֹת" (שבת ס״ג א׳). וְכֵן אָמְרוּ זִכְרוֹנָם לִבְרָכָה "עֲשֵׂה דְבָרִים לְשֵׁם פּוֹעֲלָם וְדַבֵּר בָּהֶם לִשְׁמָן" (נדרים ס״ב א׳). וְהוּא מַה שֶּׁבּוֹחֲרִים אוֹתָם שֶׁהֵם עוֹבְדֵי ה׳ בְּלֵב שָׁלֵם, כִּי מִי שֶׁלֹּא נִתְדַּבֵּק עִמּוֹ יִתְבָּרַךְ בְּאַהֲבָה אֲמִיתִּית, צֵירוּף הָעֲבוֹדָה הַזֹּאת תִּהְיֶה לוֹ לְטוֹרַח וּלְמַשָּׂא גָּדוֹל, כִּי יֹאמַר ׳מִי יוּכַל לַעֲמֹד בָּזֶה. וַאֲנַחְנוּ בְּנֵי חוֹמֶר יְלוּדֵי אִשָּׁה אִי אֶפְשָׁר לְהַגִּיעַ אֶל הַזִּיקּוּק וְהַצֵּירוּף הַזֶּה׳.

אָמְנָם אוֹהֲבֵי ה׳ וַחֲפֵיצֵי עֲבוֹדָתוֹ, הִנֵּה שָׂמֵחַ לִבָּם לְהַרְאוֹת אֱמוּנַת אַהֲבָתָם לְפָנָיו יִתְבָּרַךְ וּלְהִתְעַצֵּם בְּצֵירוּפָהּ וְטָהֳרָתָהּ. הוּא מַה שֶּׁסִּיֵּים דָּוִד עַצְמוֹ מַאֲמָרוֹ "וְעַבְדְּךָ אֲהֵבָהּ" (תהלים קי״ט ק״מ).

וְהִנֵּה בֶּאֱמֶת זֶהוּ הַמִּבְחָן שֶׁבּוֹ נִבְחָנִים וְנִבְדָּלִים עוֹבְדֵי ה׳ עַצְמָם

העבודה האמיתית צריכה להיות צרופה הרבה יותר מן הזהב ומן הכסף. *אני צריך ללמוד על המצווה, להתכונן אליה, ולעשותה לאט, בכוונה, בהידור.*

בְּמַדְרֵיגָתָם, כִּי מִי שֶׁיּוֹדֵעַ לְטַהֵר לִבּוֹ יוֹתֵר - הוּא הַמִּתְקָרֵב יוֹתֵר וְהָאָהוּב יוֹתֵר אֶצְלוֹ יִתְבָּרַךְ. הֵם הֵמָּה הָרִאשׁוֹנִים אֲשֶׁר בָּאָרֶץ הֵמָּה אֲשֶׁר גָּבְרוּ וְנִצְחוּ בַּדָּבָר הַזֶּה - הָאָבוֹת וּשְׁאָר הָרוֹעִים אֲשֶׁר טִהֲרוּ לִבָּם לְפָנָיו. הוּא מַה שֶּׁדָּוִד מַזְהִיר אֶת שְׁלֹמֹה בְּנוֹ "כִּי כָל לְבָבוֹת דּוֹרֵשׁ ה' וְכָל יֵצֶר מַחֲשָׁבוֹת הוּא מֵבִין" (דברי הימים א. כ"ח ט').

וְכֵן אָמְרוּ זִכְרוֹנָם לִבְרָכָה "רַחֲמָנָא לִבָּא בָּעֵי" (סנהדרין ק"ו ב'). כִּי אֵין דַּי לָאָדוֹן בָּרוּךְ הוּא בְּמַעֲשִׂים לְבַדָּם שֶׁיִּהְיוּ מַעֲשֵׂי מִצְוָה, אֶלָּא הָעִיקָּר לְפָנָיו שֶׁהַלֵּב יִהְיֶה טָהוֹר. לְכַוֵּן בָּהּ לַעֲבוֹדָה אֲמִיתִּית. וְהִנֵּה הַלֵּב הוּא הַמֶּלֶךְ לְכָל חֶלְקֵי הַגּוּף וְנוֹהֵג בָּם. וְאִם הוּא אֵינוֹ מֵבִיא עַצְמוֹ אֶל עֲבוֹדָתוֹ יִתְבָּרַךְ אֵין עֲבוֹדַת שְׁאָר הָאֵבָרִים כְּלוּם! כִּי אֶל אֲשֶׁר יִהְיֶה שָׁמָּה רוּחַ הַלֵּב לָלֶכֶת - יֵלֵכוּ. וּמִקְרָא כָּתוּב בְּפֵירוּשׁ "תְּנָה בְנִי לִבְּךָ לִי" (משלי כ"ג כ"ו).

האבות ושאר הרועים אשר טיהרו לבם לפניו. *האבות נקראים מרכבה, כלי שביטל רצונו, והקב"ה נוהג בה. זה לא ביטול האישיות אלא שיא האישיות!*

"רחמנא ליבא בעי". *לא מספיק המעשה, צריך גם כוונה. ה' רוצה את הלב שלך.*

פרק יז

בדרכי
קנית הטהרה

הִנֵּה הַדֶּרֶךְ לְהַשִּׂיג הַמִּדָּה הַזֹּאת קַל הוּא - לְמִי שֶׁכְּבָר הִשְׁתַּדֵּל וְהִשִּׂיג הַמִּדּוֹת הַשְּׁנוּיוֹת עַד הֵנָּה. כִּי הִנֵּה כְּשֶׁיַּחְשׁוֹב וְיִתְבּוֹנֵן עַל פְּחִיתוּת תַּעֲנוּגֵי הָעוֹלָם וְטוֹבוֹתָיו - כְּמוֹ שֶׁכָּתַבְתִּי לְמַעְלָה - יִמְאַס בָּהֶם, וְלֹא יַחְשְׁבֵם אֶלָּא לְרָעוֹת וּלְחֶסְרוֹנוֹת הַטֶּבַע הַחוֹמְרִי הֶחָשׁוּךְ וְהַגַּס. וּבְהִתְאַמֵּת אֶצְלוֹ הֱיוֹתָם מַמָּשׁ חֶסְרוֹנוֹת וְרָעוֹת, וַדַּאי שֶׁיֵּקַל לוֹ לְהִבָּדֵל מֵהֶם וְלַהֲסִירָם מִלִּבּוֹ. עַל כֵּן כָּל מַה שֶּׁיַּעֲמִיק וְיַתְמִיד לְהַכִּיר פְּחִיתוּת הַחוֹמְרִיּוּת וְתַעֲנוּגָיו, יוֹתֵר יִהְיֶה נָקֵל לוֹ לְטַהֵר מַחְשְׁבוֹתָיו וְלִבּוֹ שֶׁלֹּא לִפְנוֹת אֶל הַיֵּצֶר כְּלָל בְּשׁוּם מַעֲשֶׂה מִן הַמַּעֲשִׂים, אֶלָּא יִהְיֶה בְּמַעֲשִׂים הַחוֹמְרִיִּים כְּאָנוּס, לֹא זוּלַת.

וְאָמְנָם, כְּמוֹ שֶׁטָּהֳרַת הַמַּחֲשָׁבָה חִלַּקְנוּהָ לִשְׁנֵי חֲלָקִים: הָאֶחָד בְּמַעֲשִׂים הַגּוּפָנִיִּים וְהָאֶחָד בְּמַעֲשֵׂי הָעֲבוֹדָה, כֵּן הָעִיּוּן הַמִּצְטָרֵךְ כְּדֵי לִקְנוֹתָהּ יִתְחַלֵּק לִשְׁנַיִם. כִּי הִנֵּה לְטַהֵר מַחֲשַׁבְתּוֹ בְּמַעֲשֵׂי גּוּפָנִיּוּתוֹ, הַדֶּרֶךְ הוּא לְהַתְמִיד הִסְתַּכְּלוּתוֹ עַל פְּחִיתוּת הָעוֹלָם וְתַעֲנוּגָיו כְּמוֹ שֶׁכָּתַבְתִּי, וּלְטַהֵר מַחֲשַׁבְתּוֹ בְּמַעֲשֵׂי עֲבוֹדָתוֹ. יַרְבֶּה הִתְבּוֹנְנוּתוֹ עַל תַּרְמִית הַכָּבוֹד וּכְזָבָיו, וְיַרְגִּיל עַצְמוֹ לִבְרוֹחַ מִמֶּנּוּ. אָז יִנָּקֶה בְּעֵת עֲבוֹדָתוֹ מִפְּנוֹת אֶל הַשֶּׁבַח וְאֶל הַתְּהִלָּה אֲשֶׁר יְהַלְלוּהוּ בְּנֵי הָאָדָם, וְתִהְיֶה מַחֲשַׁבְתּוֹ פּוֹנָה בְּיִחוּד אֶל אֲדוֹנֶיהָ אֲשֶׁר הוּא תְּהִלָּתֵנוּ וְהוּא כָּל טוּבֵנוּ וּשְׁלֵימוּתֵנוּ - וְאֶפֶס זוּלָתוֹ! וְכֵן הוּא אוֹמֵר "הוּא תְהִלָּתְךָ וְהוּא אֱלֹהֶיךָ" (דברים י' כ"א).

וּמִן הַמַּעֲשִׂים הַמַּדְרִיכִים אֶת הָאָדָם לָבֹא לִידֵי מִדָּה זוֹ, הוּא הַהִזְדַּמְּנָה לְדִבְרֵי הָעֲבוֹדָה וְהַמִּצְוֹת, וְהַיְינוּ, שֶׁלֹּא יִכָּנֵס בְּקִיּוּם הַמִּצְוָה בְּפֶתַע פִּתְאוֹם, שֶׁאֵין דַּעְתּוֹ עֲדַיִין מְיוּשֶּׁבֶת עָלָיו וִיכוֹלָה לְהִתְבּוֹנֵן בְּמַה שֶּׁהוּא עוֹשֶׂה, אֶלָּא יַזְמִין עַצְמוֹ לַדָּבָר וְיָכִין לִבּוֹ בְּמִתּוּן עַד שֶׁיִּכָּנֵס בְּהִתְבּוֹנְנוּת, וְאָז יִתְבּוֹנֵן מַה הוּא הוֹלֵךְ לַעֲשׂוֹת וְלִפְנֵי מִי הוּא הוֹלֵךְ לַעֲשׂוֹת. שֶׁהֲרֵי

בְּהִכָּנְסוֹ בָּעִיּוּן הַזֶּה, קַל הוּא שֶׁיַּשְׁלִיךְ מֵעָלָיו הַפְּנִיּוֹת הַחִיצוֹנוֹת וְיִקְבַּע בְּלִבּוֹ הַכַּוָּנָה הָאֲמִיתִּית הָרְצוּיָה. וְתִרְאֶה שֶׁהַחֲסִידִים הָרִאשׁוֹנִים הָיוּ שׁוֹהִים שָׁעָה אַחַת קֹדֶם תְּפִלָּתָם וְאַחַר כָּךְ מִתְפַּלְּלִים כְּדֵי שֶׁיְּכַוְּנוּ לִבָּם לַמָּקוֹם (ברכות ל׳ ב׳), וּבְוַדַּאי שֶׁלֹּא הָיוּ פּוֹנִים שָׁעָה אַחַת לְבַטָּלָה, אֶלָּא מִתְכּוֹנְנִים וּמְכִינִים לִבָּם לַתְּפִלָּה שֶׁהָיָה לָהֶם לְהִתְפַּלֵּל וְדוֹחִים מֵעֲלֵיהֶם הַמַּחֲשָׁבוֹת הַזָּרוֹת וּמִתְמַלְּאִים הַיִּרְאָה וְהָאַהֲבָה הַצְּרִיכָה. וְאוֹמֵר "אִם אַתָּה הֲכִינוֹתָ לִבֶּךָ וּפָרַשְׂתָּ אֵלָיו כַּפֶּךָ" (איוב י״א י״ג).

וְהִנֵּה מַפְסִידֵי הַמִּדָּה הֵם חֶסְרוֹן הַהִתְבּוֹנְנוּת עַל הָעִנְיָנִים שֶׁזָּכַרְנוּ. דְּהַיְינוּ: סִכְלוּת, פְּחִיתוּת הַתַּעֲנוּגִים, רְדִיפַת הַכָּבוֹד, וּמִעוּט הַהֲכָנָה לָעֲבוֹדָה. כִּי הַשְּׁנַיִם הָרִאשׁוֹנִים הֵם מְפַתִּים אֶת הַמַּחֲשָׁבָה וּמַמְשִׁיכִים אוֹתָהּ אֶל הַפְּנִיּוֹת, כָּאִשָּׁה הַמְנָאֶפֶת אֲשֶׁר תַּחַת אִישָׁהּ תִּקַּח אֶת זָרִים. וּכְבָר נִקְרְאוּ הַמַּחֲשָׁבוֹת הַחִיצוֹנוֹת "זְנוּת הַלֵּב", דִּכְתִיב "וְלֹא תָתוּרוּ אַחֲרֵי לְבַבְכֶם וְאַחֲרֵי עֵינֵיכֶם אֲשֶׁר אַתֶּם זֹנִים אַחֲרֵיהֶם" (במדבר ט״ו ל״ט). כִּי נִמְצָא הַלֵּב פּוֹנֶה מִן הַמַּבָּט הַשָּׁלֵם אֲשֶׁר הָיָה לוֹ לְיִקָּשֵׁר בּוֹ, אֶל הֲבָלִים וְדִמְיוֹנוֹת כּוֹזְבִים. וּמִעוּט הַהֲכָנָה גּוֹרֵם לַסִּכְלוּת הַטִּבְעִי הַבָּא מִצַּד הַחוֹמֶר שֶׁלֹּא יְגוֹרַשׁ מִתּוֹכוֹ, וַהֲרֵי הוּא מַבְאִישׁ אֶת הָעֲבוֹדָה בְּסִרְחוֹנוֹ.

וּנְבָאֵר עַתָּה מִדַּת הַחֲסִידוּת.

פרק יח

בבאור
מידת החסידות

מִדַּת הַחֲסִידוּת צְרִיכָה הִיא בֶּאֱמֶת לְבֵיאוּר גָּדוֹל, כִּי מִנְהָגִים רַבִּים וּדְרָכִים רַבִּים עוֹבְרִים בֵּין רַבִּים מִבְּנֵי הָאָדָם בְּשֵׁם חֲסִידוּת וְאֵינָם אֶלָּא גָּלְמֵי חֲסִידוּת, בְּלִי תוֹאַר וּבְלִי צוּרָה וּבְלִי תִיקּוּן.

וְנִמְשָׁךְ זֶה מֵחֶסְרוֹן הָעִיּוּן וְהַהַשְׂכָּלָה הָאֲמִיתִּית אֲשֶׁר לְבַעֲלֵי הַמִּדּוֹת הָהֵם, כִּי לֹא טָרְחוּ וְלֹא נִתְיַגְּעוּ לָדַעַת אֶת דֶּרֶךְ ה׳ בִּידִיעָה בְּרוּרָה וִישָׁרָה, אֶלָּא הִתְחַסְּדוּ וְהָלְכוּ בְּמַה שֶּׁנִּזְדַּמֵּן לָהֶם לְפִי הַסְּבָרָא הָרִאשׁוֹנָה, וְלֹא הֶעֱמִיקוּ בַּדְּבָרִים וְלֹא שָׁקְלוּ אוֹתָם בְּמֹאזְנֵי הַחָכְמָה. וְהִנֵּה אֵלֶּה הִבְאִישׁוּ אֶת רֵיחַ הַחֲסִידוּת בְּעֵינֵי הֲמוֹן הָאֲנָשִׁים, וּמִן הַמַּשְׂכִּילִים עִמָּהֶם, בַּאֲשֶׁר כְּבָר יַחְשְׁבוּ שֶׁהַחֲסִידוּת תָּלוּי בְּדִבְרֵי הֶבֶל אוֹ דְבָרִים נֶגֶד הַשֵּׂכֶל וְהַדֵּיעָה הַנְּכוֹנָה, וְיַאֲמִינוּ הֱיוֹת כָּל הַחֲסִידוּת תָּלוּי רַק בַּאֲמִירַת בַּקָּשׁוֹת רַבּוֹת וּוִדּוּיִים גְּדוֹלִים, וּבִבְכִיּוֹת וְהִשְׁתַּחֲוָיוֹת גְּדוֹלוֹת, וּבַסִּגּוּפִים הַזָּרִים שֶׁיָּמִית בָּהֶם הָאָדָם אֶת עַצְמוֹ, כִּטְבִילַת הַקֶּרַח וְהַשֶּׁלֶג, וְכַיּוֹצֵא בַּדְּבָרִים הָאֵלֶּה.

וְהִנֵּה לֹא יָדְעוּ, כִּי אַף עַל פִּי שֶׁקְּצָת דְּבָרִים אֵלֶּה צְרִיכִים לְבַעֲלֵי תְשׁוּבָה, וּקְצָתָם רְאוּיִם לַפְּרוּשִׁים, הִנֵּה - לֹא עַל אֵלֶּה נוֹסָד הַחֲסִידוּת כְּלָל. כִּי אִם הַטּוֹב שֶׁבַּמִּנְהָגִים הָאֵלֶּה הוּא רָאוּי לְהִתְלַוּוֹת אֶל הַחֲסִידוּת.

אַךְ מְצִיאוּת הַחֲסִידוּת עַצְמוֹ הוּא דָּבָר עָמוֹק מְאֹד לַהֲבִינוֹ עַל נָכוֹן, וְהוּא מְיוּסָּד עַל יְסוֹדוֹת חָכְמָה רַבָּה וְתִיקּוּן הַמַּעֲשֶׂה בְּתַכְלִית, אֲשֶׁר רָאוּי לְכָל חֲכַם לֵב לִרְדּוֹף אַחֲרָיו, כִּי רַק לַחֲכָמִים לְהַשִּׂיגוֹ בֶּאֱמֶת וְכֵן אָמְרוּ זִכְרוֹנָם לִבְרָכָה "וְלֹא עַם הָאָרֶץ חָסִיד" (אבות ב׳ ה׳). וּנְבָאֵר עַתָּה עִנְיָן זֶה עַל הַסֵּדֶר.

לא טרחו ולא נתיגעו לדעת את דרך ה׳. *כדי להבין צריך להשקיע, לא לצוף בשטחיות.*

הִנֵּה שׁוֹרֶשׁ הַחֲסִידוּת הוּא מַה שֶּׁאָמְרוּ זִכְרוֹנָם לִבְרָכָה "אַשְׁרֵי אָדָם שֶׁעֲמָלוֹ בַּתּוֹרָה וְעוֹשֶׂה נַחַת רוּחַ לְיוֹצְרוֹ" (ברכות י"ז א'). וְהָעִנְיָן הוּא, כִּי הִנֵּה הַמִּצְוֹת הַמּוּטָּלוֹת עַל כָּל יִשְׂרָאֵל כְּבָר יְדוּעוֹת הֵן, וְחוֹבָתָן יְדוּעָה עַד הֵיכָן הִיא מַגַּעַת. אָמְנָם מִי שֶׁאוֹהֵב אֶת הַבּוֹרֵא יִתְבָּרַךְ שְׁמוֹ אַהֲבָה אֲמִיתִית, לֹא יִשְׁתַּדֵּל וִיכַוֵּן לִפְטוֹר עַצְמוֹ בְּמַה שֶּׁכְּבָר מְפוֹרְסָם מִן הַחוֹבָה אֲשֶׁר עַל כָּל יִשְׂרָאֵל בִּכְלָל, אֶלָּא יִקְרֶה לוֹ כְּמוֹ שֶׁיִּקְרֶה אֶל בֵּן אוֹהֵב אָבִיו, שֶׁאִלּוּ יְגַלֶּה אָבִיו אֶת דַּעְתּוֹ גִּילּוּי מְעַט שֶׁהוּא חָפֵץ בְּדָבָר מִן הַדְּבָרִים, כְּבָר יַרְבֶּה הַבֵּן בַּדָּבָר הַהוּא וּבַמַּעֲשֶׂה הַהוּא כָּל מַה שֶּׁיּוּכַל. וְאַף עַל פִּי שֶׁלֹּא אֲמָרוֹ אָבִיו אֶלָּא פַּעַם אַחַת וּבַחֲצִי דִּיבּוּר, הִנֵּה דַּי לְאוֹתוֹ הַבֵּן לְהָבִין הֵיכָן דַּעְתּוֹ שֶׁל אָבִיו נוֹטָה, לַעֲשׂוֹת לוֹ גַּם אֶת אֲשֶׁר לֹא אָמַר לוֹ בְּפֵירוּשׁ, כֵּיוָן שֶׁיּוּכַל לָדוּן בְּעַצְמוֹ שֶׁיִּהְיֶה הַדָּבָר הַהוּא נַחַת רוּחַ לְפָנָיו, וְלֹא יַמְתִּין שֶׁיְּצַוֵּהוּ יוֹתֵר בְּפֵירוּשׁ אוֹ שֶׁיֹּאמַר לוֹ פַּעַם אַחֶרֶת. וְהִנֵּה דָּבָר זֶה אֲנַחְנוּ רוֹאִים אוֹתוֹ בְּעֵינֵינוּ, שֶׁיִּוָּלֵד בְּכָל עֵת וּבְכָל שָׁעָה בֵּין כָּל אוֹהֵב וָרֵיעַ, בֵּין אִישׁ לְאִשְׁתּוֹ, בֵּין אָב וּבְנוֹ.

כְּלָלוֹ שֶׁל דָּבָר: בֵּין כָּל מִי שֶׁהָאַהֲבָה בֵּינֵיהֶם עַזָּה בֶּאֱמֶת, שֶׁלֹּא יֹאמַר, לֹא נִצְטַוֵּיתִי יוֹתֵר, דַּי לִי בְּמַה שֶּׁנִּצְטַוֵּיתִי בְּפֵירוּשׁ, אֶלָּא מִמַּה שֶּׁנִּצְטַוָּה

שורש החסידות הוא... אשרי אדם שעמלו בתורה ועושה נחת רוח ליוצרו. החסיד הוא אדם המגדיל ראש, לא אדם המסמן "וי" וממשיך. הוא רוצה לאהוב את הטוב והמיטיב בגדלות, ב"כלליות", בצורה אידיאליסטית.

יָדוּן עַל דַּעַת הַמִּצְוָה וְיִשְׁתַּדֵּל לַעֲשׂוֹת לוֹ מַה שֶׁיּוּכַל לָדוּן שֶׁיִּהְיֶה לוֹ לְנַחַת.

וְהִנֵּה, כְּמִקְרֶה הַזֶּה יִקְרֶה לְמִי שֶׁאוֹהֵב אֶת בּוֹרְאוֹ גַּם כֵּן אַהֲבָה נֶאֱמֶנֶת, כִּי גַּם הוּא מִסּוּג הָאוֹהֲבִים, וְתִהְיֶינָה לוֹ הַמִּצְוֹת אֲשֶׁר צִיווּיָם גָּלוּי וּמְפוּרְסָם, לְגִלּוּי דַּעַת לְבַד, לָדַעַת שֶׁאֶל הָעִנְיָן הַהוּא נוֹטֶה רְצוֹנוֹ וְחֶפְצוֹ יִתְבָּרַךְ שְׁמוֹ, וְאָז לֹא יֹאמַר 'דַּי לִי בְּמַה שֶּׁאָמוּר בְּפֵירוּשׁ' אוֹ 'אֶפְטוֹר עַצְמִי בְּמַה שֶּׁמּוּטָּל עָלַי עַל כָּל פָּנִים', אֶלָּא אַדְּרַבָּא יֹאמַר 'כֵּיוָן שֶׁכְּבָר מָצָאתִי, רָאִיתִי שֶׁחֶפְצוֹ יִתְבָּרַךְ שְׁמוֹ נוֹטֶה לָזֶה, יִהְיֶה לִי לְעֵינַיִם לְהַרְבּוֹת בְּזֶה הָעִנְיָן וּלְהַרְחִיב אוֹתוֹ בְּכָל הַצְּדָדִין שֶׁאוּכַל לָדוּן, שֶׁרְצוֹנוֹ יִתְבָּרַךְ חָפֵץ בּוֹ'. וְזֶהוּ הַנִּקְרָא, "עוֹשֶׂה נַחַת רוּחַ לְיוֹצְרוֹ".

נִמְצָא כְּלַל הַחֲסִידוּת: הַרְחָבַת קִיּוּם כָּל הַמִּצְוֹת בְּכָל הַצְּדָדִין וְהַתְּנָאִים שֶׁרָאוּי וְשֶׁאֶפְשָׁר.

וְהִנְּךָ רוֹאֶה שֶׁהַחֲסִידוּת מִמִּין הַפְּרִישׁוּת, אֶלָּא שֶׁהַפְּרִישׁוּת בְּלָאוִין וְהַחֲסִידוּת בַּעֲשִׂין, וּשְׁנֵיהֶם עִנְיָן אֶחָד, שֶׁהוּא לְהוֹסִיף עַל הַמְּפוֹרָשׁ מַה שֶּׁנּוּכַל לָדוּן לְפִי הַמִּצְוָה הַמְּפוֹרֶשֶׁת שֶׁיִּהְיֶה נַחַת רוּחַ לְפָנָיו יִתְבָּרַךְ.

זֶהוּ גֶּדֶר הַחֲסִידוּת הָאֲמִיתִּי.

וְעַתָּה נְבָאֵר חֲלָקָיו הָרָאשִׁיִּים.

והנה דבר זה אנחנו רואים אותו בעינינו... בין כל אוהב וריע, בין איש לאשתו. צריך ללמוד מן המורגש למושכל - ללמוד מאהבת אישה לאהבת ה'.

פרק יט

בבאור
חלקי החסידות

פֶּרֶק יט

בְּבֵאוּר חלקי הַחֲסִידוּת

חֶלְקֵי הַחֲסִידוּת הָרָאשִׁיִּים
הַשֵּׁנִי — בְּאֹפֶן הָעֲשִׂיָּה,
הָרִאשׁוֹן בַּמַּעֲשֶׂה אַף הוּא יִתְחַלֵּק
בַּמֶּה שֶׁבֵּין אָדָם לַמָּקוֹם, וְהַשֵּׁנִי —
הַחֵלֶק הָרִאשׁוֹן שֶׁבָּרִאשׁוֹן הוּא בַּמַּעֲ
וְעִנְיָנוֹ — קִיּוּם כָּל הַמִּצְווֹת
עַד מָקוֹם שֶׁיַּד הָאָדָם מַגַּעַת, וְאֵלֶּה
זִכְרוֹנָם לִבְרָכָה "שְׁיָרֵי מִצְוָה", וְא
מִצְוָה מְעַכְּבִים אֶת הַפֻּרְעָנוּת. כִּי
נִשְׁלַם זוּלָתָם וּכְבָר יָצָא בָּזֶה יְדֵ
יִשְׂרָאֵל, אַךְ הַחֲסִידִים אֵי

בַּגּוּף — ... שֶׁיּוּכַל וְיָקֵל
מַשָּׂאָם ... (אבות ו, ו): וְנוֹשֵׂא
בְּעֹל עִם חֲבֵרוֹ. וְאִם מַגִּיעַ לַחֲבֵרוֹ אֵיזֶה נֶזֶק בְּגוּפוֹ, וְהוּא
יוּכַל לִמְנֹעַ אוֹתוֹ אוֹ לַהֲסִירוֹ, יִטְרַח כְּדֵי לַעֲשׂוֹתוֹ.
בְּמָמוֹן — לְסַיְּעוֹ בַּאֲשֶׁר תַּשִּׂיג יָדוֹ, וְלִמְנֹעַ מִמֶּנּוּ הַנְּזָקִין
בְּכָל מַה שֶּׁיּוּכַל, כָּל־שֶׁכֵּן שֶׁיַּרְחִיק הוּא כָּל מִינֵי

חֶלְקֵי הַחֲסִידוּת הָרָאשִׁיִּים שְׁלשָׁה: הָרִאשׁוֹן בַּמַּעֲשֶׂה. הַשֵּׁנִי בְּאוֹפֶן הָעֲשִׂיָּה. הַשְּׁלִישִׁי בַּכַּוָּנָה.
הַחֵלֶק הָרִאשׁוֹן בַּמַּעֲשֶׂה - אַף הוּא יִתְחַלֵּק לִשְׁנֵי חֲלָקִים: הָאֶחָד בַּמֶּה שֶׁבֵּין אָדָם לַמָּקוֹם. וְהַשֵּׁנִי בַּמֶּה שֶׁבֵּין אָדָם לַחֲבֵירוֹ.
הַחֵלֶק הָאֶחָד שֶׁבָּרִאשׁוֹן הוּא בַּמַּעֲשֶׂה שֶׁבֵּין אָדָם לַמָּקוֹם. וְעִנְיָנוֹ קִיּוּם כָּל הַמִּצְוֹת בְּכָל הַדִּקְדּוּקִים שֶׁבָּהֶם עַד מָקוֹם שֶׁיַּד הָאָדָם מַגַּעַת. וְאֵלֶּה

בבאור חלקי החסידות. *פרק ליבה כמו פרק י"א.*[1]

1 בתחילת פרק יט כתב הדר בהערה למעלה 'פרק ליבה כמו פרק י"א'.

צור גולדין, אחיו של הדר, הבהיר את ההערה בעקבות שיחות ששניהם ניהלו אודות הספר: במקביל לתהליך שעובר הקורא לאורך הלימוד בספר, ניתן לזהות שתי נקודות ציון ששתל הרמח"ל בחיבורו, המשמשות מסילה להבנה שלמה ונכונה יותר של היצירה שאותה כתב - פרק י"א ופרק י"ט. אלה הם פרקי ליבה של "מסילת ישרים"; בלעדיהם לא ניתן לקלוע להקשר הכללי שאליו מכוון המחבר. במובן מסוים, העמקה בשני הפרקים כמשלימים זה את זה מפענחת את הצופן להבנת המגמה האידיאלית שאליה חותר הספר.

בפרק י"ט הרמח"ל יורד לשורש המושגים "חסד" ו"חסידות", וכדרכו מזקק מחדש את המשמעות המקורית שלהם, שבמשך הדורות נשכחה והוחלפה בתיאורים זרים. בפרק א' ואילך הופיע החלק המפרך שעובר האדם בתהליך המוסרי במסילה, שעלול ליצור אצל הקורא תחושה כי עיקר עבודת האדם בעולמו עסוקה בעצמו ובחובותיו כפרט כלפי הקב"ה. מידת החסידות, לעומת זאת, מנתבת את כל העבודה הקשה שהושגה עד כה לרמה נעלה עוד יותר, שלפיה האדם, כוונותיו ומעשיו, נועדו לעסוק בעצם למען הכלל.

בהערותיו, שרטט הדר קווים במקומות שבהם לדעתו מדובר בעניינים מהותיים להבנת החסידות. הראשון הוא שימוש בדמותו של דוד המלך, שאותו הדר מכנה "גיבור ספר מסילת ישרים". דוד הוא דמות אידיאלית שראוי לשאוף אליה ולהגיע למדרגתה, ואכן הוא מכונה בידי חז"ל "חסיד". השני, שימוש במושג האהבה באופן שמשקף קשר מהותי של נתינה. ושלישי, התחושות והרגשות שמועצמות בו כשהוא חווה אכפתיות ומתעסק בעשיית טוב.

הֵם שֶׁקְּרָאוּם חֲכָמֵינוּ זִכְרוֹנָם לִבְרָכָה 'שְׁיָרֵי מִצְוָה'. וְאָמְרוּ "שְׁיָרֵי מִצְוָה מְעַכְּבִים אֶת הַפּוּרְעָנוּת" (סוכה ל"ח א'), כִּי אַף עַל פִּי שֶׁגּוּף הַמִּצְוָה נִשְׁלַם זוּלָתָם וּכְבָר יָצָא בָּזֶה יְדֵי חוֹבָתוֹ, הִנֵּה זֶה לְכָל הֲמוֹן יִשְׂרָאֵל, אַךְ הַחֲסִידִים אֵין לָהֶם אֶלָּא לְהַרְבּוֹת בְּהַשְׁלָמָתָם וְלֹא לְמַעֵט בָּהֶם כְּלָל.
הַחֵלֶק הַשֵּׁנִי שֶׁבָּרִאשׁוֹן הוּא בַּמֶּה שֶּׁבֵּין אָדָם לַחֲבֵירוֹ, וְעִנְיָנוֹ גּוֹדֶל הַהֲטָבָה, שֶׁיִּהְיֶה הָאָדָם לְעוֹלָם מֵטִיב לַבְּרִיּוֹת וְלֹא מֵרִיעַ לָהֶם. וְזֶה בַּגּוּף. בְּמָמוֹן, וּבַנֶּפֶשׁ.

בַּגּוּף: שֶׁיִּהְיֶה מִשְׁתַּדֵּל לַעֲזוֹר לְכָל אָדָם בַּמֶּה שֶׁיּוּכַל וְיָקֵל מַשָּׂאָם מֵעֲלֵיהֶם. וְהוּא מַה שֶּׁשָּׁנִינוּ "וְנוֹשֵׂא בְעוֹל עִם חֲבֵירוֹ" (אבות ו' ו'). וְאִם מַגִּיעַ לַחֲבֵירוֹ אֵיזֶה נֶזֶק בְּגוּפוֹ וְהוּא יוּכַל לִמְנוֹעַ אוֹתוֹ אוֹ לַהֲסִירוֹ - יִטְרַח כְּדֵי לַעֲשׂוֹתוֹ.

בְּמָמוֹן - לְסַיְּעוֹ כַּאֲשֶׁר תַּשִּׂיג יָדוֹ וְלִמְנוֹעַ מִמֶּנּוּ הַנְּזָקִין בְּכָל מַה שֶּׁיּוּכַל, כָּל שֶׁכֵּן שֶׁיַּרְחִיק הוּא כָּל מִינֵי נְזָקִין שֶׁיְּכוֹלִים לָבֹא מֵחֲמָתוֹ, בֵּין לְיָחִיד בֵּין לָרַבִּים, וַאֲפִילוּ שֶׁעַתָּה מִיָּד אֵין הַהֶיזֵּק מָצוּי, כֵּיוָן שֶׁיָּכוֹל לָבוֹא לִידֵי כָךְ - יְסִירֵם וְיַעֲבִירֵם, וְאָמְרוּ זִכְרוֹנָם לִבְרָכָה "יְהִי מָמוֹן חֲבֵירְךָ חָבִיב עָלֶיךָ כְּשֶׁלָּךְ" (אבות ב' י"ב).

בַּנֶּפֶשׁ: שֶׁיִּשְׁתַּדֵּל לַעֲשׂוֹת לַחֲבֵירוֹ כָּל קוֹרַת רוּחַ שֶׁיֵּשׁ בְּיָדוֹ, בֵּין בְּעִנְיְנֵי הַכָּבוֹד בֵּין בְּכָל שְׁאָר הָעִנְיָנִים, כָּל מַה שֶּׁהוּא יוֹדֵעַ שֶׁאִם יַעֲשֵׂהוּ לַחֲבֵירוֹ הוּא מְקַבֵּל נַחַת רוּחַ מִמֶּנּוּ, מִצְוַת חֲסִידוּת הוּא לַעֲשׂוֹתוֹ. כָּל שֶׁכֵּן שֶׁלֹּא יְצַעֲרֶנּוּ בְּשׁוּם מִינֵי צַעַר, יִהְיֶה בְּאֵיזֶה אוֹפֶן שֶׁיִּהְיֶה.

"שיירי מצווה". *דקדוק, חומרה שאינה גורמת לך גאווה וזלזול באחרים.*

שיהיה האדם לעולם מטיב לבריות ולא מירע להם. *להיות מגדיל ראש זה ניצוץ של חסידות.*

בעניין כבוד בית הכנסת וכבוד הבריות. *אם אתה נכנס סתם לבית הכנסת, שב, הגד "אשרי יושבי ביתך", והמשך. לגבי "ראשי עם הקודש"* [תלמידי החכמים שישבו בצפיפות על הרצפה, והעובר ביניהם נראה כאילו

וּכְלַל כָּל זֶה הוּא גְּמִילוּת חֲסָדִים, אֲשֶׁר הִפְלִיגוּ חֲכָמֵינוּ זִכְרוֹנָם לִבְרָכָה בְּשִׁבְחָהּ וּבְחוֹבָתֵנוּ בָּהּ. וּבִכְלָל זֶה רְדִיפַת הַשָּׁלוֹם, שֶׁהוּא הַהֲטָבָה הַכְּלָלִית בֵּין כָּל אָדָם לַחֲבֵירוֹ.

וְעַתָּה אָבִיא לְךָ רְאָיוֹת עַל כָּל הַדְּבָרִים הָאֵלֶּה מִן הַחֲכָמִים זִכְרוֹנָם לִבְרָכָה, אַף עַל פִּי שֶׁהַדְּבָרִים פְּשׁוּטִים וְאֵין צְרִיכִים לְחִיזּוּק רְאָיָה. בְּפֶרֶק בְּנֵי הָעִיר אָמְרוּ "שָׁאֲלוּ תַּלְמִידָיו אֶת רַבִּי זַכַּאי, בַּמֶּה הֶאֱרַכְתָּ יָמִים? אָמַר לָהֶם, מִיָּמַי לֹא הִשְׁתַּנְתִּי בְּתוֹךְ אַרְבַּע אַמּוֹת שֶׁל תְּפִלָּה, וְלֹא כִּינִּיתִי שֵׁם לַחֲבֵירִי, וְלֹא בִּטַּלְתִּי קִידּוּשׁ הַיּוֹם. אִימָּא זְקֵנָה הָיְתָה לִי, פַּעַם אַחַת מָכְרָה כִּיפָּה שֶׁבְּרֹאשָׁהּ וְהֵבִיאָה לִי קִדּוּשׁ הַיּוֹם" (מגילה כ"ז ב'). הֲרֵי לְךָ פֹּה מִן הַחֲסִידוּת בַּמֶּה שֶׁנּוֹגֵעַ אֶל דִּקְדּוּקֵי הַמִּצְוֹת, כִּי כְּבָר פָּטוּר הָיָה מִן הַדִּין מֵהֲבָאַת יַיִן לְקִידּוּשׁ, כֵּיוָן שֶׁלֹּא הָיָה לוֹ, עַד שֶׁהָיְתָה צְרִיכָה אִמּוֹ לִמְכּוֹר כִּיפָּה שֶׁבְּרֹאשָׁהּ. אָמְנָם מִמִּדַּת חֲסִידוּת הָיָה עוֹשֶׂה כֵּן. וּבַמֶּה שֶׁנּוֹגֵעַ לִכְבוֹד חֲבֵירוֹ, שֶׁלֹּא כִּינָּהוּ אֲפִילוּ כִּינּוּי שֶׁאֵינוֹ שֶׁל גְּנַאי, וְכִדְפֵירְשׁוּ הַתּוֹס' שָׁם. וְרַב הוּנָא גַּם כֵּן קָשַׁר גְּמִי עַל לְבוּשׁוֹ, לְפִי שֶׁמָּכַר הֶמְיָנוֹ לִקְנוֹת יַיִן לְקִידּוּשׁ הַיּוֹם.

עוֹד שָׁם: "שָׁאֲלוּ תַלְמִידָיו אֶת רַבִּי אֶלְעָזָר בֶּן שָׁמוּעַ, בַּמֶּה הֶאֱרַכְתָּ יָמִים? אָמַר לָהֶם, מִיָּמַי לֹא עָשִׂיתִי קַפַּנְדַּרְיָא לְבֵית הַכְּנֶסֶת, וְלֹא פָּסַעְתִּי עַל רָאשֵׁי עַם קוֹדֶשׁ" (מגילה כ"ז ב'). הִנֵּה זֶה הַמִּידּוֹת בְּעִנְיַן כְּבוֹד בֵּית הַכְּנֶסֶת וּבְעִנְיַן כְּבוֹד הַבְּרִיּוֹת, שֶׁלֹּא לִפְסוֹעַ עַל גַּב מְסִיבָּתָן שֶׁלֹּא לֵירָאוֹת כִּמְבַזֶּה אוֹתָם.

הוא דורך עליהם], עליך ללכת לאט ולא לבזות אותם, לא לפסוע עליהם ולנצלם.

"מימי לא נתכבדתי בקלון חברי". לפעמים אתה "מרויח נקודות" מכך שחבר יורד ומאבד את מעמדו. אינך יוזם את זה, אבל אתה מרגיש בינך לבין עצמך קצת יותר טוב. רבי נחוניא מעיד על עצמו שמעולם לא בנה לעצמו הערכה אישית כתוצאה מנסיבות של ירידה של החבר. (זה אותו רבי נחוניא שחיבר את התפילה לפני הלימוד ואחר הלימוד).

עוֹד שָׁם: "שָׁאֲלוּ תַּלְמִידָיו אֶת רַבִּי פְּרֵידָא, בַּמֶּה הֶאֱרַכְתָּ יָמִים? אָמַר לָהֶם, מִיָּמַי לֹא קְדָמַנִי אָדָם לְבֵית הַמִּדְרָשׁ, וְלֹא בֵּרַכְתִּי לִפְנֵי כֹּהֵן, וְלֹא אָכַלְתִּי מִבְּהֵמָה שֶׁלֹּא הוּרְמוּ מַתְּנוֹתֶיהָ" (מגילה כ"ז ב').

וְאָמְרוּ עוֹד: "שָׁאֲלוּ תַּלְמִידָיו אֶת רַבִּי נְחוּנְיָא, בַּמֶּה הֶאֱרַכְתָּ יָמִים? אָמַר לָהֶם, מִיָּמַי לֹא נִתְכַּבַּדְתִּי בִּקְלוֹן חֲבֵרִי, וְלֹא עָלְתָה עַל מִטָּתִי קִלְלַת חֲבֵרִי". וּמְפָרֵשׁ הָתָם, "כִּי הָא דְּרַב הוּנָא דָּרֵי מָרָא אַכַּתְפֵּיהּ, אֲתָא רַב חָנָא בַּר חֲנִילָאִי וְקָא דָרֵי מִינֵּיהּ, אָמַר לֵיהּ, אִי רְגִילַת דְּדָרֵית בְּמָאתָיךְ - דְּרֵי, וְאִי לָא - אִתְיַקּוּרֵי אֲנָא בְּזִילוּתָא דִּידָךְ לָא נִיחָא לִי" (מגילה כ"ח א'). הֲרֵי לָנוּ, שֶׁאַף עַל פִּי שֶׁמַּשְׁמָעוּת 'בִּקְלוֹן חֲבֵרוֹ' הוּא הַמִּשְׁתַּדֵּל לְבַזּוֹת חֲבֵירוֹ כְּדֵי שֶׁעַל יְדֵי זֶה יִרְבֶּה כְּבוֹדוֹ, הִנֵּה לַחֲסִידִים לֹא יָאוּת לְקַבֵּל כָּבוֹד אֲפִילוּ אִם חֲבֵירוֹ הוּא הַבָּא וּמִתְרַצֶּה בָּזֶה, אִם יִהְיֶה בָּזֶה בִּזָּיוֹן לַחֲבֵירוֹ.

וּכְעִנְיָן זֶה אָמַר רַבִּי זֵירָא "מִיָּמַי לֹא הִקְפַּדְתִּי בְּתוֹךְ בֵּיתִי, וְלֹא צָעַדְתִּי בִּפְנֵי מִי שֶׁגָּדוֹל מִמֶּנִּי. לֹא הִרְהַרְתִּי בִּמְבוֹאוֹת הַמְטֻנָּפוֹת, וְלֹא הָלַכְתִּי אַרְבַּע אַמּוֹת בְּלֹא תוֹרָה וּבְלֹא תְּפִלִּין, וְלֹא יָשַׁנְתִּי בְּבֵית הַמִּדְרָשׁ לֹא שְׁנַת קֶבַע וְלֹא שְׁנַת עֲרַאי, וְלֹא שַׂשְׂתִּי בְּתַקָּלַת חֲבֵרִי, וְלֹא קָרָאתִי לַחֲבֵרִי בַּחֲנִיכָתוֹ" (שם). הֲרֵי לְךָ מַעֲשֵׂי חֲסִידוּת מִכָּל הַדְּרָכִים שֶׁזָּכַרְנוּ לְמַעְלָה.

וְאָמְרוּ עוֹד זִכְרוֹנָם לִבְרָכָה: "אָמַר רַב יְהוּדָה, הַאי מָאן דְּבָעֵי לְמֶהֱוֵי חֲסִידָא - לְקַיֵּים מִלֵּי דִּבְרָכוֹת" (בבא קמא ל' א'), וְזֶה לְמַה שֶׁבֵּינוֹ לְבֵין קוֹנוֹ. "וְאָמְרֵי לָהּ, לְקַיֵּים מִלֵּי דִּנְזִיקִין", וְזֶה לְמַה שֶׁבֵּינוֹ לְבֵין חֲבֵירוֹ, "וְאָמְרֵי לָהּ לְקַיֵּים מִלֵּי דְּאָבוֹת", שֶׁשָּׁם נִכְלָלִים עִנְיָנִים מִכָּל הַחֲלָקִים.

וְהִנֵּה גְּמִילוּת חֲסָדִים הוּא עִיקָּר גָּדוֹל לֶחָסִיד, כִּי חֲסִידוּת עַצְמוֹ נִגְזָר מֵחֶסֶד. וְאָמְרוּ זִכְרוֹנָם לִבְרָכָה "עַל שְׁלֹשָׁה דְבָרִים הָעוֹלָם עוֹמֵד" (אבות א' ב'), וְאֶחָד מֵהֶם - גְּמִילוּת חֲסָדִים. וְכֵן מָנוּהוּ זִכְרוֹנָם לִבְרָכָה עִם

חסידות עצמו נגזר מחסד. חסד = חסיד

הַדְּבָרִים שֶׁאוֹכֵל פֵּירוֹתֵיהֶן בָּעוֹלָם הַזֶּה, וְהַקֶּרֶן קַיֶּימֶת לוֹ לָעוֹלָם הַבָּא (פאה א׳ א׳).

וְאָמְרוּ עוֹד "דָּרַשׁ ר׳ שִׂמְלַאי, תּוֹרָה - תְּחִילָּתָהּ גְּמִילוּת חֲסָדִים, וְסוֹפָהּ גְּמִילוּת חֲסָדִים" (סוטה י״ד א׳). וְאָמְרוּ עוֹד, דָּרַשׁ רָבָא כָּל מִי שֶׁיֵּשׁ בּוֹ שָׁלֹשׁ מִדּוֹת הַלָּלוּ, בְּיָדוּעַ שֶׁהוּא מִזַּרְעוֹ שֶׁל אַבְרָהָם אָבִינוּ, רַחֲמָן וּבַיְשָׁן וְגוֹמֵל חֲסָדִים (ע״פ יבמות ע״ט א׳). וְאָמְרוּ "אָמַר רַבִּי אֶלְעָזָר, גְּדוֹלָה גְּמִילוּת חֲסָדִים יוֹתֵר מִן הַצְּדָקָה, שֶׁנֶּאֱמַר "זִרְעוּ לָכֶם לִצְדָקָה וְקִצְרוּ לְפִי חֶסֶד" (הושע י׳ י״ב)" (סוכה מ״ט ב׳).

וְאָמְרוּ עוֹד "בִּשְׁלֹשָׁה דְּבָרִים גְּדוֹלָה גְּמִילוּת חֲסָדִים מִן הַצְּדָקָה, שֶׁהַצְּדָקָה בְּמָמוֹנוֹ, וּגְמִילוּת חֲסָדִים בְּגוּפוֹ. צְדָקָה לָעֲנִיִּים, וּגְמִילוּת חֲסָדִים לָעֲנִיִּים וְלָעֲשִׁירִים. צְדָקָה לַחַיִּים, וּגְמִילוּת חֲסָדִים בֵּין לַחַיִּים בֵּין לַמֵּתִים" (סוכה מ״ט ב׳).

וְאָמְרוּ עוֹד ""וְנָתַן לְךָ רַחֲמִים וְרִחַמְךָ' (דברים י״ג י״ח) - כָּל הַמְרַחֵם עַל הַבְּרִיּוֹת מְרַחֲמִין עָלָיו מִן הַשָּׁמַיִם" (שבת קנ״א ב׳). וְזֶה פָּשׁוּט, כִּי הַקָּדוֹשׁ בָּרוּךְ הוּא מוֹדֵד מִדָּה כְּנֶגֶד מִדָּה (ע״פ סנהדרין צ׳ א׳), וּמִי שֶׁמְּרַחֵם וְעוֹשֶׂה חֶסֶד עִם הַבְּרִיּוֹת גַּם הוּא בְּדִינוֹ יְרַחֲמוּהוּ וְיִמְחֲלוּ לוֹ עֲוֹנוֹתָיו בְּחֶסֶד, שֶׁהֲרֵי מְחִילָה זוֹ דִּין הוּא, כֵּיוָן שֶׁהִיא מִדָּה כְּנֶגֶד מִדָּתוֹ, וְהוּא מַה שֶּׁאָמְרוּ זִכְרוֹנָם לִבְרָכָה "לְמִי נוֹשֵׂא עָוֹן? לְמִי שֶׁעוֹבֵר עַל פֶּשַׁע" (ראש השנה י״ז א׳). וּמִי שֶׁאֵינוֹ רוֹצֶה לְהַעֲבִיר עַל מִדּוֹתָיו, אוֹ אֵינוֹ רוֹצֶה לִגְמוֹל חֶסֶד, הִנֵּה הַדִּין נוֹתֵן שֶׁגַּם עִמּוֹ לֹא יַעֲשׂוּ אֶלָּא שׁוּרַת הַדִּין. רְאֵה עַתָּה, מִי הוּא זֶה וְאֵיזֶה הוּא שֶׁיּוּכַל לַעֲמוֹד אִם הַקָּדוֹשׁ בָּרוּךְ הוּא עוֹשֶׂה עִמּוֹ שׁוּרַת הַדִּין? וְדָוִד הַמֶּלֶךְ מִתְפַּלֵּל וְאוֹמֵר "וְאַל תָּבוֹא בְמִשְׁפָּט אֶת עַבְדֶּךָ, כִּי לֹא יִצְדַּק לְפָנֶיךָ כָל חָי" (תהלים קמ״ג ב׳). אָמְנָם הָעוֹשֶׂה חֶסֶד יְקַבֵּל חֶסֶד, וּכְכָל מַה שֶּׁיַּרְבֶּה לַעֲשׂוֹת - כָּךְ יַרְבֶּה לְקַבֵּל. וְדָוִד הָיָה מִתְהַלֵּל בְּמִדָּתוֹ זֹאת הַטּוֹבָה, שֶׁאֲפִילּוּ לְשׂוֹנְאָיו הָיָה מִשְׁתַּדֵּל לְהֵיטִיב. זֶהוּ מַה שֶּׁאָמַר

גמילות חסדים. אי אפשר שכל אחד ימשוך לכיוון שלו. אבל אם כל אחד מנסה שלחברו יהיה טוב, אז מצליחים.

"וַאֲנִי בַּחֲלוֹתָם לְבוּשִׁי שָׂק, עִנֵּיתִי בַצּוֹם נַפְשִׁי" (תהלים ל"ה י"ג). וְאָמַר "אִם גָּמַלְתִּי שׁוֹלְמִי רָע" וכו'.

וּבִכְלַל הָעִנְיָן הַזֶּה, שֶׁלֹּא לְצַעֵר לְשׁוּם בְּרִיָּה - אֲפִילוּ בַּעֲלֵי חַיִּים, וּלְרַחֵם וְלָחוּס עֲלֵיהֶם. וְכֵן הוּא אוֹמֵר "יוֹדֵעַ צַדִּיק נֶפֶשׁ בְּהֶמְתּוֹ" (משלי י"ב י'). וּכְבָר יֵשׁ שֶׁסּוֹבְרִים "צַעַר בַּעֲלֵי חַיִּים דְּאוֹרַיְתָא" (שבת קכ"ח ב') וְעַל כָּל פָּנִים דְּרַבָּנָן.

כְּלָלוֹ שֶׁל דָּבָר, הָרַחֲמָנוּת וְהַהֲטָבָה צָרִיךְ שֶׁתִּהְיֶה תְּקוּעָה בְּלֵב הֶחָסִיד לְעוֹלָם, וְתִהְיֶה מְגַמָּתוֹ תָּמִיד לַעֲשׂוֹת קוֹרַת רוּחַ לַבְּרִיּוֹת וְלֹא לִגְרוֹם לָהֶם שׁוּם צַעַר וכו'.

הַחֵלֶק הַשֵּׁנִי מִן הַחֲסִידוּת הוּא בְּאוֹפֶן הָעֲשִׂיָּה. וְהִנֵּה גַּם זֶה נִכְלָל בִּשְׁנֵי עִנְיָנִים. אָמְנָם תַּחְתֵּיהֶם נִכְלָלִים פְּרָטִים רַבִּים, וּשְׁנַיִם הָרָאשִׁיִּים הֵם: הַיִּרְאָה וְהָאַהֲבָה - שְׁנֵי עַמּוּדֵי הָעֲבוֹדָה הָאֲמִיתִּית שֶׁזּוּלָתָם לֹא תִּכּוֹן כְּלָל.

בִּכְלַל הַיִּרְאָה: יֵשׁ הַהַכְנָעָה מִלְּפָנָיו יִתְבָּרַךְ. הַבּוֹשֶׁת בְּקֵרוּב אֶל עֲבוֹדָתוֹ. וְהַכָּבוֹד הַנַּעֲשֶׂה אֶל מִצְוֹתָיו, אֶל שְׁמוֹ יִתְבָּרַךְ, וְאֶל תּוֹרָתוֹ.

וּבִכְלַל הָאַהֲבָה: הַשִּׂמְחָה. הַדְּבֵיקוּת, וְהַקִּנְאָה.

וְעַתָּה נְבָאֲרֵם אֶחָד אֶחָד.

הִנֵּה, עִיקַּר הַיִּרְאָה הִיא יִרְאַת הָרוֹמְמוּת, שֶׁצָּרִיךְ הָאָדָם לַחְשׁוֹב בְּעוֹדוֹ מִתְפַּלֵּל אוֹ עוֹשֶׂה מִצְוָה, כִּי לִפְנֵי מֶלֶךְ מַלְכֵי הַמְּלָכִים הוּא מִתְפַּלֵּל אוֹ עוֹשֶׂה הַמַּעֲשֶׂה הַהוּא. וְהוּא מַה שֶּׁהִזְהִיר הַתַּנָּא "וּכְשֶׁאַתָּה מִתְפַּלֵּל, דַּע לִפְנֵי מִי אַתָּה מִתְפַּלֵּל" (ע"פ ברכות כ"ח ב').

וְהִנֵּה שְׁלֹשָׁה דְּבָרִים צָרִיךְ שֶׁיִּסְתַּכֵּל הָאָדָם וְיִתְבּוֹנֵן הֵיטֵב כְּדֵי שֶׁיַּגִּיעַ אֶל זֹאת הַיִּרְאָה:

הָאֶחָד: שֶׁהוּא עוֹמֵד מַמָּשׁ לִפְנֵי הַבּוֹרֵא יִתְבָּרַךְ שְׁמוֹ, וְנוֹשֵׂא וְנוֹתֵן

עיקר היראה היא יראת הרוממות. יראת העונש היא אגואיסטית [כי האדם חושב איך הוא לא ייפגע], יראת הרוממות - אידיאלית.

עִמּוֹ - אַף עַל פִּי שֶׁאֵין עֵינוֹ שֶׁל אָדָם רוֹאָהוּ. וְתִרְאֶה כִּי זֶה הוּא הַיּוֹתֵר קָשֶׁה שֶׁיִּצְטַיֵּר בְּלֵב הָאָדָם צִיּוּר אֲמִתִּי, יַעַן אֵין הַחוּשׁ עוֹזֵר לָזֶה כְּלָל. אָמְנָם מִי שֶׁהוּא בַּעַל שֵׂכֶל נָכוֹן, בִּמְעַט הִתְבּוֹנְנוּת וְשִׂימַת לֵב יוּכַל לִקְבּוֹעַ בְּלִבּוֹ אֲמִתַּת הַדָּבָר, אֵיךְ הוּא בָּא וְנוֹשֵׂא וְנוֹתֵן מַמָּשׁ עִמּוֹ יִתְבָּרַךְ, וּלְפָנָיו הוּא מִתְחַנֵּן, וּמֵאִתּוֹ הוּא מְבַקֵּשׁ. וְהוּא יִתְבָּרַךְ שְׁמוֹ - מַאֲזִין וּמַקְשִׁיב לִדְבָרָיו, כַּאֲשֶׁר יְדַבֵּר אִישׁ אֶל רֵעֵהוּ, וְרֵעֵהוּ מַקְשִׁיב וְשׁוֹמֵעַ אֵלָיו.

וְאַחַר שֶׁיִּקְבַּע זֶה בְּדַעְתּוֹ צָרִיךְ שֶׁיִּתְבּוֹנֵן עַל רוֹמְמוּתוֹ יִתְבָּרַךְ אֲשֶׁר הוּא מְרוֹמָם וְנִשְׂגָּב עַל כָּל בְּרָכָה וּתְהִלָּה, עַל כָּל מִינֵי שְׁלֵימוּת שֶׁתּוּכַל מַחֲשַׁבְתֵּנוּ לְדַמּוֹת וּלְהָבִין.

וְעוֹד צָרִיךְ שֶׁיִּתְבּוֹנֵן עַל שִׁפְלוּת הָאָדָם וּפְחִיתוּתוֹ, לְפִי חוּמְרִיּוּתוֹ וְגַסּוּתוֹ, כָּל שֶׁכֵּן לְפִי הַחֲטָאִים שֶׁחָטָא מֵעוֹדוֹ, כִּי עַל כָּל אֵלֶּה - אִי אֶפְשָׁר שֶׁלֹּא יֶחֱרַד לִבּוֹ, וְלֹא יִרְעַשׁ בְּעוֹדוֹ מְדַבֵּר דְּבָרָיו לְפָנָיו יִתְבָּרַךְ, וּמַזְכִּיר בִּשְׁמוֹ וּמִשְׁתַּדֵּל לְהֵרָצוֹת לוֹ. הוּא מַה שֶּׁאָמַר הַכָּתוּב "עִבְדוּ אֶת ה' בְּיִרְאָה וְגִילוּ בִּרְעָדָה" (תהלים ב' י"א). וּכְתִיב "אֵל נַעֲרָץ בְּסוֹד קְדוֹשִׁים, רַבָּה וְנוֹרָא עַל כָּל סְבִיבָיו" (תהלים פ"ט ח'). כִּי הַמַּלְאָכִים, לִהְיוֹתָם יוֹתֵר קְרוֹבִים אֵלָיו יִתְבָּרַךְ מִבְּנֵי הַגּוּף הַחוּמְרִי, קַל לָהֶם יוֹתֵר לְדַמּוֹת שֶׁבַח גְּדוּלָּתוֹ. עַל כֵּן מוֹרָאוֹ עֲלֵיהֶם יוֹתֵר מִמַּה שֶּׁהוּא עַל בְּנֵי הָאָדָם. וְאָמְנָם דָּוִד הַמֶּלֶךְ עָלָיו הַשָּׁלוֹם הָיָה מְשַׁבֵּחַ וְאוֹמֵר "אֶשְׁתַּחֲוֶה אֶל הֵיכַל קָדְשְׁךָ בְּיִרְאָתֶךָ" (תהלים ה' ח'). וּכְתִיב "מִפְּנֵי שְׁמִי נִחַת הוּא" (מלאכי ב' ה'). וְאוֹמֵר "אֱלֹהַי, בֹּשְׁתִּי וְנִכְלַמְתִּי לְהָרִים, אֱלֹהַי, פָּנַי אֵלֶיךָ" (עזרא ט' ו').

וְאוּלָם הַיִּרְאָה הַזֹּאת צָרִיךְ שֶׁתִּתְגַּבֵּר בַּלֵּב בַּתְּחִלָּה, וְאַחַר כָּךְ תֵּרָאֶה פְּעוּלוֹתֶיהָ גַּם בְּאֵיבְרֵי הַגּוּף, הֲלֹא הֵמָּה, כּוֹבֶד הָרֹאשׁ, וְהַהִשְׁתַּחֲוָאָה, שִׁפְלוּת הָעֵינַיִם, וּכְפִיפַת הַיָּדַיִם, כְּעֶבֶד קָטָן לִפְנֵי מֶלֶךְ רָב. וְכֵן אָמְרוּ

"עבדו את ה' ביראה", "אל נערץ בסוד קדושים". המרחק העצום בינינו לבין המלאכים. היכן אתה נמצא? מה תפקידך? מה חובת האדם בעולמו?

בַּגְּמָרָא "רָבָא פָּכַר יְדֵיהּ וּמַצְלֵי, אָמַר, כְּעַבְדָּא קַמֵּי מָארֵיהּ" (שבת י' א'). וְהִנֵּה דִּבַּרְנוּ עַד עַתָּה מִן הַהַכְנָעָה וּמִן הַבּוֹשֶׁת. וּנְדַבֵּר עַתָּה מֵעִנְיַן הַכָּבוֹד.

הִנֵּה, כְּבוֹד הַמִּצְוָה וִיקָרָהּ - כְּבָר הִזְהִירוּנוּ עָלָיו חֲכָמֵינוּ זִכְרוֹנָם לִבְרָכָה וְאָמְרוּ "'זֶה אֵלִי וְאַנְוֵהוּ' (שמות ט"ו ב') - הִתְנָאֵה לְפָנָיו בְּמִצְוֹת - צִיצִית נָאָה, תְּפִלִּין נָאֶה, סֵפֶר תּוֹרָה נָאֶה, לוּלָב נָאֶה" וכו' (שבת קל"ג ב'). וְכֵן אָמְרוּ "הִדּוּר מִצְוָה עַד שְׁלִישׁ - עַד כָּאן מִשֶּׁלּוֹ, מִכָּאן וְאֵילָךְ מִשֶּׁל הַקָּדוֹשׁ בָּרוּךְ הוּא" (בבא קמא ט' ב'). הֲרֵי דַּעַת שִׂפְתוֹתֵיהֶם זִכְרוֹנָם לִבְרָכָה בָּרוּר מִלְּלוּ, שֶׁאֵין דַּי בַּעֲשׂוֹת הַמִּצְוָה לְבַד, אֶלָּא שֶׁצָּרִיךְ לְכַבְּדָהּ וּלְהַדְּרָהּ, וּלְהוֹצִיא מִמִּי שֶׁלְּהָקֵל עַל עַצְמוֹ יֹאמַר 'אֵין הַכָּבוֹד אֶלָּא לִבְנֵי הָאָדָם הַמִּתְפַּתִּים בַּהֲבָלִים אֵלֶּה, אַךְ הַקָּדוֹשׁ בָּרוּךְ הוּא אֵינוֹ חוֹשֵׁשׁ לָזֶה כִּי הוּא מְרוֹמָם מִדְּבָרִים הָאֵלֶּה וְנִשְׂגָּב מֵהֶם, וְכֵיוָן שֶׁהַמִּצְוָה נַעֲשֵׂית לַאֲמִתָּהּ דַּי בָּזֶה'. אָמְנָם הָאֱמֶת הוּא, שֶׁהָאָדוֹן בָּרוּךְ הוּא נִקְרָא "אֵל הַכָּבוֹד", וְאָנוּ חַיָּבִים לְכַבְּדוֹ - אַף עַל פִּי שֶׁאֵינוֹ צָרִיךְ לִכְבוֹדֵנוּ, וְלֹא כְּבוֹדֵנוּ חָשׁוּב וְסָפוּן לְפָנָיו. וּמִי שֶׁמְּמַעֵט בָּזֶה בְּמָקוֹם שֶׁהָיָה יָכוֹל לְהַרְבּוֹת, אֵינוֹ אֶלָּא חוֹטֵא! הוּא מַה שֶּׁהַנָּבִיא מַלְאָכִי מִתְרַעֵם עַל יִשְׂרָאֵל בִּדְבַר ה' "וְכִי תַגִּשׁוּן עִוֵּר לִזְבֹּחַ, אֵין רָע, הַקְרִיבֵהוּ נָא לְפֶחָתֶךָ הֲיִרְצְךָ אוֹ הֲיִשָּׂא פָנֶיךָ" (מלאכי א).

וְאוּלָם חֲכָמִים זִכְרוֹנָם לִבְרָכָה הִזְהִירוּנוּ לְהִתְנַהֵג הֵפֶךְ זֶה בָּעֲבוֹדָה, וְאָמְרוּ בְּעִנְיַן מַיִם שֶׁנִּתְגַּלּוּ שֶׁלֹּא יְסַנְּנֵם בְּמְסַנֶּנֶת, מִטַּעַם אִימוּר דְּאָמְרֵי לְהֶדְיוֹט, לַגָּבוֹהַּ מִי קָאָמַר? לֵית לֵהּ "הַקְרִיבֵהוּ נָא לְפֶחָתֶךָ" (סוכה נ' א'). רְאֵה נָא, מַה חֶסְרוֹן יֵשׁ בַּמַּיִם שֶׁנִּסְתַּנְּנוּ? וּכְבָר מוּתָּרִים הֵם לְהֶדְיוֹט, וַאֲפִילּוּ הָכִי אֲסוּרִים הֵם לַגָּבוֹהַּ מִשּׁוּם שֶׁאֵינוֹ דֶּרֶךְ כָּבוֹד.

וְאָמְרוּ עוֹד בְּסִפְרֵי "וְכֹל מִבְחַר נִדְרֵיכֶם" (דברים י"ב י"א) דְּהַיְינוּ, שֶׁלֹּא יָבִיא אֶלָּא מִן הַמּוּבְחָר. וּכְבָר מָצָאנוּ קַיִן וְהֶבֶל. הֶבֶל הֵבִיא מִבְּכוֹרוֹת צֹאנוֹ וּמֵחֶלְבֵהֶן, וְקַיִן מִן הַפְּסוֹלֶת - מִפְּרִי הָאֲדָמָה, כְּפֵירוּשָׁם זִכְרוֹנָם

לִבְרָכָה (בראשית רבה כ"ב ה'). וּמָה עָלָה בָהֶם - "וַיִּשַׁע ה' אֶל הֶבֶל וְאֶל מִנְחָתוֹ, וְאֶל קַיִן וְאֶל מִנְחָתוֹ לֹא שָׁעָה" (בראשית ד' ה'). וְאוֹמֵר "וְאָרוּר נוֹכֵל, וְיֵשׁ בְּעֶדְרוֹ זָכָר, וְנֹדֵר וְזֹבֵחַ מָשְׁחָת לַה' כִּי מֶלֶךְ גָּדוֹל אָנִי" (מלאכי א' י"ד). וְכַמָּה דְּבָרִים הִזְהִירוּנוּ זִכְרוֹנָם לִבְרָכָה שֶׁלֹּא יִהְיוּ מִצְוֹת בִּזְוִיּוֹת עָלֵינוּ. וּכְבָר אָמְרוּ "כָּל הָאוֹחֵז סֵפֶר תּוֹרָה עָרוֹם - נִקְבָּר עָרוֹם" (שבת י"ד א') מִפְּנֵי בִּזּוּי הַמִּצְוָה.

וְסֵדֶר הַעֲלָאַת בִּיכּוּרִים יִהְיֶה לָנוּ לְעֵינַיִם לִרְאוֹת מַה הוּא הִידּוּרָן שֶׁל מִצְוֹת שֶׁכָּךְ שָׁנִינוּ "הַשּׁוֹר הוֹלֵךְ לִפְנֵיהֶם, וְקַרְנָיו מְצוּפּוֹת זָהָב, וַעֲטָרָה שֶׁל זַיִת בְּרֹאשׁוֹ" וכו' (מסכת בכורים ג' ג'). עוֹד שָׁם, "הָעֲשִׁירִים מְבִיאִים בִּכּוּרֵיהֶם בִּקְלָתוֹת שֶׁל זָהָב, וְהָעֲנִיִּים בְּסַלֵּי נְצָרִים" כו'. עוֹד שָׁם, "שָׁלֹשׁ מִדּוֹת בְּבִכּוּרִים: בִּכּוּרִים, תּוֹסֶפֶת בִּכּוּרִים, וְעִטּוּר בִּכּוּרִים" וכו'. הֲרֵי לָנוּ בְּהֶדְיָא כַּמָּה רָאוּי לָנוּ לְהוֹסִיף עַל גּוּפָהּ שֶׁל מִצְוָה כְּדֵי לְהַדְּרָהּ. וּמִכָּאן נִלְמוֹד לְכָל שְׁאָר מִצְוֹת שֶׁבַּתּוֹרָה.

וְאָמְרוּ "רָבָא רָמֵי פּוּזְמָקֵי וּמַצְלֵי, אָמַר 'הִכּוֹן לִקְרַאת אֱלֹקֶיךָ יִשְׂרָאֵל' (עמוס ד' י"ב)" (שבת י' א'). עוֹד אָמְרוּ רַבּוֹתֵינוּ זִכְרוֹנָם לִבְרָכָה עַל פָּסוּק "בִּגְדֵי עֵשָׂו בְּנָהּ הַגָּדֹל הַחֲמֻדֹת" (בראשית כ"ז ט"ו) - "אָמַר רַבָּן שִׁמְעוֹן בֶּן גַּמְלִיאֵל, אֲנִי שִׁמַּשְׁתִּי אֶת אַבָּא וכו', אֲבָל עֵשָׂו - כְּשֶׁהָיָה מְשַׁמֵּשׁ אֶת אָבִיו, לֹא הָיָה מְשַׁמֵּשׁ אֶלָּא בְּבִגְדֵי מַלְכוּת" (בראשית רבה ס"ה ט"ז). וְהִנֵּה אִם כֵּן לְבָשָׂר - וָדָם, קַל וָחוֹמֶר לְמֶלֶךְ מַלְכֵי הַמְּלָכִים הַקָּדוֹשׁ בָּרוּךְ הוּא, שֶׁהָעוֹמֵד לְפָנָיו לְהִתְפַּלֵּל, רָאוּי הוּא שֶׁיִּלְבַּשׁ בִּגְדֵי כָּבוֹד וְיֵשֵׁב לְפָנָיו כְּמוֹ שֶׁיּוֹשֵׁב לִפְנֵי מֶלֶךְ גָּדוֹל.

וְהִנֵּה בִּכְלָל זֶה יֵשׁ כְּבוֹד הַשַּׁבָּתוֹת וְיָמִים טוֹבִים, שֶׁכָּל הַמַּרְבֶּה לְכַבְּדָם וַדַּאי עוֹשֶׂה נַחַת רוּחַ לְיוֹצְרוֹ, שֶׁכֵּן צִוָּנוּ "וְכִבַּדְתּוֹ" (ישעיה נ"ח י"ג). וְכֵיוָן שֶׁכְּבָר הִתְאַמֵּת לָנוּ, שֶׁכִּבּוּדוֹ - מִצְוָה, הִנֵּה מִינֵי הַכָּבוֹד רַבִּים הֵם, אַךְ הַכְּלָל הוּא שֶׁכָּל מַעֲשֶׂה שֶׁבּוֹ נִרְאֶה חֲשִׁיבוּת לְשַׁבָּת, צְרִיכִים אָנוּ לַעֲשׂוֹתוֹ.

עַל כֵּן הָיוּ הַחֲכָמִים הָרִאשׁוֹנִים עוֹסְקִים בַּהֲכָנוֹת הַשַּׁבָּת, אִישׁ אִישׁ לְפִי דַרְכּוֹ. רַבִּי אַבָּהוּ הֲוָה יָתִיב אַתַּכְתַּקָא דְשִׁינָא וּמְנַשֵּׁב נוּרָא. רַב סַפְרָא מַחְרִיךְ רֵישָׁא. רָבָא מָלַח שִׁבּוּטָא, רַב הוּנָא מַדְלִיק שְׁרָגָא. רַב פָּפָּא גָּדִיל פְּתִילְתָא. רַב חִסְדָּא פָּרִיס סִלְקָא. רַבָּה וְרַב יוֹסֵף מְצַלְחוּ צִיבֵי. רַב נַחְמָן מְכַתֵּף וְעָיֵיל, מְכַתֵּף וְנָפִיק. אָמַר, אִלּוּ מִקְלָעִין לִי רַבִּי אַמִּי וְרַבִּי אַסִּי, מִי לָא מְכַתְּפִינָא קָמַיְהוּ? (שבת קי"ט א'). וְתִרְאֶה הֶיקֵּשׁוֹ שֶׁל רַב נַחְמָן, שֶׁיֵּשׁ לָנוּ מִמֶּנּוּ מְקוֹם לִימוּד, כִּי הִנֵּה הָיָה מִתְבּוֹנֵן מֶה הָיָה הוּא עוֹשֶׂה לְפִי דַרְכּוֹ לְאָדָם שֶׁהוּא חָפֵץ לְכַבְּדוֹ, וְכָזֶה עַצְמוֹ הָיָה עוֹשֶׂה בְּשַׁבָּת.

וְעַל דָּבָר זֶה נֶאֱמַר "לְעוֹלָם יְהֵא אָדָם עָרוּם בְּיִרְאָה" (ברכות י"ז א') לָדַעַת וּלְהִתְבּוֹנֵן דָּבָר מִתּוֹךְ דָּבָר, וּלְחַדֵּשׁ הַמְּצָאוֹת לַעֲשׂוֹת נַחַת רוּחַ לְיוֹצְרוֹ בְּכָל הַדְּרָכִים שֶׁאֶפְשָׁר לְהֵרָאוֹת, הֱיוֹת מַכִּירִים גּוֹדֶל רוֹמְמוּתוֹ עָלֵינוּ. אֲשֶׁר עַל כֵּן, כָּל מַה שֶּׁיִּתְיַחֵס לוֹ יִהְיֶה נִכְבָּד עָלֵינוּ כָּבוֹד גָּדוֹל. וְכֵיוָן שֶׁהוּא יִתְבָּרַךְ בְּטוּבוֹ הַגָּדוֹל עִם כָּל שִׁפְלוּתֵנוּ, רָצָה בְּעַנְוְתוֹ לַחֲלוֹק לָנוּ כָּבוֹד, וְלִמְסוֹר לָנוּ דִּבְרֵי קְדוּשָּׁתוֹ, לְפָחוֹת בְּכָל כֹּחֵנוּ נְכַבְּדֵם וְנַרְאֶה הַיְקָר אֲשֶׁר לָהֶם אֶצְלֵנוּ.

וְתִרְאֶה שֶׁזֹּאת הִיא הַיִּרְאָה הָאֲמִיתִּית שֶׁהִיא יִרְאַת הָרוֹמְמוּת שֶׁזָּכַרְנוּ, שֶׁבָּהּ תָּלוּי הַכָּבוֹד הַמִּתְקָרֵב אֶל חִיבּוּב הָאַהֲבָה, וּכְמוֹ שֶׁאֶכְתּוֹב עוֹד בְּסִיַּיעְתָּא דִשְׁמַיָּא. מַה שֶּׁאֵין כֵּן יִרְאַת הָעוֹנֶשׁ שֶׁאֵינָהּ הָעִיקָּרִית, וְאֵין מַעֲלוֹת הַמִּדּוֹת הָאֵלֶּה נִמְשָׁכוֹת הֵימֶנָּה.

וְנַחֲזוֹר לְעִנְיַן הַשַּׁבָּת, הִנֵּה אָמְרוּ "רַב עָנַן לָבִישׁ גּוּנְדָּא", (שבת קי"ט א') דְּהַיְינוּ, שֶׁהָיָה לוֹבֵשׁ בֶּגֶד שָׁחוֹר בְּעֶרֶב שַׁבָּת, כְּדֵי שֶׁיִּהְיֶה נִיכָּר יוֹתֵר כְּבוֹד הַשַּׁבָּת בְּלָבְשׁוֹ בּוֹ בְּגָדִים נָאִים. נִמְצָא, שֶׁלֹּא לְבַד הַהֲכָנָה לְשַׁבָּת הוּא מִכְּלַל הַכָּבוֹד, אֶלָּא אֲפִילוּ הֶהְעְדֵּר שֶׁמִּכֹּחוֹ יִבָּחֵן יוֹתֵר מְצִיאוּת

היו החכמים הראשונים עוסקים בהכנות השבת. [עיקר כבוד שבת אינו בשבת אלא ביום שישי. כשאתה מתאמץ ביום שישי ויורד ממעלתך בהכנות לשבת, ואינך מחשיב אותו כלל מפני השבת, אז

הַכָּבוֹד, גַּם הוּא מִכְּלַל הַמִּצְוָה. וְכֵן אָסְרוּ לִקְבּוֹעַ סְעוּדָה בְּעֶרֶב שַׁבָּת, מִפְּנֵי כְּבוֹד הַשַּׁבָּת (גיטין ל״ח ב׳). וְכֵן כָּל כַּיּוֹצֵא בָּזֶה.
וּבִכְלַל הַיִּרְאָה, עוֹד כְּבוֹד הַתּוֹרָה וְלוֹמְדֶיהָ. וּבְהֶדְיָא שָׁנִינוּ ״כָּל הַמְכַבֵּד אֶת הַתּוֹרָה, גּוּפוֹ מְכוּבָּד עַל הַבְּרִיּוֹת״ (אבות ד׳ ו׳). וְאָמְרוּ זִכְרוֹנָם לִבְרָכָה ״אָמַר רַבִּי יוֹחָנָן, מִפְּנֵי מָה זָכָה אַחְאָב לְמַלְכוּת עֶשְׂרִים וּשְׁתַּיִם שָׁנָה? לְפִי שֶׁכִּבֵּד אֶת הַתּוֹרָה שֶׁנִּתְּנָה בְּעֶשְׂרִים וּשְׁתַּיִם אוֹתִיּוֹת, שֶׁנֶּאֱמַר, ׳וַיִּשְׁלַח מַלְאָכִים אֶל אַחְאָב... וְהַדָּבָר הַזֶּה לֹא אוּכַל לַעֲשׂוֹת׳״ (סנהדרין ק״ב ב׳). וְאָמְרוּ זִכְרוֹנָם לִבְרָכָה ״הָיָה הוֹלֵךְ מִמָּקוֹם לְמָקוֹם, לֹא יַנִּיחֶנּוּ בְּשַׂק וְיַנִּיחֶנּוּ עַל הַחֲמוֹר וְיִרְכַּב עָלָיו, אֶלָּא מַנִּיחוֹ בְּחֵיקוֹ״ כו׳ (ברכות י״ח א׳). וְאָסְרוּ עוֹד לֵישֵׁב עַל הַמִּטָּה שֶׁסֵּפֶר תּוֹרָה עָלֶיהָ (מועד קטן כ״ה א׳). וְכֵן אָמְרוּ ״אֵין זוֹרְקִין כִּתְבֵי הַקֹּדֶשׁ וַאֲפִילוּ הֲלָכוֹת וַאַגָּדוֹת״ (עירובין צ״ח א׳). וְאָסְרוּ לְהַנִּיחַ נְבִיאִים וּכְתוּבִים עַל גַּבֵּי חוּמָּשִׁים (מגילה כ״ז א׳). הֵן אֵלֶּה דְּבָרִים שֶׁאָסְרוּ חֲכָמֵינוּ זִכְרוֹנָם לִבְרָכָה לְכָל עֲדַת יִשְׂרָאֵל, וְהֶחָסִיד - יֵשׁ לוֹ לִלְמוֹד מֵאֵלֶּה וּלְהוֹסִיף עֲלֵיהֶם כָּהֵנָּה וְכָהֵנָּה לִכְבוֹד שֵׁם ה׳ אֱלֹהָיו. וּבִכְלַל זֶה, הַנִּקָּיוֹן וְהַטָּהֳרָה הַצְּרִיכָה לְדִבְרֵי תוֹרָה, שֶׁלֹּא לַעֲסוֹק בָּהּ אֲפִילוּ בְּהִרְהוּר בִּמְקוֹמוֹת הַמְטוּנָּפִים, וְלֹא בְּיָדַיִם שֶׁאֵינָם נְקִיּוֹת, וּכְבָר הִרְבּוּ חֲכָמֵינוּ זִכְרוֹנָם לִבְרָכָה לְהַזְהִיר עַל זֶה בִּמְקוֹמוֹת רַבִּים.
וּבְעִנְיַן לוֹמְדֵי תוֹרָה, הִנֵּה מִקְרָא כָּתוּב ״מִפְּנֵי שֵׂיבָה תָּקוּם, וְהָדַרְתָּ פְּנֵי זָקֵן״ (ויקרא י״ט ל״ב). וּמִינָּהּ יַלְפִינָן לְכָל מִינֵי כָּבוֹד שֶׁאֶפְשָׁר לַעֲשׂוֹת לָהֶם שֶׁרָאוּי וַדַּאי לְחָסִיד שֶׁיַּעֲשֵׂהוּ. וּכְבָר אָמְרוּ זִכְרוֹנָם לִבְרָכָה ״׳וְאֶת יִרְאֵי ה׳ יְכַבֵּד׳ (תהלים ט״ו ד׳), זֶה יְהוֹשָׁפָט מֶלֶךְ יְהוּדָה, שֶׁכֵּיוָן שֶׁהָיָה רוֹאֶה תַּלְמִיד חָכָם, הָיָה עוֹמֵד מִכִּסְאוֹ וּמְחַבְּקוֹ וּמְנַשְּׁקוֹ, וְאוֹמֵר לוֹ, רַבִּי רַבִּי מוֹרִי מוֹרִי״ (כתובות ק״ג ב׳). וְרַבִּי זֵירָא, כְּשֶׁהָיָה חַלוּשׁ מִלִּימּוּדוֹ הָיָה מֵשִׂים

זה נקרא שאתה מכבד את השבת]. לכן הרב סולובייצ׳יק דיבר על ׳אוירה של ערב שבת׳, ׳יהודים של ערב שבת׳, ולא קרא לו סתם ׳יום שישי׳.

עַצְמוֹ עַל פֶּתַח בֵּית הַמִּדְרָשׁ לַעֲשׂוֹת מִצְוָה כְּשֶׁיָּקוּם מִלִּפְנֵי הַתַּלְמִידֵי חֲכָמִים (עירובין כ"ח ב'). כָּל אֵלֶּה דְּבָרִים שֶׁכְּבָר רוֹאִים אֲנַחְנוּ הֱיוֹת הַבּוֹרֵא יִתְבָּרַךְ שְׁמוֹ חָפֵץ בָּם וְגִלָּה דַּעְתּוֹ הָעֶלְיוֹן בָּזֶה. וְכֵיוָן שֶׁכֵּן, מִי הָאִישׁ הֶחָפֵץ לַעֲשׂוֹת נַחַת רוּחַ לְיוֹצְרוֹ, הִנֵּה בְּדֶרֶךְ זֶה יֵלֵךְ וְיוֹסִיף לָקַח בְּתַחְבּוּלוֹתָיו וְלַעֲשׂוֹת הַיָּשָׁר לְפָנָיו יִתְבָּרַךְ.

וּבִכְלָל זֶה כְּמוֹ כֵן כִּיבּוּד הַבָּתֵּי כְּנֵסִיּוֹת וּבָתֵּי מִדְרָשׁוֹת שֶׁאֵין דַּי שֶׁלֹּא יִנְהַג בָּהֶם קַלּוּת רֹאשׁ, אֶלָּא שֶׁיִּנְהַג בָּהֶם כָּל מִינֵי כָּבוֹד וּמוֹרָא בְּכָל מִנְהָגָיו וּבְכָל פְּעוּלּוֹתָיו, וְכָל מַה שֶּׁלֹּא הָיָה עוֹשֶׂה בְּהֵיכַל מֶלֶךְ גָּדוֹל - לֹא יַעֲשֶׂה בָּהֶם.

וּנְדַבֵּר עַתָּה מֵעִנְיַן הָאַהֲבָה, וַעֲנָפֶיהָ הֵם שְׁלוֹשָׁה:
הַשִּׂמְחָה, הַדְּבֵיקוּת וְהַקִּנְאָה.

וְהִנֵּה עִנְיַן הָאַהֲבָה הוּא: שֶׁיִּהְיֶה הָאָדָם חוֹשֵׁק וּמִתְאַוֶּה מַמָּשׁ אֶל קִרְבָתוֹ יִתְבָּרַךְ, וְרוֹדֵף אַחַר קְדוּשָּׁתוֹ, כַּאֲשֶׁר יִרְדּוֹף אִישׁ אַחַר דָּבָר הַנֶּחְמָד מִמֶּנּוּ חֶמְדָּה עַזָּה, עַד שֶׁיִּהְיֶה לוֹ הַזְכָּרַת שְׁמוֹ יִתְבָּרַךְ, וְדַבֵּר בִּתְהִלּוֹתָיו, וְהָעֵסֶק בְּדִבְרֵי תּוֹרָתוֹ וֶאֱלֹהוּתוֹ יִתְבָּרַךְ - שַׁעֲשׁוּעַ וְעֹנֶג מַמָּשׁ! כְּמִי שֶׁאוֹהֵב אֶת אֵשֶׁת נְעוּרָיו אוֹ בְּנוֹ יְחִידוֹ אַהֲבָה חֲזָקָה, אֲשֶׁר אֲפִילוּ הַדִּיבּוּר בָּם יִהְיֶה לוֹ לְנַחַת וְתַעֲנוּג. וּכְעִנְיַן הַכָּתוּב "כִּי מִדֵּי דַבְּרִי בּוֹ זָכוֹר אֶזְכְּרֶנּוּ עוֹד" (ירמיה ל"א י"ט). וְהִנֵּה וַדַּאי שֶׁמִּי שֶׁאוֹהֵב אֶת בּוֹרְאוֹ אַהֲבָה אֲמִיתִית, לֹא יַנִּיחַ עֲבוֹדָתוֹ לְשׁוּם טַעַם שֶׁבָּעוֹלָם, אִם לֹא יִהְיֶה אָנוּס מַמָּשׁ, וְלֹא יִצְטָרֵךְ רִיצּוּי וּפִיתּוּי לָעֲבוֹדָה, אֶלָּא אַדְּרַבָּה לִבּוֹ יִשָּׂאֵהוּ וִירִיצֵהוּ אֵלֶיהָ, אִם לֹא יִהְיֶה עִיכּוּב גָּדוֹל שֶׁיִּמְנָעֵהוּ.

עניין האהבה הוא שיהיה האדם חושק ומתאוה ממש אל קרבתו יתברך... כמי שאוהב את אשת נעוריו. *איתמר כץ סיפר על שיחה עם מפקדו רועי קליין, גיבור מלחמת לבנון השנייה, בלילה לפני שנהרג. הוא גילה רועי שהוא לא מכיר, שדיבר על אשתו ועל לימוד תורה. לפתע הוא ראה אותו בן אדם אחר שם, בתוך החור הזה.*

הִנֵּה זֹאת הִיא הַמִּדָּה הַנֶּחְמֶדֶת אֲשֶׁר אֵלֶיהָ זָכוּ הַחֲסִידִים הָרִאשׁוֹנִים קְדוֹשֵׁי עֶלְיוֹן, וּכְמַאֲמַר דָּוִד הַמֶּלֶךְ עָלָיו הַשָּׁלוֹם "כְּאַיָּל תַּעֲרֹג עַל אֲפִיקֵי מָיִם, כֵּן נַפְשִׁי תַעֲרֹג אֵלֶיךָ אֱלֹהִים, צָמְאָה נַפְשִׁי לֵאלֹהִים לְאֵל חָי, מָתַי אָבוֹא" וכו' (תהלים מ"ב ב'-ג'). וְאוֹמֵר "נִכְסְפָה וְגַם כָּלְתָה נַפְשִׁי לְחַצְרוֹת ה'" וכו' (תהלים שם פ"ד ג'). "צָמְאָה לְךָ נַפְשִׁי כָּמַהּ לְךָ בְשָׂרִי" וכו' (תהלים ס"ג ב').

כָּל זֶה מִתּוֹקֶף הַתְּשׁוּקָה שֶׁהָיָה מִשְׁתּוֹקֵק לוֹ יִתְבָּרַךְ. וּכְעִנְיַן מַה שֶּׁאָמַר הַנָּבִיא "לְשִׁמְךָ וּלְזִכְרְךָ תַּאֲוַת נָפֶשׁ". וְאוֹמֵר "נַפְשִׁי אִוִּיתִיךָ בַּלַּיְלָה אַף רוּחִי בְקִרְבִּי אֲשַׁחֲרֶךָּ" (ישעיה כ"ו ח'-ט'). וְדָוִד עַצְמוֹ אָמַר "אִם זְכַרְתִּיךָ עַל יְצוּעָי בְּאַשְׁמֻרוֹת אֶהְגֶּה בָּךְ" (תהלים ס"ג ז'), בֵּיאֵר הָעוֹנֶג וְהַשַּׁעֲשׁוּעַ שֶׁהָיָה לוֹ בְּדַבְּרוֹ בוֹ וּבְשִׁבְחָיו יִתְבָּרַךְ שְׁמוֹ, וְאָמַר "וְאֶשְׁתַּעֲשַׁע בְּמִצְוֹתֶיךָ אֲשֶׁר אָהָבְתִּי" (תהלים קיט). וְאָמַר "גַּם מִצְוֹתֶיךָ שַׁעֲשׁוּעָי" וכו'.

וְהִנֵּה זֹאת וַדַּאי, שֶׁאַהֲבָה זֹאת צָרִיךְ שֶׁלֹּא תִּהְיֶה אַהֲבָה הַתְּלוּיָה בְּדָבָר, דְּהַיְינוּ, שֶׁיֹּאהַב אֶת הַבּוֹרֵא יִתְבָּרַךְ עַל שֶׁמֵּטִיב אֵלָיו וּמַעֲשִׁירוֹ וּמַצְלִיחַ אוֹתוֹ, אֶלָּא כְּאַהֲבַת הַבֵּן לְאָבִיו, שֶׁהִיא אַהֲבָה טִבְעִית מַמָּשׁ, שֶׁטִּבְעוֹ מַכְרִיחוֹ וְכוֹפֵהוּ לָזֶה, כְּמַאֲמַר הַכָּתוּב "הֲלֹא הוּא אָבִיךָ קָּנֶךָ" (דברים ל"ב ו'). וּמִבְחַן הָאַהֲבָה הַזֹּאת הוּא בִּזְמַן הַדּוֹחַק וְהַצָּרָה. וְכֵן אָמְרוּ זִכְרוֹנָם לִבְרָכָה "'וְאָהַבְתָּ אֵת ה' אֱלֹהֶיךָ בְּכָל לְבָבְךָ וּבְכָל נַפְשְׁךָ' (דברים ו' ה') אֲפִילוּ נוֹטֵל אֶת נַפְשְׁךָ. 'וּבְכָל מְאֹדֶךָ' - בְּכָל מָמוֹנְךָ" (ברכות נ"ד א').

אָמְנָם כְּדֵי שֶׁלֹּא תִּהְיֶינָה הַצָּרוֹת וְהַדּוֹחֲקִים קוֹשִׁי וּמְנִיעָה אֶל הָאַהֲבָה, יֵשׁ לָאָדָם לְהָשִׁיב אֶל עַצְמוֹ שְׁתֵּי תְשׁוּבוֹת, הָאַחַת מֵהֶן שָׁוָה לְכָל נֶפֶשׁ. וְהַשְּׁנִיָּה - לַחֲכָמִים בַּעֲלֵי הַדֵּיעָה הָעֲמוּקָה.

שיאהב את הבורא יתברך על שמטיב אליו... כאהבת הבן לאביו.

האהבה היא אהבת ה'.

הָאַחַת הִיא, "כָּל מַאי דְּעָבְדִין מִן שְׁמַיָּא לְטָב" (ע"פ ברכות ס' ב'). וְזֶה, כִּי אֲפִילּוּ הַצַּעַר הַהוּא וְהַדּוֹחַק הַנִּרְאֶה בְּעֵינָיו רָעָה, אֵינֶנּוּ בֶּאֱמֶת אֶלָּא טוֹבָה אֲמִיתִּית. וּכְמָשָׁל הָרוֹפֵא הַחוֹתֵךְ אֶת הַבָּשָׂר אוֹ אֶת הָאֵיבָר שֶׁנִּפְסָד כְּדֵי שֶׁיַּבְרִיא שְׁאָר הַגּוּף וְלֹא יָמוּת. שֶׁאַף עַל פִּי שֶׁהַמַּעֲשֶׂה אַכְזָרִי לִכְאוֹרָה, אֵינוֹ אֶלָּא רַחֲמָנוּת בֶּאֱמֶת לְהֵיטִיבוֹ בְּאַחֲרִיתוֹ. וְלֹא יָסִיר הַחוֹלֶה אַהֲבָתוֹ מֵהָרוֹפֵא בַּעֲבוּר זֶה הַמַּעֲשֶׂה, אֶלָּא אַדְּרַבָּא, יוֹסִיף לְאַהֲבָה אוֹתוֹ. כֵּן הַדָּבָר הַזֶּה, כְּשֶׁיַּחְשׁוֹב הָאָדָם שֶׁכָּל מַה שֶּׁהַקָּדוֹשׁ בָּרוּךְ הוּא עוֹשֶׂה עִמּוֹ - לְטוֹבָתוֹ הוּא עוֹשֶׂה. בֵּין שֶׁיִּהְיֶה בְּגוּפוֹ, בֵּין שֶׁיִּהְיֶה בְּמָמוֹנוֹ. וְאַף עַל פִּי שֶׁהוּא אֵינוֹ רוֹאֶה וְאֵינוֹ מֵבִין אֵיךְ זֶה הוּא טוֹבָתוֹ, וַדַּאי טוֹבָתוֹ הוּא, הִנֵּה לֹא תֶּחֱלַשׁ אַהֲבָתוֹ מִפְּנֵי כָּל דּוֹחַק אוֹ כָּל צַעַר, אֶלָּא אַדְּרַבָּא תִּגְבַּר וְנוֹסְפָה בּוֹ תָּמִיד.

אַךְ בַּעֲלֵי הַדֵּיעָה הָאֲמִיתִּית אֵינָם צְרִיכִים אֲפִילּוּ לַטַּעַם הַזֶּה, כִּי הֲרֵי אֵין לָהֶם לְכַוֵּין לְעַצְמָם כְּלָל, אֶלָּא כָּל תְּפִילָּתָם לְהַגְדִּיל כְּבוֹד שְׁמוֹ יִתְבָּרַךְ, וְלַעֲשׂוֹת נַחַת רוּחַ לְפָנָיו. וְכָל מַה שֶּׁיִּתְגַּבְּרוּ עִכּוּבִים נֶגְדָּם עַד שֶׁיִּצְטָרְכוּ הֵם יוֹתֵר כֹּחַ לְהַעֲבִירָם, הִנֵּה יְאֻמַּץ לִבָּם וְיִשְׂמְחוּ לְהַרְאוֹת תּוֹקֶף אֱמוּנָתָם, כְּשַׂר צָבָא הָרָשׁוּם בִּגְבוּרָה, אֲשֶׁר יִבְחַר לוֹ תָּמִיד בַּמִּלְחָמָה הַחֲזָקָה יוֹתֵר, לְהַרְאוֹת תָּקְפּוֹ בְּנִצְחוֹנָהּ. וּכְבָר מֻרְגָּל זֶה הָעִנְיָן בְּכָל אוֹהֵב בָּשָׂר וָדָם שֶׁיִּשְׂמַח כְּשֶׁיִּזְדַּמֵּן לוֹ מַה שֶּׁיּוּכַל לְהַרְאוֹת בּוֹ אֶל אֲשֶׁר הוּא אוֹהֵב, עַד הֵיכָן מַגִּיעַ עוֹצֶם אַהֲבָתוֹ.

וּנְבָאֵר עַתָּה עֲנָפֵי הָאַהֲבָה - הֵם הַשְּׁלֹשָׁה שֶׁזָּכַרְתִּי:

הַדְּבֵיקוּת, הַשִּׂמְחָה וְהַקִּנְאָה.

הַדְּבֵיקוּת הוּא: שֶׁיִּהְיֶה לִבּוֹ שֶׁל אָדָם מִתְדַּבֵּק כָּל כָּךְ בִּשְׁמוֹ יִתְבָּרַךְ עַד שֶׁכְּבָר יָסוּר מִלִּפְנוֹת וּלְהַשְׁגִּיחַ אֶל שׁוּם דָּבָר זוּלָתוֹ. וְהוּא שֶׁבָּא עָלָיו הַמָּשָׁל בְּדִבְרֵי שְׁלֹמֹה "אַיֶּלֶת אֲהָבִים וְיַעֲלַת חֵן, דַּדֶּיהָ יְרַוֻּךָ בְכָל עֵת,

הצער ההוא... איננו באמת אלא טובה אמיתית. כל קושי זה אתגר, הזדמנות לצמוח ולהתגבר ולאהוב יותר ולהיות יותר טוב.

בְּאַהֲבָתָהּ תִּשְׁגֶּה תָמִיד" (משלי ה' י"ט). וּבַגְּמָרָא אָמְרוּ זִכְרוֹנָם לִבְרָכָה "אָמְרוּ עָלָיו עַל רַבִּי אֶלְעָזָר בֶּן פְּדָת, שֶׁהָיָה יוֹשֵׁב וְעוֹסֵק בַּתּוֹרָה בַּשּׁוּק הַתַּחְתּוֹן שֶׁל צִפּוֹרִי, וּסְדִינוֹ מוּטָל בַּשּׁוּק הָעֶלְיוֹן שֶׁל צִפּוֹרִי" (עירובין נ"ד ב'). וְהִנֵּה תַּכְלִית הַמִּדָּה הַזֹּאת הוּא, לִהְיוֹת הָאָדָם מִתְדַּבֵּק כָּךְ אֶל בּוֹרְאוֹ בְּכָל עֵת וּבְכָל שָׁעָה. אָמְנָם, לְפָחוֹת בִּשְׁעַת עֲבוֹדָה, אִם אוֹהֵב הוּא אֶת בּוֹרְאוֹ וַדַּאי שֶׁיִּהְיֶה לוֹ הַדְּבֵיקוּת הַזֶּה. וּבִירוּשַׁלְמִי אָמְרוּ "רַבִּי חֲנִינָא בֶּן דּוֹסָא הָיָה עוֹמֵד וּמִתְפַּלֵּל, וּבָא חֲבַרְבָּר וְהִכִּישׁוֹ, וְלֹא הִפְסִיק תְּפִלָּתוֹ וכו' אָמְרוּ לוֹ תַּלְמִידָיו: רַבִּי, וְלֹא הִרְגַּשְׁתָּ? וְאָמַר לָהֶם, יָבוֹא עָלַי! מִתּוֹךְ שֶׁהָיָה לִבִּי מְכֻוָּן בַּתְּפִלָּה לֹא הִרְגַּשְׁתִּי" (ירושלמי ברכות ל"ח א').

וְעַל הַדְּבֵיקוּת הוּזְהַרְנוּ בַּתּוֹרָה פְּעָמִים רַבּוֹת "לְאַהֲבָה אֶת ה' אֱלֹהֶיךָ" וכו' וּלְדָבְקָה בוֹ" (דברים ל' כ'). "וּבוֹ תִדְבָּק", (שם י' כ') "וּבוֹ תִדְבָּקוּן" (שם י"ג ה'). וְדָוִד אָמַר "דָּבְקָה נַפְשִׁי אַחֲרֶיךָ" (תהלים ס"ג ט'). וְעִנְיַן כָּל אֵלֶּה הַפְּסוּקִים אֶחָד: שֶׁהוּא הַדְּבֵיקוּת שֶׁהָאָדָם מִתְדַּבֵּק בּוֹ יִתְבָּרַךְ שֶׁאֵינוֹ יָכוֹל לִיפָּרֵד וְלָזוּז מִמֶּנּוּ. וְאָמְרוּ זִכְרוֹנָם לִבְרָכָה "אָמַר רַבִּי שִׁמְעוֹן בֶּן לָקִישׁ, בְּשָׁלֹשׁ לְשׁוֹנוֹת שֶׁל חִבָּה חִבֵּב הַקָּבָּ"ה אֶת יִשְׂרָאֵל, בִּדְבִיקָה, בַּחֲשִׁיקָה, וּבַחֲפִיצָה" (בראשית רבה פ' ז'), וְהֵם מַמָּשׁ עַנְפֵי הָאַהֲבָה הָעִיקָּרִים, וְהַיְינוּ הַתְּשׁוּקָה שֶׁזָּכַרְתִּי, וְהַדְּבֵיקוּת וְהַנַּחַת וְהָעוֹנֶג הַנִּמְצָא בְּעֵסֶק עִנְיָנָיו שֶׁל הַנֶּאֱהָב.

הַשֵּׁנִי הוּא הַשִּׂמְחָה: וְהוּא עִיקָּר גָּדוֹל בָּעֲבוֹדָה, וְהוּא מַה שֶּׁדָּוִד מַזְהִיר וְאוֹמֵר "עִבְדוּ אֶת ה' בְּשִׂמְחָה, בֹּאוּ לְפָנָיו בִּרְנָנָה" (תהלים ק' ב'). וְאוֹמֵר "וְצַדִּיקִים יִשְׂמְחוּ יַעַלְצוּ לִפְנֵי אֱלֹהִים וְיָשִׂישׂוּ בְשִׂמְחָה" (תהלים ס"ח ד'). וְאָמְרוּ "אֵין הַשְּׁכִינָה שׁוֹרָה אֶלָּא מִתּוֹךְ שִׂמְחָה שֶׁל מִצְוָה" (שבת ל' ב'). וְעַל הַפָּסוּק שֶׁזָּכַרְנוּ לְמַעְלָה "עִבְדוּ אֶת ה' בְּשִׂמְחָה" אָמְרוּ בַּמִּדְרָשׁ "אָמַר רַבִּי אַיְבוּ, כְּשֶׁתִּהְיֶה עוֹמֵד לְהִתְפַּלֵּל יְהֵא לִבְּךָ שָׂמֵחַ עָלֶיךָ שֶׁאַתָּה מִתְפַּלֵּל לֵאלֹהִים שֶׁאֵין כַּיּוֹצֵא בּוֹ" (שוחר טוב תהלים ק'). כִּי זֹאת הִיא הַשִּׂמְחָה הָאֲמִיתִּית, שֶׁיִּהְיֶה לִבּוֹ שֶׁל הָאָדָם עָלֵז עַל שֶׁהוּא זוֹכֶה

לַעֲבוֹד לִפְנֵי אָדוֹן יִתְבָּרַךְ שֶׁאֵין כָּמוֹהוּ, וְלַעֲסוֹק בְּתוֹרָתוֹ וּבְמִצְוֹתָיו שֶׁהֵם הַשְּׁלֵימוּת הָאֲמִיתִּי וְהַיְּקָר הַנִּצְחִי.

וְאָמַר שְׁלֹמֹה בְּמְשַׁל הַחָכְמָה "מָשְׁכֵנִי אַחֲרֶיךָ נָרוּצָה, הֱבִיאַנִי הַמֶּלֶךְ חֲדָרָיו נָגִילָה וְנִשְׂמְחָה בָּךְ" (שיר השירים א׳ ד׳), כִּי כָּל מַה שֶׁזּוֹכֶה הָאָדָם לִיכָּנֵס יוֹתֵר לִפְנִים בְּחַדְרֵי יְדִיעַת גְּדוּלָּתוֹ יִתְבָּרַךְ, יוֹתֵר תִּגְדַּל בּוֹ הַשִּׂמְחָה וְיִהְיֶה לִבּוֹ שָׂשׂ בְּקִרְבּוֹ. וְאוֹמֵר "יִשְׂמַח יִשְׂרָאֵל בְּעוֹשָׂיו, בְּנֵי צִיּוֹן יָגִילוּ בְמַלְכָּם" (תהלים קמ״ט ב׳). וְדָוִד, שֶׁכְּבָר הִגִּיעַ אֶל הַמַּעֲלָה הַזֹּאת שִׁיעוּר גָּדוֹל, אָמַר "יֶעֱרַב עָלָיו שִׂיחִי, אָנֹכִי אֶשְׂמַח בַּה׳" (תהלים ק״ד ל״ד). וְאוֹמֵר "וְאָבוֹאָה אֶל מִזְבַּח אֱלֹהִים אֶל אֵל שִׂמְחַת גִּילִי, וְאוֹדְךָ בְכִנּוֹר אֱלֹהִים אֱלֹהָי" (תהלים מ״ג ד׳). וְאָמַר "תְּרַנֵּנָּה שְׂפָתַי כִּי אֲזַמְּרָה לָּךְ, וְנַפְשִׁי אֲשֶׁר פָּדִיתָ" (תהלים ע״א כ״ג). וְהַיְינוּ, כִּי כָּל כָּךְ הָיְתָה מִתְגַּבֶּרֶת בְּקִרְבּוֹ הַשִּׂמְחָה, שֶׁכְּבָר הַשְּׂפָתַיִם הָיוּ מִתְנַעְנְעוֹת מֵאֲלֵיהֶן, וּמְרַנְּנוֹת בִּהְיוֹתוֹ עוֹסֵק בִּתְהִלּוֹתָיו יִתְבָּרַךְ, וְכָל זֶה מִגּוֹדֶל הִתְלַהֲטוּת נַפְשׁוֹ שֶׁהָיְתָה מִתְלַהֶטֶת בְּשִׂמְחָתָהּ לְפָנָיו, הוּא מַה שֶׁסִּיֵּים "וְנַפְשִׁי אֲשֶׁר פָּדִיתָ".

וּמָצִינוּ שֶׁנִּתְרָעֵם הַקָּדוֹשׁ בָּרוּךְ הוּא עַל יִשְׂרָאֵל מִפְּנֵי שֶׁחִיסְּרוּ תְּנַאי זֶה בַּעֲבוֹדָתָם, הוּא שֶׁנֶּאֱמַר "תַּחַת אֲשֶׁר לֹא עָבַדְתָּ אֶת ה׳ אֱלֹהֶיךָ בְּשִׂמְחָה וּבְטוּב לֵבָב" (דברים כ״ח מ״ז). וְדָוִד, לְפִי שֶׁרָאָה אֶת יִשְׂרָאֵל בְּעֵת הִתְנַדְּבָם עַל בִּנְיַן הַבַּיִת, שֶׁכְּבָר הִגִּיעוּ לַמַּעֲלָה הַזֹּאת, הִתְפַּלֵּל עֲלֵיהֶם שֶׁתִּתְקַיֵּים הַמִּדָּה הַטּוֹבָה בָּהֶם וְלֹא תָסוּר, הוּא מַה שֶּׁאָמַר "וְעַתָּה עַמְּךָ הַנִּמְצְאוּ פֹה, רָאִיתִי בְשִׂמְחָה לְהִתְנַדֶּב לָךְ ה׳ אֱלֹהֵי אַבְרָהָם יִצְחָק וְיִשְׂרָאֵל אֲבוֹתֵינוּ, שָׁמְרָה זֹּאת לְעוֹלָם לְיֵצֶר מַחְשְׁבוֹת לְבַב עַמֶּךָ וְהָכֵן לְבָבָם אֵלֶיךָ" (דברי הימים א. כ״ט י״ז-י״ח).

הֶעָנָף הַשְּׁלִישִׁי הוּא הַקִּנְאָה: שֶׁיִּהְיֶה הָאָדָם מְקַנֵּא לְשֵׁם קָדְשׁוֹ, שׂוֹנֵא אֶת מְשַׂנְאָיו וּמִשְׁתַּדֵּל לְהַכְנִיעָם בְּמַה שֶׁיּוּכַל, כְּדֵי שֶׁתִּהְיֶה עֲבוֹדָתוֹ יִתְבָּרַךְ נַעֲשֵׂית, וּכְבוֹדוֹ מִתְרַבֶּה. וְהוּא מַה שֶּׁאָמַר דָּוִד עָלָיו הַשָּׁלוֹם "הֲלֹא מְשַׂנְאֶיךָ ה׳ אֶשְׂנָא, וּבִתְקוֹמְמֶיךָ אֶתְקוֹטָט תַּכְלִית

שִׂנְאָה שְׂנֵאתִים" וכו' (תהלים קל"ט כ"א-כ"ב). וְאֵלִיָּהוּ אָמַר "קַנֹּא קִנֵּאתִי לַה' צְבָאוֹת" וכו' (מלכים א. י"ט י'). וּכְבָר רָאִינוּ לָמָּה זָכָה בַּעֲבוּר קִנְאָתוֹ לֵאלֹהָיו, כְּמַאֲמַר הַכָּתוּב "תַּחַת אֲשֶׁר קִנֵּא לֵאלֹהָיו וַיְכַפֵּר עַל בְּנֵי יִשְׂרָאֵל" (במדבר כ"ה י"ג). וּכְבָר הִפְלִיגוּ חֲכָמֵינוּ זִכְרוֹנָם לִבְרָכָה לְדַבֵּר בְּמִי שֶׁיֵּשׁ בְּיָדוֹ לִמְחוֹת וְאֵינוֹ מוֹחֶה, וְגָזְרוּ דִּינוֹ לִיתָּפֵס בַּעֲוֹן הַחוֹטְאִים עַצְמוֹ (שבת נ"ד ב'). וּבְמִדְרַשׁ אֵיכָה אָמְרוּ, "'הָיוּ שָׂרֶיהָ כְּאַיָּלִים' - מָה אַיָּלִים הַלָּלוּ בִּשְׁעַת שָׁרָב הוֹפְכִים פְּנֵיהֶם אֵלּוּ תַּחַת אֵלּוּ, כָּךְ הָיוּ גְּדוֹלֵי יִשְׂרָאֵל - רוֹאִים דְּבַר עֲבֵרָה וְהוֹפְכִים פְּנֵיהֶם מִמֶּנּוּ. אָמַר לָהֶם הַקָּדוֹשׁ בָּרוּךְ הוּא, תָּבוֹא הַשָּׁעָה וַאֲנִי אֶעֱשֶׂה לָהֶם כֵּן" (איכה רבה א' ל"ג). וְזֶה פָּשׁוּט כִּי מִי שֶׁאוֹהֵב אֶת חֲבֵירוֹ, אִי אֶפְשָׁר לוֹ לִסְבּוֹל שֶׁיִּרְאֶה מַכִּים אֶת חֲבֵירוֹ אוֹ מְחָרְפִים אוֹתוֹ, וּבְוַדַּאי שֶׁיֵּצֵא לְעֶזְרָתוֹ. גַּם מִי שֶׁאוֹהֵב שְׁמוֹ יִתְבָּרַךְ, לֹא יוּכַל לִסְבּוֹל וְלִרְאוֹת שֶׁיְּחַלְּלוּ אוֹתוֹ חַס וְחָלִילָה, וְשֶׁיַּעַבְרוּ עַל מִצְוֹתָיו. וְהוּא מַה שֶּׁאָמַר שְׁלֹמֹה "עוֹזְבֵי תוֹרָה יְהַלְלוּ רָשָׁע, וְשׁוֹמְרֵי תוֹרָה יִתְגָּרוּ בָם" (משלי כ"ח ד'), כִּי אוֹתָם שֶׁמְּהַלְלִים רָשָׁע בְּרִשְׁעָתוֹ וְלֹא יוֹכִיחוּ עַל פָּנָיו מוּמוֹ, הִנֵּה הֵם עוֹזְבֵי הַתּוֹרָה וּמַנִּיחִים אוֹתָהּ שֶׁתִּתְחַלֵּל חַס וְחָלִילָה. אַךְ שׁוֹמְרֶיהָ הַמִּתְחַזְּקִים לְהַחֲזִיקָהּ, וַדַּאי שֶׁיִּתְגָּרוּ בָם, לֹא יוּכְלוּ לְהִתְאַפֵּק וּלְהַחֲרִישׁ. וְאָמַר הַקָּדוֹשׁ בָּרוּךְ הוּא אֶל אִיּוֹב "הָפֵץ עֶבְרוֹת אַפֶּךָ, וּרְאֵה כָל גֵּאֶה וְהַשְׁפִּילֵהוּ, רְאֵה כָל גֵּאֶה הַכְנִיעֵהוּ, וַהֲדֹךְ רְשָׁעִים תַּחְתָּם, טָמְנֵם בֶּעָפָר יָחַד, פְּנֵיהֶם חֲבֹשׁ בַּטָּמוּן" (איוב מ' י"א-י"ג), כִּי זֶהוּ תּוֹקֶף הָאַהֲבָה: שֶׁיּוּכַל לְהַרְאוֹת מִי שֶׁאוֹהֵב אֶת בּוֹרְאוֹ בֶּאֱמֶת. וְאוֹמֵר "אֹהֲבֵי ה' שִׂנְאוּ רָע" (תהלים צ"ז י').

וְהִנֵּה בֵּאַרְנוּ עַד הֵנָּה הַחֲסִידוּת מַה שֶּׁתָּלוּי בַּמַּעֲשֶׂה וּבְאוֹפֶן הָעֲשִׂיָּה. נְבָאֵר עַתָּה הַתָּלוּי בַּכַּוָּנָה.

"קנא קנאתי לה' צבאות". *הקנאות היא אכפתיות, ההיפך מאדישות - להיות מעורב, לתקן.*

וּכְבָר דִּבַּרְנוּ גַּם כֵּן לְמַעְלָה מֵעִנְיַן לִשְׁמָהּ וְשֶׁלֹּא-לִשְׁמָהּ לְמַדְרֵיגוֹתֵיהֶם. אָמְנָם וַדַּאי שֶׁמִּי שֶׁמִּתְכַּוֵּין בַּעֲבוֹדָתוֹ לְטַהֵר נַפְשׁוֹ לִפְנֵי בּוֹרְאוֹ, לְמַעַן תִּזְכֶּה לָשֶׁבֶת אֶת פָּנָיו בִּכְלַל הַיְשָׁרִים וְהַחֲסִידִים, לַחֲזוֹת בְּנוֹעַם ה׳ וּלְבַקֵּר בְּהֵיכָלוֹ וּלְקַבֵּל הַגְּמוּל אֲשֶׁר בָּעוֹלָם הַבָּא - לֹא נוּכַל לוֹמַר שֶׁתִּהְיֶה כַּוָּנָה זוֹ רָעָה, אָכֵן לֹא נוּכַל לוֹמַר גַּם כֵּן שֶׁתִּהְיֶה הַיּוֹתֵר טוֹבָה. כִּי עַד שֶׁהָאָדָם מִתְכַּוֵּין לְטוֹבַת עַצְמוֹ סוֹף סוֹף עֲבוֹדָתוֹ לְצוֹרֶךְ עַצְמוֹ. אַךְ הַכַּוָּנָה הָאֲמִיתִּית הַמְּצוּיָה בַּחֲסִידִים אֲשֶׁר טָרְחוּ וְהִשְׁתַּדְּלוּ לְהַשִּׂיגָהּ, הוּא שֶׁיִּהְיֶה הָאָדָם עוֹבֵד רַק לְמַעַן אֲשֶׁר כְּבוֹדוֹ שֶׁל הָאָדוֹן בָּרוּךְ הוּא יִגְדַּל וְיִרְבֶּה. וְזֶה יִהְיֶה אַחַר שֶׁהִתְגַּבֵּר בְּאַהֲבָה אֵלָיו יִתְבָּרַךְ, וְיִהְיֶה חוֹמֵד וּמִתְאַוֶּה אֶל הַגְדָּלַת כְּבוֹדוֹ וּמִצְטַעֵר עַל כָּל שֶׁיִּמְעַט מִמֶּנּוּ, כִּי אָז יַעֲבוֹד עֲבוֹדָתוֹ לְתַכְלִית זֶה - שֶׁלְּפָחוֹת מִצִּדּוֹ יִהְיֶה כְּבוֹדוֹ יִתְבָּרַךְ מִתְגַּדֵּל. וְיִתְאַוֶּה שֶׁמִּצַּד כָּל שְׁאָר בְּנֵי הָאָדָם יִהְיֶה כְּמוֹ כֵן, וְיִצְטַעֵר וְיִתְאַנַּח עַל מַה שֶּׁמְּמַעֲטִים שְׁאָר בְּנֵי הָאָדָם. וְכָל שֶׁכֵּן עַל מַה שֶּׁמְּמַעֵט הוּא עַצְמוֹ - בְּשׁוֹגֵג אוֹ בְּאוֹנֶס אוֹ בְּחוּלְשַׁת הַטֶּבַע, אֲשֶׁר קָשֶׁה לוֹ לִישָּׁמֵר מִן הַחֲטָאִים בְּכָל עֵת, כְּעִנְיַן הַכָּתוּב "כִּי אָדָם אֵין צַדִּיק בָּאָרֶץ אֲשֶׁר יַעֲשֶׂה טּוֹב וְלֹא יֶחֱטָא" (קהלת ז׳ כ׳).

וְדָבָר זֶה בֵּיאֲרוּהוּ בְּתָנָא דְּבֵי אֵלִיָּהוּ זָכוּר לַטּוֹב אָמְרוּ, "כָּל חָכָם מִיִּשְׂרָאֵל שֶׁיֵּשׁ בּוֹ דְּבַר תּוֹרָה לַאֲמִתּוֹ וּמִתְאַנֵּחַ עַל כְּבוֹדוֹ שֶׁל הַקָּדוֹשׁ בָּרוּךְ הוּא, וְעַל כְּבוֹדָן שֶׁל יִשְׂרָאֵל כָּל יָמָיו, וּמִתְאַוֶּה וּמֵיצֵר לִכְבוֹד יְרוּשָׁלַיִם, וְלִכְבוֹד בֵּית הַמִּקְדָּשׁ, וְלַיְשׁוּעָה שֶׁתִּצְמַח בְּקָרוֹב, וּלְכִינּוּס גָּלוּיוֹת, מִיָּד שׁוֹרָה רוּחַ הַקּוֹדֶשׁ בְּקִרְבּוֹ" וכו׳ (תדב"א רבה ד׳). נִמְצֵאתָ לָמֵד, שֶׁזֹּאת הִיא הַכַּוָּנָה הַמְעוּלָּה, שֶׁהִיא רְחוֹקָה לְגַמְרֵי מִכָּל הֲנָאַת עַצְמוֹ, וְאֵינָהּ אֶלָּא לִכְבוֹדוֹ שֶׁל מָקוֹם וּלְקִידּוּשׁ שְׁמוֹ יִתְבָּרַךְ הַמִּתְקַדֵּשׁ בִּבְרִיּוֹתָיו בְּשָׁעָה שֶׁעוֹשִׂים רְצוֹנוֹ. וְעַל זֶה אָמְרוּ "אֵיזֶהוּ חָסִיד? - הַמִּתְחַסֵּד עִם קוֹנוֹ" (זוהר משפטים ב׳ קי"ד ב׳).

וְהִנֵּה הֶחָסִיד הַזֶּה, מִלְּבַד הָעֲבוֹדָה שֶׁהוּא עוֹבֵד בְּמַעֲשֵׂה מִצְוֹתָיו עַל הַכַּוָּנָה הַזֹּאת, הִנֵּה וַדַּאי צָרִיךְ שֶׁיִּצְטַעֵר תָּמִיד צַעַר מַמָּשׁ עַל

הַגָּלוּת וְעַל הַחוּרְבָּן, מִצַּד שֶׁזֶּה גּוֹרֵם מִיעוּט כִּבְיָכוֹל לִכְבוֹדוֹ יִתְבָּרֵךְ. וְיִתְאַוֶּה לַגְּאוּלָּה, לְפִי שֶׁבָּהּ יִהְיֶה עִלּוּי לִכְבוֹד שְׁמוֹ יִתְבָּרֵךְ. וְהוּא מַה שֶּׁאָמַר הַתָּנָא דְּבֵי אֵלִיָּהוּ שֶׁהֵבֵאנוּ לְמַעְלָה, "וּמִתְאַוֶּה וּמֵיצֵר לִכְבוֹד יְרוּשָׁלַיִם וכו׳, וְיִתְפַּלֵּל תָּמִיד עַל גְּאוּלָּתָן שֶׁל יִשְׂרָאֵל וְהַשָּׁבַת כְּבוֹד שָׁמַיִם לָעִלּוּי".

וְאִם יֹאמַר אָדָם, מִי אֲנִי וּמָה אֲנִי סָפוּן שֶׁאֶתְפַּלֵּל עַל הַגָּלוּת וְעַל יְרוּשָׁלַיִם, הֲמִפְּנֵי תְפִלָּתִי יִכָּנְסוּ הַגָּלֻיּוֹת וְתִצְמַח הַיְשׁוּעָה? תְּשׁוּבָתוֹ בְּצִדּוֹ. כְּאוֹתָהּ שֶׁשָּׁנִינוּ "לְפִיכָךְ נִבְרָא אָדָם יְחִידִי - כְּדֵי שֶׁכָּל אֶחָד יֹאמַר, בִּשְׁבִילִי נִבְרָא הָעוֹלָם" (סנהדרין ל״ז א׳). וּכְבָר נַחַת רוּחַ הוּא לְפָנָיו יִתְבָּרֵךְ שֶׁיִּהְיוּ בָנָיו מְבַקְּשִׁים וּמִתְפַּלְּלִים עַל זֹאת. וְאַף שֶׁלֹּא תֵעָשֶׂה בַּקָּשָׁתָם מִפְּנֵי שֶׁלֹּא הִגִּיעַ הַזְּמַן אוֹ מֵאֵיזֶה טַעַם שֶׁיִּהְיֶה, הִנֵּה הֵם עָשׂוּ אֶת שֶׁלָּהֶם וְהַקָּדוֹשׁ בָּרוּךְ הוּא שָׂמֵחַ בָּזֶה.

וְעַל הֶעְדֵּר זֶה הַדָּבָר הִתְרָעֵם הַנָּבִיא "וַיַּרְא כִּי אֵין אִישׁ, וַיִּשְׁתּוֹמֵם כִּי אֵין מַפְגִּיעַ" (ישעיה נ״ט ט״ז). וְאָמַר "וְאַבִּיט וְאֵין עֹזֵר, וְאֶשְׁתּוֹמֵם וְאֵין סוֹמֵךְ" (ישעיה ס״ג ה׳). וְאוֹמֵר "צִיּוֹן הִיא, דֹּרֵשׁ אֵין לָהּ" (ירמיה ל׳ י״ז). וּפֵירְשׁוּ זִכְרוֹנָם לִבְרָכָה "מִכְּלַל דִּבְעָיָא דְּרִישָׁה" (סוכה מ״א א׳), הֲרֵי כָּאן שֶׁחַיָּיבִים אֲנַחְנוּ בָּזֶה, וְאֵין לָנוּ לִיפָּטֵר מִפְּנֵי מִיעוּט כֹּחֵנוּ. כִּי עַל כַּיּוֹצֵא בָּזֶה שָׁנִינוּ "לֹא עָלֶיךָ הַמְּלָאכָה לִגְמוֹר, וְאִי אַתָּה בֶן חוֹרִין לִבָּטֵל הֵימֶנָּה" (אבות ב׳ ט״ז). וְאָמַר עוֹד הַנָּבִיא "אֵין מְנַהֵל לָהּ מִכָּל בָּנִים יָלָדָה, וְאֵין מַחֲזִיק בְּיָדָהּ מִכָּל בָּנִים גִּדֵּלָה" (ישעיה נ״א י״ח). וְאָמַר "כָּל הַבָּשָׂר חָצִיר, וְכָל חַסְדּוֹ כְּצִיץ הַשָּׂדֶה" (ישעיה מ׳ ו׳). וּפֵירְשׁוּ זִכְרוֹנָם לִבְרָכָה שֶׁכָּל חֶסֶד שֶׁעוֹשִׂים - לְעַצְמָם הֵם עוֹשִׂים, לְטוֹבַת נַפְשָׁם וְלַהֲנָאָתָם, וְאֵינָם מִתְכַּוְּונִים לַכַּוָּנָה הַשְּׁלֵמָה הַזֹּאת, וְלֹא מְבַקְּשִׁים עַל עִילּוּי הַכָּבוֹד וּגְאוּלָּתָן שֶׁל יִשְׂרָאֵל (תקוני זוהר ע״ג ב׳). שֶׁהֲרֵי אִי אֶפְשָׁר לַכָּבוֹד הָעֶלְיוֹן לְהִתְרַבּוֹת אֶלָּא בִּגְאוּלָּתָן שֶׁל יִשְׂרָאֵל, וּבְרִיבּוּי כְּבוֹדָם, שֶׁזֶּה תָּלוּי בָּזֶה בֶּאֱמֶת. וּכְמוֹ שֶׁכָּתוּב בְּתָנָא דְּבֵי אֵלִיָּהוּ שֶׁהִזְכַּרְתִּי, "וּמִתְאַנֵּחַ עַל כְּבוֹדוֹ שֶׁל הַקָּדוֹשׁ בָּרוּךְ הוּא וְעַל כְּבוֹדָן שֶׁל יִשְׂרָאֵל" וכו׳.

נִמְצֵאתָ לָמֵד שֶׁשְּׁנֵי דְבָרִים יֵשׁ בְּעִנְיָן זֶה:
אֶחָד: הַכַּוָּנָה בְּכָל מִצְוָה וַעֲבוֹדָה שֶׁתִּהְיֶה לְעִילּוּי כְּבוֹדוֹ שֶׁל מָקוֹם בַּמֶּה שֶׁבְּרִיּוֹתָיו עוֹשִׂים נַחַת רוּחַ לְפָנָיו.
וְעוֹד: הַצַּעַר וְהַבַּקָּשָׁה עַל עִילּוּי הַכָּבוֹד הַזֶּה שֶׁיֵּעָשֶׂה בִּשְׁלֵימוּת בְּעִילּוּי כְּבוֹדָן שֶׁל יִשְׂרָאֵל וְשַׁלְוָתָן.
וְאָמְנָם עוֹד עִיקָּר שֵׁנִי יֵשׁ בְּכַוָּנַת הַחֲסִידוּת, וְהוּא: טוֹבַת הַדּוֹר. שֶׁהִנֵּה רָאוּי לְכָל חָסִיד שֶׁיִּתְכַּוֵּין בְּמַעֲשָׂיו לְטוֹבַת דּוֹרוֹ כֻּלּוֹ, לְזַכּוֹת אוֹתָם וּלְהָגֵן עֲלֵיהֶם. וְהוּא עִנְיַן הַכָּתוּב "אִמְרוּ צַדִּיק כִּי טוֹב כִּי פְרִי מַעַלְלֵיהֶם יֹאכֵלוּ" (ישעיה ג' י'), שֶׁכָּל הַדּוֹר אוֹכֵל מִפֵּירוֹתָיו. וְכֵן אָמְרוּ רַבּוֹתֵינוּ זִכְרוֹנָם לִבְרָכָה "'הֲיֵשׁ בָּהּ עֵץ' (במדבר יג) - אִם יֵשׁ מִי שֶׁמֵּגֵן עַל דּוֹרוֹ כְּעֵץ" (בבא בתרא ט"ו א'). וְתִרְאֶה שֶׁזֶּהוּ רְצוֹנוֹ שֶׁל מָקוֹם שֶׁיִּהְיוּ חֲסִידֵי יִשְׂרָאֵל מְזַכִּים וּמְכַפְּרִים עַל כָּל שְׁאָר הַמַּדְרֵיגוֹת שֶׁבָּהֶם. וְהוּא מַה שֶּׁאָמְרוּ זִכְרוֹנָם לִבְרָכָה בַּלּוּלָב וּמִינָיו יָבוֹאוּ אֵלֶּה וִיכַפְּרוּ עַל אֵלֶּה, שֶׁאֵין הַקָּדוֹשׁ בָּרוּךְ הוּא חָפֵץ בְּאַבְדַן הָרְשָׁעִים (ע"פ ויקרא רבה ל' י"ב), אֶלָּא מִצְוָה מוּטֶּלֶת עַל הַחֲסִידִים לְהִשְׁתַּדֵּל לְזַכּוֹתָם וּלְכַפֵּר עֲלֵיהֶם. וְזֶה צָרִיךְ שֶׁיֵּעָשֶׂה בְּכַוָּנַת עֲבוֹדָתוֹ וְגַם בִּתְפִלָּתוֹ בְּפוֹעַל, דְּהַיְינוּ, שֶׁיִּתְפַּלֵּל עַל דּוֹרוֹ לְכַפֵּר עַל מִי שֶׁצָּרִיךְ כַּפָּרָה, וּלְהָשִׁיב בִּתְשׁוּבָה מִי שֶׁצָּרִיךְ לָהּ, וּלְלַמֵּד סַנֵּיגוֹרְיָא עַל הַדּוֹר כֻּלּוֹ.
וּכְבָר אָמְרוּ זִכְרוֹנָם לִבְרָכָה עַל פָּסוּק "וַאֲנִי בָאתִי בִּדְבָרֶיךָ" (דניאל י' י"ב) - שֶׁלֹּא חָזַר גַּבְרִיאֵל וְנִכְנַס לִפְנִים מִן הַפַּרְגּוֹד אֶלָּא כְּשֶׁלִּימֵּד סַנֵּיגוֹרְיָא עַל יִשְׂרָאֵל (יומא ע"ז א'). וְגִדְעוֹן נֶאֱמַר לוֹ "לֵךְ בְּכֹחֲךָ זֶה" (שופטים ו' י"ד) לְפִי שֶׁלִּימֵּד סַנֵּיגוֹרְיָא עַל עַמּוֹ (שמעוני שופטים ו' ס"ב). כִּי אֵין הַקָּדוֹשׁ בָּרוּךְ הוּא אוֹהֵב אֶלָּא לְמִי שֶׁאוֹהֵב אֶת יִשְׂרָאֵל. וְכָל מַה שֶּׁאָדָם מַגְדִּיל אַהֲבָתוֹ לְיִשְׂרָאֵל, גַּם הַקָּדוֹשׁ בָּרוּךְ הוּא מַגְדִּיל עָלָיו.
וְאֵלֶּה הֵם הָרוֹעִים הָאֲמִיתִּיִּם שֶׁל יִשְׂרָאֵל שֶׁהַקָּדוֹשׁ בָּרוּךְ הוּא חָפֵץ בָּהֶם הַרְבֵּה, שֶׁמּוֹסְרִים עַצְמָם עַל צֹאנוֹ וְדוֹרְשִׁים וּמִשְׁתַּדְּלִים עַל שְׁלוֹמָם וְטוֹבָתָם בְּכָל הַדְּרָכִים. וְעוֹמְדִים תָּמִיד בַּפֶּרֶץ לְהִתְפַּלֵּל עֲלֵיהֶם לְבַטֵּל

הַגְּזֵרוֹת הַקָּשׁוֹת, וְלִפְתּוֹחַ עֲלֵיהֶם שַׁעֲרֵי הַבְּרָכָה. הָא לְמָה זֶה דּוֹמֶה? לְאָב שֶׁאֵינוֹ אוֹהֵב שׁוּם אָדָם יוֹתֵר מִמִּי שֶׁהוּא רוֹאֶה שֶׁאוֹהֵב אֶת בָּנָיו אַהֲבָה נֶאֱמֶנֶת, וְהוּא דָּבָר שֶׁהַטֶּבַע יָעִיד עָלָיו. וְהוּא עִנְיַן כֹּהֵן גָּדוֹל שֶׁאָמְרוּ עָלָיו "שֶׁהָיָה לָהֶם לְבַקֵּשׁ רַחֲמִים עַל דּוֹרָם וְלֹא בִקְּשׁוּ" (מכות י"א א'). וְכֵן אָמְרוּ "הַהוּא גַבְרָא דְּאַכְלֵיהּ אַרְיָא בְּרַחוּק תְּלָתָא פַּרְסֵי דְּרַבִּי יְהוֹשֻׁעַ בֶּן לֵוִי, וְלֹא אִשְׁתָּעֵי אֵלִיָּהוּ בַּהֲדֵהּ תְּלָתָא יוֹמֵי" (שם). הֲרֵי לְךָ הַחוֹבָה הַמּוּטֶלֶת עַל הַחֲסִידִים לְבַקֵּשׁ וּלְהִשְׁתַּדֵּל עַל בְּנֵי דוֹרָם.

וְהִנֵּה כְּבָר בֵּאַרְנוּ חֶלְקֵי הַחֲסִידוּת הָרָאשִׁיִּים. פְּרָטֵיהֶם מְסוּרִים לְכָל בַּר שֵׂכֶל וּלְכָל לֵב טָהוֹר לְהִתְנַהֵג בָּהֶם בְּדֶרֶךְ הַיָּשָׁר לְפִי הַשָּׁרָשִׁים הָאֵלֶּה, כָּל דָּבָר בְּעִתּוֹ.

פרק כ

במשקל החסידות

פֶּרֶק כ

בְּמִשְׁקַל הַחֲסִידוּת

מַה שֶּׁא... צְלִיחַ בְּמִשְׁקָל הַזֶּה אֶלָּא ... הַזֶּה, וְהוּא שֶׁבַּלְּבָבוֹת, שֶׁלֹּא תִּהְיֶה פְּנִיָּתוֹ אֶלָּא ... מְלָאכָה יִתְבָּרַךְ וְלֹא זוּלַת זֶה כְּלָל; וְשֶׁיִּהְיֶה ... גָּדוֹל, וְיִשְׁתַּדֵּל לְתַקְּנָם עַל־פִּי הַתַּכְלִית ... יִהְיֶה מַשְׁלִיךְ יְהָבוֹ עַל ה׳, שֶׁאָז יֵאָמֵר ... "אַשְׁרֵי אָדָם עֹז לוֹ בָךְ וְכוּ׳, לֹא יִ... בִּתְמִים". אָמְנָם אִם אֶחָד מִן הַתְּנָאִים ... יַגִּיעַ אֶל הַשְּׁלֵמוּת, וְקָרוֹב הוּא לִכָּשֵׁל ... הַכַּוָּנָה לֹא תִהְיֶה מֻבְחֶרֶת וְזַכָּה, אוֹ א... בַּמֶּה שֶׁיּוּכַל לְעַיֵּן, אוֹ אִם אַחַר כָּל ... בְּקוֹנוֹ — קָשֶׁה לוֹ שֶׁלֹּא יִפֹּל. אַךְ אִם ... שְׁלָשְׁתָּם יִשְׁמֹר כָּרָאוּי: תְּמִימוּת הַמַּחֲשָׁבָה, עִיּוּן, וּבִטָּחוֹן — אָז יֵלֵךְ בֶּטַח בֶּאֱמֶת, וְלֹא יְאֻנֶּה לוֹ כָּל רָע. הוּא הַדָּבָר שֶׁאָמְרָה חַנָּה בִּנְבוּאָתָהּ (שמואל־א ב, ט): "רַגְלֵי חֲסִידָיו יִשְׁמֹר", וְדָוִד כְּמוֹ־כֵן אָמַר (תהלים לז. כח): "ולא יעזב את חסידיו לעולם נשמרו".

מַה שֶּׁצָּרִיךְ לְבָאֵר עַתָּה הוּא מִשְׁקַל הַחֲסִידוּת הַזֶּה, וְהוּא עִנְיָן עִיקָּרִי מְאֹד מְאֹד.

וְתֵדַע בֶּאֱמֶת שֶׁזּוֹהִי הַמְּלָאכָה הַקָּשָׁה שֶׁבַּחֲסִידוּת, כִּי דַקּוּתוֹ רַב, וְיֵשׁ לַיֵּצֶר בַּדָּבָר הַזֶּה כְּנִיסָה גְּדוֹלָה, עַל כֵּן נִמְצֵאת סַכָּנָתוֹ עֲצוּמָה, כִּי הַרְבֵּה דְּבָרִים טוֹבִים יוּכַל הַיֵּצֶר לְרַחֵק כְּאִלּוּ הֵם רָעִים, וְהַרְבֵּה חֲטָאִים לְקָרֵב כְּאִלּוּ הֵם מִצְוֹת גְּדוֹלוֹת. וּבֶאֱמֶת שֶׁלֹּא יוּכַל אִישׁ לְהַצְלִיחַ בַּמִּשְׁקָל הַזֶּה אֶלָּא בִּשְׁלֹשָׁה דְּבָרִים:

שֶׁיִּהְיֶה לִבּוֹ יָשָׁר שֶׁבַּלְּבָבוֹת.

שֶׁלֹּא תִהְיֶה פְּנִיָּיתוֹ אֶלָּא לַעֲשׂוֹת הַנַּחַת רוּחַ לְפָנָיו יִתְבָּרַךְ וְלֹא זוּלַת זֶה כְּלָל.

וְשֶׁיִּהְיֶה מְעַיֵּין עַל מַעֲשָׂיו עִיּוּן גָּדוֹל וְיִשְׁתַּדֵּל לְתַקְּנָם עַל פִּי הַתַּכְלִית הַזֶּה.

וְאַחַר כָּל זֹאת יִהְיֶה מַשְׁלִיךְ יְהָבוֹ עַל ה׳, שֶׁאָז יֵאָמֵר בּוֹ, "אַשְׁרֵי אָדָם עוֹז לוֹ בָךְ" וכו׳ "לֹא יִמְנַע טוֹב לַהֹלְכִים בְּתָמִים" (תהלים פ״ד ו׳,י״ב).

אָמְנָם אִם אֶחָד מִן הַתְּנָאִים הָאֵלֶּה יֶחְסַר לוֹ - לֹא יַגִּיעַ אֶל הַשְּׁלֵמוּת, וְקָרוֹב הוּא לִיכָּשֵׁל וְלִיפּוֹל!

דְּהַיְינוּ, אוֹ אִם הַכַּוָּנָה לֹא תִהְיֶה מוּבְחֶרֶת וְזַכָּה. אוֹ אִם יִתְרַשֵּׁל מִן הָעִיּוּן בַּמֶּה שֶׁיּוּכַל לְעַיֵּין. אוֹ אִם אַחַר כָּל זֶה לֹא יִתְלֶה בִּטְחוֹנוֹ בְקוֹנוֹ - קָשֶׁה לוֹ שֶׁלֹּא יִפּוֹל. אַךְ אִם שְׁלָשְׁתָּם יִשְׁמֹר כָּרָאוּי: תְּמִימוּת הַמַּחֲשָׁבָה.

או אם יתרשל מן העיון במה שיוכל לעיין. אתה חייב להכיר את עצמך, לדעת מה בונה אותך ומה מחליש אותך. אני חייב לעיין במחשבותי, לעיין במעשי. עיון על עצמי.

עִיּוּן. וּבִטָּחוֹן - אָז יֵלֵךְ בֶּטַח בֶּאֱמֶת וְלֹא יְאֻנֶּה לוֹ כָּל רָע. הוּא הַדָּבָר שֶׁאָמְרָה חַנָּה בִּנְבִיאוּתָהּ "רַגְלֵי חֲסִידָיו יִשְׁמֹר" (שמואל א. ב׳ ט׳). וְדָוִד כְּמוֹ כֵן אָמַר "וְלֹא יַעֲזֹב אֶת חֲסִידָיו לְעוֹלָם נִשְׁמָרוּ" (תהלים ל״ז כ״ח).

וְהִנֵּה מַה שֶּׁצָּרִיךְ לְהָבִין הוּא, כִּי אֵין לָדוּן דִּבְרֵי הַחֲסִידוּת עַל מַרְאֵיהֶן הָרִאשׁוֹן, אֶלָּא צָרִיךְ לְעַיֵּן וּלְהִתְבּוֹנֵן עַד הֵיכָן תּוֹלְדוֹת הַמַּעֲשֶׂה מַגִּיעוֹת, כִּי לִפְעָמִים הַמַּעֲשֶׂה בְּעַצְמוֹ יֵרָאֶה טוֹב, וּלְפִי שֶׁהַתּוֹלָדוֹת רָעוֹת יִתְחַיֵּב לְהַנִּיחוֹ. וְלוּ יַעֲשֶׂה אוֹתוֹ יִהְיֶה חוֹטֵא וְלֹא חָסִיד.

הִנֵּה מַעֲשֵׂה גְּדַלְיָה בֶּן אֲחִיקָם גָּלוּי לְעֵינֵינוּ שֶׁמִּפְּנֵי רוֹב חֲסִידוּתוֹ שֶׁלֹּא לָדוּן אֶת יִשְׁמָעֵאל לְכַף חוֹבָה אוֹ שֶׁלֹּא לְקַבֵּל לָשׁוֹן הָרָע אָמַר לְיוֹחָנָן בֶּן קָרֵחַ, "שֶׁקֶר אַתָּה דוֹבֵר עַל יִשְׁמָעֵאל" (ירמיה מ׳ ט״ז). וּמַה גָּרַם? גָּרַם שֶׁמֵּת הוּא וְנִפְזְרוּ יִשְׂרָאֵל וְכָבְתָה גַּחַלְתָּם הַנִּשְׁאָרָה. וּכְבָר יִיחֵס הַכָּתוּב אֵלָיו הֲרִיגַת אֲנָשִׁים אֲשֶׁר נֶהֶרְגוּ כְּאִלּוּ הֲרָגָם הוּא, וְכַמַּאֲמָרָם זִכְרוֹנָם לִבְרָכָה (נדה ס״א א׳) עַל פָּסוּק "אֵת כָּל פִּגְרֵי הָאֲנָשִׁים אֲשֶׁר הִכָּה בְּיַד גְּדַלְיָהוּ" (ירמיהו מ״א ט׳).

וְהַבַּיִת הַשֵּׁנִי גַּם הוּא חָרַב עַל יְדֵי חֲסִידוּת כָּזֶה אֲשֶׁר לֹא נִשְׁקַל בְּמִשְׁקַל צֶדֶק. בְּמַעֲשֵׂה דְּבַר קַמְצָא אָמְרוּ, "סָבוּר רַבָּנָן לְקָרוּבֵהּ, אָמַר לָהֶם רַבִּי זְכַרְיָה בֶּן אַבְקוּלַס, יֹאמְרוּ 'בַּעֲלֵי מוּמִין קְרֵבִין לְגַבֵּי מִזְבֵּחַ', סָבוּר לְמִקְטְלֵהּ. אָמַר לָהֶם רַבִּי זְכַרְיָה בֶּן אַבְקוּלַס, יֹאמְרוּ 'מַטִּיל מוּם בַּקָּדָשִׁים יֵהָרֵג'. בֵּין כָּךְ וּבֵין כָּךְ הָלַךְ אוֹתוֹ רָשָׁע וְהִלְשִׁין אֶת יִשְׂרָאֵל, בָּא הַקֵּיסָר וְהֶחֱרִיב יְרוּשָׁלַיִם. וְהוּא מַה שֶּׁאָמַר רַבִּי יוֹחָנָן עַל זֶה, 'עַנְוְתָנוּתוֹ שֶׁל רַבִּי זְכַרְיָה הֶחֱרִיבָה אֶת בֵּיתֵנוּ וְשָׂרְפָה אֶת הֵיכָלֵנוּ וְהִגְלַתְנוּ לְבֵין הָאוּמּוֹת'" (גיטין נ״ו א׳). הֲרֵי לְךָ שֶׁאֵין לָדוּן בַּחֲסִידוּת הַמַּעֲשֶׂה כַּאֲשֶׁר הוּא שָׁם לְבַד, אַךְ צָרִיךְ לִפְנוֹת כֹּה וָכֹה לְכָל הַצְּדָדִין שֶׁיָּכוֹל שֵׂכֶל הָאָדָם לִרְאוֹת, עַד שֶׁיָּדוּן בֶּאֱמֶת אֵיזֶה יִכְשַׁר יוֹתֵר - הָעֲשִׂיָּה אוֹ הַפְּרִישָׁה.

הִנֵּה הַתּוֹרָה צִוְּתָה "הוֹכֵחַ תּוֹכִיחַ אֶת עֲמִיתֶךָ" (ויקרא י״ט י״ז), וְכַמָּה פְּעָמִים יִכָּנֵס הָאָדָם לְהוֹכִיחַ חֹטְאִים בְּמָקוֹם אוֹ בִּזְמַן שֶׁאֵין דְּבָרָיו נִשְׁמָעִים, וְגוֹרֵם לָהֶם לְהִתְפָּרֵץ יוֹתֵר בְּרִשְׁעָם, וּלְחַלֵּל ה׳ לְהוֹסִיף עַל חַטָּאתָם

פֶּשַׁע. הִנֵּה בְּכַיּוֹצֵא בָּזֶה אֵינוֹ מִן הַחֲסִידוּת אֶלָּא לִשְׁתּוֹק. וְכָךְ אָמְרוּ רַבּוֹתֵינוּ זִכְרוֹנָם לִבְרָכָה "כְּשֵׁם שֶׁמִּצְוָה לוֹמַר דָּבָר הַנִּשְׁמָע, כָּךְ מִצְוָה שֶׁלֹּא לוֹמַר אֶת שֶׁאֵינוֹ נִשְׁמָע" (יבמות ס"ה ב').

רְאֵה. פָּשׁוּט הוּא, שֶׁרָאוּי לְכָל אָדָם לִהְיוֹת מַקְדִּים וְרָץ לִדְבַר מִצְוָה, וּלְהִשְׁתַּדֵּל לִהְיוֹת מִן הָעוֹסְקִים בָּהּ. אַךְ הִנֵּה לִפְעָמִים יָכוֹל לְהִוָּלֵד מִזֶּה מְרִיבָה, שֶׁיּוֹתֵר תִּתְבַּזֶּה הַמִּצְוָה וְיִתְחַלֵּל בָּהּ שֵׁם שָׁמַיִם מִמָּה שֶׁיִּתְכַּבֵּד. בְּכַיּוֹצֵא בָּזֶה וַדַּאי שֶׁחַיָּב הֶחָסִיד לְהַנִּיחַ אֶת הַמִּצְוָה וְלֹא לִרְדּוֹף אַחֲרֶיהָ.

וְכֵן אָמְרוּ זִכְרוֹנָם לִבְרָכָה בְּעִנְיַן הַלְוִיִּים זֶה לְשׁוֹנָם "מִפְּנֵי שֶׁהָיוּ יוֹדְעִים שֶׁכָּל מִי שֶׁטּוֹעֵן בָּאָרוֹן שְׂכָרוֹ מְרֻבֶּה, וְהָיוּ מַנִּיחִין אֶת הַשֻּׁלְחָן וְהַמְּנוֹרָה וְהַמִּזְבְּחוֹת וְכֻלָּן רָצִים לָאָרוֹן לִטֹּל שָׂכָר, וּמִתּוֹךְ כָּךְ הָיָה זֶה מֵרִיב וְאוֹמֵר, אֲנִי טוֹעֵן כָּאן, וְזֶה מֵרִיב וְאוֹמֵר, אֲנִי טוֹעֵן כָּאן, וּמִתּוֹךְ כָּךְ הָיוּ נוֹהֲגִין קַלּוּת רֹאשׁ, וְהָיְתָה הַשְּׁכִינָה פּוֹגַעַת בָּהֶם" וכו' (במדבר רבה ה' א').

הִנֵּה חַיָּב הָאָדָם לִשְׁמוֹר כָּל הַמִּצְוֹת בְּכָל דִּקְדּוּקֵיהֶם לִפְנֵי מִי שֶׁיִּהְיֶה, וְלֹא יִירָא וְלֹא יֵבוֹשׁ, וְכֵן הוּא אוֹמֵר "וַאֲדַבְּרָה בְעֵדֹתֶיךָ נֶגֶד מְלָכִים וְלֹא אֵבוֹשׁ" (תהלים קי"ט מ"ו). וְכֵן שָׁנִינוּ "הֱוֵי עַז כַּנָּמֵר" וכו' (אבות ה כ'). אָמְנָם גַּם בָּזֶה צָרִיךְ חִילּוּק וְהַבְחָנָה, כִּי כָּל זֶה נֶאֱמַר עַל גּוּפֵי הַמִּצְוֹת שֶׁחַיָּיבִים אֲנַחְנוּ בָּהֶם חוֹבָה גְמוּרָה, שֶׁבָּהֶם יָשִׂים פָּנָיו כַּחַלָּמִישׁ.

אַךְ יֵשׁ אֵיזֶה תּוֹסֶפֶת חֲסִידוּת, שֶׁאִם יַעֲשֶׂה אוֹתָם הָאָדָם לִפְנֵי הֲמוֹן הָעָם - יִשְׂחֲקוּ עָלָיו וְיִתְלוֹצְצוּ, וְנִמְצְאוּ חוֹטְאִים וְנֶעֱנָשִׁים עַל יָדוֹ. וְהוּא הָיָה יָכוֹל לְהַנִּיחַ מִלַּעֲשׂוֹת הַדְּבָרִים הָהֵם, כִּי אֵינָם חוֹבָה מוּחְלֶטֶת. הִנֵּה דָּבָר כָּזֶה וַדַּאי שֶׁיּוֹתֵר הָגוּן הוּא לְחָסִיד שֶׁיַּנִּיחֵהוּ מִשֶּׁיַּעֲשֵׂהוּ. וְהוּא מַה שֶּׁאָמַר הַכָּתוּב "וְהַצְנֵעַ לֶכֶת עִם אֱלֹהֶיךָ" (מיכה ו') ח'. וְכַמָּה חֲסִידִים גְּדוֹלִים הִנִּיחוּ מִמִּנְהֲגֵי חֲסִידוּתָם בִּהְיוֹתָם בֵּין הֲמוֹן הָעָם, מִשּׁוּם דְּמֶחֱזֵי כְּיוּהֲרָא.

כְּלָלוֹ שֶׁל דָּבָר: כָּל מַה שֶּׁהוּא עִיקָּרִי בַּמִּצְוָה - יַעֲשֵׂהוּ לִפְנֵי כָּל מַלְעִיג. וּמַה שֶּׁאֵינוֹ עִיקָּרִי וְהוּא גּוֹרֵם שְׂחוֹק וְהִיתּוּל - לֹא יַעֲשֵׂהוּ.

נִמְצֵאתָ לָמֵד, שֶׁהַבָּא לְהִתְחַסֵּד חֲסִידוּת אֲמִיתִּי, צָרִיךְ שֶׁיִּשְׁקוֹל כָּל מַעֲשָׂיו לְפִי הַתּוֹלָדוֹת הַנִּמְשָׁכוֹת מֵהֶם, וּלְפִי הַתְּנָאִים הַמִּתְלַוִּים לָהֶם: לְפִי הָעֵת. לְפִי הַחֶבְרָה. לְפִי הַנּוֹשֵׂא. וּלְפִי הַמָּקוֹם.

וְאִם הַפְּרִישָׁה תּוֹלִיד יוֹתֵר קִידּוּשׁ שֵׁם שָׁמַיִם וְנַחַת רוּחַ לְפָנָיו מִן הַמַּעֲשֶׂה - יִפְרוֹשׁ וְלֹא יַעֲשֶׂה. אוֹ אִם מַעֲשֶׂה אֶחָד בְּמַרְאִיתוֹ הוּא טוֹב וּבְתוֹלְדוֹתָיו אוֹ בִּתְנָאָיו הוּא רָע, וּמַעֲשֶׂה אַחֵר רַע בְּמַרְאִיתוֹ וְטוֹב בְּתוֹלְדוֹתָיו - הַכֹּל הוֹלֵךְ אַחַר הַחִיתּוּם וְהַתּוֹלָדָה, שֶׁהִיא פְּרִי הַמַּעֲשִׂים בֶּאֱמֶת. וְאֵין הַדְּבָרִים מְסוּרִים אֶלָּא לְלֵב מֵבִין וְשֵׂכֶל נָכוֹן, כִּי אִי אֶפְשָׁר לְבָאֵר הַפְּרָטִים שֶׁאֵין לָהֶם קֵץ. וְ"ה' יִתֵּן חָכְמָה מִפִּיו דַּעַת וּתְבוּנָה" (משלי ב' ו').

וּמַעֲשֶׂה דְּרַבִּי טַרְפוֹן יוֹכִיחַ, שֶׁהֶחְמִיר לְהַטּוֹת כְּבֵית שַׁמַּאי וְאָמְרוּ לוֹ, "כְּדַאי הָיִיתָ לָחוּב בְּעַצְמְךָ, שֶׁעָבַרְתָּ עַל דִּבְרֵי בֵּית הִלֵּל" (ברכות י' ב'), אַף עַל פִּי שֶׁמַּחְמִיר הָיָה. וְזֶה, שֶׁעִנְיַן מַחֲלוֹקֶת בֵּית שַׁמַּאי וּבֵית הִלֵּל הָיָה עִנְיָן כָּבֵד לְיִשְׂרָאֵל, מִפְּנֵי הַמַּחֲלוֹקֶת הַגְּדוֹלָה שֶׁרָבְתָה בֵּינֵיהֶם. וְסוֹף סוֹף נִגְמַר שֶׁהֲלָכָה כְּבֵית הִלֵּל לְעוֹלָם (עירובין י"ג ב'). הִנֵּה קִיּוּמָהּ שֶׁל תּוֹרָה, שֶׁגְּמַר דִּין זֶה יִשָּׁאֵר בְּכָל תּוֹקֶף לָעַד וּלְעוֹלְמֵי עוֹלָמִים וְלֹא יֶחֱלַשׁ בְּשׁוּם פָּנִים, שֶׁלֹּא תֵּעָשֶׂה תּוֹרָה חַס וְחָלִילָה כִּשְׁתֵּי תּוֹרוֹת. וְעַל כֵּן לְדַעַת הַמִּשְׁנָה הַזֹּאת, יוֹתֵר חֲסִידוּת הוּא לְהַחֲזִיק כְּבֵית הִלֵּל אֲפִילוּ לְקוּלָּא מִלְּהַחְמִיר כְּבֵית שַׁמַּאי. וְזֶה לָנוּ לְעֵינַיִם לִרְאוֹת אֵי זֶה דֶּרֶךְ יִשְׁכּוֹן אוֹר בֶּאֱמֶת וּבֶאֱמוּנָה לַעֲשׂוֹת הַיָּשָׁר בְּעֵינֵי ה'.

פרק כא

בדרכי קנית החסידות וההרחקה ממפסידיה

הִנֵּה מִמַּה שֶּׁיּוֹעִיל הַרְבֵּה לִקְנוֹת הַחֲסִידוּת, הוּא גּוֹדֶל הַהִסְתַּכְּלוּת וְרוֹב הַהִתְבּוֹנְנוּת. כִּי כַּאֲשֶׁר יַרְבֶּה הָאָדָם לְהִתְבּוֹנֵן עַל גּוֹדֶל רוֹמְמוּתוֹ יִתְבָּרַךְ וְתַכְלִית שְׁלֵימוּתוֹ וְרוֹב הַהֶרְחֵק הַבִּלְתִּי מְשׁוֹעָר שֶׁבֵּין גְּדוּלָּתוֹ וּבֵין שִׁפְלוּתֵנוּ, יִגְרוֹם לוֹ שֶׁיִּמָּלֵא יִרְאָה וּרְעָדָה מִלְּפָנָיו. וּבְהִתְבּוֹנְנוֹ עַל רוֹב חֲסָדָיו עִמָּנוּ וְעַל גּוֹדֶל אַהֲבָתוֹ יִתְבָּרַךְ לְיִשְׂרָאֵל, וְעַל קִרְבַת הַיְשָׁרִים אֵלָיו, וּמַעֲלוֹת הַתּוֹרָה וְהַמִּצְוֹת, וְכַיּוֹצֵא מִן הָעִיּוּנִים וְהַלִּימוּדִים, וַדַּאי שֶׁתִּתְלַהֵט בּוֹ אַהֲבָה עַזָּה וְיִבְחַר וְיִתְאַוֶּה לִידָּבֵק בּוֹ, כִּי בִּרְאוֹתוֹ שֶׁהַבּוֹרֵא יִתְבָּרַךְ הוּא לָנוּ לְאָב מַמָּשׁ, וּמְרַחֵם עָלֵינוּ כְּאָב עַל בָּנִים, יִתְעוֹרֵר בּוֹ בְּהֶמְשֵׁךְ הַחֵפֶץ וְהַתְּשׁוּקָה לִגְמוֹל לוֹ כְּבֵן אֶל אָבִיו.

וְהִנֵּה לָזֶה צָרִיךְ הָאָדָם שֶׁיִּתְבּוֹדֵד בַּחֲדָרָיו וְיִקְבּוֹץ כָּל מַדָּעוֹ וּתְבוּנָתוֹ אֶל הַהִסְתַּכְּלוּת וְאֶל הָעִיּוּן בַּדְּבָרִים הָאֲמִיתִּיִּים הָאֵלֶּה. וְהִנֵּה וַדַּאי שֶׁיְּעַזְּרֵהוּ לָזֶה רוֹב הַהַתְמָדָה וְהָעִיּוּן בְּמִזְמוֹרֵי דָּוִד הַמֶּלֶךְ עָלָיו הַשָּׁלוֹם, וְהַהִתְבּוֹנְנוּת בָּם בְּמַאַמְרֵיהֶם וְעִנְיָנָם. כִּי בִּהְיוֹתָם כּוּלָּם מְלֵאִים אַהֲבָה וְיִרְאָה וְכָל מִינֵי חֲסִידוּת, הִנֵּה בְּהִתְבּוֹנְנוֹ בָּם לֹא יִמָּנַע מֵהִתְעוֹרֵר בּוֹ הִתְעוֹרְרוּת גָּדוֹל לָצֵאת בְּעִקְבוֹתָיו וְלָלֶכֶת בִּדְרָכָיו. וְכֵן תּוֹעִיל הַקְּרִיאָה בְּסִפּוּר מַעֲשֵׂה הַחֲסִידִים בָּאַגָּדוֹת אֲשֶׁר בָּאוּ שָׁם, כִּי כָל אֵלֶּה מְעוֹרְרִים אֶת הַשֵּׂכֶל לְהִתְיָעֵץ וְלַעֲשׂוֹת כְּמַעֲשֵׂיהֶם הַנֶּחְמָדִים. וְזֶה מְבוֹאָר.

אַךְ מַפְסִידֵי הַחֲסִידוּת הֵם הַטְּרָדוֹת וְהַדְּאָגוֹת. כִּי בִּהְיוֹת הַשֵּׂכֶל טָרוּד וְנֶחְפָּז בְּדַאֲגוֹתָיו וּבַעֲסָקָיו, אִי אֶפְשָׁר לוֹ לִפְנוֹת אֶל הַהִתְבּוֹנְנוּת הַזֶּה.

צריך האדם שיתבודד בחדריו. אדרי ליבי.

וּמִבְּלִי הִתְבּוֹנְנוּת לֹא יַשִּׂיג הַחֲסִידוּת, וַאֲפִילוּ אִם הִשִּׂיגוֹ כְּבָר, הִנֵּה הַטְּרָדוֹת מַכְרִיחוֹת אֶת הַשֵּׂכֶל וּמְעַרְבְּבוֹת אוֹתוֹ וְאֵינָן מַנִּיחוֹת אוֹתוֹ לְהִתְחַזֵּק בְּיִרְאָה וּבְאַהֲבָה וּבִשְׁאָר הָעִנְיָנִים הַשַּׁיָּכִים אֶל הַחֲסִידוּת, כַּאֲשֶׁר זָכַרְתִּי. עַל כֵּן אָמְרוּ זִכְרוֹנָם לִבְרָכָה "אֵין הַשְּׁכִינָה שׁוֹרָה לֹא מִתּוֹךְ עַצְבוּת" וכו' (שבת ל' ב'). כָּל שֶׁכֵּן הַהֲנָאוֹת וְהַתַּעֲנוּגִים, שֶׁהֵם הֶפְכִּיִּים מַמָּשׁ אֶל הַחֲסִידוּת, כִּי הִנֵּה הֵם מְפַתִּים הַלֵּב לִימָּשֵׁךְ אַחֲרֵיהֶם וְסָר מִכָּל עִנְיְנֵי הַפְּרִישׁוּת וְהַיְדִיעָה הָאֲמִיתִּית.

אָמְנָם מַה שֶּׁיּוּכַל לִשְׁמוֹר אֶת הָאָדָם וּלְהַצִּילוֹ מִן הַמַּפְסִידִים הָאֵלֶּה הוּא הַבִּטָּחוֹן, וְהוּא שֶׁיַּשְׁלִיךְ יְהָבוֹ עַל ה' לְגַמְרֵי! כַּאֲשֶׁר יֵדַע כִּי וַדַּאי אִי אֶפְשָׁר שֶׁיֶּחְסַר לָאָדָם מַה שֶּׁנִּקְצַב לוֹ. וּכְמוֹ שֶׁאָמְרוּ זִכְרוֹנָם לִבְרָכָה בְּמַאַמְרֵיהֶם "כָּל מְזוֹנוֹתָיו שֶׁל הָאָדָם קְצוּבִים לוֹ מֵרֹאשׁ הַשָּׁנָה" וכו' (ביצה ט"ז א') וְכֵן אָמְרוּ "אֵין אָדָם נוֹגֵעַ בַּמּוּכָן לַחֲבֵירוֹ אֲפִילוּ כִּמְלֹא נִימָא" (יומא ל"ח ב'). וּכְבָר הָיָה הָאָדָם יָכוֹל לִהְיוֹת יוֹשֵׁב וּבָטֵל וְהַגְּזֵרָה הָיְתָה מִתְקַיֶּמֶת, אִם לֹא שֶׁקָּדַם הַקְּנָס לְכָל בְּנֵי הָאָדָם, וְאָמַר "בְּזֵעַת אַפֶּיךָ תֹּאכַל לֶחֶם" (בראשית ג' י"ט). אֲשֶׁר עַל כֵּן חַיָּב אָדָם לְהִשְׁתַּדֵּל אֵיזֶה

מבלי התבוננות לא ישיג החסידות. [בדרך כלל השכל הוא כלי שרת - החיים זורמים והשכל מעניק להם פתרונות. במהלך קניית

הִשְׁתַּדְּלוּת לְצוֹרֶךְ פַּרְנָסָתוֹ, שֶׁכֵּן גָּזַר הַמֶּלֶךְ הָעֶלְיוֹן. וַהֲרֵי זֶה כְּמַס שֶׁפּוֹרֵעַ כָּל הַמִּין הָאֱנוֹשִׁי אֲשֶׁר אֵין לְהִמָּלֵט מִמֶּנּוּ. עַל כֵּן אָמְרוּ "יָכוֹל, אֲפִילוּ יוֹשֵׁב וּבָטֵל? תַּלְמוּד לוֹמַר 'בְּכָל מִשְׁלַח יָדְךָ אֲשֶׁר תַּעֲשֶׂה' (דברים כ"ח כ')" (ספרי ראה ע').

אַךְ לֹא שֶׁהַהִשְׁתַּדְּלוּת הוּא הַמּוֹעִיל, אֶלָּא שֶׁהַהִשְׁתַּדְּלוּת מוּכְרַחַת. וְכֵיוָן שֶׁהִשְׁתַּדֵּל הֲרֵי יָצָא יְדֵי חוֹבָתוֹ, וּכְבָר יֵשׁ מָקוֹם לְבִרְכַּת שָׁמַיִם שֶׁתִּשְׁרֶה עָלָיו, וְאֵינוֹ צָרִיךְ לְבַלּוֹת יָמָיו בַּחֲרִיצוּת וְהִשְׁתַּדְּלוּת. הוּא מַה שֶּׁאָמַר דָּוִד הַמֶּלֶךְ עָלָיו הַשָּׁלוֹם "כִּי לֹא מִמּוֹצָא וּמִמַּעֲרָב וְלֹא וכו' כִּי אֱלֹהִים שׁוֹפֵט" וכו' (תהלים ע"ה ז'-ח'). וּשְׁלֹמֹה הַמֶּלֶךְ עָלָיו הַשָּׁלוֹם אָמַר "אַל תִּיגַע לְהַעֲשִׁיר, מִבִּינָתְךָ חֲדָל" (משלי כ"ג ד'). אֶלָּא הַדֶּרֶךְ הָאֲמִיתִּי הוּא דַּרְכָּם שֶׁל הַחֲסִידִים הָרִאשׁוֹנִים, עוֹשִׂים תּוֹרָתָן עִיקָּר וּמְלַאכְתָּן טְפֵלָה, וְזֶה וְזֶה נִתְקַיֵּם בְּיָדָם (ברכות ל"ה ב'). כִּי כֵּיוָן שֶׁעָשָׂה אָדָם קְצָת מְלָאכָה, מִשָּׁם וָהָלְאָה אֵין לוֹ אֶלָּא לִבְטוֹחַ בְּקוֹנוֹ וְלֹא לְהִצְטַעֵר עַל שׁוּם דָּבָר עוֹלָמִי. אָז תִּשָּׁאֵר דַּעְתּוֹ פְּנוּיָה וְלִבּוֹ מוּכָן לַחֲסִידוּת הָאֲמִיתִּי וְלָעֲבוֹדָה הַתְּמִימָה.

החסידות השכל מחליף את תפקידו, והופך לנושא הדגל שמוביל את החיים]. *אתה רוצה לעשות מהפיכה, שהחיים יצרו מתוך המחשבה.*

פרק כב

בבאור
מדת הענוה
וחלקיה

הִנֵּה, כְּבָר דִּבַּרְנוּ לְמַעְלָה מִגְּנוּת הַגַּאֲוָה, וּמִכְּלָלָהּ נִשְׁמַע שֶׁבַח הָעֲנָוָה. אַךְ עַתָּה נְבָאֵר יוֹתֵר בְּדֶרֶךְ עִיקַּר הָעֲנָוָה וְתִבָּאֵר הַגַּאֲוָה מֵאֵלֶיהָ.

הִנֵּה כְּלַל הָעֲנָוָה הוּא: הֱיוֹת הָאָדָם בִּלְתִּי מַחְשִׁיב עַצְמוֹ מִשּׁוּם טַעַם שֶׁיִּהְיֶה. וְזֶה הֵפֶךְ הַגַּאֲוָה מַמָּשׁ, וְהַתּוֹלָדוֹת הַנִּמְשָׁכוֹת מִזֶּה תִּהְיֶינָה הַהֶפְכִּיּוֹת שֶׁל תּוֹלְדוֹת הַגַּאֲוָה.

וּכְשֶׁנְּדַקְדֵּק נִמְצָא, שֶׁתְּלוּיָה בְּמַחֲשָׁבָה וּבְמַעֲשֶׂה.

כִּי בַּתְּחִלָּה צָרִיךְ שֶׁיִּהְיֶה הָאָדָם עָנָיו בְּמַחֲשַׁבְתּוֹ, וְאַחַר כָּךְ יִתְנַהֵג בְּדַרְכֵי הָעֲנָוִים, כִּי אִם לֹא יִהְיֶה עָנָיו בְּדַעְתּוֹ, וְיִרְצֶה לִהְיוֹת עָנָיו בְּמַעֲשֶׂה, לֹא יִהְיֶה אֶלָּא מִן הָעֲנָוִים הַמְדוּמִּים וְהָרָעִים שֶׁזָּכַרְנוּ לְמַעְלָה, שֶׁהֵם מִכְּלַל הַצְּבוּעִים אֲשֶׁר אֵין בָּעוֹלָם רַע מֵהֶם. וּנְבָאֵר עַתָּה הַחֲלָקִים הָאֵלֶּה.

הָעֲנָוָה בְּמַחֲשָׁבָה: הוּא שֶׁיִּתְבּוֹנֵן הָאָדָם וְיִתְאַמֵּת אֶצְלוֹ אֲשֶׁר אֵין הַתְּהִלָּה וְהַכָּבוֹד רְאוּיִים לוֹ, כָּל שֶׁכֵּן הַהִתְנַשֵּׂא עַל שְׁאָר בְּנֵי מִינוֹ, וְזֶה מִפְּנֵי מַה שֶּׁחָסֵר מִמֶּנּוּ בְּהֶכְרֵחַ. וְגַם מִפְּנֵי מַה שֶּׁכְּבָר יֵשׁ בְּיָדוֹ. מִפְּנֵי מַה שֶּׁחָסֵר מִמֶּנּוּ פָּשׁוּט הוּא, כִּי אִי אֶפְשָׁר לָאָדָם - בְּאֵיזֶה מַדְרֵיגָה שֶׁיִּהְיֶה מִן הַשְּׁלֵימוּת, שֶׁלֹּא יִהְיוּ בוֹ חֶסְרוֹנוֹת רַבִּים, אוֹ מִצַּד טִבְעוֹ, אוֹ מִצַּד מִשְׁפַּחְתּוֹ וּקְרוֹבָיו, אוֹ מִצַּד מִקְרִים שֶׁקָּרוּ לוֹ, אוֹ מִצַּד מַעֲשָׂיו. שֶׁ"אָדָם אֵין צַדִּיק בָּאָרֶץ אֲשֶׁר יַעֲשֶׂה טּוֹב וְלֹא יֶחֱטָא" (קהלת ז' כ'). הֵן כָּל אֵלֶּה מוּמִים בָּאָדָם שֶׁאֵינָם מַנִּיחִים לוֹ מְקוֹם הִתְנַשְּׂאוּת כְּלָל, אֲפִילוּ יִהְיֶה בַּעַל מַעֲלוֹת רַבּוֹת, כִּי כְּבָר עִנְיְנֵי הַחֶסְרוֹנוֹת הָאֵלֶּה יַסְפִּיקוּ לְהַחֲשִׁיכָם.

הִנֵּה הַחָכְמָה הִיא הַמְּבִיאָה יוֹתֵר אֶת הָאָדָם לִידֵי הִתְנַשְּׂאוּת וְגַאֲוָה, לְפִי שֶׁכְּבָר הִיא מַעֲלָה שֶׁבָּאָדָם עַצְמוֹ בַּחֵלֶק הַנִּכְבָּד שֶׁלּוֹ, דְּהַיְינוּ, הַשֵּׂכֶל. וְהִנֵּה אֵין לְךָ חָכָם שֶׁלֹּא יִטְעֶה וְשֶׁלֹּא יִצְטָרֵךְ לִלְמוֹד מִדִּבְרֵי חֲבֵירָיו, וּפְעָמִים רַבּוֹת אֲפִילוּ מִדִּבְרֵי תַלְמִידָיו. אִם כֵּן אֵיפוֹא אֵיךְ

יִתְנַשֵּׂא בְחָכְמָתוֹ? וְאָמְנָם מִי שֶׁהוּא בַּעַל שֵׂכֶל יָשָׁר, אֲפִילוּ אִם זָכָה לִהְיוֹת חָכָם גָּדוֹל וּמוּפְלָג, בֶּאֱמֶת כְּשֶׁיִּסְתַּכֵּל וְיִתְבּוֹנֵן יִרְאֶה שֶׁאֵין מָקוֹם לְגַאֲוָה וְהִתְנַשְּׂאוּת. כִּי הִנֵּה מִי שֶׁהוּא בַּעַל שֵׂכֶל שֶׁיֵּדַע יוֹתֵר מֵהָאֲחֵרִים אֵינוֹ עוֹשֶׂה אֶלָּא שֶׁבְּחֹק טִבְעוֹ לַעֲשׂוֹת, כְּעוֹף שֶׁמַּגְבִּיהַּ עוּף לְפִי שֶׁטִּבְעוֹ בְּכָךְ, וְהַשּׁוֹר מוֹשֵׁךְ בְּכֹחוֹ לְפִי שֶׁחוּקוֹ הוּא. כֵּן מִי שֶׁהוּא חָכָם, הוּא לְפִי שֶׁטִּבְעוֹ מְבִיאוֹ לָזֶה, וְאִלּוּ אוֹתוֹ שֶׁעַכְשָׁיו אֵינוֹ חָכָם כָּמוֹהוּ - הָיָה לוֹ שֵׂכֶל טִבְעִי כָּמוֹהוּ - הָיָה מִתְחַכֵּם כְּמוֹ שֶׁנִּתְחַכֵּם. אִם כֵּן אֵין כָּאן לְהִתְנַשֵּׂא וּלְהִתְגָּאוֹת. אֶלָּא אִם יֵשׁ בּוֹ חָכְמָה רַבָּה הִנֵּה הוּא מְחוּיָּב לְלַמְּדָהּ לְמִי שֶׁצָּרִיךְ אֵלֶיהָ, וּכְמַאֲמַר רַבָּן יוֹחָנָן בֶּן זַכַּאי "אִם לָמַדְתָּ תּוֹרָה הַרְבֵּה, אַל תַּחֲזִיק טוֹבָה לְעַצְמְךָ כִּי לְכָךְ נוֹצָרְתָּ" (אבות ב׳ ח׳). אִם עָשִׁיר הוּא - יִשְׂמַח בְּחֶלְקוֹ, וְעָלָיו הוּא לַעֲזוֹר לְמִי שֶׁאֵין לוֹ. אִם גִּבּוֹר הוּא - לַעֲזֹר לַכּוֹשְׁלִים וּלְהַצִּיל לָעֲשׁוּקִים. הָא לְמָה זֶה דּוֹמֶה? לִמְשָׁרְתֵי הַבַּיִת, שֶׁכָּל אֶחָד מְמוּנֶּה עַל דְּבַר מָה, וְרָאוּי לוֹ לַעֲמוֹד בְּמִשְׁמַרְתּוֹ לְפִי פְּקוּדָּתוֹ, לְהַשְׁלִים מְלֶאכֶת הַבַּיִת וּצְרָכֶיהָ, וְאֵין בְּכָאן מָקוֹם לְגַאֲוָה לְפִי הָאֱמֶת.

וְהִנֵּה זֶה הָעִיּוּן וְהַהִתְבּוֹנְנוּת הָרָאוּי לְכָל אִישׁ אֲשֶׁר שִׂכְלוֹ יָשָׁר וְלֹא מִתְעַקֵּשׁ. וּכְשֶׁיִּתְבָּרֵר זֶה אֶצְלוֹ, אָז יִקָּרֵא עָנָיו אֲמִיתִּי, שֶׁבְּלִבּוֹ וּבְקִרְבּוֹ הוּא עָנָיו, וְהוּא כְּעִנְיַן דָּוִד שֶׁאָמַר לְמִיכַל "וְהָיִיתִי שָׁפָל בְּעֵינָי" (שמואל ב. ו׳ כ״ב), וְאָמְרוּ זִכְרוֹנָם לִבְרָכָה "כַּמָּה גְּדוֹלִים נְמוּכֵי הָרוּחַ, שֶׁבִּזְמַן שֶׁבֵּית הַמִּקְדָּשׁ קַיָּים, אָדָם מַקְרִיב עוֹלָה - שְׂכַר עוֹלָה בְּיָדוֹ. מִנְחָה - שְׂכַר מִנְחָה בְּיָדוֹ. אֲבָל מִי שֶׁדַּעְתּוֹ שְׁפָלָה עָלָיו, מַעֲלֶה עָלָיו הַכָּתוּב כְּאִלּוּ הִקְרִיב כָּל הַקָּרְבָּנוֹת כֻּלָּם, שֶׁנֶּאֱמַר "זִבְחֵי אֱלֹהִים רוּחַ נִשְׁבָּרָה (תהלים נ״א י״ט)" (סוטה ה׳ ב׳). הֲרֵי זֶה שֶׁבַח שֶׁל נְמוּכֵי הָרוּחַ, שֶׁהֵם עֲנָוִים בְּלִבָּם וּמַחֲשַׁבְתָּם. וְכֵן אָמְרוּ עוֹד "'לֹא מֵרֻבְּכֶם מִכָּל הָעַמִּים' (דברים ז׳ ז׳) - אָמַר לָהֶם הַקָּדוֹשׁ בָּרוּךְ הוּא לְיִשְׂרָאֵל, בָּנַי, אֲנִי חוֹשֵׁק בָּכֶם, שֶׁאֲפִילוּ כְּשֶׁאֲנִי מַשְׁפִּיעַ לָכֶם גְּדוּלָּה אַתֶּם מְמַעֲטִין עַצְמְכֶם לְפָנַי, נָתַתִּי גְדוּלָּה לְאַבְרָהָם, אָמַר 'וְאָנֹכִי עָפָר וָאֵפֶר' (בראשית י״ח כ״ז). נָתַתִּי גְדוּלָּה לְמשֶׁה

וְאַהֲרֹן, אָמְרוּ 'וְנַחְנוּ מָה' (שמות ט"ז ז'). נָתַתִּי גְדוּלָּה לְדָוִד, אָמַר 'וְאָנֹכִי תוֹלַעַת וְלֹא אִישׁ' (תהלים כ"ב ז')" (חולין פ"ט א').

כָּל זֶה מִמַּה שֶּׁאֵין הַלֵּב הַיָּשָׁר מֵנִיחַ עַצְמוֹ לְהִתְפַּתּוֹת מִשּׁוּם מַעֲלָה אֲשֶׁר יְבוֹאֵהוּ, בְּיָדְעוֹ בֶּאֱמֶת שֶׁכְּבָר לֹא מִפְּנֵי זֶה יוֹצֵא מִידֵי שִׁפְלוּתוֹ - מִצַּד הַחֶסְרוֹנוֹת הָאֲחֵרִים שֶׁאִי אֶפְשָׁר שֶׁלֹּא יִהְיוּ בּוֹ. וְעוֹד, שֶׁאֲפִילּוּ בְּאוֹתָם הַמִּצְוֹת עַצְמָם שֶׁהִשִּׂיג לֹא הִגִּיעַ וַדַּאי לַתַּכְלִית הָאַחֲרוֹן. וְעוֹד, אֲפִילּוּ לֹא יִהְיֶה בּוֹ חֶסְרוֹן אַחֵר, אֶלָּא הֱיוֹתוֹ בָּשָׂר וָדָם יְלוּד אִשָּׁה, דַּי לוֹ זֶה וְהוֹתֵר לִפְחִיתוּת וּגְרִיעוּת, עַד שֶׁלֹּא יֵאוֹת לוֹ הַהִנַּשֵּׂא כְּלָל.

כִּי הֲרֵי כָּל מַעֲלָה שֶׁהוּא מַשִּׂיג אֵינוֹ אֶלָּא חֶסֶד אֵל עָלָיו, שֶׁרוֹצֶה לָחוֹן אוֹתוֹ, עִם הֱיוֹתוֹ מִצַּד טִבְעוֹ וְחוֹמְרִיּוּתוֹ שָׁפָל וְנִבְזֶה עַד מְאֹד.

עַל כֵּן אֵין לוֹ אֶלָּא לְהוֹדוֹת לְמִי שֶׁחֲנָנוֹ, וְלִיכָּנַע תָּמִיד יוֹתֵר. הָא לְמַה זֶה דּוֹמֶה? לְעָנִי וְאֶבְיוֹן שֶׁמְּקַבֵּל מַתָּנָה בְּחֶסֶד, שֶׁאִי אֶפְשָׁר לוֹ שֶׁלֹּא יֵבוֹשׁ, כִּי כָּל מַה שֶּׁיִּרְבֶּה הַחֶסֶד שֶׁיְּקַבֵּל, כָּךְ יִרְבֶּה הַבּוֹשֶׁת שֶׁיֵּבוֹשׁ. כֵּן הַדָּבָר הַזֶּה, בְּכָל אָדָם שֶׁעֵינָיו פְּקוּחוֹת לִרְאוֹת אֶת עַצְמוֹ בִּהְיוֹתוֹ מַשִּׂיג מַעֲלוֹת טוֹבוֹת מֵאֵת הַשֵּׁם יִתְבָּרַךְ. וּכְעִנְיָן שֶׁאָמַר דָּוִד הַמֶּלֶךְ "מָה אָשִׁיב לַה' כָּל תַּגְמוּלוֹהִי עָלָי" (תהלים קט"ז י"ב).

וּכְבָר רָאִינוּ חֲסִידִים גְּדוֹלִים שֶׁנֶּעֶנְשׁוּ עַל שֶׁהֶחֱזִיקוּ טוֹבָה לְעַצְמָם עִם כָּל חֲסִידוּתָם. נְחֶמְיָה בֶּן חֲכַלְיָה, אָמְרוּ זִכְרוֹנָם לִבְרָכָה "מִפְּנֵי מַה לֹּא נִקְרָא סִפְרוֹ עַל שְׁמוֹ? מִפְּנֵי שֶׁהֶחֱזִיק טוֹבָה לְעַצְמוֹ" (סנהדרין צ"ג ב'). וְכֵן חִזְקִיָּה אָמַר "הִנֵּה לְשָׁלוֹם מַר לִי מָר" (ישעיה ל"ח י"ז), לְפִי שֶׁעֲנָהוּ הַקָּדוֹשׁ בָּרוּךְ הוּא "וְגַנּוֹתִי עַל הָעִיר הַזֹּאת לְהוֹשִׁיעָהּ לְמַעֲנִי וּלְמַעַן דָּוִד עַבְדִּי" (ישעיה ל"ז ל"ה). וּכְמַאֲמָרָם זִכְרוֹנָם לִבְרָכָה "כָּל הַתּוֹלֶה בִּזְכוּת עַצְמוֹ, תּוֹלִין לוֹ בִּזְכוּת אֲחֵרִים" (ברכות י' ב'). הֲרֵי לְךָ שֶׁאֵין לָאָדָם אֲפִילּוּ לְהַחֲזִיק טוֹבָה לְעַצְמוֹ עַל טוֹבוֹתָיו וְכָל שֶׁכֵּן שֶׁלֹּא יִתְנַשֵּׂא וְיִגְבַּהּ בָּהֶם.

וְאָמְנָם כָּל זֶה הוּא מִמַּה שֶּׁרָאוּי לְהָשִׁיב אֶל לִבּוֹ מִי שֶׁיִּהְיֶה כְּאַבְרָהָם, כְּמֹשֶׁה, כְּאַהֲרֹן, כְּדָוִד וּשְׁאָר הַחֲסִידִים שֶׁזָּכַרְנוּ. אֲבָל אֲנַחְנוּ, יְתוֹמֵי יְתוֹמִים - אֵין אָנוּ צְרִיכִים לְכָל זֶה, כִּי כְּבָר יֵשׁ וְיֵשׁ אִתָּנוּ חֶסְרוֹנוֹת רַבִּים

שֶׁאֵין צָרִיךְ עִיּוּן גָּדוֹל לִרְאוֹת פְּחִיתוּתֵנוּ, וְכָל חָכְמָתֵנוּ כְּאַיִן נֶחְשֶׁבֶת. כִּי הַיּוֹתֵר חָכָם גָּדוֹל שֶׁבֵּינֵינוּ אֵינוֹ כִּי אִם מִן תַּלְמִידֵי הַתַּלְמִידִים אֲשֶׁר בַּדּוֹרוֹת הָרִאשׁוֹנִים.

וְזֶה מַה שֶּׁרָאוּי שֶׁנָּבִין וְנֵדַע בֶּאֱמֶת, וְלֹא יָזוּחַ עָלֵינוּ לִבֵּנוּ חִנָּם, אֶלָּא נַכִּיר שֶׁדַּעְתֵּנוּ קַלָּה וְשִׂכְלֵנוּ חַלָּשׁ עַד מְאֹד. הַסִּכְלוּת רַב בָּנוּ, וְהַטָּעוּת גּוֹבֶרֶת. וַאֲשֶׁר נֵדַע אוֹתוֹ אֵינוֹ אֶלָּא מְעַט מִן הַמְּעָט. אִם כֵּן וַדַּאי שֶׁאֵין רָאוּי לָנוּ הַהִנָּשֵׂא כְּלָל, אֶלָּא הַבּוֹשֶׁת וְהַשִּׁפְלוּת. וְזֶה פָּשׁוּט.

הִנֵּה דִּבַּרְנוּ עַד הֵנָּה מֵעַנְוַת הַמַּחֲשָׁבָה, נְדַבֵּר עַתָּה מֵעַנְוַת הַמַּעֲשֶׂה. וְהִיא תִּתְחַלֵּק לְאַרְבָּעָה חֲלָקִים:

בְּהִתְנַהֵג עַצְמוֹ בְּשִׁפְלוּת.

בִּסְבוֹל הָעֶלְבּוֹנוֹת.

בִּשְׂנוֹא הָרַבָּנוּת וּבְרוֹחַ מִן הַכָּבוֹד,

בְּחַלֵּק כָּבוֹד לַכֹּל.

הָאֶחָד הוּא בְּהִתְנַהֵג בְּשִׁפְלוּת: וְזֶה רָאוּי שֶׁיִּהְיֶה בְּדִיבּוּרוֹ, בַּהֲלִיכָתוֹ, בְּשִׁבְתּוֹ וּבְכָל תְּנוּעוֹתָיו.

בְּדִיבּוּרוֹ: אָמְרוּ זִכְרוֹנָם לִבְרָכָה "לְעוֹלָם יִהְיֶה דִּיבּוּרוֹ שֶׁל אָדָם בְּנַחַת עִם הַבְּרִיּוֹת" (יומא פ"ו א'), וּמִקְרָא מָלֵא הוּא "דִּבְרֵי חֲכָמִים בְּנַחַת נִשְׁמָעִים" (קהלת ט' י"ז). צָרִיךְ שֶׁיִּהְיוּ דְּבָרָיו דִּבְרֵי כָבוֹד וְלֹא דִּבְרֵי בִזָּיוֹן. וְכֵן הוּא אוֹמֵר "בָּז לְרֵעֵהוּ חֲסַר לֵב" (משלי י"א י"ב), וְאוֹמֵר "בְּבוֹא רָשָׁע בָּא גַם בּוּז" (משלי י"ח ג').

בַּהֲלִיכָתוֹ: אָמְרוּ זִכְרוֹנָם לִבְרָכָה "שָׁלְחוּ מִתָּם, אֵיזֶהוּ בֶּן הָעוֹלָם הַבָּא? עַנְוְתָן וּשְׁפַל בֶּרֶךְ, שָׁיֵיף עָיֵיל, שָׁיֵיף נָפֵיק" (סנהדרין פ"ח ב'). וְלֹא יֵלֵךְ בְּקוֹמָה זְקוּפָה וְלֹא בִּכְבֵדוּת גָּדוֹל עָקֵב בְּצַד גּוּדָל, אֶלָּא כְּדֶרֶךְ כָּל הוֹלֵךְ לַעֲסָקָיו. וְכֵן אָמְרוּ זִכְרוֹנָם לִבְרָכָה כָּל הַהוֹלֵךְ בְּקוֹמָה זְקוּפָה כְּאִלּוּ דוֹחֵק

"שב עד שיאמרו לך עלה, ואל תעלה כשיאמרו לך רד". *אל תקפוץ בראש. יוסף הצדיק ורות מראים מתי כן צריך להכנס בזמן הנכון.*

רַגְלֵי הַשְּׁכִינָה (ברכות מ״ג ב׳), וּכְתִיב "וְרָמֵי הַקּוֹמָה גְּדֻעִים" (ישעיהו י׳ ל״ג).
בְּשִׁבְתּוֹ: שֶׁיְּהֵא מְקוֹמוֹ בֵּין הַשְּׁפָלִים וְלֹא בֵּין הָרָמִים, וְהוּא גַּם כֵּן מִקְרָא מָלֵא "אַל תִּתְהַדַּר לִפְנֵי מֶלֶךְ וּבִמְקוֹם גְּדֹלִים אַל תַּעֲמֹד" וכו׳ (משלי כ״ה ה׳-ו׳). וְכֵן אָמְרוּ זִכְרוֹנָם לִבְרָכָה בְּוַיִּקְרָא רַבָּה "הַרְחֵק מִמְּקוֹמְךָ שְׁנַיִם וּשְׁלֹשָׁה מְקוֹמוֹת וָשֵׁב עַד שֶׁיֹּאמְרוּ לְךָ עֲלֵה. וְאַל תַּעֲלֶה שֶׁיֹּאמְרוּ לְךָ רֵד" (ויקרא רבה א׳ ה׳).
וְעַל כָּל הַמַּקְטִין עַצְמוֹ: אָמְרוּ זִכְרוֹנָם לִבְרָכָה "כָּל מִי שֶׁמַּקְטִין עַצְמוֹ" וכו׳ (בבא מציעא פ״ה ב׳). וּכְנֶגֶד זֶה אָמְרוּ "'הָסֵר הַמִּצְנֶפֶת וְהָרֵם הָעֲטָרָה' (יחזקאל כ״א ל״א), כָּל מִי שֶׁהוּא גָּדוֹל בָּעוֹלָם הַזֶּה קָטָן בָּעוֹלָם הַבָּא" (ילקוט יחזקאל כ״א שס״א). וּמִינַּהּ לְהֵפֶךְ, מִי שֶׁהוּא קָטוֹן בָּעוֹלָם הַזֶּה, זְמַן גְּדוּלָּתוֹ לָעוֹלָם הַבָּא. וְאָמְרוּ "לְעוֹלָם יִלְמַד אָדָם מִדַּעַת קוֹנוֹ, שֶׁהֲרֵי הִנִּיחַ הַקָּדוֹשׁ בָּרוּךְ הוּא כָּל הָרִים וּגְבָעוֹת וְהִשְׁרָה שְׁכִינָתוֹ עַל הַר סִינַי" (סוטה ה׳ א׳), וְזֶה מִפְּנֵי שִׁפְלוּתוֹ. וְכֵן אָמְרוּ "לִשְׁאֵרִית נַחֲלָתוֹ" (מיכה ז׳ י״ח) "לְמִי שֶׁמֵּשִׂים עַצְמוֹ כְּשִׁירַיִם" (ראש השנה י״ז א׳).
הַחֵלֶק הַשֵּׁנִי הוּא סְבִילַת הָעֶלְבּוֹנוֹת.
וְהִנֵּה בְּפֵירוּשׁ אָמְרוּ זִכְרוֹנָם לִבְרָכָה "לְמִי נוֹשֵׂא עָוֹן? לְמִי שֶׁעוֹבֵר עַל פֶּשַׁע (ראש השנה י״ז א׳). וְאָמְרוּ עוֹד הַנֶּעֱלָבִים וְאֵינָם עוֹלְבִים, שׁוֹמְעִים חֶרְפָּתָם וְאֵינָם מְשִׁיבִים עֲלֵיהֶם הַכָּתוּב אוֹמֵר "וְאֹהֲבָיו כְּצֵאת הַשֶּׁמֶשׁ בִּגְבֻרָתוֹ (שופטים ה׳ ל״א)" (שבת פ״ח ב׳). וְסִפְּרוּ מִגּוֹדֶל עַנְוָתוֹ שֶׁל בָּבָא בֶּן בּוּטָא, זֶה לְשׁוֹנָם "הַהוּא בַּר - בָּבֶל דְּסָלִיק לְאֶרֶץ יִשְׂרָאֵל, נָסִיב אִתְּתָא, אֲמַר לָהּ, בַּשִּׁילִי לִי וכו׳, זִילִי תַּבְרִי יָתְהוֹן עַל רֵישָׁא דְּבָבָא. הֲוָה יָתִיב בָּבָא בֶּן בּוּטָא וְדָאִין דִּינָא, אָזְלַת וְתַבְרַת יָתְהוֹן עַל רֵישֵׁיהּ, אָמַר לָהּ, מָה הָדֵין דַּעֲבַדְתְּ? אָמְרָה לוֹ, כָּךְ צִוַּנִי בַּעְלִי. אָמַר, עָשִׂית רְצוֹן בַּעְלֵךְ, הַמָּקוֹם יוֹצִיא מִמֵּךְ שְׁנֵי בָנִים כְּבָבָא בֶּן בּוּטָא" (נדרים ס״ו ב׳). וְהִלֵּל כְּמוֹ

כֵּן סִפְּרוּ מֵרוֹב עַנְוְתָנוּתוֹ בְּמַסֶּכֶת שַׁבָּת זֶה לְשׁוֹנָם, "תָּנוּ רַבָּנָן, לְעוֹלָם יְהֵא אָדָם עַנְוְתָן כְּהִלֵּל" וכו' (שבת ל' ב'). וְרַבִּי אַבָּהוּ אַחֲרֵי רוֹב עַנְוְתוֹ מָצָא שֶׁעֲדַיִין לֹא הִגִּיעַ לִהְיוֹת רָאוּי לְהִקָּרֵא עָנָיו, זֶה לְשׁוֹנָם "אָמַר רַבִּי אַבָּהוּ, מֵרֵישׁ הֲוָה אֲמִינָא עַנְוְתָנָא אֲנָא, כֵּיוָן דַּחֲזֵינָא לְרַבִּי אַבָּא דְּעַכּוֹ, דְּאָמַר אִיהוּ חַד טַעֲמָא, וְאָמַר אָמוֹרֵיהּ חַד טַעֲמָא וְלָא קָפִיד, אֲמֵינָא, לָאו עַנְוְתָנָא אֲנָא" (סוטה מ' א').

שִׂנְאַת הָרַבָּנוּת וּבְרִיחָה מִן הַכָּבוֹד:

מִשְׁנָה עֲרוּכָה הִיא "אֱהֹב אֶת הַמְּלָאכָה וּשְׂנָא אֶת הָרַבָּנוּת" (אבות א' י'). וְאָמְרוּ עוֹד "הַגַּס לִבּוֹ בְּהוֹרָאָה - שׁוֹטֶה רָשָׁע וְגַס רוּחַ" (אבות ד' ז'). וְאָמְרוּ "כָּל הָרוֹדֵף אַחַר הַכָּבוֹד, הַכָּבוֹד בּוֹרֵחַ מִמֶּנּוּ" (ערובין י"ג ב'). וְאָמְרוּ "'אַל תֵּצֵא לָרִיב מַהֵר' (משלי כה) לְעוֹלָם אַל תְּהִי רָץ אַחַר הַשְּׂרָרָה, לָמָּה? פֶּן מַה תַּעֲשֶׂה בְּאַחֲרִיתָהּ... לְמָחָר בָּאִים וְשׁוֹאֲלִים לְךָ שְׁאֵלוֹת, מָה אַתָּה מְשִׁיבָם?" (פסיקתא רבתי כ"ב). עוֹד שָׁם, "רַבִּי מְנַחֲמָא בְּשֵׁם רַבִּי תַּנְחוּם, כָּל הַמְקַבֵּל עָלָיו שְׂרָרָה כְּדֵי לֵהָנוֹת מִמֶּנָּה, אֵינוֹ אֶלָּא כְּנוֹאֵף הַזֶּה שֶׁהוּא נֶהֱנֶה מִגּוּפָהּ שֶׁל אִשָּׁה". עוֹד שָׁם, "אָמַר רַבִּי אַבָּהוּ, אֲנִי (ה' יתברך) נִקְרֵאתִי קָדוֹשׁ, הָא אִם אֵין בְּךָ כָּל הַמִּדּוֹת הַלָּלוּ שֶׁיֵּשׁ בִּי לֹא תְּקַבֵּל עָלֶיךָ שְׂרָרָה". וְתַלְמִידֵי רַבָּן גַּמְלִיאֵל יוֹכִיחוּ, שֶׁהָיוּ מוּצְרָכִים מִפְּנֵי עֲנִיּוּתָם וְלֹא רָצוּ לְקַבֵּל עֲלֵיהֶם שְׂרָרָה. הוּא מַה שֶּׁאָמְרוּ בְּפֶרֶק כֹּהֵן מָשׁוּחַ זֶה לְשׁוֹנָם "כִּמְדוּמִּין שֶׁשְּׂרָרוּת אֲנִי נוֹתֵן לָכֶם" וכו', (הוריות י' א'). וְאָמְרוּ עוֹד "אוֹי לָהּ לָרַבָּנוּת שֶׁמְּקַבֶּרֶת אֶת בְּעָלֶיהָ" (פסחים פ"ז ב'), וּמְנָלַן? מִיּוֹסֵף, שֶׁמִּפְּנֵי שֶׁהִנְהִיג עַצְמוֹ בְּרַבָּנוּת מֵת קֹדֶם אֶחָיו (ברכות נ"ה א').

כְּלָלוֹ שֶׁל דָּבָר, אֵין הָרַבָּנוּת אֶלָּא מַשָּׂא גָּדוֹל אֲשֶׁר עַל שִׁכְמוֹ הַנּוֹשֵׂא אוֹתוֹ. כִּי עַד שֶׁהָאָדָם יָחִיד וְיוֹשֵׁב בְּתוֹךְ עַמּוֹ, מוּבְלָע בֵּין הָאֲנָשִׁים, אֵינוֹ נִתְפָּס אֶלָּא עַל עַצְמוֹ. כֵּיוָן שֶׁנִּתְעַלָּה לְרַבָּנוּת וּשְׂרָרָה - כְּבָר הוּא נִתְפָּס עַל כָּל מִי שֶׁתַּחַת יָדוֹ וּמֶמְשַׁלְתּוֹ, כִּי עָלָיו לְהַשְׁקִיף עַל כֻּלָּם וּלְרְעוֹת אוֹתָם דֵּיעָה וְהַשְׂכֵּל, וּלְהַיְשִׁיר מַעֲשֵׂיהֶם. וְאִם לָאו וַאֲשָׁמָם בְּרָאשֵׁיכֶם (דברים רבה א' י') כְּתִיב - אָמְרוּ חֲכָמִים.

וְהַכָּבוֹד אֵינוֹ אֶלָּא הֶבֶל הֲבָלִים, הַמַּעֲבִיר אֶת הָאָדָם עַל דַּעְתּוֹ וְעַל דַּעַת קוֹנוֹ וּמְשַׁכְּחוֹ כָּל חוֹבָתוֹ. וּמִי שֶׁמַּכִּירוֹ וַדַּאי שֶׁיִּמְאַס בּוֹ וְיִשְׂנָאוֹ, וְהַתְּהִלּוֹת אֲשֶׁר יְהַלְלוּהוּ בְּנֵי הָאָדָם יִהְיוּ עָלָיו לְטוֹרַח, כִּי כִּרְאוֹתוֹ אוֹתָם מַגְדִּילִים הִלּוּלֵיהֶם עַל אֲשֶׁר אֵינוֹ בּוֹ בֶּאֱמֶת, אֵינוֹ אֶלָּא מִתְבּוֹשֵׁשׁ וּמִתְאַנֵּחַ עַל שֶׁלֹּא דַּי לוֹ רָעָתוֹ שֶׁחֲסֵרוֹת מִמֶּנּוּ הַמַּעֲלוֹת הָהֵם אֶלָּא שֶׁיַּעֲמִיסוּ עָלָיו תְּהִלּוֹת שֶׁקֶר לְמַעַן יִכָּלֵם יוֹתֵר.

הַחֵלֶק הָרְבִיעִי הוּא חִילּוּק הַכָּבוֹד לְכָל אָדָם:

וְכֵן שָׁנִינוּ "אֵיזֶהוּ מְכֻבָּד? הַמְכַבֵּד אֶת הַבְּרִיּוֹת" (אבות ד׳ א׳). וְאָמְרוּ עוֹד "מִנַּיִן הַיּוֹדֵעַ בַּחֲבֵרוֹ שֶׁהוּא גָּדוֹל מִמֶּנּוּ אֲפִילוּ בְּדָבָר אֶחָד, שֶׁחַיָּב לִנְהוֹג בּוֹ כָּבוֹד?" וכו׳ (פסחים קי״ג ב׳). וְעוֹד שָׁנִינוּ "הֱוֵי מַקְדִּים בִּשְׁלוֹם כָּל אָדָם" (אבות ד׳ ט״ו). וְאָמְרוּ עָלָיו עַל רַבָּן יוֹחָנָן בֶּן זַכַּאי שֶׁלֹּא הִקְדִּים לוֹ אָדָם שָׁלוֹם בָּעוֹלָם וַאֲפִילוּ גּוֹי בַּשּׁוּק (ברכות י״ז א׳). וּבֵין בְּדִיבּוּר וּבֵין בְּמַעֲשִׂים חַיָּיב לִנְהוֹג כָּבוֹד בַּחֲבֵירָיו. וּכְבַר סִפְּרוּ זִכְרוֹנָם לִבְרָכָה מֵעֶשְׂרִים וְאַרְבָּעָה אֶלֶף תַּלְמִידֵי רַבִּי עֲקִיבָא שֶׁמֵּתוּ עַל שֶׁלֹּא הָיוּ נוֹהֲגִין כָּבוֹד זֶה לָזֶה (יבמות ס״ב ב׳). וּכְמוֹ שֶׁהַבִּזָּיוֹן הוּא דָּבָר מִתְיַחֵס אֶל הָרְשָׁעִים, כִּדְבַר הַכָּתוּב שֶׁזָּכַרְנוּ "בְּבוֹא רָשָׁע בָּא גַם בּוּז", כֵּן הַכָּבוֹד מִתְיַחֵס אֶל הַצַּדִּיקִים. כִּי הַכָּבוֹד שׁוֹכֵן עִמָּהֶם וְאֵינוֹ מִתְפָּרֵשׁ מֵהֶם, וְאוֹמֵר "וְנֶגֶד זְקֵנָיו כָּבוֹד" (ישעיה כ״ד כ״ג).

וַהֲרֵי נִתְבָּאֲרוּ חֶלְקֵי הָעֲנָוָה הָרָאשִׁיִּים, וּפְרָטֵיהֶם כְּכָל פְּרָטֵי הַמִּינִים הַמִּתְרַחֲבִים וְהוֹלְכִים לְפִי הַנּוֹשְׂאִים וּלְפִי הָעִתִּים וְהַמְּקוֹמוֹת.

יִשְׁמַע חָכָם וְיוֹסִיף לֶקַח (משלי א׳ ה׳).

וְהִנֵּה זֶה וַדַּאי, שֶׁהָעֲנָוָה מְסִירָה מִדֶּרֶךְ הָאָדָם מִכְשׁוֹלוֹת רַבִּים וּמְקָרֶבֶת אוֹתוֹ אֶל טוֹבוֹת רַבּוֹת. כִּי הֶעָנָיו יָחוּשׁ מְעַט עַל דִּבְרֵי הָעוֹלָם וְלֹא יְקַנֵּא בַּהֲבָלָיו. וְעוֹד שֶׁחֶבְרַת הֶעָנָיו נָאָה עַד מְאֹד וְרוּחַ הַבְּרִיּוֹת נוֹחָה הֵימֶנּוּ. בְּהֶכְרֵחַ לֹא יָבוֹא לִידֵי כַּעַס וְלֹא לִידֵי מְרִיבָה, אֶלָּא הַכֹּל בְּהַשְׁקֵט, הַכֹּל בִּמְנוּחָה.

אַשְׁרֵי מִי שֶׁזּוֹכֶה לְמִדָּה זוֹ.

וּכְבָר אָמְרוּ זִכְרוֹנָם לִבְרָכָה "מַה שֶּׁעָשְׂתָה חָכְמָה עֲטָרָה לְרֹאשָׁהּ, עָשְׂתָה עֲנָוָה עָקֵב לְסֻלְיָתָהּ" (ירושלמי שבת ח׳ ב׳), כִּי כָל הַחָכְמָה כֻּלָּהּ לֹא יַעַרְכֶנָּה. וְזֶה בָרוּר.

פרק כג

בדרכי קנית הענוה וההרחקה ממפסידיה

שְׁנַיִם הֵם הַמַּרְגִּילִים אֶת הָאָדָם אֶל הָעֲנָוָה: הָרְגִילוּת וְהַהִתְבּוֹנֵן.
הָרְגִילוּת: הוּא שֶׁיִּהְיֶה הָאָדָם מַרְגִּיל עַצְמוֹ מְעַט מְעַט בְּהִתְנַהֵג בְּשִׁפְלוּת עַל הַדֶּרֶךְ שֶׁזָּכַרְנוּ: בִּישִׁיבַת הַמְּקוֹמוֹת הַפְּחוּתִים, וְלָלֶכֶת בְּסוֹף הַחֲבֻרָה. לִלְבֹּשׁ בִּגְדֵי צְנוּעִים, דְּהַיְינוּ, מְכוּבָּדִים אַךְ לֹא מְפוֹאָרִים. כִּי בְּהִתְרַגְּלוֹ בַּדֶּרֶךְ הַזֶּה תִּכָּנֵס וְתָבוֹא הָעֲנָוָה בְּלִבּוֹ מְעַט מְעַט עַד שֶׁתִּקָּבַע בּוֹ כָּרָאוּי. כִּי הִנֵּה בִּהְיוֹת טֶבַע לֵב הָאָדָם לָזוּחַ וּלְהִתְנַשֵּׂא - קָשֶׁה עָלָיו לַעֲקוֹר מֵעִיקָּרָהּ הַנְּטִיָּה הַטִּבְעִית הַזֹּאת, אֶלָּא אִם כֵּן בַּפְּעוּלּוֹת הַחִיצוֹנוֹת הַמְּסוּרוֹת בְּיָדוֹ יַמְשִׁיךְ מְעַט מְעַט הַדָּבָר בִּפְנִימִיּוּתוֹ הַבִּלְתִּי מָסוּר לוֹ כָּל כָּךְ. וּכְעִנְיָן שֶׁבֵּיאַרְנוּ בַּזְּרִיזוּת שֶׁכָּל זֶה נִכְלָל בְּמַאֲמָרָם זִכְרוֹנָם לִבְרָכָה "לְעוֹלָם יְהֵא אָדָם עָרוּם בְּיִרְאָה" (ברכות י"ז א'), דְּהַיְינוּ, שֶׁיְּבַקֵּשׁ תַּחְבּוּלוֹת נֶגֶד הַטֶּבַע וּנְטִיָּיתוֹ עַד שֶׁיְּנַצְּחֵם.
אַךְ הַהִתְבּוֹנֵן: הוּא עַל עִנְיָנִים שׁוֹנִים.
הָאֶחָד: הוּא הַמֻּזְכָּר בְּדִבְרֵי עֲקַבְיָא בֶּן מַהֲלַלְאֵל "דַּע מֵאַיִן בָּאתָ - מִטִּפָּה סְרוּחָה. וּלְאָן אַתָּה הוֹלֵךְ - לִמְקוֹם עָפָר רִמָּה וְתוֹלֵעָה. וְלִפְנֵי מִי אַתָּה עָתִיד לִיתֵּן דִּין וְחֶשְׁבּוֹן - לִפְנֵי מֶלֶךְ מַלְכֵי הַמְּלָכִים הַקָּדוֹשׁ בָּרוּךְ הוּא" (אבות ג' א'). כִּי בֶּאֱמֶת כָּל אֵלֶּה הֵם נֶגְדִּיִּים לַגַּאֲוָה וְעוֹזְרִים אֶל הָעֲנָוָה. כִּי בִּהְיוֹת הָאָדָם מִסְתַּכֵּל בִּפְחִיתוּת חוֹמְרוֹ וּגְרִיעוּת הַתְחָלָתוֹ, אֵין לוֹ טַעַם לִינָּשֵׂא כְּלָל אֶלָּא לֵיבוֹשׁ וְלִיכָּלֵם. הָא לְמָה זֶה דּוֹמֶה? לְרוֹעֶה חֲזִירִים שֶׁהִגִּיעַ לִמְלוֹךְ. כָּל עֵת אֲשֶׁר יִזְכּוֹר יָמָיו הָרִאשׁוֹנִים, אִי אֶפְשָׁר לוֹ שֶׁיִּתְגָּאֶה. וּכְשֶׁיַּחְשׁוֹב כְּמוֹ כֵן שֶׁבְּסוֹף כָּל גְּדוּלּוֹתָיו יָשׁוּב לֶעָפָר, מַאֲכָל לַתּוֹלַעַת, כָּל שֶׁכֵּן שֶׁיִּכָּנַע גְּאוֹנוֹ וְיִשְׁכַּח שְׁאוֹן גַּאֲוָתוֹ, כִּי מַה טּוּבוֹ וּמַה גְּדוּלָּתוֹ - וְאַחֲרִיתָהּ בּוֹשֶׁת וּכְלִימָּה?
וּכְשֶׁיַּחְשׁוֹב עוֹד וִידַמֶּה בְּלִבּוֹ רֶגַע הִכָּנְסוֹ לִפְנֵי הַבֵּית דִּין הַגָּדוֹל שֶׁל צְבָא מַעְלָה. בְּעֵת שֶׁיִּרְאֶה עַצְמוֹ לִפְנֵי מֶלֶךְ מַלְכֵי הַמְּלָכִים הַקָּדוֹשׁ בָּרוּךְ הוּא,

הַקָּדוֹשׁ וְהַטָּהוֹר בְּתַכְלִית הַקְּדוּשָּׁה וְהַטָּהֳרָה. בְּסוֹד קְדוֹשִׁים מְשָׁרְתֵי גְבוּרָה גִּבּוֹרֵי כֹחַ עוֹשֵׂי דְבָרוֹ, אֲשֶׁר אֵין בָּהֶם כָּל מוּם - וְהוּא עוֹמֵד לִפְנֵיהֶם, גָּרוּעַ, פָּחוּת וְנִבְזֶה מִצַּד עַצְמוֹ, טָמֵא וּמְגוֹאָל מִצַּד מַעֲשָׂיו: הֲיָרִים רֹאשׁ?! הֲיִהְיֶה לוֹ פִתְחוֹן פֶּה?!

וְכִי יִשְׁאָלוּהוּ: אַיֵּה אֵיפוֹא פִיךָ? אַיֵּה גְאוֹנְךָ וּכְבוֹדְךָ אֲשֶׁר נָשָׂאתָ בְּעוֹלָמֶךָ?

מַה יַּעֲנֶה? אוֹ מַה יָּשִׁיב עַל תּוֹכַחְתּוֹ?

הִנֵּה וַדַּאי שֶׁלּוּ רֶגַע אֶחָד יְצַיֵּר הָאָדָם בְּשִׂכְלוֹ הָאֱמֶת הַזֶּה צִיּוּר אֲמִיתִּי וְחָזָק, פָּרוֹחַ תִּפְרַח מִמֶּנּוּ כָּל הַגַּאֲוָה וְלֹא תָשׁוּב אֵלָיו עוֹד.

הַשֵּׁנִי: הוּא עִנְיַן חִילּוּף תּוֹלְדוֹת הַזְּמַן וְרוֹב תְּמוּרוֹתֵיהֶם. כִּי הֶעָשִׁיר - קַל לִהְיוֹת עָנִי. וְהַמּוֹשֵׁל - לְעֶבֶד. וְהַמְכוּבָּד - לְנִקְלֶה. וְאִם הוּא יָכוֹל כָּל כָּךְ עַל נְקַלָּה לָשׁוּב אֶל הַמַּצָּב הַנִּבְזֶה בְּעֵינָיו הַיּוֹם, אֵיךְ יִגְבַּהּ לִבּוֹ עַל מַצָּבוֹ אֲשֶׁר אֵינוֹ בָּטוּחַ עָלָיו? כַּמָּה מִינֵי חֳלָאִים יְכוֹלִים חַס וְחָלִילָה לָבוֹא עַל הָאָדָם שֶׁיִּצְטָרֵךְ בְּמוֹ פִּיו לְהִתְחַנֵּן לְמִי שֶׁיַּעֲזוֹר אוֹתוֹ וִיסַיְּיעֵהוּ, וְיָקֵל לוֹ בְּמִקְצָת? כַּמָּה צָרוֹת חַס וְחָלִילָה יְכוֹלִים לָבוֹא עָלָיו שֶׁיִּצְטָרֵךְ לָלֶכֶת לְשַׁחֵר פְּנֵי רַבִּים אֲשֶׁר מָאַס לִפְעָמִים לָתֵת לָהֶם שָׁלוֹם, לְמַעַן יִהְיוּ לוֹ לְמוֹשִׁיעִים? וּדְבָרִים אֵלֶּה אֲנַחְנוּ רוֹאִים בְּעֵינֵינוּ דְּבַר יוֹם בְּיוֹמוֹ. כְּדַאי הֵם לְהָסִיר מִלֵּב הָאָדָם גַּאֲוָתוֹ וּלְהַלְבִּישׁוֹ עֲנָוָה וְשִׁפְלוּת.

וּכְשֶׁיִּתְבּוֹנֵן עוֹד הָאָדָם עַל חוֹבָתוֹ לְפָנָיו יִתְבָּרַךְ, וְכַמָּה הִיא נֶעֱזֶבֶת מִמֶּנּוּ, וְכַמָּה הוּא מִתְרַשֵּׁל בָּהּ, וַדַּאי שֶׁיֵּבוֹשׁ וְלֹא יִתְגָּאֶה, יִכָּלֵם וְלֹא יָרוּם לִבּוֹ. וְכֵן הוּא אוֹמֵר "שָׁמוֹעַ שָׁמַעְתִּי אֶפְרַיִם מִתְנוֹדֵד וכו׳ כִּי אַחֲרֵי

מה יענה? או מה ישיב על תוכחתו? [אחרי העולם הזה יש עולם אחר שבו עומדים לפני המלך. זו מחשבה יותר מופשטת, משום שבעולם העליון אף לא אחד עסוק במעמדו שלו. מה שמניע אותם הוא רק תודעת השליחות, וכאשר אדם מעמיד את עצמו מול ממלכה כזאת, זה נקרא דין וחשבון]. *את כל זה אני צריך להבין ולהוריד למטה, זו הענווה.*

שׁוּבִי נִחַמְתִּי וְאַחֲרֵי הִוָּדְעִי סָפַקְתִּי עַל יָרֵךְ בֹּשְׁתִּי וְגַם נִכְלַמְתִּי" וכו' (ירמיה ל"א י"ז-י"ח).

וְעַל הַכֹּל יִתְבּוֹנֵן תָּמִיד לְהַכִּיר חוּלְשַׁת הַשֵּׂכֶל הָאֱנוֹשִׁי וְרוֹב טָעוּתָיו וּכְזָבָיו, שֶׁיּוֹתֵר קָרוֹב לוֹ תָּמִיד הַטָּעוּת מֵהַיְדִיעָה הָאֲמִיתִּית. עַל כֵּן יִירָא תָּמִיד מֵהַסַּכָּנָה הַזֹּאת, וִיבַקֵּשׁ לִלְמוֹד תָּמִיד מִכָּל אָדָם וְלִשְׁמוֹעַ תָּמִיד לְעֵצָה פֶּן יִכָּשֵׁל. וְהוּא מַה שֶּׁאָמְרוּ זִכְרוֹנָם לִבְרָכָה "אֵיזֶהוּ חָכָם? הַלּוֹמֵד מִכָּל אָדָם" (אבות ד' א'). וְכֵן הוּא אוֹמֵר "שׁוֹמֵעַ לְעֵצָה - חָכָם" (משלי י"ב ט"ו).

אַךְ מַפְסִידֵי הַמִּדָּה הַזֹּאת הוּא הָרִיבּוּי וְהַשְּׂבִיעָה בְּטוּבוֹת הָעוֹלָם הַזֶּה. וּכְעִנְיַן הַכָּתוּב שֶׁבְּפֵירוּשׁ אוֹמֵר "פֶּן תֹּאכַל וְשָׂבָעְתָּ וכו' וְרָם לְבָבֶךָ" וכו' (דברים ח' י"ב,י"ד). עַל כֵּן מָצְאוּ לָהֶם הַחֲסִידִים, טוֹב לִהְיוֹת הָאָדָם מְעַנֶּה נַפְשׁוֹ לִפְעָמִים, לְמַעַן הַשְׁפִּיל יֵצֶר הַגַּאֲוָה, אֲשֶׁר אֵינֶנּוּ מִתְגַּבֵּר אֶלָּא מִתּוֹךְ הָרִיבּוּי, וּכְעִנְיָן שֶׁאָמְרוּ זִכְרוֹנָם לִבְרָכָה "אֵין אֲרִי נוֹהֵם מִתּוֹךְ קוּפָּה שֶׁל תֶּבֶן אֶלָּא מִתּוֹךְ קוּפָּה שֶׁל בָּשָׂר" (ברכות ל"ב א').

וְהִנֵּה, בְּרֹאשׁ כָּל הַמַּפְסִידִים הוּא הַסִּכְלוּת וּמִיעוּט הַיְדִיעָה הָאֲמִיתִּית, כִּי תִרְאֶה שֶׁאֵין הַגַּאֲוָה מְצוּיָה יוֹתֵר - אֶלָּא בְּמִי שֶׁסֵּכֶל יוֹתֵר. וְרַבּוֹתֵינוּ זִכְרוֹנָם לִבְרָכָה אָמְרוּ "סִימָן לְגַסּוּת הָרוּחַ... עֲנִיּוּת תּוֹרָה" (סנהדרין כ"ד א'). וְכֵן אָמְרוּ "סִימָן דְּלָא יָדַע כְּלוּם - שִׁבּוּחֵי" (זהר בלק ג' קצ"ג ב'). וְאָמְרוּ עוֹד "אִסְתְּרָא בְּלָגִינָא קִישׁ קִישׁ קָרְיָא" (בבא מציעא פ"ה ב'). עוֹד אָמְרוּ, שֶׁאֲלוּ "לְאִילָנֵי סְרָק, מִפְּנֵי מַה קוֹלְכֶם נִשְׁמָע? אָמְרוּ, הַלְוַאי יִהְיֶה קוֹלֵנוּ נִשְׁמָע וְנִזְכָּר" (בראשית רבה ט"ז ג'), וּכְבָר רָאִינוּ שֶׁמֹּשֶׁה, שֶׁהוּא מוּבְחָר שֶׁבְּכָל הָאָדָם הָיָה עָנָיו מִכָּל הָאָדָם.

"שומע לעצה - חכם". [החכם מכיר את מגבלות שכלו, ויודע להגיד לפעמים 'לא הבנתי'. לכן 'איזהו חכם? הלומד מכל אדם']. דווקא אדם עם בטחון עצמי יודע להתייעץ ולהקשיב, ואילו אדם ללא בטחון עצמי לא מתייעץ ולא מקשיב.

עוֹד מִמַּפְסִידֵי הָעֲנָוָה הוּא הַהִתְחַבְּרוּת אוֹ הַהִשְׁתַּמֵּשׁ בִּבְנֵי אָדָם חֲנֵפִים, אֲשֶׁר לִגְנוֹב לִבּוֹ בַּחֲנֻפּוֹתָם לְמַעַן יִיטַב לָהֶם - יְשַׁבְּחוּהוּ וִירוֹמְמוּהוּ, בְּהַגְדִּיל מַה שֶּׁיֵּשׁ בּוֹ מִן הַמַּעֲלוֹת עַד הַתַּכְלִית, וּבְהוֹסִיף עָלָיו מַה שֶּׁאֵין בּוֹ כְּלָל. וְלִפְעָמִים שֶׁמָּה שֶּׁיֵּשׁ בּוֹ - הוּא הַהֵפֶךְ מִמָּה שֶּׁמְּשַׁבְּחִין אוֹתוֹ. וְהִנֵּה, סוֹף סוֹף דַּעַת הָאָדָם קַלָּה, וְטִבְעוֹ חַלָּשׁ וּמִתְפַּתֶּה בְּנָקֵל, כָּל שֶׁכֵּן בְּדָבָר שֶׁאֵלָיו הוּא נוֹטֶה בַּטֶּבַע. עַל כֵּן בְּשָׁמְעוֹ אֶת הַדְּבָרִים הָאֵלֶּה יוֹצְאִים מִפִּי שֶׁהוּא מַאֲמִין לוֹ - יִכָּנְסוּ בוֹ כְּאֶרֶס בְּכָעוּס, וְנִמְצָא נוֹפֵל בְּרֶשֶׁת הַגַּאֲוָה וְנִשְׁבָּר.

הֲרֵי לָנוּ יוֹאָשׁ אֲשֶׁר הֵטִיב לַעֲשׂוֹת כָּל יְמֵי הוֹרָהוּ יְהוֹיָדָע הַכֹּהֵן רַבּוֹ, וְאַחֲרֵי מוֹת יְהוֹיָדָע בָּאוּ עֲבָדָיו וְהִתְחִילוּ לְהַחֲנִיף לוֹ וּלְהַגְדִּיל הִילּוּלָיו עַד שֶׁדִּימּוּהוּ לֶאֱלוֹהַּ (שמות רבה ח׳ ב׳), אָז שָׁמַע הַמֶּלֶךְ אֲלֵיהֶם (דברי הימים ב. כ״ד). וְתִרְאֶה זֶה הַדָּבָר בְּבֵירוּר, כִּי רוֹב הַשָּׂרִים וְהַמְּלָכִים, אוֹ כָּל בַּעֲלֵי הַיְכוֹלֶת, יִהְיוּ בְּאֵיזֶה מַדְרֵיגָה שֶׁיִּהְיוּ, נִכְשָׁלִים הֵם וְנִשְׁחָתִים בַּעֲבוּר חֲנוּפַּת מְשָׁרְתֵיהֶם.

עַל כֵּן, מִי שֶׁעֵינָיו בְּרֹאשׁוֹ יוֹתֵר יִזָּהֵר וִיעַיֵּין בְּמַעֲשֵׂי מִי שֶׁרוֹצֶה לִקְנוֹתוֹ לוֹ לְחָבֵר אוֹ לְיוֹעֵץ אוֹ לְפָקִיד עַל בֵּיתוֹ, מִמַּה שֶּׁיִּזָּהֵר וִיעַיֵּין בְּמַאֲכָלוֹ וּבְמִשְׁתָּיו, כִּי הַמַּאֲכָל וְהַמִּשְׁתֶּה יוּכַל לְהַזִּיק לְגוּפוֹ בִּלְבַד, וְהַחֲבֵירִים אוֹ הַפְּקִידִים יוּכְלוּ לְהַשְׁחִית נַפְשׁוֹ וּמְאוֹדוֹ וְכָל כְּבוֹדוֹ. וְדָוִד הַמֶּלֶךְ עָלָיו הַשָּׁלוֹם אוֹמֵר "לֹא יֵשֵׁב בְּקֶרֶב בֵּיתִי עֹשֵׂה רְמִיָּה... הֹלֵךְ בְּדֶרֶךְ תָּמִים הוּא יְשָׁרְתֵנִי" (תהלים ק״א ו׳,ז׳). וְאֵין טוֹב לָאָדָם אֶלָּא שֶׁיְּבַקֵּשׁ לוֹ חֲבֵירִים תְּמִימִים, שֶׁיָּאִירוּ עֵינָיו בַּמֶּה שֶׁהוּא עִוֵּר בּוֹ, וְיוֹכִיחוּהוּ בְּאַהֲבָתָם, וְנִמְצְאוּ מַצִּילִים אוֹתוֹ מִכָּל רָע. כִּי מַה שֶּׁאֵין הָאָדָם יָכוֹל לִרְאוֹת, לְפִי שֶׁאֵינוֹ רוֹאֶה חוֹבָה לְעַצְמוֹ, הֵם יִרְאוּ וְיָבִינוּ וְיַזְהִירוּהוּ - וְנִשְׁמָר. וְעַל זֶה נֶאֱמַר "וּתְשׁוּעָה בְּרֹב יוֹעֵץ" (משלי כ״ד ו׳).

פרק כד

בבאור
יראת החטא

הִנֵּה רְאוּתֵינוּ הַמִּדָּה הַזֹּאת נִמְנֵית אַחַר כָּל הַמִּדּוֹת הַטּוֹבוֹת אֲשֶׁר זָכַרְנוּ עַד הֵנָּה, דַּי לָנוּ לְהַעִירֵנוּ עַל עִנְיָנָהּ שֶׁרָאוּי שֶׁיִּהְיֶה וַדַּאי עִנְיָן נִכְבָּד וְעִיקָּרִי מְאֹד, וְקָשֶׁה לְהַשִּׂיג אוֹתוֹ, שֶׁכְּבָר לֹא יוּכַל לְהַגִּיעַ אֵלָיו אֶלָּא מִי שֶׁכְּבָר הִשִּׂיג כָּל הַמִּדּוֹת שֶׁקָּדַם זִכְרָם.

אָמְנָם צָרִיךְ שֶׁנַּקְדִּים, כִּי מִינֵי הַיִּרְאָה הֵם שְׁנַיִם שֶׁהֵם שְׁלֹשָׁה:

הָאַחַת קַלָּה מְאֹד לְהַשִּׂיגָהּ אֵין דָּבָר קַל כָּמוֹהוּ.

וְהַשְּׁנִיָּה קָשָׁה מִן הַכֹּל, וּשְׁלֵימוּתָהּ כְּמוֹ כֵן שְׁלֵימוּת גָּדוֹל מְאֹד. יֵשׁ יִרְאַת הָעוֹנֶשׁ - וְזֶהוּ הַמִּין הָאֶחָד. וְיֵשׁ יִרְאַת הָרוֹמְמוּת - וְזֶהוּ הַמִּין הַשֵּׁנִי, שֶׁיִּרְאַת הַחֵטְא חֵלֶק שֵׁנִי מִמֶּנּוּ. וּנְבָאֵר עַתָּה עִנְיָנָם וְהֶבְדֵּלֵיהֶם.

יִרְאַת הָעֹנֶשׁ: כִּפְשׁוּטָהּ. שֶׁאָדָם יִירָא מֵעֲבוֹר אֶת פִּי ה׳ אֱלֹהָיו מִפְּנֵי הָעוֹנָשִׁים אֲשֶׁר לָעֲבֵירוֹת, אִם לַגּוּף וְאִם לַנֶּפֶשׁ.

וְהִנֵּה זֹאת קַלָּה וַדַּאי, כִּי כָל אָדָם אוֹהֵב אֶת עַצְמוֹ וְיָרֵא לְנַפְשׁוֹ, וְאֵין דָּבָר שֶׁיַּרְחִיק אוֹתוֹ מֵעֲשׂוֹת דָּבָר אֶחָד יוֹתֵר מִן הַיִּרְאָה שֶׁלֹּא תְבוֹאֵהוּ בוֹ אֵיזֶה רָעָה. וְאֵין יִרְאָה זוֹ רְאוּיָה אֶלָּא לְעַמֵּי הָאָרֶץ וּלְנָשִׁים אֲשֶׁר דַּעְתָּן קַלָּה, אַךְ אֵינָהּ יִרְאַת הַחֲכָמִים וְאַנְשֵׁי הַדָּעַת.

הַמִּין הַשֵּׁנִי: הוּא יִרְאַת הָרוֹמְמוּת. וְהוּא שֶׁהָאָדָם יִרְחַק מִן הַחֲטָאִים וְלֹא יַעֲשֵׂם מִפְּנֵי כְּבוֹדוֹ הַגָּדוֹל יִתְבָּרַךְ שְׁמוֹ. כִּי אֵיךְ יָחֵל אוֹ אֵיךְ יֶעֱרַב לִבּוֹ שֶׁל בָּשָׂר וָדָם שָׁפָל וְנִמְאָס, לַעֲשׂוֹת דָּבָר נֶגֶד רְצוֹנוֹ שֶׁל הַבּוֹרֵא יִתְבָּרַךְ וְיִתְעַלֶּה שְׁמוֹ. וְהִנֵּה זֹאת הַיִּרְאָה אֵינָהּ כָּל כָּךְ קַלָּה לְהַשִּׂיג אוֹתָהּ, כִּי לֹא תִוָּלֵד אֶלָּא מִתּוֹךְ יְדִיעָה וְהַשְׂכָּלָה, לְהִתְבּוֹנֵן עַל רוֹמְמוּתוֹ יִתְבָּרַךְ וְעַל פְּחִיתוּתוֹ שֶׁל הָאָדָם. כָּל אֵלֶּה דְּבָרִים מִתּוֹלְדוֹת הַשֵּׂכֶל הַמֵּבִין וּמַשְׂכִּיל, וְהִיא הַיִּרְאָה אֲשֶׁר שַׂמְנוּהָ לְחֵלֶק שֵׁנִי מֵאֶחָד מֵחֶלְקֵי הַחֲסִידוּת אֲשֶׁר זָכַרְנוּ, בָּהּ יֵבוֹשׁ הָאָדָם וְיֶחֱרַד בְּעָמְדוֹ לִפְנֵי קוֹנוֹ לְהִתְפַּלֵּל אוֹ לַעֲבוֹד כָּל עֲבוֹדָה. הִיא הַיִּרְאָה הַמְשׁוּבַּחַת שֶׁנִּשְׁתַּבְּחוּ

בָּהּ חֲסִידֵי עוֹלָם. וְהִיא מַה שֶּׁמֹּשֶׁה מְדַבֵּר וְאוֹמֵר "לְיִרְאָה אֶת הַשֵּׁם הַנִּכְבָּד וְהַנּוֹרָא הַזֶּה אֵת ה' אֱלֹהֶיךָ" (דברים כ"ח נ"ח).

זֹאת הַיִּרְאָה שֶׁאֲנַחְנוּ בְּבֵיאוּרָהּ עַתָּה, דְּהַיְינוּ, יִרְאַת הַחֵטְא, הִיא כְּמוֹ חֵלֶק מִיִּרְאַת הָרוֹמְמוּת שֶׁזָּכַרְנוּ, וּכְמוֹ מִין בִּפְנֵי עַצְמוֹ. וְהַיְינוּ כִּי הִנֵּה עִנְיָנָהּ הוּא שֶׁיִּהְיֶה הָאָדָם יָרֵא וְדוֹאֵג תָּמִיד עַל מַעֲשָׂיו, פֶּן נִתְעָרֵב בָּם אֵיזֶה שֶׁמֶץ חֵטְא, אוֹ פֶּן יִהְיֶה בָּם אֵיזֶה דָּבָר קָטוֹן אוֹ גָּדוֹל שֶׁאֵינוֹ לְפִי גּוֹדֶל כְּבוֹדוֹ יִתְבָּרֵךְ וְרוֹמְמוּת שְׁמוֹ.

וְהִנְּךָ רוֹאֶה הַיַּחַס הַגָּדוֹל שֶׁבֵּין יִרְאָה זוֹ וְיִרְאַת הָרוֹמְמוּת שֶׁזָּכַרְנוּ. כִּי הַתַּכְלִית בִּשְׁנֵיהֶם שֶׁלֹּא לַעֲשׂוֹת דָּבָר נֶגֶד רוֹם כְּבוֹדוֹ יִתְבָּרֵךְ. אָמְנָם הַהֶבְדֵּל שֶׁבֵּינֵיהֶם, שֶׁבַּעֲבוּרוֹ תֵּחָשֵׁב כְּמִין אַחֵר וּבְשֵׁם אַחֵר תִּקָּרֵא הוּא כִּי:

יִרְאַת הָרוֹמְמוּת הוּא בִּשְׁעַת הַמַּעֲשֶׂה, אוֹ בִּשְׁעַת הָעֲבוֹדָה, אוֹ בְּפֶרֶק הָעֲבֵירָה. דְּהַיְינוּ, אוֹ בְּשָׁעָה שֶׁהוּא עוֹמֵד וּמִתְפַּלֵּל אוֹ עוֹבֵד, שֶׁאָז יֵבוֹשׁ וְיִכָּלֵם, יִרְעַשׁ וְיִרְעַד מִפְּנֵי רוֹם כְּבוֹדוֹ יִתְבָּרֵךְ. אוֹ בְּשָׁעָה שֶׁמִּזְדַּמֶּנֶת עֲבֵירָה לְפָנָיו וְהוּא מַכִּיר בָּהּ שֶׁהִיא עֲבֵירָה, שֶׁיַּעֲזוֹב מִלַּעֲשׂוֹתָהּ לְמַעַן אֲשֶׁר לֹא יַעֲשֶׂה דָּבָר לַמְרוֹת עֵינֵי כְבוֹדוֹ חַס וְחָלִילָה.

אַךְ יִרְאַת הַחֵטְא הִיא בְּכָל עֵת וּבְכָל שָׁעָה. שֶׁהִנֵּה בְּכָל רֶגַע הוּא יָרֵא פֶּן יִכָּשֵׁל וְיַעֲשֶׂה דָּבָר אוֹ חֲצִי דָּבָר שֶׁיִּהְיֶה נֶגֶד כְּבוֹד שְׁמוֹ יִתְבָּרֵךְ. וְעַל כֵּן נִקְרֵאת יִרְאַת חֵטְא, כִּי עִיקָּרָהּ יִרְאָה מִן הַחֵטְא שֶׁלֹּא יִכָּנֵס וְיִתְעָרֵב בְּמַעֲשָׂיו מֵחֲמַת פְּשִׁיעָה וְהִתְרַשְּׁלוּת אוֹ מֵחֲמַת הֶעְלֵם - יִהְיֶה בְּאֵיזֶה דֶּרֶךְ שֶׁיִּהְיֶה.

וְהִנֵּה עַל זֶה נֶאֱמַר "אַשְׁרֵי אָדָם מְפַחֵד תָּמִיד" (משלי כ"ח י"ד). וּפֵירְשׁוּ זִכְרוֹנָם לִבְרָכָה "הַהוּא בְּדִבְרֵי תוֹרָה כְּתִיב" (ברכות ס' א'), כִּי אֲפִילּוּ בְּשָׁעָה שֶׁאֵינוֹ רוֹאֶה הַמִּכְשׁוֹל לְנֶגֶד עֵינָיו צָרִיךְ שֶׁיִּהְיֶה לִבּוֹ חָרֵד בְּקִרְבּוֹ, פֶּן

שיהיה האדם ירא ודואג תמיד. האדם הוא אמן החיים שלו עצמו, ועליו לשמור שהיצירה תהיה מושלמת או משתלמת בחייו.

טָמוּן הוּא לְרַגְלָיו וְהוּא לֹא נִשְׁמָר. וְעַל יִרְאָה זֹאת אָמַר מֹשֶׁה רַבֵּנוּ עָלָיו הַשָּׁלוֹם "וּבַעֲבוּר תִּהְיֶה יִרְאָתוֹ עַל פְּנֵיכֶם לְבִלְתִּי תֶחֱטָאוּ" (שמות כ' י"ז). כִּי זֶה עִיקַּר הַיִּרְאָה, שֶׁיִּהְיֶה הָאָדָם יָרֵא וּמִזְדַּעֲזֵעַ תָּמִיד, עַד שֶׁלֹּא תָסוּר יִרְאָה זוֹ מִמֶּנּוּ. כִּי עַל יְדֵי זֶה וַדַּאי לֹא יָבוֹא לִידֵי חֵטְא. וְאִם יָבוֹא - כְּאוֹנֵס יֵחָשֵׁב. וִישַׁעְיָהוּ אָמַר בִּנְבוּאָתוֹ "וְאֶל זֶה אַבִּיט - אֶל עָנִי וּנְכֵה רוּחַ וְחָרֵד עַל דְּבָרִי" (ישעיה ס"ו ב'). וְדָוִד הַמֶּלֶךְ הִשְׁתַּבַּח בָּזֶה וְאָמַר "שָׂרִים רְדָפוּנִי חִנָּם וּמִדְּבָרְךָ פָּחַד לִבִּי" (תהלים קי"ט קס"א).

וּכְבָר מָצָאנוּ שֶׁהַמַּלְאָכִים הַגְּדוֹלִים וְהָרָמִים חֲרֵדִים וְרוֹעֲשִׁים תָּמִיד מִפְּנֵי גֵּאוּת ה', עַד שֶׁאָמְרוּ זִכְרוֹנָם לִבְרָכָה בְּמָשָׁל חָכְמָתָם "נְהַר דִּינוּר מֵהֵיכָן יוֹצֵא? - מִזֵּעָתָן שֶׁל חַיּוֹת" (חגיגה י"ג ב'), וְהוּא מִפְּנֵי הָאֵימָה אֲשֶׁר עֲלֵיהֶם תָּמִיד מֵרוֹמְמוּתוֹ יִתְבָּרַךְ, פֶּן יְעַדְּרוּ דָּבָר קָטָן מִן הַכָּבוֹד וְהַקְּדוּשָּׁה הָרָאוּי לְפָנָיו. וּבְכָל שָׁעָה שֶׁנִּגְלֵית הַשְּׁכִינָה עַל אֵיזֶה מָקוֹם שֶׁיִּהְיֶה, כְּבָר רָעַד וְרָעַשׁ וְרוֹגֵז. הוּא מַה שֶּׁאָמַר הַכָּתוּב "אֶרֶץ רָעָשָׁה אַף שָׁמַיִם נָטְפוּ מִפְּנֵי אֱלֹהִים" (תהלים ס"ח ט'). וְאוֹמֵר, "לוּא קָרַעְתָּ שָׁמַיִם יָרַדְתָּ מִפָּנֶיךָ הָרִים נָזֹלּוּ" (ישעיהו ס"ג י"ט). כָּל שֶׁכֵּן בְּנֵי הָאָדָם שֶׁרָאוּי שֶׁיִּרְגְּזוּ וְיִרְעֲשׁוּ בְּיָדְעָם שֶׁלִּפְנֵי ה' הֵם עוֹמְדִים תָּמִיד, וְנָקֵל לָהֶם לַעֲשׂוֹת אֵיזֶה דָּבָר שֶׁאֵינוֹ לְפִי רוֹמְמוּת כְּבוֹדוֹ יִתְבָּרַךְ שְׁמוֹ. וְהוּא מַה שֶּׁאָמַר אֱלִיפַז לְאִיּוֹב "מָה אֱנוֹשׁ כִּי יִזְכֶּה, וְכִי יִצְדַּק יְלוּד אִשָּׁה, הֵן בִּקְדוֹשָׁיו לֹא יַאֲמִין, וְשָׁמַיִם לֹא זַכּוּ בְעֵינָיו" (איוב ט"ו י"ד-ט"ו). וְאוֹמֵר "הֵן בַּעֲבָדָיו לֹא יַאֲמִין וּבְמַלְאָכָיו יָשִׂים תָּהֳלָה, אַף שֹׁכְנֵי בָתֵּי חֹמֶר" וכו' (איוב ד' י"ח-י"ט). כִּי הִנֵּה עַל כֵּן צָרִיךְ וַדַּאי שֶׁיֶּחֱרַד תָּמִיד וְיִרְעַשׁ כָּל הָאָדָם. וּכְמַאֲמַר אֱלִיהוּא "אַף לְזֹאת יֶחֱרַד לִבִּי וְיִתַּר מִמְּקוֹמוֹ שִׁמְעוּ שָׁמוֹעַ בְּרֹגֶז קֹלוֹ" וכו' (איוב ל"ז א'-ב').

זֹאת הִיא הַיִּרְאָה הָאֲמִיתִּית שֶׁרָאוּי לָאִישׁ הֶחָסִיד שֶׁתִּהְיֶה עַל פָּנָיו תָּמִיד וְלֹא תָסוּר מִמֶּנּוּ.

אַךְ חֶלְקֵי הַיִּרְאָה הַזֹּאת, שְׁנַיִם: הָאֶחָד הוּא בַּהֹוֶה אוֹ עָתִיד. וְהַשֵּׁנִי בֶּעָבָר.

בַּהֹוֶה: הוּא שֶׁיִּהְיֶה הָאָדָם יָרֵא וְדוֹאֵג עַל מַה שֶּׁהוּא עוֹשֶׂה אוֹ עַל מַה

שֶׁהוֹלֵךְ לַעֲשׂוֹתוֹ, פֶּן יִהְיֶה בּוֹ דָּבָר, אוֹ פֶּן יִכָּנֵס בּוֹ אֵיזֶה דָּבָר אֲשֶׁר לֹא לְפִי כְבוֹדוֹ יִתְבָּרַךְ, וּכְמוֹ שֶׁכָּתַבְתִּי לְעֵיל.

בֶּעָבָר: הוּא שֶׁיִּהְיֶה הָאָדָם חוֹשֵׁב תָּמִיד עַל מַה שֶּׁכְּבָר עָשָׂה, וְיִירָא וְיִדְאַג פֶּן יָצָא מִתַּחַת יָדָיו אֵיזֶה חֵטְא בְּלֹא שֶׁיֵּדַע. וְהוּא כְּעִנְיַן בָּבָא בֶּן בּוּטָא שֶׁהָיָה מַקְרִיב אָשָׁם תָּלוּי בְּכָל יוֹם (כריתות כ״ה א׳). וְאִיּוֹב אַחַר מִשְׁתֵּה בָנָיו, הָיָה מַשְׁכִּים "וְהֶעֱלָה עוֹלוֹת מִסְפַּר כֻּלָּם, כִּי אָמַר אִיּוֹב, אוּלַי חָטְאוּ בָנַי" וכו׳ (איוב א׳ ה׳). וְאָמְרוּ זִכְרוֹנָם לִבְרָכָה עַל מֹשֶׁה וְאַהֲרֹן בְּעִנְיַן שֶׁמֶן הַמִּשְׁחָה שֶׁמָּשַׁח מֹשֶׁה לְאַהֲרֹן, שֶׁהֲרֵי נֶאֱמַר בּוֹ "עַל בְּשַׂר אָדָם לֹא יִיסָךְ" (שמות ל׳ ל״ב), וּלְאַהֲרֹן נִצְטַוָּה שֶׁיִּמְשָׁחֵהוּ בּוֹ, וְהָיוּ מִתְיָרְאִים שֶׁמָּא מָעֲלוּ בוֹ בְּאֵיזֶה צַד - שֶׁנָּהֲגוּ שֶׁלֹּא כַּמִּצְוָה, זֶה לְשׁוֹנָם "וְעַל דָּבָר זֶה דָּאַג מֹשֶׁה וְאָמַר, שֶׁמָּא מָעַלְתִּי בְּשֶׁמֶן הַמִּשְׁחָה? יָצְתָה בַּת קוֹל וְאָמְרָה: "כְּטַל חֶרְמוֹן" (תהלים כל״ג ג׳)" וכו׳, וַעֲדַיִן הָיָה אַהֲרֹן דּוֹאֵג שֶׁמָּא מֹשֶׁה לֹא מָעַל, וַאֲנִי מָעַלְתִּי, יָצְאָה בַּת קוֹל וְאָמְרָה" וכו׳ (הוריות י״ב א׳). הֲרֵי לְךָ מִדָּתָם שֶׁל חֲסִידִים, שֶׁאֲפִלּוּ בְּמִצְוָה שֶׁעָשׂוּ הָיוּ דּוֹאֲגִים וְאוֹמְרִים, 'שֶׁמָּא נִתְעָרֵב בָּהֶם שֶׁמֶץ פְּסוּל חַס וְחָלִילָה'.

וְאַבְרָהָם אַחֲרֵי שֶׁיָּצָא לַעֲזוֹר לְבֶן אָחִיו לוֹט שֶׁשָּׁבוּ אוֹתוֹ, הָיָה מִתְפַּחֵד וְאוֹמֵר 'שֶׁמָּא לֹא זַכּוּ מַעֲשָׂיו לְגַמְרֵי', הוּא מַה שֶּׁפֵּירְשׁוּ זִכְרוֹנָם לִבְרָכָה עַל פָּסוּק "אַל תִּירָא אַבְרָם" (בראשית ט״ו א׳), "רַבִּי לֵוִי אָמַר, לְפִי שֶׁהָיָה אַבְרָהָם מִתְפַּחֵד וְאוֹמֵר, בֵּין כָּל אוּכְלוּסִין שֶׁהָרַגְתִּי, שֶׁמָּא הָיָה בֵּינֵיהֶם צַדִּיק אֶחָד אוֹ יְרֵא שָׁמַיִם אֶחָד, לְפִיכָךְ נֶאֱמַר לוֹ "אַל תִּירָא אַבְרָם"" (בראשית רבה מ״ד ד׳). וְאָמְרוּ בְּתָנָא דְבֵי אֵלִיָּהוּ "אַל תִּירָא אַבְרָם" - "אֵין אוֹמְרִים, אַל תִּירָא אֶלָּא לְמִי שֶׁהוּא יְרֵא שָׁמַיִם לַאֲמִתּוֹ" (תדה״א רבה כ״ה).

וְהִיא זֹאת הַיִּרְאָה הָאֲמִיתִּית שֶׁאָמְרוּ עָלֶיהָ "אֵין לוֹ לְהַקָּדוֹשׁ בָּרוּךְ הוּא בְּעוֹלָמוֹ אֶלָּא אוֹצָר שֶׁל יִרְאַת שָׁמַיִם בִּלְבָד" (ברכות ל״ג ב׳), שֶׁרַק לְמֹשֶׁה הָיָה קַל לְהַשִּׂיגָהּ מִפְּנֵי רוֹב דְּבֵיקוּתוֹ בּוֹ יִתְבָּרַךְ שְׁמוֹ. כִּי הָאֲחֵרִים וַדַּאי שֶׁהַחוֹמֶר מוֹנֵעַ גָּדוֹל הוּא לָהֶם. אָמְנָם כָּל חָסִיד וְחָסִיד רָאוּי לוֹ לְהִשְׁתַּדֵּל לְהַשִּׂיג מִמֶּנָּה כָּל מַה שֶּׁיּוּכַל, וְנֶאֱמַר "יְראוּ אֶת ה׳ קְדֹשָׁיו" (תהלים ל״ד י׳).

פרק כה

בדרך קנית היראה

אַךְ דֶּרֶךְ קְנִיַּת הַיִּרְאָה הַזֹּאת הוּא הַהִתְבּוֹנֵן עַל שְׁנֵי עִנְיָנִים אֲמִיתִּיִּים.
הָאֶחָד: הוּא הֱיוֹת שְׁכִינָתוֹ יִתְבָּרֵךְ נִמְצֵאת בְּכָל מָקוֹם שֶׁבָּעוֹלָם.
וְשֶׁהוּא יִתְבָּרֵךְ מַשְׁגִּיחַ עַל כָּל דָּבָר - קָטָן וְגָדוֹל - אֵין נִסְתָּר מִנֶּגֶד עֵינָיו. לֹא מִפְּנֵי גּוֹדֶל הַנּוֹשֵׂא, וְלֹא מִפְּנֵי פְּחִיתוּתוֹ, אֶלָּא הַדָּבָר הַגָּדוֹל וְהַדָּבָר הַקָּטָן, הַנִּקְלֶה וְהַנִּכְבָּד, הוּא רוֹאֶה וְהוּא מֵבִין בְּלִי הֶפְרֵשׁ. הוּא מַה שֶּׁאָמַר הַכָּתוּב "מְלֹא כָל הָאָרֶץ כְּבוֹדוֹ" (ישעיה ו' ג'). וְאוֹמֵר "הֲלֹא אֶת הַשָּׁמַיִם וְאֶת הָאָרֶץ אֲנִי מָלֵא" (ירמיה כ"ג כ"ד). וְאוֹמֵר "מִי כַּה' אֱלֹהֵינוּ הַמַּגְבִּיהִי לָשָׁבֶת, הַמַּשְׁפִּילִי לִרְאוֹת בַּשָּׁמַיִם וּבָאָרֶץ" (תהלים קי"ג ה'-ו'). וְאוֹמֵר "כִּי רָם ה' וְשָׁפָל יִרְאֶה, וְגָבֹהַּ מִמֶּרְחָק יְיֵדָע" (תהלים קל"ח ו').
וְכֵיוָן שֶׁיִּתְבָּרֵר לוֹ שֶׁבְּכָל מָקוֹם שֶׁהוּא, הוּא עוֹמֵד לִפְנֵי שְׁכִינָתוֹ יִתְבָּרֵךְ, אָז מֵאֵלֶיהָ תָּבוֹא בוֹ הַיִּרְאָה וְהַפַּחַד פֶּן יִכָּשֵׁל בְּמַעֲשָׂיו שֶׁלֹּא יִהְיוּ כָּרָאוּי לִפִי רוֹמְמוּת כְּבוֹדוֹ. וְהוּא מַה שֶּׁאָמְרוּ "דַּע מַה לְּמַעְלָה מִמְּךָ. עַיִן רוֹאָה וְאֹזֶן שׁוֹמַעַת וְכָל מַעֲשֶׂיךָ בַּסֵּפֶר נִכְתָּבִים" (אבות ב' א'). כִּי כֵּיוָן שֶׁהַשְׁגָּחַת הַקָּדוֹשׁ בָּרוּךְ הוּא עַל כָּל דָּבָר, וְהוּא רוֹאֶה הַכֹּל וְשׁוֹמֵעַ הַכֹּל, וַדַּאי שֶׁכָּל הַמַּעֲשִׂים יִהְיוּ עוֹשִׂים רוֹשֶׁם וְכֻלָּם נִכְתָּבִים בַּסֵּפֶר אִם לִזְכוּת אוֹ לְחוֹבָה.
וְאָמְנָם הַדָּבָר הַזֶּה אֵינוֹ מִצְטַיֵּר הֵיטֵב בְּשֵׂכֶל הָאָדָם, אֶלָּא עַל יְדֵי הַתְמָדַת הַהִתְבּוֹנְנוּת וְהַהִסְתַּכְּלוּת הַגָּדוֹל. כִּי כֵּיוָן שֶׁהַדָּבָר רָחוֹק מֵחוּשֵׁינוּ, לֹא יְצַיְּרֵהוּ הַשֵּׂכֶל אֶלָּא אַחַר רוֹב הָעִיּוּן וְהַהַשְׁקָפָה, וְגַם אַחַר שֶׁיְּצַיְּרֵהוּ יָסוּר הַצִּיּוּר מִמֶּנּוּ בְּנָקֵל אִם לֹא יַתְמִיד עָלָיו הַרְבֵּה. וְנִמְצָא שֶׁכְּמוֹ שֶׁרוֹב הַהִתְבּוֹנֵן הוּא הַדֶּרֶךְ לִקְנוֹת הַיִּרְאָה הַתְּמִידִית, כֵּן הֶיסַּח הַדַּעַת וּבִיטּוּל הָעִיּוּן הוּא הַמַּפְסִיד הַגָּדוֹל שֶׁלָּהּ, יִהְיֶה מֵחֲמַת טְרָדוֹת אוֹ בְּרָצוֹן:
כָּל הֶיסַּח דַּעַת - בִּיטּוּל הוּא לַיִּרְאָה הַתְּמִידִית!

הוּא מַה שֶׁצִּוָּה הַקָּדוֹשׁ בָּרוּךְ הוּא אֶל הַמֶּלֶךְ "וְהָיְתָה עִמּוֹ, וְקָרָא בוֹ כָּל יְמֵי חַיָּיו, לְמַעַן יִלְמַד לְיִרְאָה אֶת ה' אֱלֹהָיו" (דברים י"ז י"ט). הָא לָמַדְתָּ שֶׁאֵין הַיִּרְאָה נִלְמֶדֶת אֶלָּא מִן הַקְּרִיאָה הַבִּלְתִּי נִפְסֶקֶת. וְתִדַקְדֵּק שֶׁאָמַר, "לְמַעַן יִלְמַד לְיִרְאָה", וְלֹא אָמַר "לְמַעַן יִירָא". אֶלָּא לְפִי שֶׁאֵין הַיִּרְאָה הַזֹּאת מוּשֶּׂגֶת בַּטֶּבַע, כִּי אַדְּרַבָּא רְחוֹקָה הִיא מִמֶּנּוּ מִפְּנֵי גַּשְׁמִיּוּת הַחוּשִׁים, וְאֵינָהּ נִקְנֵית אֶלָּא עַל יְדֵי לִימּוּד. וְאֵין לִימּוּד לְיִרְאָה אֶלָּא בְּרוֹב הַהַתְמָדָה בַּתּוֹרָה וּדְרָכֶיהָ בְּלִי הֶפְסֵק. וְהוּא שֶׁיִּהְיֶה הָאָדָם מִתְבּוֹנֵן וּמְעַיֵּין בַּדָּבָר הַזֶּה תָּמִיד, בְּשִׁבְתּוֹ, בְּלֶכְתּוֹ, בְּשָׁכְבוֹ וּבְקוּמוֹ - עַד שֶׁיִּקְבַּע בְּדַעְתּוֹ אֲמִתַּת הַדָּבָר, דְּהַיְינוּ אֲמִתַּת הִמָּצֵא שְׁכִינָתוֹ יִתְבָּרַךְ בְּכָל מָקוֹם, וֶהֱיוֹתֵנוּ עוֹמְדִים לְפָנָיו מַמָּשׁ בְּכָל עֵת וּבְכָל שָׁעָה, וְאָז יִירָא אוֹתוֹ בֶּאֱמֶת.

וְהוּא מַה שֶּׁהָיָה דָּוִד הַמֶּלֶךְ מִתְפַּלֵּל וְאוֹמֵר "הוֹרֵנִי ה' דַּרְכֶּךָ אֲהַלֵּךְ בַּאֲמִתֶּךָ יַחֵד לְבָבִי לְיִרְאָה שְׁמֶךָ" (תהלים פ"ו י"א).

הקב"ה נמצא בתודעה כל הזמן.

פרק כו

בבאור
מדת הקדושה
ודרך קניתה

וּבְקוּמוֹ, עַד שֶׁיִּקָּבַע בְּדַעְתּוֹ אֲמִתַּת הַדָּבָר, דְּהַיְנוּ אֲמִתַּת הִמָּצֵא שְׁכִינָתוֹ יִתְבָּרַךְ בְּכָל מָקוֹם, וֶהֱיוֹתֵנוּ עוֹמְדִים לְפָנָיו מַמָּשׁ בְּכָל עֵת וּבְכָל שָׁעָה, וְאָז יִירָא אוֹתוֹ בֶּאֱמֶת. וְהוּא מַה שֶׁהָיָה דָּוִד הַמֶּלֶךְ מִתְפַּלֵּל וְאוֹמֵר (תהלים פו, יא): "הוֹרֵנִי ה' דַּרְכֶּךָ, אֲהַלֵּךְ ...אֲמִתֶּךָ, יַחֵד לְבָבִי לְיִרְאָה שְׁמֶךָ".

מָקוֹם, וֶהֱיוֹתֵנוּ עוֹמְדִים לְפָנָיו ...ה, וְאָז יִירָא אוֹתוֹ בֶּאֱמֶת. וְהוּא מַה ...פַּלֵּל וְאוֹמֵר (תהלים פו, יא): "הוֹרֵנִי ה'

פֶּרֶק כו

...בְּאוּר מִדַּת הַקְּדֻשָּׁה

...הוּא, דְּהַיְנוּ: תְּחִלָּתוֹ עֲבוֹדָה וְסוֹפוֹ בְּאֶ...תְדַּלּוּת וְסוֹפוֹ מַתָּנָה. וְהַיְנוּ שֶׁתְּחִלָּתוֹ ... שֶׁנֶּאֱמַר ...מוֹ, וְסוֹפוֹ מַה שֶּׁמְּקַדְּשִׁים אוֹתוֹ. ...דַעַת, וְתוֹרָה יְבַקְשׁוּ... (יומא לט, א): אָדָם מְקַדֵּ...; וְאוֹמֵר (דברי-הימים-ב לו, טז): ...בְּמַלְאֲכֵי הָאֱלֹהִים וּבוֹזִים דְּבָרָיו וּמִתַּעְתְּעִים בִּנְבִאָיו וְכוּ'". וַאֲפִלּוּ בִּשְׁעַת הִתְעַסְּקוֹ בְּמַעֲשִׂים הַגַּשְׁמִיִּים הַמֻּכְרָחִים לוֹ מִפְּאַת גּוּפוֹ, הִנֵּה לֹא תָּזוּז נַפְשׁוֹ מִדְּבֵקוּתָהּ הָעֶלְיוֹן, וּכְעִנְיַן שֶׁנֶּאֱמַר (תהלים סג, ט): "דָּבְקָה נַפְשִׁי אַחֲרֶיךָ, בִּי תָּמְכָה יְמִינֶךָ".

עִנְיַן הַקְּדוּשָּׁה כָּפוּל הוּא, דְּהַיְינוּ:
תְּחִלָּתוֹ עֲבוֹדָה וְסוֹפוֹ גְּמוּל.
תְּחִלָּתוֹ הִשְׁתַּדְּלוּת וְסוֹפוֹ מַתָּנָה.

וְהַיְינוּ שֶׁתְּחִלָּתוֹ הוּא מַה שֶּׁאָדָם מְקַדֵּשׁ עַצְמוֹ, וְסוֹפוֹ מַה שֶּׁמְּקַדְּשִׁים אוֹתוֹ. וְהוּא מַה שֶּׁאָמְרוּ זִכְרוֹנָם לִבְרָכָה "אָדָם מְקַדֵּשׁ עַצְמוֹ מְעַט - מְקַדְּשִׁים אוֹתוֹ הַרְבֵּה, מִלְּמַטָּה - מְקַדְּשִׁים אוֹתוֹ מִלְמַעְלָה" (יומא ל"ט א'). הַהִשְׁתַּדְּלוּת הוּא שֶׁיִּהְיֶה הָאָדָם נִבְדָּל וְנֶעְתָּק מִן הַחוּמְרִיּוּת לְגַמְרֵי, וּמִתְדַּבֵּק תָּמִיד בְּכָל עֵת וּבְכָל שָׁעָה בֵּאלֹהוּת. וְעַל דָּבָר זֶה נִקְרְאוּ הַנְּבִיאִים 'מַלְאָכִים', כְּעִנְיָן שֶׁנֶּאֱמַר בְּאַהֲרֹן "כִּי שִׂפְתֵי כֹהֵן יִשְׁמְרוּ דַעַת, וְתוֹרָה יְבַקְשׁוּ מִפִּיהוּ, כִּי מַלְאַךְ ה' צְבָאוֹת הוּא" (מלאכי ב' ז'). וְאוֹמֵר "וַיִּהְיוּ מַלְעִבִים בְּמַלְאֲכֵי אֱלֹהִים" וכו' (דברי הימים ב. ל"ו ט"ז). וַאֲפִילוּ בִּשְׁעַת הִתְעַסְּקוֹ בְּמַעֲשִׂים הַגַּשְׁמִיִּים הַמּוּכְרָחִים לוֹ מִפְּאַת גּוּפוֹ, הִנֵּה לֹא תָזוּז נַפְשׁוֹ מִדְּבֵיקוּתָהּ הָעֶלְיוֹן, וּכְעִנְיָן שֶׁנֶּאֱמַר "דָּבְקָה נַפְשִׁי אַחֲרֶיךָ בִּי תָּמְכָה יְמִינֶךָ" (תהלים ס"ג ט').

וְאָמְנָם לְפִי שֶׁאִי אֶפְשָׁר לָאָדָם שֶׁיָּשִׂים הוּא אֶת עַצְמוֹ בְּמַצָּב הַזֶּה, כִּי כָבֵד הוּא מִמֶּנּוּ, כִּי סוֹף סוֹף חוּמְרִי הוּא וּבָשָׂר וָדָם, עַל כֵּן אָמַרְתִּי, שֶׁסּוֹף הַקְּדוּשָּׁה מַתָּנָה. כִּי מַה שֶּׁיּוּכַל הָאָדָם לַעֲשׂוֹת, הוּא הַהִשְׁתַּדְּלוּת הָרִאשׁוֹן בִּרְדִיפַת הַיְדִיעָה הָאֲמִיתִּית, וְהַתְמָדַת הַהַשְׂכָּלָה בִּקְדוּשַּׁת הַמַּעֲשֶׂה. אַךְ הַסּוֹף הוּא, שֶׁהַקָּדוֹשׁ בָּרוּךְ הוּא יַדְרִיכֵהוּ בַּדֶּרֶךְ הַזֶּה שֶׁהוּא חָפֵץ לָלֶכֶת בָּהּ, וְיַשְׁרֶה עָלָיו קְדוּשָּׁתוֹ וִיקַדְּשֵׁהוּ. וְאָז יִצְלַח בְּיָדוֹ זֶה הַדָּבָר, שֶׁיּוּכַל לִהְיוֹת בִּדְבֵיקוּת הַזֶּה עִמּוֹ יִתְבָּרַךְ בִּתְמִידוּת. כִּי מַה שֶּׁהַטֶּבַע מוֹנֵעַ מִמֶּנּוּ - יַעַזְרוֹ יִתְבָּרַךְ וְסִיּוּעוֹ יִתֵּן לוֹ. וּכְעִנְיָן שֶׁנֶּאֱמַר "לֹא יִמְנַע טוֹב לַהוֹלְכִים בְּתָמִים" (תהלים פ"ד י"ב). וְעַל כֵּן אָמְרוּ בַּמַּאֲמָר שֶׁזָּכַרְתִּי "אָדָם מְקַדֵּשׁ עַצְמוֹ מְעַט", שֶׁהוּא מַה שֶּׁיּוּכַל הָאָדָם לִקְנוֹת

בְּהִשְׁתַּדְּלוּתוֹ "מְקַדְּשִׁים אוֹתוֹ הַרְבֵּה", שֶׁהוּא הָעֵזֶר שֶׁעוֹזֵר אוֹתוֹ הַבּוֹרֵא יִתְבָּרַךְ, וּכְמוֹ שֶׁכָּתַבְתִּי.

וְהִנֵּה, הָאִישׁ הַמִּתְקַדֵּשׁ בִּקְדוּשַּׁת בּוֹרְאוֹ, אֲפִילוּ מַעֲשָׂיו הַגַּשְׁמִיִּים חוֹזְרִים לִהְיוֹת עִנְיְנֵי קְדוּשָּׁה מַמָּשׁ. וְסִימָנֶךָ אֲכִילַת קָדָשִׁים, שֶׁהִיא עַצְמָהּ מִצְוַת עֲשֵׂה, וְאָמְרוּ זִכְרוֹנָם לִבְרָכָה "כֹּהֲנִים אוֹכְלִים וּבְעָלִים מִתְכַּפְּרִים" (פסחים נ"ט ב').

וְתִרְאֶה עַתָּה הַהֶפְרֵשׁ שֶׁבֵּין הַטָּהוֹר לַקָּדוֹשׁ.

הַטָּהוֹר: מַעֲשָׂיו הַחוֹמְרִיִּים אֵינָם לוֹ אֶלָּא הֶכְרֵחִיִּים, וְהוּא עַצְמוֹ אֵינוֹ מִתְכַּוֵּן בָּהֶם אֶלָּא עַל צַד הַהֶכְרֵחַ, וְנִמְצָא שֶׁעַל יְדֵי זֶה יוֹצְאִים מִסּוּג הָרַע שֶׁבַּחוֹמְרִיּוּת וְנִשְׁאָרִים טְהוֹרִים. אַךְ לִכְלַל קְדוּשָּׁה לֹא בָּאוּ, כִּי אִלּוּ הָיָה אֶפְשָׁר בִּלְתָּם כְּבָר הָיָה יוֹתֵר טוֹב.

אַךְ הַקָּדוֹשׁ: הַדָּבֵק תָּמִיד לֵאלֹהָיו וְנַפְשׁוֹ מִתְהַלֶּכֶת בֵּין הַמּוּשְׂכָּלוֹת הָאֲמִיתִּיּוֹת בְּאַהֲבַת בּוֹרְאוֹ וְיִרְאָתוֹ, הִנֵּה נֶחְשָׁב לוֹ כְּאִלּוּ הוּא מִתְהַלֵּךְ לִפְנֵי ה' בְּאַרְצוֹת הַחַיִּים עוֹדֶנּוּ פֹּה בָּעוֹלָם הַזֶּה. וְהִנֵּה אִישׁ כָּזֶה הוּא עַצְמוֹ נֶחְשָׁב כְּמִשְׁכָּן, כְּמִקְדָּשׁ וְהַמִּזְבֵּחַ, וּכְמַאֲמָרָם זִכְרוֹנָם לִבְרָכָה "'וַיַּעַל מֵעָלָיו אֱלֹהִים' (בראשית ל"ה י"ג) – הָאָבוֹת הֵן הֵן הַמֶּרְכָּבָה" (בראשית רבה פ"ב ז'). וְכֵן אָמְרוּ "הַצַּדִּיקִים הֵן הֵן הַמֶּרְכָּבָה", כִּי הַשְּׁכִינָה שׁוֹרָה עֲלֵיהֶם כְּמוֹ שֶׁהָיְתָה שׁוֹרָה בַּמִּקְדָּשׁ. וּמֵעַתָּה, הַמַּאֲכָל שֶׁהֵם אוֹכְלִים הוּא כְּקָרְבָּן שֶׁעוֹלֶה עַל גַּבֵּי הָאִשִּׁים, כִּי וַדַּאי הוּא שֶׁהָיָה נֶחְשָׁב לְעִילּוּי גָּדוֹל אֶל אוֹתָם הַדְּבָרִים שֶׁהָיוּ עוֹלִים עַל גַּבֵּי הַמִּזְבֵּחַ, כֵּיוָן שֶׁהָיוּ נִקְרָבִים לִפְנֵי הַשְּׁכִינָה. וְכָל כָּךְ יִתְרוֹן הָיָה לָהֶם בָּזֶה עַד שֶׁהָיָה כָּל מִינָם מִתְבָּרֵךְ בְּכָל הָעוֹלָם, וּכְמַאֲמָרָם זִכְרוֹנָם לִבְרָכָה בְּמִדְרָשׁ, כֵּן הַמַּאֲכָל וְהַמִּשְׁתֶּה שֶׁהָאִישׁ הַקָּדוֹשׁ אוֹכֵל, עִילּוּי הוּא לַמַּאֲכָל הַהוּא וְלַמִּשְׁתֶּה הַהוּא, כְּאִלּוּ

אבילת קדשים. [אכילת קודשים היא קצה חוט למדרגת הקדושה. משום שהיא מאפשרת] קשר מוחלט בין הגופני לרוחני.

נִקְרַב עַל גַּבֵּי הַמִּזְבֵּחַ מַמָּשׁ, וְהוּא הָעִנְיָן שֶׁאָמְרוּ עָלָיו זִכְרוֹנָם לִבְרָכָה "כָּל הַמֵּבִיא דוֹרוֹן לְתַלְמִיד חָכָם כְּאִלּוּ הִקְרִיב בִּכּוּרִים" (כתובות ק"ה ה'). וְכֵן אָמְרוּ "יְמַלֵּא גְּרוֹנָם שֶׁל תַּלְמִידֵי חֲכָמִים יַיִן בִּמְקוֹם נְסָכִים" (יומא ע"א א'). וְאֵין הַדָּבָר הַזֶּה שֶׁיִּהְיוּ הַתַּלְמִידֵי חֲכָמִים לְהוּטִים אַחֲרֵי הָאֲכִילָה וְהַשְּׁתִיָּה, חַס וְחָלִילָה, שֶׁיְּמַלֵּא גְּרוֹנָם כְּמַלְעִיט אֶת הַגַּרְגְּרָן. אֶלָּא הָעִנְיָן הוּא לְפִי הַכַּוָּנָה שֶׁזָּכַרְתִּי, כִּי הַתַּלְמִידֵי חֲכָמִים הַקְּדוֹשִׁים בְּדַרְכֵיהֶם וּבְכָל מַעֲשֵׂיהֶם, הִנֵּה הֵם מַמָּשׁ כְּמִקְדָּשׁ וּכְמִזְבֵּחַ, מִפְּנֵי שֶׁהַשְּׁכִינָה שׁוֹרָה עֲלֵיהֶם כְּמוֹ שֶׁהָיְתָה שׁוֹרָה בַּמִּקְדָּשׁ מַמָּשׁ. וְהִנֵּה הַנִּקְרָב לָהֶם כְּנִקְרָב עַל גַּבֵּי הַמִּזְבֵּחַ וּמִילּוּי גְּרוֹנָם תַּחַת מִילּוּי הַסְּפָלִים.

וְעַל דֶּרֶךְ זֶה כָּל תַּשְׁמִישׁ שֶׁיִּשְׁתַּמְּשׁוּ מִדִּבְרֵי הָעוֹלָם אַחֲרֵי הֱיוֹתָם כְּבָר דְּבוּקִים לִקְדוּשָּׁתוֹ יִתְבָּרַךְ, הִנֵּה עִילּוּי וְיִתְרוֹן הוּא לַדָּבָר הַהוּא שֶׁזָּכָה לִהְיוֹת תַּשְׁמִישׁ לַצַּדִּיק. וּכְבָר הִזְכִּירוּ זִכְרוֹנָם לִבְרָכָה בְּעִנְיַן אַבְנֵי הַמָּקוֹם שֶׁלָּקַח יַעֲקֹב וְשָׂם מְרַאֲשׁוֹתָיו "אָמַר רַבִּי יִצְחָק, מְלַמֵּד שֶׁנִּתְקַבְּצוּ כֻּלָּן וְהָיְתָה כָּל אַחַת אוֹמֶרֶת, עָלַי יַנִּיחַ צַדִּיק רֹאשׁוֹ" (חולין צ"א ב').

כְּלָלוֹ שֶׁל דָּבָר, עִנְיַן הַקְּדוּשָּׁה הוּא שֶׁיִּהְיֶה הָאָדָם דָּבֵק כָּל כָּךְ בֵּאלֹהָיו עַד שֶׁבְּשׁוּם מַעֲשֶׂה אֲשֶׁר יַעֲשֶׂה לֹא יִפָּרֵד וְלֹא יָזוּז מִמֶּנּוּ יִתְבָּרַךְ, עַד שֶׁיּוֹתֵר יִתְעַלּוּ הַדְּבָרִים הַגַּשְׁמִיִּים אֲשֶׁר יְשַׁמְּשׁוּ לְאֶחָד מִתַּשְׁמִישָׁיו בְּמַה שֶּׁהוּא מִשְׁתַּמֵּשׁ בָּהֶם מִמַּה שֶׁיֵּרֵד הוּא מִדְּבֵיקוּתוֹ וּמַעֲלָתוֹ בְּהִשְׁתַּמְּשׁוֹ מִדְּבָרִים גַּשְׁמִיִּים.

וְאָמְנָם זֶה בִּהְיוֹת שִׂכְלוֹ וְדַעְתּוֹ קְבוּעִים תָּמִיד בִּגְדוּלָּתוֹ יִתְבָּרַךְ וְרוֹמְמוּתוֹ וּקְדוּשָּׁתוֹ, עַד שֶׁיִּמָּצֵא כְּאִלּוּ הוּא מִתְחַבֵּר לַמַּלְאָכִים הָעֶלְיוֹנִים מַמָּשׁ עוֹדֵהוּ בָּעוֹלָם הַזֶּה.

וּכְבָר אָמַרְתִּי שֶׁאֵין הָאָדָם יָכוֹל לַעֲשׂוֹת בָּזֶה מִצִּדּוֹ, אֶלָּא לְהִתְעוֹרֵר

שיהיה האדם דבק כל כך באלוהיו עד שבשום מעשה אשר יעשה לא יפרד ולא יזוז ממנו יתברך, עד שיותר יתעלו הדברים הגשמיים.

אנחנו מקדשים את החול.

בַּדָּבָר וּלְהִשְׁתַּדֵּל עָלָיו. וְזֶהוּ אַחַר שֶׁכְּבָר יִמָּצְאוּ בוֹ כָּל הַמִּדּוֹת הַטּוֹבוֹת שֶׁזָּכַרְנוּ עַד הֵנָּה - מִתְּחִלַּת הַזְּהִירוּת וְעַד יִרְאַת הַחֵטְא - בְּזֹאת יָבֹא אֶל הַקֹּדֶשׁ וְיַצְלִיחַ! שֶׁהֲרֵי אִם הָרִאשׁוֹנוֹת חֲסֵרוֹת מִמֶּנּוּ הֲרֵי הוּא כְּזָר וּבַעַל מוּם שֶׁנֶּאֱמַר בּוֹ "וְזָר לֹא יִקְרַב" (במדבר י"ח ד'). אַךְ אַחֲרֵי הֲכִינוֹ אֶת עַצְמוֹ בְּכָל הֲכָנוֹת אֵלֶּה, אִם יַרְבֶּה לִידָּבֵק בְּתוֹקֶף הָאַהֲבָה וְעוֹצֶם הַיִּרְאָה בְּהַשְׂכָּלַת גְּדוּלָּתוֹ יִתְבָּרַךְ וְעוֹצֶם רוֹמְמוּתוֹ, יַפְרִיד עַצְמוֹ מֵעִנְיְנֵי הַחוֹמֶר מְעַט מְעַט, וּבְכָל פְּעוּלּוֹתָיו וּבְכָל תְּנוּעוֹתָיו יְכַוֵּין לְבָבוֹ אֶל מַצְפּוּנֵי הַהִתְדַּבְּקוּת הָאֲמִיתִּי - עַד שֶׁיֵּעָרֶה עָלָיו רוּחַ מִמָּרוֹם, וְיַשְׁכִּין הַבּוֹרֵא יִתְבָּרַךְ אֶת שְׁמוֹ עָלָיו כְּמוֹ שֶׁעוֹשֶׂה לְכָל קְדוֹשָׁיו וְאָז יִהְיֶה כְּמַלְאַךְ ה' מַמָּשׁ! וְכָל מַעֲשָׂיו, אֲפִילּוּ הַשְּׁפָלִים וְהַגַּשְׁמִיִּים - כְּקָרְבָּנוֹת וַעֲבוֹדוֹת!

וְהִנְּךָ רוֹאֶה שֶׁדֶּרֶךְ קְנִיַּת זֹאת הַמִּדָּה הוּא עַל יְדֵי רוֹב הַפְּרִישָׁה וְהָעִיּוּן הֶעָצוּם בְּסִתְרֵי הַהַשְׁגָּחָה הָעֶלְיוֹנָה וּמַצְפּוּנֵי הַבְּרִיאָה, וִידִיעַת רוֹמְמוּתוֹ יִתְבָּרַךְ וּתְהִלּוֹתָיו, עַד שֶׁיִּתְדַּבֵּק בּוֹ דְּבֵקוּת גָּדוֹל, וְיֵדַע לְכַוֵּין מַחֲשַׁבְתּוֹ בִּהְיוֹתוֹ הוֹלֵךְ וּמִשְׁתַּמֵּשׁ בַּדְּרָכִים הָאַרְצִיִּים כְּמוֹ שֶׁהָיָה רָאוּי לַכֹּהֵן שֶׁיִּתְכַּוֵּין בְּעוֹדוֹ שׁוֹחֵט הַזֶּבַח, אוֹ מְקַבֵּל דָּמוֹ, אוֹ זוֹרְקוֹ, עַד שֶׁיִּמְשׁוֹךְ בָּזֶה הַבְּרָכָה מִמֶּנּוּ יִתְבָּרַךְ הַחַיִּים וְהַשָּׁלוֹם. וְזוּלַת זֶה אִי אֶפְשָׁר שֶׁיַּשִּׂיג מַעֲלָה זוֹ, וְיִשָּׁאֵר עַל כָּל פָּנִים חוֹמְרִי וְגַשְׁמִי כְּכָל שְׁאָר בְּנֵי אָדָם.

וְהִנֵּה מַה שֶּׁעוֹזֵר לְהַשָּׂגַת הַמִּדָּה הַזֹּאת הוּא הַהִתְבּוֹדְדוּת וְהַפְּרִישָׁה הָרַבָּה, כְּדֵי שֶׁבְּהֶעְדֵּר הַמַּטְרִידִים, תּוּכַל נַפְשׁוֹ לְהִתְגַּבֵּר יוֹתֵר וּלְהִדָּבֵק בַּבּוֹרְאָהּ.

מַפְסִידֵי הַמִּדָּה הֵם:

חֶסְרוֹן הַיְדִיעוֹת הָאֲמִיתִּיּוֹת,

וְרוֹב הַחֶבְרָה עִם בְּנֵי הָאָדָם.

כִּי הַחוֹמְרִיּוּת מוֹצֵא אֶת מִינוֹ וְנֵיעוֹר וּמִתְחַזֵּק וְנִשְׁאֶרֶת הַנֶּפֶשׁ לְכוּדָה בוֹ וְלֹא תֵצֵא מִמַּאֲסָרָהּ. אַךְ בְּהִפָּרְדוֹ מֵהֶם וְהִשָּׁאֲרוֹ לְבַד, וְיָכִין עַצְמוֹ אֶל הַשְׁרָאַת קְדוּשָּׁתוֹ, הִנֵּה בַּדֶּרֶךְ שֶׁרוֹצֶה לֵילֵךְ, בָּהּ יוֹלִיכוּהוּ. וּבְעֵזֶר הָאֱלֹהִי אֲשֶׁר יוּתַּן לוֹ, תִּתְגַּבֵּר נַפְשׁוֹ בּוֹ וּתְנַצֵּחַ אֶת הַגּוּפָנִיּוּת, וְתִדְבַּק

בִּקְדוּשָּׁתוֹ יִתְבָּרַךְ וְתִשְׁלַם בּוֹ.

וּמִשָּׁם יַעֲלֶה אֶל מַעֲלָה גְבוֹהָה יוֹתֵר וְהוּא הָרוּחַ הַקֹּדֶשׁ, שֶׁכְּבָר תַּגִּיעַ הַשְׂכָּלָתוֹ לִהְיוֹת לְמַעְלָה מֵחֹק הָאֱנוֹשִׁי.

וְיָכוֹל לְהַגִּיעַ דְּבֵיקוּתוֹ אֶל מַעֲלָה כָּל כָּךְ גְּדוֹלָה שֶׁכְּבָר יִמָּסֵר בְּיָדוֹ מַפְתֵּחַ שֶׁל תְּחִיַּית הַמֵּתִים, כְּמוֹ שֶׁנִּמְסַר לְאֵלִיָּהוּ וְלֶאֱלִישָׁע, שֶׁהוּא מַה שֶׁמּוֹרֶה אֶל עוֹצֶם הַהִתְדַּבְּקוּת בּוֹ יִתְבָּרַךְ. שֶׁבִּהְיוֹת הוּא יִתְבָּרַךְ שְׁמוֹ מְקוֹר הַחַיִּים, הַנּוֹתֵן חַיִּים לְכָל חַי, וְכַמַּאֲמָרָם זִכְרוֹנָם לִבְרָכָה "שְׁלֹשָׁה מַפְתְּחוֹת לֹא נִמְסְרוּ בְּיַד שָׁלִיחַ, מַפְתֵּחַ תְּחִיַּית הַמֵּתִים" וכו' (תענית ב' א'). הִנֵּה הַדָּבֵק בּוֹ יִתְבָּרַךְ דְּבֵיקוּת גָּמוּר, יוּכַל לִמְשׁוֹךְ מִמֶּנּוּ יִתְבָּרַךְ אֲפִילוּ מֶשֶׁךְ הַחַיִּים עַצְמָם, שֶׁהוּא מַה שֶּׁמִּתְיַיחֵס לוֹ בִּפְרָט יוֹתֵר מִן הַכֹּל, כְּמוֹ שֶׁכָּתַבְתִּי. וְהוּא מַה שֶּׁסִּיֵּים הַבָּרַיְיתָא, "וּקְדוּשָּׁה מְבִיאָה לִידֵי רוּחַ הַקֹּדֶשׁ, וְרוּחַ הַקֹּדֶשׁ מְבִיאָה לִידֵי תְּחִיַּית הַמֵּתִים".

וְאַתָּה קוֹרֵא נָעִים, יָדַעְתִּי שֶׁכָּמוֹנִי תֵּדַע, אֲשֶׁר לֹא כִּלִּיתִי בְּסִפְרִי זֶה אֶת כָּל חוּקֵּי הַחֲסִידוּת, וְלֹא אָמַרְתִּי כָּל מַה שֶּׁיֵּשׁ לוֹמַר בְּעִנְיָן זֶה, כִּי אֵין לַדָּבָר סוֹף, וְאֵין לְהִתְבּוֹנֵן תַּכְלִית. אֲבָל אָמַרְתִּי קְצָת מִכָּל פְּרָט שֶׁבִּפְרָטֵי הַבָּרַיְתָא, אֲשֶׁר עָלֶיהָ יָסַדְתִּי חִיבּוּרִי זֶה, וְהוּא מַה שֶּׁיָּכוֹל לִהְיוֹת הַתְחָלָה וְרֵאשִׁית לְהַרְחִיב הָעִיּוּן בָּעִנְיָנִים הָהֵם, כֵּיוָן שֶׁנִּגְלָה דַּרְכָּם וְנִפְתַּח אוֹרְחָם לְעֵינֵינוּ לָלֶכֶת בָּם בְּדֶרֶךְ מִישׁוֹר. וְעַל כָּל כַּיּוֹצֵא בָּזֶה נֶאֱמַר "יִשְׁמַע חָכָם וְיוֹסֶף לֶקַח וְנָבוֹן תַּחְבֻּלוֹת יִקְנֶה" (משלי א' ה').

"וְהַבָּא לִטָּהֵר מְסַיְּעִים אוֹתוֹ" (שבת ק"ד א'). "כִּי ה' יִתֵּן חָכְמָה, מִפִּיו דַּעַת וּתְבוּנָה" (משלי ב' ו') לְהַיְישִׁיר אִישׁ אִישׁ אֶת דַּרְכּוֹ לִפְנֵי בּוֹרְאוֹ.

וְזֶה פָּשׁוּט, כִּי כָל אָדָם לְפִי הָאוּמָנוּת אֲשֶׁר בְּיָדוֹ, וְהָעֵסֶק אֲשֶׁר הוּא עוֹסֵק, כָּךְ צָרִיךְ לוֹ הַיְשָׁרָה וְהַדְרָכָה. כִּי דֶּרֶךְ הַחֲסִידוּת הָרָאוּי לְמִי שֶׁתּוֹרָתוֹ אוּמָנוּתוֹ, אֵינוֹ דֶּרֶךְ הַחֲסִידוּת הָרָאוּי לְמִי שֶׁצָּרִיךְ לְהַשְׂכִּיר עַצְמוֹ לִמְלֶאכֶת חֲבֵירוֹ. וְלֹא זֶה וָזֶה דֶּרֶךְ הַחֲסִידוּת הָרָאוּי לְמִי שֶׁעוֹסֵק בִּסְחוֹרָתוֹ. וְכֵן כָּל שְׁאָר הַפְּרָטִים אֲשֶׁר בְּעִסְקֵי הָאָדָם בָּעוֹלָם - כָּל אֶחָד וְאֶחָד לְפִי מַה שֶּׁהוּא, רְאוּיִם לוֹ דַּרְכֵי הַחֲסִידוּת. לֹא לְפִי שֶׁהַחֲסִידוּת

מִשְׁתַּנֶּה, כִּי הִנֵּה הוּא שָׁוֶה לְכָל נֶפֶשׁ וַדַּאי, הוֹאִיל וְאֵינֶנּוּ - אֶלָּא לַעֲשׂוֹת מַה שֶּׁיֵּשׁ נַחַת רוּחַ לְיוֹצְרוֹ בּוֹ. אֲבָל הוֹאִיל וְהַנּוֹשְׂאִים מִשְׁתַּנִּים - אִי אֶפְשָׁר שֶׁלֹּא יִשְׁתַּנּוּ גַּם הָאֶמְצָעִיִּים הַמַּגִּיעִים אוֹתָם אֶל הַתַּכְלִית, כָּל אֶחָד לְפִי עִנְיָנוֹ.

וּכְבָר יָכוֹל לִהְיוֹת חָסִיד גָּמוּר, אִישׁ אֲשֶׁר לֹא יִפְסוֹק מִפִּיו הַלִּימּוּד, כְּמוֹ מִי שֶׁמִּפְּנֵי צָרְכּוֹ הוּא בַּעַל מְלָאכָה פְּחוּתָה. וְכָתוּב "כֹּל פָּעַל ה' לַמַּעֲנֵהוּ" (משלי ט"ז ד'). וְאוֹמֵר "בְּכָל דְּרָכֶיךָ דָעֵהוּ וְהוּא יְיַשֵּׁר אֹרְחֹתֶיךָ" (משלי ג' ו').

הוּא יִתְבָּרַךְ שְׁמוֹ בְּרַחֲמָיו, יִפְקַח עֵינֵינוּ בְּתוֹרָתוֹ, וְיוֹרֵנוּ דְרָכָיו, וְיוֹלִיכֵנוּ בְּאוֹרְחוֹתָיו, וְנִזְכֶּה לָתֵת כָּבוֹד לִשְׁמוֹ, וְלַעֲשׂוֹת נַחַת רוּחַ לְפָנָיו.

יְהִי כְבוֹד ה' לְעוֹלָם יִשְׂמַח ה' בְּמַעֲשָׂיו.

יִשְׂמַח יִשְׂרָאֵל בְּעוֹשָׂיו, בְּנֵי צִיּוֹן יָגִילוּ בְמַלְכָּם.

אָמֵן אָמֵן אָמֵן.

ת.ו.ש.ל.ב.ע.

חֲתִימָה.

אָמַר הַמְחַבֵּר, הַפַּעַם אוֹדֶה אֶת ה' אָשִׁירָה וַאֲזַמֵּרָה, אֲשֶׁר עַד הֵנָּה עֲזָרוּנִי רַחֲמָיו לְהוֹצִיא לָאוֹר סִפְרִי זֶה "מְסִלַּת יְשָׁרִים". אֲשֶׁר לְהִתְלַמֵּד בּוֹ חֲבֵרָתִיו, וּלְהוֹעִיל לְשֶׁכְּמוֹתִי - לָרַבִּים נְתַתִּיו, אוּלַי אֶזְכֶּה שֶׁיִּזְכּוּ אֲחֵרִים עַל יָדִי, וְיִיטַב לָהֶם בַּעֲבוּרִי, וְאֶעֱשֶׂה נַחַת רוּחַ לְיוֹצְרִי. וּתְהִי זֹאת נֶחָמָתִי בְּאֶרֶץ תַּלְאוּבוֹת, וְאֶקְרָא שְׁמָהּ רְחוֹבוֹת. כֵּן יֹאמַר ה' לָתֵת חֶלְקִי בְתוֹרָתוֹ - לִלְמוֹד וּלְלַמֵּד לִשְׁמֹר וְלַעֲשׂוֹת. וְחֶפְצוֹ בְּיָדִי יַצְלִיחַ. אָמֵן, כֵּן יְהִי רָצוֹן.

וּתְשׁוּאוֹת חֵן חֵן מִמֶּנִּי יִשָּׂא. אִישׁ אֲשֶׁר כִּלְבָבִי. מְדוּשָׁתִי וּבֶן גָּרְנִי. עֲטָרָה לְרֹאשִׁי. וְחוֹתָם עַל יַד יְמִינִי. זֶה דוֹדִי וְזֶה רֵעִי. רַבִּי אַלּוּפִי וּמְיוּדָעִי. הֲלֹא הוּא הֶחָכָם הַנַּעֲלֶה. כְּמוֹהר"ר יַעֲקֹב בכ"ר אַבְרָהָם בָּשָׁן נר"ו. אֲשֶׁר נִכְנַס בְּעָבְיָהּ שֶׁל קוֹרָה. לְזַכּוֹתֵנִי בַּדָּבָר הַזֶּה מִתְּחִלָּה וְעַד סוֹף.

לְהַדְפִּיס וּלְהַגִּיהַּ וּלְהַשְׁלִים. כָּל הַמְּלָאכָה בְּשָׁלֵם שֶׁבִּפְנִים. וּמִשְׁנֵהוּ נוֹדָע בַּשְּׁעָרִים שְׁמוֹ. מְהֻלָּל בְּתִשְׁבְּחוֹתָיו וְנִמּוּקוֹ עִמּוֹ. זָרִיז וְנִזְכָּר לְטוֹבָה. עַל כָּל מַגִּיהֵי סְפָרִים. אִישׁ מָהִיר בִּמְלַאכְתּוֹ. בֵּין הַחֲכָמִים מְרוֹם שִׁבְתּוֹ. הֲלֹא הוּא הֶחָכָם הַנַּעֲלֶה.

כמוהר"ר דָּוִד בֵּן לְהָרַב הַגָּדוֹל הַמֻּפְלָא וְהַמֻּבְהָק. כמוהר"ר רְפָאֵל מֵילְדוֹלָה נר"ו.

יְבָרֵךְ ה' חֵילָם וּפֹעַל יְדֵיהֶם. בְּכָל אֲשֶׁר יִפְנוּ יַשְׂכִּילוּ. שִׂמְחַת עוֹלָם תִּהְיֶה לָהֶם. יִשְׂבְּעוּ בָנִים. וְהִנִּיחוּ יִתְרָם לְעוֹלְלֵיהֶם. כֹּה דִּבְרֵי הַצָּעִיר. מֹשֶׁה בֶּן כ"ר יַעֲקֹב חַי לוּצָאטוֹ ס"ט.